深圳中学
核心素养
提升丛书

像生物学家一样思考

高中生物学核心素养学术情境资源集

主　编◎刘　越
副主编◎许　轲　邓海清　郭　峰　孙小兵　武叶青
参　编◎裴润雯　尤　赫　梁秋莹　林易凡　刘　娴
　　　　桂之颀　柳　刚　刘　武　刘　莹　朱　颖
　　　　赵　耀　熊　全　杨　睿

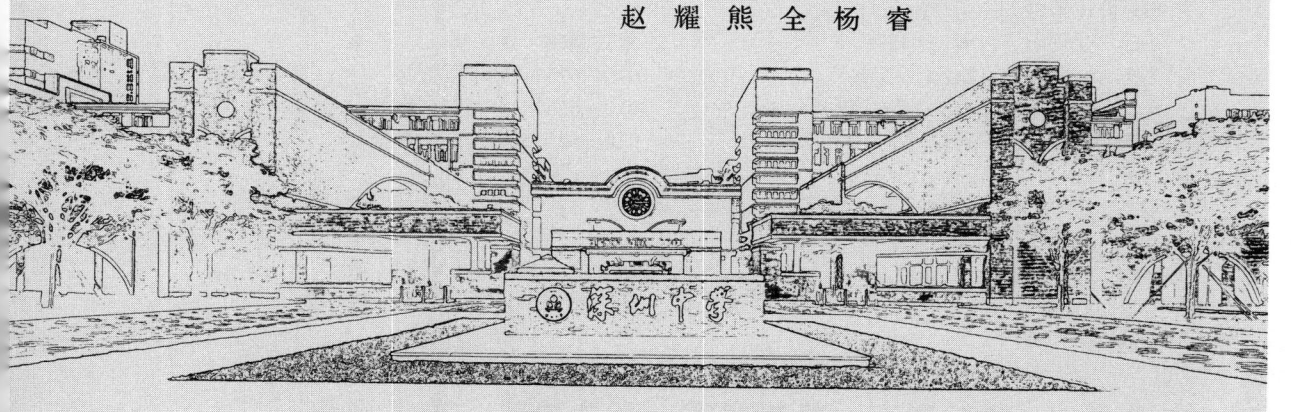

中国人民大学出版社
·北京·

图书在版编目（CIP）数据

像生物学家一样思考：高中生物学核心素养学术情境资源集 / 刘越主编 . -- 北京 ：中国人民大学出版社，2023.11

ISBN 978-7-300-32306-0

Ⅰ.①像… Ⅱ.①刘… Ⅲ.①生物课－教学研究－高中 Ⅳ.① G633.912

中国国家版本馆 CIP 数据核字（2023）第 214109 号

深圳中学核心素养提升丛书

像生物学家一样思考

高中生物学核心素养学术情境资源集

主　编：刘　越
副主编：许　轲　邓海清　郭　峰　孙小兵　武叶青
参　编：裴涧雯　尤　赫　梁秋莹　林易凡　刘　娴
　　　　桂之顾　柳　刚　刘　武　刘　莹　朱　颖
　　　　赵　耀　熊　全　杨　睿

Xiang Shengwuxuejia Yiyang Sikao

出版发行	中国人民大学出版社		
社　址	北京中关村大街 31 号	邮政编码	100080
电　话	010 - 62511242（总编室）	010 - 62511770（质管部）	
	010 - 82501766（邮购部）	010 - 62514148（门市部）	
	010 - 62515195（发行公司）	010 - 62515275（盗版举报）	
网　址	http://www.crup.com.cn		
经　销	新华书店		
印　刷	唐山玺诚印务有限公司		
开　本	787 mm × 1092 mm　1/16	版　次	2024 年 1 月第 1 版
印　张	21.5	印　次	2025 年 4 月第 3 次印刷
字　数	457 000	定　价	56.00 元

版权所有　侵权必究　印装差错　负责调换

深圳中学文印化记

办学定位　建设中国特色世界一流高中
培养目标　培养具有中华底蕴与国际视野的拔尖创新人才
深中精神　追求卓越　敢为人先

校　　训　　团结　进取　求实　创新
校　　风　　主动发展　共同成长　不断超越
教　　风　　敬业爱生　言传身教
学　　风　　尊师守纪　勤学多思

深圳中学核心素养提升丛书编委会

主　编

朱华伟

编　委

熊志松　娄俊颖　王新红　郭　峰　王粤莎

PREFACE 总 序

教育的目的和本质是育人，是使学生在教育中成长并且能不断提升自我、完善自我，在关爱他人和服务社会中实现自我价值。在学校，教育的目的一方面需要依托教师的职业行为（主要是教学）来实现，另一方面更需要学校的教育理念指导和学校课程支撑，其中最核心的无疑是学校的课程建设和实施。

20世纪90年代后期，我国开始试行国家、地方、学校三级课程管理制度，课程决策权部分下放到了学校，全国各地随即开展了轰轰烈烈的"校本运动"。"校本课程"（School-Based Curriculum）本是一个"舶来品"，欧美一些国家在20世纪初就开始关注以校为本的教育改革。在我国第八次基础教育课程改革的大背景下，校本课程成为我国新课改的重点，同时也成为越来越多学校和教师关注的焦点。

国家课程注重的是普适性，是为了保证学生对基本知识技能和素质的掌握和实现，针对的是大多数学生的共性需求。而校本课程开发直接指向差异，它是一种"特色课程"，是以学校为开发单位和实施单位，包含浓郁的校园特色、本校学生特色，旨在尊重学生、学校和社区的独特性与差异性。这也是深圳中学一直以来重视校本课程建设，积极进行校本教材开发的出发点和落脚点。

著名哲学家吉杜·克里希那穆提曾说："正确的教育所关心的是个人的自由，唯有个人的自由，才能带来与整体、人群的真正合作。"为什么很多学生在中等教育阶段很难体会到学习的幸福和乐趣？很大程度上是因为他们缺乏相对自由的选择权。为了赋予学生更多的自由和更多样的选择，深圳中学在近十几年来通过实地调研学生实际需求、深入挖掘素材资源，开发了360多门丰富多样的校本课程，让学生在更广阔的天地里去体验、去发现、去成为最好的自己。

深圳中学从21世纪初成为课程改革样板学校，我们在前期校本课程探索和实践的基础上，结合新课标关于培养学生核心素养的要求，对学校360多门校本课程进行精心筛选和整理，特推出"深圳中学核心素养提升丛书"。该丛书包括《映鉴：中国近现代人物作品与人格魅力》《整本书阅读新视野》《物理思维破茧：从高考到强基》《像生物学家一样思考：高中生物学核心素养学术情境资源集》《中学生常见心理困惑答问》，内容涵盖语文、物理学、生物学、心理学等多个学科，它们既相互联系，又各自相对独立。我们力争使这套书能够充分体现出以下特点：

第一，聚焦落实立德树人，培养学生核心素养。立德树人是教育的根本任务。培养和发展学生核心素养，根本出发点是全面贯彻党的教育方针，践行社会主义核心价值观，突出强调社会责任感、创新精神和实践能力，促进学生全面发展，落实立德树人根本任务。本丛书在编写中深入挖掘学科育人价值，有机融入理想信念、爱国主义、责任与担当、奋斗与坚持等主题内容，在帮助学生构建知识体系与关键能力的过程中，培养学生形成正向的思维模式与必备品格，全面提升核心素养。

第二，坚持以人为本，培养全面发展的人。这是深圳中学校本课程开发的灵魂追求，也是这套书的基本特征。以人为本既是现代教育的价值取向，也是我国校本课程开发的基本价值取向。校本课程的实施归根结底是为了学生的全面发展，我们通过不断地努力和尝试，开发编写丰富多样并且适合本校学生发展的校本教材，践行对以人为本的追求和探索。

第三，坚持理论与实践的有机结合。这套书不是空谈理论，而是立足于深圳中学的学校特色和课程特点，针对实践进行反思和总结，致力于理论建构与实践探索的统一。其中，既有对本学科专业知识的解读，又融合了大量针对提升学生学科素养的导读、解析和课例。

第四，坚持注重多维视野的相互关照。从宏观与微观、历史与现实、继承与超越、国际与本土等方面探讨中国近现代人物思想、整本书阅读、物理思维、生物学习等领域，既反映了学科发展的基本趋势，又体现出理论的创新追求。

校本课程的显著特点是给教师赋权增能，让教师成为课程开发的主体。这套书凝聚了诸多老师的智慧和汗水，他们在选题、组稿、修改、定稿和编辑出版的过程中付出了艰辛的劳动。如果没有他们的努力和付出，这套书是很难和大家见面的。非常感谢这套书的编著者们，是他们的辛勤和卓越成就了深圳中学校本课程的厚度！

校本课程的开发是一个渐进的过程，尤其是特色的形成需要进行长期摸索和逐步积累。几十年来，深圳中学从未停止探索的脚步。我们期望通过我们的微薄之力进一步发展学生的能力和兴趣，进一步推进校本课程的发展和进步。我们乐于和学界同人分享我们的这些成果，同时也真诚希望大家批评指正，欢迎各位同人不吝赐教。

是为序。

2023年10月于深圳中学新校区斯善楼

本书推介语

本书创设的许多学术情境，引人入胜，令人着迷。它不仅使教师扩大了科学视野并增进了对前沿的了解，还为如何进一步培养学生的科学思维提供了独特的思路。这是一本难得的生物学教学参考用书！

——杨焕明
中国科学院院士

卡尔·萨根说过："科学与其说是一种知识体系，不如说是一种思维方式。"要让学生在学习生物学知识的过程中，尝试像生物学家那样思考问题，就需要给学生提供真实的学术情境，而恰当的学术情境需要从科学研究的案例中去提炼。

——赵占良
国家中学生物课程标准研制组核心成员，人民教育出版社副总编辑

生动直观的真实情境具有激发学习兴趣、启迪联想思维、增强探究欲望等效应，是学生核心素养培育的重要途径。如何创设有效教学情境已成为新课程下教师专业发展应具备的重要能力。本书以高中生物学课程标准为依据，精选了与新教材内容密切相关的二十二个学术情境主题，并通过生动的实例，详尽介绍了生物学核心素养背景下的情境创设的内容和方法，为中学生物学教师如何创设教学情境提供了启示和借鉴。

——胡兴昌
上海师范大学教授，国家教材委员会科学学科专家委员会委员

像科学家一样思考，让学生结合鲜活的问题情境，体验科学发现的历程，感悟生物学科魅力，提升核心素养，这是这本书的价值所在。

——夏献平
广东省特级教师，正高级教师

PREFACE 前言

《普通高中生物学课程标准》（2017年版，2020年修订）要求教师高度关注生物学学科核心素养的达成。在学习生物学知识的同时，如何引导学生领悟生物学家们提出、思考、解决科学问题的接续过程？如何在实验课之外培养学生的科学思维与科学态度？如何促使学生透过概念形成生命观念，并且逐渐体会科学的本质？如何帮助学生应对新高考题中源于真实研究过程的"学习探索情境"以及取自科技前沿、富有时代气息的"复杂情境"？如何在生物学课程中体现中国特色，培育社会责任？这些着眼于课程育人的深层次问题不时在日常教学中浮现，对于一线教师，生物学学科核心素养要真正"落地"，实属不易。

在我们看来，解决这些问题的重要抓手在于创设真实的问题情境。真实的问题情境是展现与提升核心素养的重要手段。在日常生活中，驾驶技能的有效训练要靠实际的交通环境；在文化艺术里，没有情境的构筑与浸润，就难有诗歌绘画，难有音乐戏剧；而在教育领域，情境创设在自然科学课程的教学与考试评价中愈发受到重视，中学生物学课程也不例外。在《普通高中生物学课程标准》（2017年版，2020年修订）里，"情境"一词出现多次，而在2003年版中则很少出现。《中国高考评价体系》（2020年版）明确指出情境是高考考查的载体，对问题情境做了详细的定义、分类与分层，规定了情境在命题中的不同运用方式，并与高考评价体系的"四层""四翼"相对应[①]。

身临中学生物学课堂，丰富精彩的"生活实践情境"并不缺乏，但"学术情境"却不多见。营造学术情境，是在课堂与试题中再现生物学理论产生的场景，是回归生物学知识生成过程的本源，是提供具有信息量和复杂度的科学、真实、新颖的环境以发展核心素养。对于希望未来从事生命科学研究从而真正开拓人类认知边界的学生，学术情境具有不可替代的引领作用。

去哪里寻找学术情境的素材呢？生物学科技文献以其学术真实性和问题导向性成为创设学术情境的良好素材。一篇优质的生物学研究论文，既记录了研究过

---

① "四层"指高考考查内容，包括核心价值、学科素养、关键能力、必备知识。"四翼"指高考考查要求，即基础性、综合性、应用性、创新性。

程与研究结果，又包含着研究者对科学问题的深入思考、实验设计以及贯穿科研过程的批判性思维，还生动地透露出科技创新的范式。可喜的是，新版高中生物学教科书就已经以多种形式呈现科技文献来源的内容，比如"体细胞克隆猴的诞生"出现在多套教材的导言、正文、练习题、课外阅读等栏目中。2020年以后的高考、学业水平等级考试生物学试题也越发注意从科技文献中选材，突出呈现我国科学家近期取得的重大科研成果，体现科技创新的价值引领，以实现对学生知识获取、实践操作、思维认知等关键能力的区分与考查，并落实立德树人的根本任务。

但是生物学研究论文不可能自发地走下高台：一方面，目前多数国内外高水平研究成果发表在西文学术期刊，并且种类多、数量大、更新速度快；另一方面，学术情境要符合中学生的心理特征和认知水平、立足中学生物学主要知识与核心素养要求。在二者之间搭建丰富立体的联系，是一项充满挑战性和创造性的系统工作。但我们深信利用生物学研究论文创设教学情境与试题情境会对学生的生物学核心素养培养起到不容忽视的独特作用，所以我们近年来坚持用心铺就这座连接中学生与科学研究前沿的"生物学学科素养桥"。在遴选梳理、精读比对、分享交流等大量前期工作的基础上，我们充分发挥作者们在生物学科研与中学教学"双一线"的优势，分工合作，编写了这本《像生物学家一样思考：高中生物学核心素养学术情境资源集》。在保持学术性和科学性的前提下，奉献给广大中学生物教师一个看得懂、易使用的生物学学术情境资源库。

本书精选与教材内容紧密关联的22个学术情境主题，分为两个部分，分别与《必修1·分子与细胞》和《必修2·遗传与进化》相配套，并包含选择性必修内容，其中既有我国生命科学发展的重大进展，又有获诺贝尔奖的经典研究成果。每个主题又分为以下板块：

"学术导引"——在深入研读第一手科研论文的基础上，结合诸如生物化学、细胞生物学等相关专业知识，形成适合中学生物教师阅读的研究概览，方便教师完整认识该主题的科研背景、研究脉络、实验证据、主要结论乃至后续研究进展和研究特色等。

"素养教学建议"——深入广泛地梳理科研论文与课程标准中生物学概念的联系，挖掘科研论文在"生命观念""科学探究""科学思维""社会责任"四个核心素养维度的侧重点，根据不同主题的特点给出学术情境建构的建议。

"微课设计"——利用从科研论文中凝练的素材，围绕若干主旨详细展示学术情境在课堂教学中的应用，具有原创性。这些微课的主基调是组织以探究为特点的主动学习，进而有侧重地培养核心素养。

"习题设计"——利用从科研论文中凝练的素材，以真实问题情境设计习题，包含核心素养的不同方面、不同水平，具有高度的原创性。题目编创注意设置递进式任务，强调实践能力与创新思维，图文并茂，有的还创新采用"科学阅读"题型。

感谢清华大学、北京大学等著名学府，那里的博士、硕士毕业生成为深圳中学教师，为基础教育注入了中流一壶的新鲜血液；也感谢深圳中学这个平台，让我们可以共同严谨而愉悦地教研，为学生的卓越发展领航；感谢艺术科组檀唱老师对作者们进行 AI 技术培训，这让我们的科学绘图更加美观；感谢我校张楚杰、赵梓言老师在校对等方面的帮助；感谢深圳中学的优秀领导者助力本书出版。让我们共同祝贺深圳中学建校 76 周年！

本书的编纂是一个大胆的尝试，作者们第一次系统性地将科技文献和中学生物学教学相结合，错误与疏漏在所难免。热诚希望读者与我们交流。期望通过本书，越来越多的中学生物教师重视学术情境，并且乐于在教学与评价中使用，乃至自主建构学术情境。

让情境之光点亮中学生的心灵，激荡起师生的智慧与乐趣！

刘越
2023.10.20

目 录

CONTENTS

第一部分

学术情境主题 1　人工合成生命的探索 ……………………………………… 3

学术情境主题 2　桑格完成胰岛素测序 ……………………………………… 18

学术情境主题 3　分泌蛋白的合成和运输 …………………………………… 32

学术情境主题 4　世界上首例体细胞克隆猴的诞生 ………………………… 46

学术情境主题 5　人类对通道蛋白的探索历程 ……………………………… 62

学术情境主题 6　核酶发现 …………………………………………………… 78

学术情境主题 7　三羧酸循环的研究发现 …………………………………… 88

学术情境主题 8　卡尔文光合作用暗反应 …………………………………… 103

学术情境主题 9　细胞周期调控关键因子的发现 …………………………… 115

学术情境主题 10　诱导多能干细胞与细胞重编程 ………………………… 134

学术情境主题 11　端粒与端粒酶 …………………………………………… 153

学术情境主题 12　细胞自噬 ………………………………………………… 167

学术情境主题 13　细胞凋亡研究 …………………………………………… 180

第二部分

学术情境主题 14　肺炎链球菌转化 …………………………………………… 197

学术情境主题 15　生物信息学及其应用——水稻功能基因组 ………………… 205

学术情境主题 16　单细胞基因组测序与遗传病检测 …………………………… 218

学术情境主题 17　无细胞蛋白表达系统与第一个遗传密码子的破译 ………… 240

学术情境主题 18　囊性纤维化病与 CFTR 基因 ………………………………… 252

学术情境主题 19　小鼠黄灰毛色之谜——"可遗传"的表观遗传 …………… 269

学术情境主题 20　水稻 *Ghd7* 基因编码的蛋白质影响多个性状 ……………… 283

学术情境主题 21　基因突变决定虎的白色毛皮性状 …………………………… 302

学术情境主题 22　CRISPR/Cas 基因编辑技术 ………………………………… 316

第一部分

学术情境主题 1

人工合成生命的探索

柳 刚

• 学术导引 •

生命如此奇妙！人类从未停止探索生命的脚步（图 1-1）。人类能否创造生命？生命的起源到底是怎样的？这些问题一直困扰着人类。

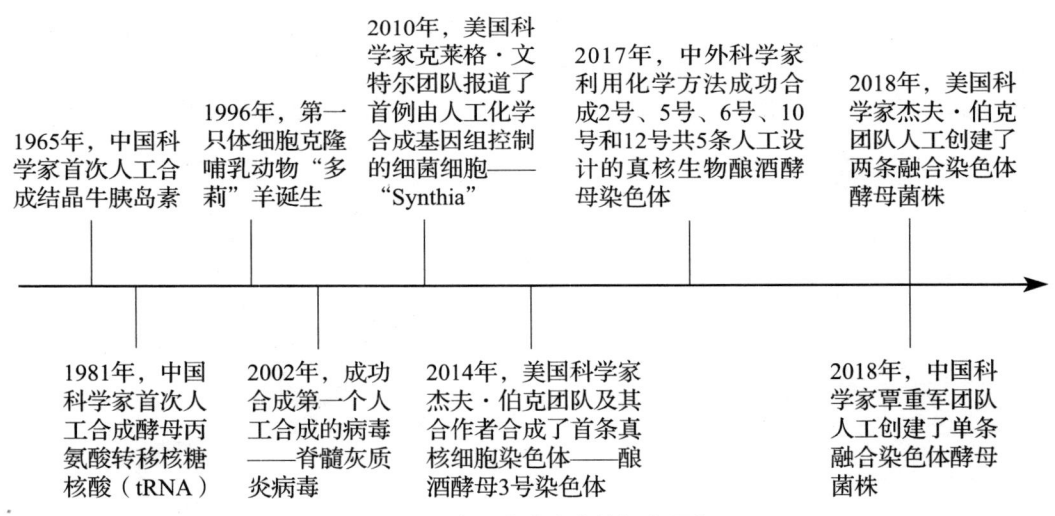

图 1-1 人工合成生命的探索历程

时间轴上方：
- 1965年，中国科学家首次人工合成结晶牛胰岛素
- 1996年，第一只体细胞克隆哺乳动物"多莉"羊诞生
- 2010年，美国科学家克莱格·文特尔团队报道了首例由人工化学合成基因组控制的细菌细胞——"Synthia"
- 2017年，中外科学家利用化学方法成功合成2号、5号、6号、10号和12号共5条人工设计的真核生物酿酒酵母染色体
- 2018年，美国科学家杰夫·伯克团队人工创建了两条融合染色体酵母菌株

时间轴下方：
- 1981年，中国科学家首次人工合成酵母丙氨酸转移核糖核酸（tRNA）
- 2002年，成功合成第一个人工合成的病毒——脊髓灰质炎病毒
- 2014年，美国科学家杰夫·伯克团队及其合作者合成了首条真核细胞染色体——酿酒酵母3号染色体
- 2018年，中国科学家覃重军团队人工创建了单条融合染色体酵母菌株

1965 年，以王应睐为首的中国科学家团队，历经多年的艰辛探索，终于在世界上首次人工合成了结晶牛胰岛素。经鉴定，人工合成的结晶牛胰岛素在化学结构、生物活性、物理化学性质、结晶形状等方面，与天然的牛胰岛素分子完全相同，这一成果标志着人类在探索生命奥秘的征途上迈出了激动人心的一步。

1981 年，中国科学家王德宝领衔的研究团队经历无数次实验，利用化学和酶促合成的方法首次人工合成了酵母丙氨酸转移核糖核酸（tRNA）。这是世界上首次人工合成的化学结构与天然分子完全相同，并具有生物活性的核酸大分子，标志着中国在该领域已进入世界先进行列。

像生物学家一样思考

2002年，美国纽约州立大学石溪分校的艾克德·威莫（Eckard Wimmer）等几位病毒学家首次人工合成了脊髓灰质炎（俗称小儿麻痹症）病毒。用人工合成的该病毒感染小鼠，能够引发小鼠脊髓灰质炎，只是毒性比天然病毒小得多。科学界对人工合成病毒的研究褒贬不一，其意义具有两面性：从正面的角度来看，人工合成病毒的研究可以使人类更好地认识病毒，如研制抵抗病毒的药物或者疫苗，从而更好地为人类的健康服务；从反面的角度来看，人工合成病毒的研究也可能会合成某些对人类极其有害且难以控制的病毒，若被恐怖分子利用，制作生物武器，将对人类造成严重的威胁与伤害。

2010年，美国科学家克莱格·文特尔（J. Craig Venter）及其科研团队在《科学》（*Science*）杂志报道了世界上首例"人造生命"——含有全人工化学合成的最简基因组控制的单细胞细菌，其基因组是迄今所知的最小基因组，仅含有维持生命所必需的473个基因。在这项研究里，科学家们先将"丝状支原体"（mycoplasma mycoides）的遗传序列DNA解码，然后利用化学方法合成小片段DNA，再将小片段DNA与载体一起转化酵母细胞，利用酵母细胞自身的重组系统把两端带有同源序列的DNA片段通过重组的方法连接起来，拼接成完整的基因组，由于此过程无法一次合成完整的基因组，所以采用逐步替换的方法，将酵母中的基因组DNA逐步替换成人工合成的DNA。最后，把完整的基因组DNA移植到内部被挖空的近亲"山羊支原体"（mycoplasma capricolum）体内，完成人工合成生命的构建（图1-2）。这个过程要对移植的基因组DNA

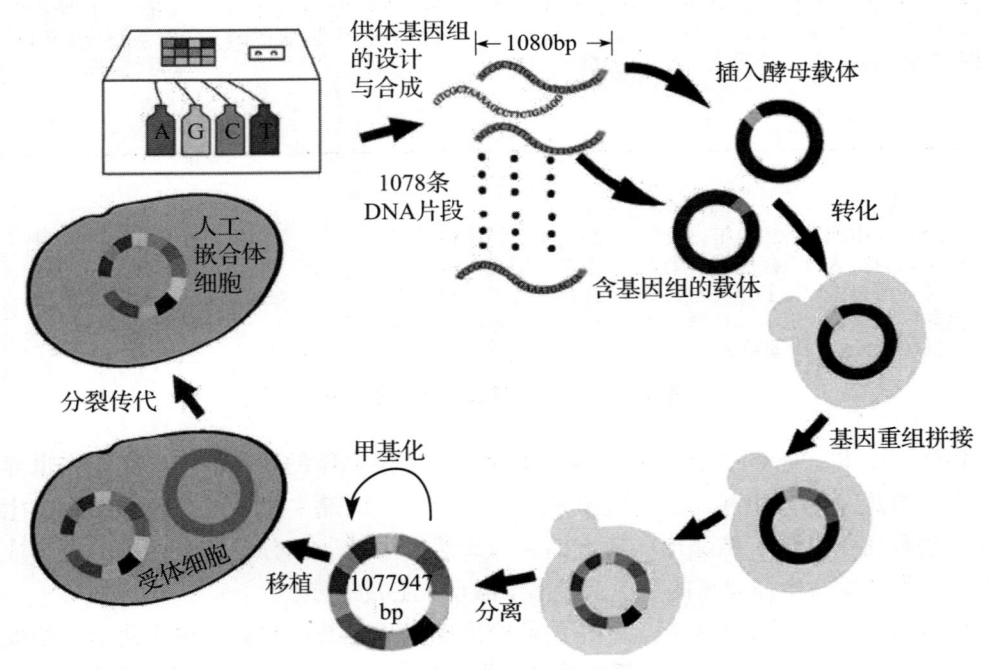

图1-2 人工合成生命的过程

资料来源：Gibson D G, Glass J I, Lartigue C, et al. Creation of a bacterial cell controlled by a chemically synthesized genome [J]. *Science*, 2010, 329(5987): 52-56.

进行甲基化的修饰，以避免宿主对外源 DNA 的降解。植入人工合成基因组 DNA 的山羊支原体重新获得生命，并开始在实验室的培养皿中代谢、繁殖，产生的人造细胞表现出的是丝状支原体的生命特性。这是地球上第一个由人类制造并能够自我复制的生物（图 1-3）。克莱格·文特尔团队将这一人造细胞称作"Synthia"（译为：辛西娅）。

丝状支原体是原核生物，那么能不能人工合成真核生物的基因组，并使其表现出生物活性呢？2014 年，中外研究团队将"人造生命"的目标从原核细菌转移至真核生物的酵母上。

2014 年，美国科学院院士杰夫·伯克（Jef D. Boeke）团队及其合作者对酿酒酵母的 3 号染色体进行了重新设计和人工合成。这是人类首次尝试改造并从头合成真核生物的染色体。

2017 年 3 月，国际学术期刊《科学》以封面文章的形式发表了中外多国科研机构利用化学方法合成 2 号、5 号、6 号、10 号和 12 号共 5 条人工设计的真核生物酿酒酵母染色体，这意味着人类在设计并合成人工生命的过程中取得重大进展。中国研究团队完成了 5 条中 4 条染色体的人工合成，清华大学戴俊彪研究员带领的团队完成了最长的 12 号染色体的全合成；天津大学化工学院元英进教授带领的天津大学团队完成了 5 号、10 号染色体的合成；杨焕明院士领衔的华大基因团队主导了 2 号染色体的从头设计与全合成。人造酵母的诞生预示着人工合成生命新纪元的到来，该领域的快速突破将为健康、能源、环境、农业等领域带来颠覆性的变化。

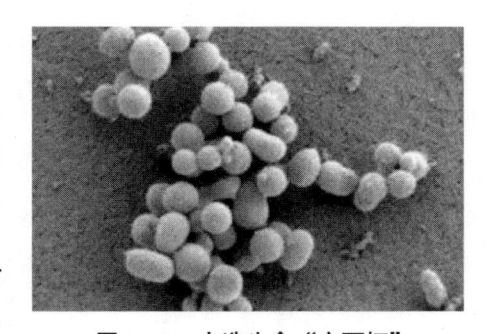

图 1-3 人造生命"辛西娅"

资料来源：Gibson D G, Glass J I, Lartigue C, et al. Creation of a bacterial cell controlled by a chemically synthesized genome［J］. *Science*, 2010, 329(5987): 52-56.

2018 年 8 月，我国科学家覃重军研究团队及其合作者[①]采用工程化精准设计方法，使用 CRISPR/Cas9 基因编辑技术对酿酒酵母 16 条染色体的全基因组进行了大规模修剪、重新设计并人工合成为 1 条染色体（图 1-4），这 1 条染色体就可以执行 16 条染色体的功能。再将这条染色体移植到去核的酿酒酵母细胞后，细胞依然能够存活，并表现出相应的生命特征（图 1-5）。这是世界上首次人工创建的单条融合染色体的真核细胞，是合成生物学领域具有里程碑意义的突破。同期美国科学院院士杰夫·伯克团队也采用了相似的染色体融合技术：即保持基因含量基本不变，通过 CRISPR/Cas9 高效敲除待融合染色体多余的着丝粒和端粒，并且通过酿酒酵母的同源重组机制来实现染色体的逐轮融合。最终，在尝试不同策略后只得到含有 2 条融合染色体的酵母细胞。

---

① Shao Y, Lu N, Wu Z, et al. Creating a functional single-chromosome yeast［J］. *Nature*, 2018, 560(7718): 331-335; Shao Y, Lu N, Xue X, et al. Creating functional chromosome fusions in yeast with CRISPR/Cas9［J］. *Nature protocols*, 2019, 14(8): 2521-2545.

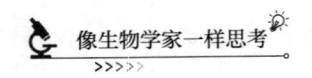

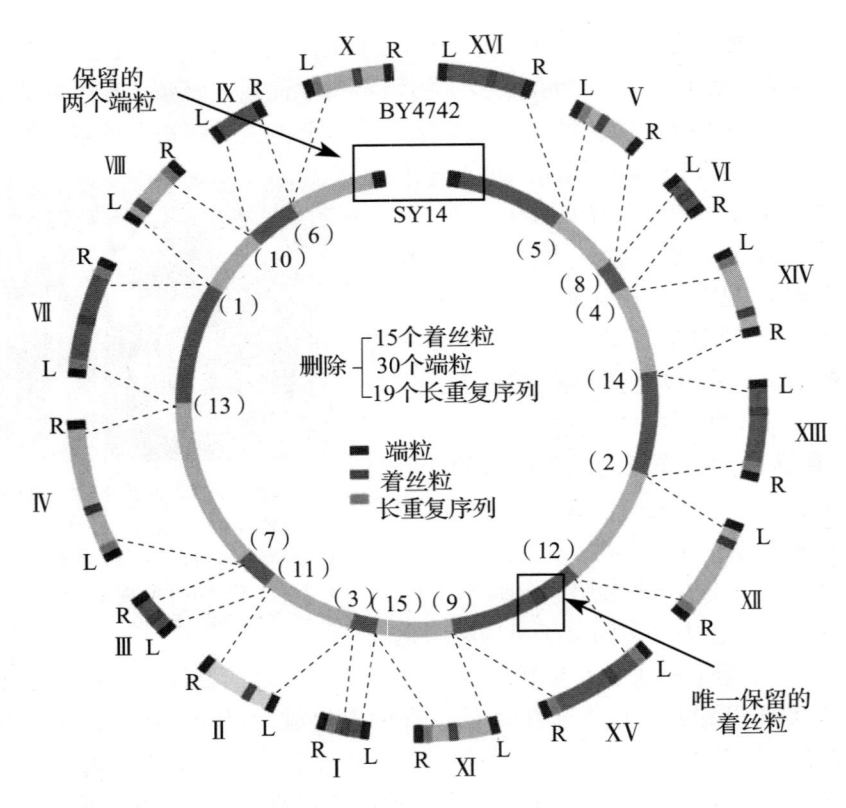

图 1-4 酵母菌染色体"16 合 1"过程示意图

资料来源：Shao Y, Lu N, Wu Z, et al. Creating a functional single-chromosome yeast［J］. *Nature*, 2018, 560(7718): 331-335.

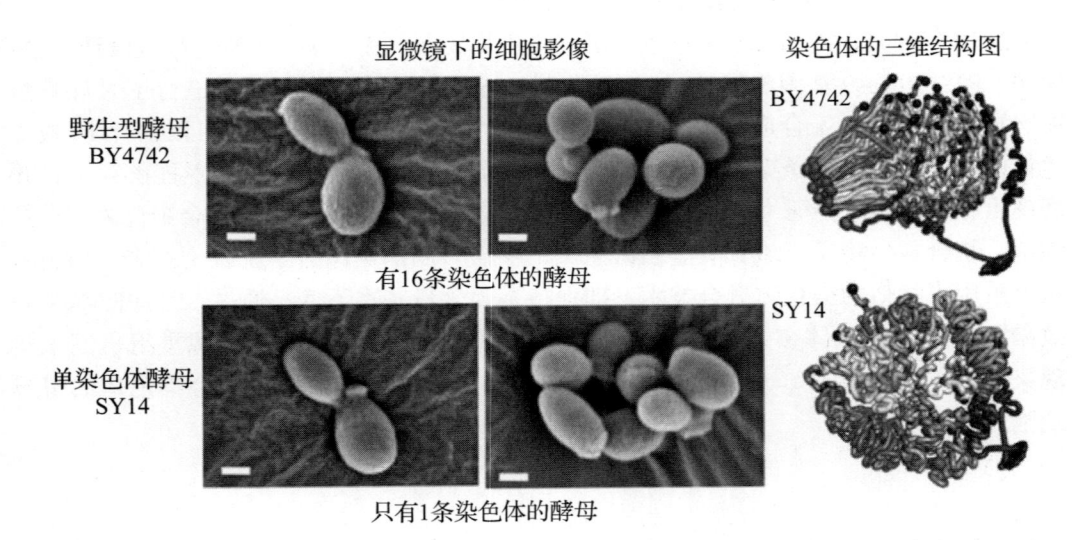

图 1-5 显微下的细胞影像

资料来源：Shao Y, Lu N, Wu Z, et al. Creating a functional single-chromosome yeast［J］. *Nature*, 2018, 560(7718): 331-335.

与前人对单个染色体或一条长链 DNA 进行小修、小补、小合成不同的是，评审专家认为，该成果实现了对一个物种的染色体数目进行系统化和大规模改造。这表明，天然复杂的生命体的遗传物质可以通过人工改造变简约，最终有望实现"人造"自然界中不存在的全新生命。

◆ 素养教学建议 ◆

"人工合成生命的探索"相关内容在数个版本的普通高中生物学教科书中出现多次，呈现多元化的组织和呈现方式。从学科知识上看，它主要用以说明：1.原核细胞和真核细胞；2.核酸是遗传信息的携带者；3.非细胞结构生物病毒；4.生命活动的主要承担者——蛋白质。从呈现形式来看，出现在教科书的节首页、课后阅读栏目，还被编为教科书中的习题。

表 1-1 是"人工合成生命的探索"与高中生物学概念的联系分析，部分体现了课程标准在必修和选择性必修课程中的相关生物学知识。

表 1-1 "人工合成生命的探索"与高中生物学概念的联系

内容			课程标准中的生物学概念
研究过程	研究步骤	关键实验方法	选择性必修 3.1.3 通过调整培养基的配方可有目的地培养某种微生物 4.2 动物细胞工程 　4.2.1 动物细胞培养 　4.2.2 动物细胞核移植 5.1 DNA 重组技术 　5.1.2 DNA 重组技术的实现需要利用限制性核酸内切酶、DNA 连接酶和载体三种基本工具 　5.1.3 基因工程的基本操作程序 必修 6.3 禁止生物武器 　6.3.1 生物武器对人类造成了严重的威胁与伤害 必修 3.1 遗传信息主要编码在 DNA 分子上 　3.1.2 DNA 分子是由四种脱氧核苷酸构成，碱基的排列顺序编码了遗传信息 　3.1.4 DNA 分子上的遗传信息通过 RNA 指导蛋白质的合成，生物的性状主要通过蛋白质表现 3.3 由基因突变等引起的变异是可以遗传的 　3.3.1 碱基的替换、插入或缺失会引发基因中碱基序列的改变 　3.3.5 染色体结构和数量的变异都可能导致生物性状的改变甚至死亡
	（1）组装大型的 DNA 染色体 （2）将组装的染色体移植到细胞中 （3）染色体融合	• 基因测序技术 • 高通量 DNA 从头合成技术、大片段 DNA 组装技术、染色体替换与融合技术 • 基因编辑技术 • 细胞培养 • DNA 的甲基化修饰 • 染色体融合技术	

续表

内容	课程标准中的生物学概念
研究结果 • 获得全人工化学合成的最简基因组控制的单细胞细菌 • 人工创建单条融合染色体的真核酵母细胞	必修 1.1.7 DNA是由脱氧核苷酸聚合而成，是储存遗传信息的生物大分子 1.2.3 遗传信息主要储存在细胞核中 1.3.2 原核细胞和真核细胞 2.3.1 细胞分裂 2.3.3 端粒学说

资料来源：Matoba S, Zhang Y. Somatic cell nuclear transfer reprogramming: mechanisms and applications [J]. *Cell stem cell*, 2018, 23(4): 471-485.

素养教学建议 1

染色体融合菌株的构建为科学探究开辟了新的方向【科学探究　社会责任】

人工创建1条或2条染色体酵母菌菌株具有里程碑式的意义，将会为设计有机物铺平道路。在未来，有机物可能不是通过进化而改变，而是通过人工合成的方式被制造出来。

这是人类首次通过实验手段系统地、大规模地改造一个物种的染色体数目。覃重军和杰夫·伯克的两篇论文的研究结果表明，自然进化而成的现有真核生物（如酿酒酵母）染色体数目与功能之间并不存在直接的决定关系，染色体的数目可以人为地改变，且不会显著影响细胞的生长。带有1条或者2条染色体的酵母，可以作为一个新的研究平台，对染色体重组、复制和分离机制的进一步解析，具有重要的意义。此外，这两个研究的结果也说明酿酒酵母对染色体的长度没有限制（至少可以达到12 Mbp），这为利用酵母构建高等生物的新染色体提供了理论依据，有利于后续人类基因组编写计划（Genome Project-Write）项目的开展。

另外，该研究建立的一系列染色体融合的菌株，对研究端粒生物学、着丝粒生物学、减数分裂重组以及细胞核结构与功能的关系具有重要价值，同时也将为探索生命起源与进化等重大基础科学问题开辟了一个新方向。

素养教学建议 2

DNA的合成与组装【科学思维　社会责任】

要想人工合成染色体，首先，科学工作者需要用电脑程序重新设计酵母菌的DNA序列，然后通过化学合成方法合成出寡核苷酸链（就是短的DNA片段），最后再像拼积木一样，将众多短的DNA片段拼接成长的DNA链。具体就是使用化学合成方法合成一系列长约70个碱基对的寡核苷酸链。由于相邻的寡核苷酸链被设计为部分互补重叠，可以使用PCR反应将这些寡核苷酸链组装成长约750个碱基对的"组装砖块"。将"组装砖块"导入酵母细胞中，利用酵母细胞的同源重组能力将"组装砖块"组装成长2 000～4 000个碱基对的"小模块"。再将"小模块"放到同一个酵母中，再次利用酵母的同源重组能力，将天然的 DNA 逐步替换为合成的 DNA。

人造酵母新生命的诞生，标志着合成生物学里程碑式的进展。这个领域的快速突破，将给生物制造、医药、能源、环境、农业等领域带来颠覆性的发展。人类已经利用酵母做了几千年的啤酒、面包和馒头，在基因工程技术的帮助下，可以利用改造的酵母做更多的事情，例如生产抗体、靶向药物、酵素（酶）、味精等。这里有必要提一下治疗疟疾的特效药物——青蒿素。2013 年，杰·基斯林（Jay Keasling）等人在酵母体内加入一系列基因，使其获得青蒿素前体的合成能力，产量高达惊人的 25 g/L，大大降低了青蒿素的生产成本，提高了生产效率。利用类似的思路，科学家可以将人造酵母打造成一个"细胞工厂"，可以用来生产香水、合成药物、生产清洁的能源物质，甚至带来更多超越想象的新应用，更好地为人类服务。

微课设计

设计一

人工合成生命的探索

设计意图：随着科学技术的不断发展和进步，人类的精密工厂已经可以制造出诸如超级计算机、火箭、量子卫星、大型飞机、人工智能等高精尖的器件，但是人类仍然不能"从无到有"制造出一个鲜活的生命体。本设计通过展示人工合成生命的部分成就，引导学生感悟人类探索人工合成生命历程的艰辛，激发学生对最新科学进展进行追踪调研的兴趣，拉近学生与学科最新研究成果之间的距离，借人造细胞——"辛西娅"的诞生，让学生领略生命的复杂性和科学探索之美。

设计方案

教师讲述：早在 2003 年人类基因组计划完成的时候，人类就已经掌握了生命的密码——语言，而且人类也已经很好地了解了生命的必要成分以及它们所形成的生物大分子的结构，也知道了这些结构是如何组装成一个整体的。但是如何从一个个碱基开始，用最基础的遗传密码组建一个完整的生命，人类还有一段很长的路要走，这也体现出原始生命的形成是多么困难。

材料呈现

材料一　人工合成生命的部分成就

1965 年，中国科学家首次人工合成结晶牛胰岛素。

1981 年，中国科学家首次人工合成酵母丙氨酸转移核糖核酸（tRNA）。

1996 年，第一只体细胞克隆哺乳动物"多莉"羊诞生。

2002 年，成功合成第一个人工合成的病毒——脊髓灰质炎病毒。

2003 年，合成噬菌体 $\Phi X174$ 的基因组。

像生物学家一样思考

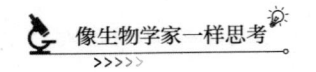

2005年，人工合成"西班牙流感病毒"。

2008年，合成蝙蝠体内的SARS样冠状病毒基因组。

2008年，完成生殖支原体的全基因组合成。

2010年，美国科学家克莱格·文特尔团队报道了首例由人工化学合成基因组控制的细菌细胞——"Synthia"（译为：辛西娅）。

2014年，美国科学家杰夫·伯克团队及其合作者合成了首条真核细胞染色体——酿酒酵母3号染色体。

2017年，中外科学家利用化学方法成功合成2号、5号、6号、10号和12号共5条人工设计的真核生物酿酒酵母染色体。

2018年，美国科学家杰夫·伯克团队人工创建了两条融合染色体酵母菌株。

2018年，中国科学家覃重军团队人工创建了单条融合染色体酵母菌株。

问题设计：根据以上材料谈谈你对人工合成生命未来前景的看法。

教师引导学生分析：在短短几十年间，人类不断尝试、不断突破，也不断取得新的成就，从人工合成有活性的生物大分子，到合成非细胞结构的生物病毒，再到原核生物支原体全基因组的人工合成，再到人工创建单条融合染色体真核生物，人类对人工合成生命的探索不断深入，并取得新的突破，而且我们有理由相信，人类还会在不久的将来取得更大的成就。

材料呈现

材料二 首例"人造生命"——"Synthia"的诞生

2010年3月某天的清晨，当丹尼尔·吉布森（Daniel Gibson）博士走进实验室的时候，他发现粉红色半透明的琼脂培养基上静悄悄地长出了淡蓝色、"荷包蛋形状"的菌落。两个月后，领导这项研究的克莱格·文特尔（J. Craig Venter）及其科研团队在《科学》杂志（Science）报道了世界上首例"人造生命"——含有全人工化学合成的最简基因组控制的单细胞细菌，其基因组是迄今所知的最小基因组，仅含有维持生命所必需的473个基因。这是地球上第一个由人类制造并能够自我复制的新物种。文特尔团队将这一人造细胞称作"Synthia"（译为：辛西娅）。

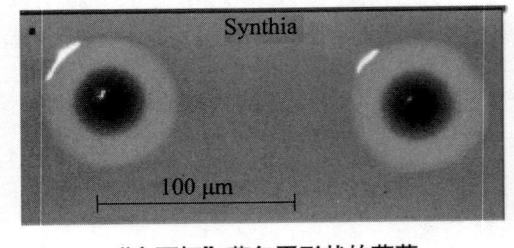

| "辛西娅"荷包蛋形状的菌落 | 野生型丝状支原体的菌落 |

资料来源：Gibson D G, Glass J I, Lartigue C, et al. Creation of a bacterial cell controlled by a chemically synthesized genome [J]. *Science*, 2010, 329(5987): 52-56.

问题设计：试分析讨论文特尔研究团队是如何找到"辛西娅"这个生命体所需要

的最小遗传信息仅含 473 个基因的。

教师引导学生分析：若想知道某种生命体是否已经含有最简化的基因组，常见的策略是做减法：把单个基因依次从基因组里敲除掉。如果丢失某个基因之后该生命体仍然可以存活，则说明它并非生命体存在的必要条件。利用这种思路，文特尔的研究团队从生殖支原体中找到了一百多个"无用"的基因。但是由于许多基因有着相似的功能——例如，有三个基因都掌管细胞代谢，当你一次只去掉其中一个的时候，很可能并不影响该生命体的存活，但如果你就此推出这三个基因全都不重要就大错特错了。所以，如果简单地从生殖支原体的基因组里减掉这一百多个基因，很可能并不能得到一个能够存活的细菌。然而要尝试不同组合，一次敲除多个基因，相当费时费力，持续做减法的道路行不通。于是，文特尔有了一个前所未有的大胆想法：通过电脑设计，人工合成不同的基因组合，再把它们导入去掉遗传物质的细胞中，看看这个细胞能否继续存活。

问题设计：为什么"辛西娅"可以称之为一个新的生命体，作为生命体要有哪些基本特征？

教师引导学生分析：作为生命体至少要具有以下基本特征：1.生命体都有共同的物质基础和结构基础；2.生命体都能进行新陈代谢；3.生命体都有遗传变异的特性；等等。

问题设计：未来，人工合成生命技术可能会有哪些应用？

教师引导学生分析：未来，人工合成生命的价值是可以根据人类自身的需要去进行设计的。比如说，利用人工合成的微生物来净化被污染的水源、土壤和空气；利用人工改造的海藻进行碳固定来降低大气中的二氧化碳的含量；利用人工合成生命技术将廉价、可再生的生物资源转换成能源；利用人工合成生命技术在不同层面对微生物进行设计、调控和优化，使之产生全新的药物，或造出高效精准的细胞生物，将药物直接送达病灶。也就是说，人工合成生命的技术如果成熟了，从理论上来讲，我们是可以建立微生物制造厂，制造出微生物药剂、微生物燃料甚至能够分解污染物的微生物"清洁工"等。

教师指导学生小结："辛西娅"诞生的真正意义在于它给出了技术和理论上的可行性证明。迈过了这一步，科学家们就可以着手解答令他们着迷的有关生命本质的问题，相信在不久的将来，人工合成生命将大有所为。长路漫漫，任重而道远。

【评析】

评析人：孙小兵

课例从学生熟知的科研成果入手，通过一系列的资料呈现和分析，引导学生正确认识基因表达、遗传的物质基础、基因工程、细胞工程在生产和生活中的作用。

1.通过翔实丰富的资料，充分展现了人工合成生命的成果。

课例从人类基因组计划导入，激发了学生的学习兴趣。然后，通过材料一，从结晶牛胰岛素到"多莉"羊，从脊髓灰质炎病毒到SARS样冠状病毒基因组，从生殖支原体的全基因组到两条染色体酵母菌细胞，多方面多维度地介绍了人工合成生命的实例，让学生既加深了对这一科技发展的认知，又深刻感受其应用价值。通过材料二，详细介绍了世界上首例"人造生命"——含有全人工化学合成的最简基因组控制的单细胞细菌"Synthia"（辛西娅），教师设计了三个问题让学生深入讨论，启发了学生思维，激发了学生学习的兴趣和主动性。

2. 通过引导学生分析人工合成生命的过程，树立正确的价值观。

本课例结合学生自身认知，让学生认同人工合成生命给我们生产和生活带来正面影响，能够理性地参与有关话题的讨论，科学地宣传基因工程和细胞工程；同时，使学生体会到科学技术是不断发展的，感悟到科学技术为人类服务的魅力和自我肩负的社会责任。

设计二

不破不立，破而再立

设计意图： 生物学教科书中将自然界中存在的有细胞结构的生物分为原核生物和真核生物。原核生物没有成形的细胞核，遗传物质位于拟核区域，是一条大型的环状 DNA 分子；真核生物有成形的细胞核，细胞核里有线性结构的多条染色体，DNA 位于染色体上。将酵母细胞的 16 条染色体融合成 1 条，甚至是 1 条环形的染色体，用 1 条染色体来装载所有的遗传物质，同时还能完成正常的细胞功能。本设计以人工创建单条融合染色体真核细胞的研究为背景，引导学生更进一步理解原核生物与真核生物的区别以及它们在生物进化上的联系，分析人造单条融合染色体酵母菌株作为人类染色体异常疾病研究模型的意义，并启发学生发表自己对人造生命未来前景的看法。

设计方案

教师讲述： 真核生物的细胞核里一般有多条染色体，染色体的数目也因物种不同而有所差异，如人类有 46 条染色体，小鼠有 40 条染色体，果蝇只有 8 条染色体。那这些差异是怎么造成的？染色体数目与生物的功能是否有关？有多条染色体的生物与单条染色体的生物相比，有什么优势？

材料呈现

材料一 "16 合 1"的"压缩"生命

上海生命科学研究院植物生理生态研究所的覃重军、薛小莉几位研究员在世界上首次人工创建了单条染色体的真核细胞，完成了将单细胞真核生物酿酒酵母天然的 16 条染色体人工创建为具有完整功能的单条染色体。为了创建一个只具有单一染色体的活酵母细胞，覃重军等人利用基因编辑工具 CRISPR/Cas9 切割端粒结构（每条染色体末端的重复核苷酸序列区域），将两条染色体组合在一起。邵洋洋博士从 2013 年开始尝试研究高效的染色体操作方法，历经 4 年时间，通过 15 轮染色体融合，最终成功创建了只有单条线型染色体的酿酒酵母菌株 SY14（去除了染色体中多余的着丝粒，只保留其中一个）。研究发现，虽然人工创建的单条线型染色体的三维结构发生了巨大变化，但SY14酵母具有正常的细胞功能，基因表达只发生了微小变化，这颠覆了染色体三维结构决定基因时空表达的传统观念，揭示了染色体三维结构与实现细胞生命功能的全新关系。

野生型的酿酒酵母（16条染色体）的染色质的空间结构　　**酿酒酵母16条染色体融合成1条之后的染色质形态**

资料来源：Shao Y, Lu N, Wu Z, et al. Creating a functional single-chromosome yeast［J］. Nature, 2018, 560(7718): 331-335.

可以看出，染色体融合导致明显的结构变化，但是局部的染色质形态则基本保持不变。

问题设计：根据你所学基因工程的有关知识，分析酿酒酵母菌株SY14构建的基本过程。

教师引导学生分析：获取原始酵母染色体→利用CRISPR/Cas9等技术重组酵母染色体→将重组的染色体导入去核酵母细胞中→筛选导入成功的酿酒酵母菌株SY14。

问题设计：将酿酒酵母细胞的16条染色体融合为1条染色体，人工创建了一种新型的酿酒酵母菌株SY14。试从DNA分子结构角度分析，融合成功的理论依据是什么。

教师引导学生分析：染色体中的DNA均由4种脱氧核苷酸构成，均遵循严格的碱基互补配对原则，并具有独特的双螺旋结构，所以可以将酵母菌的16条染色体融合为1条染色体。

材料呈现

材料二

在成功创建SY14菌株之后，覃重军团队及其合作者深入研究了SY14的代谢、生理和繁殖功能及染色体的三维结构。结果表明，单染色体酵母表现出与野生型几乎相同的转录组和表型谱，但通过减数分裂有性繁殖后代减少。另外，染色体融合后存在最明显的变化是染色体的三维结构。

"尽管融合显著改变了染色体的三维结构，但是除了删除少数非必需基因外，新菌株所含的遗传物质与正常酿酒酵母相同。"覃重军说，"经证实，人工改造的酵母细胞出乎意料的稳健，在不同的培养条件下，没有表现出重大的生长缺陷。然而，融合染色体菌株确实表现出小的适应性限制和有性生殖缺陷，因此它们可能会快速地被天然的菌株淘汰。

问题设计：SY14单融合染色体菌株表现出小的适应性限制和有性生殖缺陷揭示了什么？

教师引导学生分析：这些限制和缺陷揭示出真核生物在漫长的演化过程中，形成多染色体在生存上会有竞争优势。

材料呈现

材料三

酿酒酵母约三分之一的基因与人类基因同源。人类的过早衰老与染色体的端粒长度直接相关，端粒的缩短还与许多疾病相关。与天然酵母的32个端粒相比，SY14酵母的单条线型染色体仅有2个端粒，为研究人类端粒功能及细胞衰老提供了很好的模型。

问题设计：酿酒酵母有约三分之一的基因与人类基因同源，对酿酒酵母的研究可能有哪些潜在的应用价值？

教师引导学生分析：酿酒酵母有约三分之一的基因与人类基因同源，这有利于了解人类基因的结构与功能。人造单条染色体真核酵母细胞的诞生为研究人类染色体异常疾病提供了重要模型。端粒是染色体末端的保护结构，端粒的长短与过早衰老、基因突变、肿瘤等疾病形成有关。单染色体真核酵母细胞仅有2个端粒，这为研究上述疾病也提供了很好的研究基础。

教师指导学生小结：在自然界漫长的进化过程中，不同生命体逐渐形成了自身特有的基因组，包括相对稳定的DNA序列和固定的染色体数目。

【评析】

评析人：刘越

将16条染色体人工融合成1条染色体，这个想法和操作本身就是"破"。这和进化有着怎样的关系？酵母菌为何可以作为人类染色体异常疾病的研究模型？作者的微课设计让我们大开眼界，通过一步步的问题设计，教师逐步引导并揭示了真相。此微课在培养学生的生命观念、理解细胞的发生和发展观方面有着重要作用，并有助于训练学生的科学思维，提升学生的思维品质。

习题设计

习题1：

2018年8月，我国科学家使用CRISPR/Cas9基因编辑技术对酿酒酵母16条染色体的全基因组进行了大规模修剪、重新设计并人工合成为1条染色体，这条染色体就可以执行 16 条染色体的功能。再将这条染色体移植到去核的酿酒酵母细胞后，细胞依然能够存活，并表现出相应的生命特征。这是世界上首次人工创建的单条融合染色体的真核细胞，是合成生物学领域具有里程碑式意义的突破。

下列相关叙述错误的是（　　）。

A. 与蓝细菌相比，酿酒酵母有以核膜为界限的细胞核
B. 人工合成酿酒酵母染色体，需要核苷酸、氨基酸、磷脂和 ATP 等原料
C. 酿酒酵母的遗传信息在细胞核中转录，在细胞质中翻译
D. 将酿酒酵母的 16 条染色体整合成 1 条染色体属于染色体变异

必备知识	真核细胞与原核细胞的区别；染色体的化学组成；基因转录、翻译的场所；染色体变异
参考答案	B
命题立意	本题以人工创建单条融合染色体酵母细胞为知识背景。 （1）考查真核细胞与原核细胞的异同点； （2）引导学生分析染色体的化学组成以及基因转录、翻译的场所，要结合必修 1 分子与细胞与必修 2 基因的表达、染色体变异等多个知识点，对学生的科学思维和生命观念考查水平较高； （3）立足于对实验设计的分析与评判，展现学生科学探究的核心素养； （4）从社会责任的角度使学生对人工创建单条染色体真核细胞的研究意义进行科学理性的评价。
素养水平	（1）生命观念水平二 （2）生命观念水平三；科学思维水平三 （3）科学探究水平三 （4）社会责任水平三

习题 2：

2010 年，美国科学家克莱格·文特尔（J. Craig Venter）及其科研团队在《科学》杂志报道了世界上首例"人造生命"——含有全人工化学合成的，与天然染色体序列几乎相同的原核生物支原体。这是地球上第一个由人类制造并能够自我复制的新物种。文特尔团队将这一人造细胞称作"Synthia"（译为：辛西娅）。

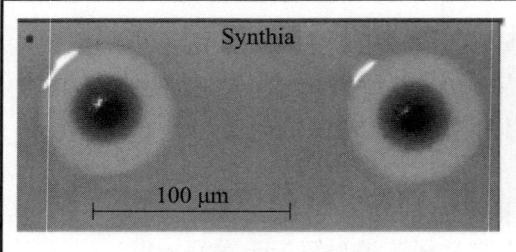

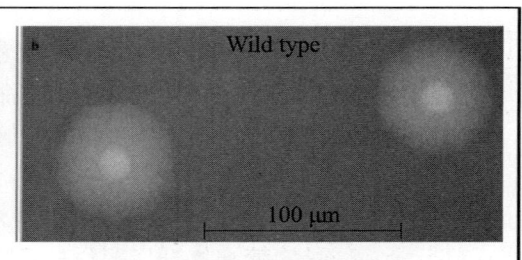

像生物学家一样思考

	Synthia		Wild type

"辛西娅"荷包蛋形状的菌落　　　　　　野生型丝状支原体的菌落

资料来源：Gibson D G, Glass J I, Lartigue C, et al. Creation of a bacterial cell controlled by a chemically synthesized genome [J]. *Science*, 2010, 329(5987): 52-56.

根据以上信息，回答下列问题：

（1）人造细胞"辛西娅"属于_____（原核生物/真核生物），判断的依据是_____。

（2）人造细胞"辛西娅"的核酸中具有碱基和核苷酸的种类依次是_____。

（3）在含有显色剂的同种培养基上，"辛西娅"和野生型丝状支原体的菌落颜色不同，其根本原因是什么？

_____

（4）"辛西娅"诞生以后，有人认为文特尔团队所做的工作是"玩弄上帝之手"，若被恐怖分子利用，可能会被用来制造生物武器，对此你怎么看？请谈谈你的看法。

_____

必备知识	真核细胞与原核细胞的区别；染色体的化学组成；基因转录、翻译的场所；染色体变异
参考答案	（1）原核生物　无核膜为界限的细胞核 （2）5　8 （3）两者的DNA不同。"辛西娅"和野生型丝状支原体的DNA不同，导致了两者的菌落颜色不同。 （4）首先，文特尔团队所合成的并非整个细胞，而只是细胞的一部分——染色体。当染色体被移植到受体细菌内时，它只不过利用了细胞质中原有的生命材料和机制，制造自己的蛋白质。这更像给电脑换了操作系统，而并非购置一台新电脑。而且，正如前文所述，这条人工合成的染色体，几乎完全以自然界里已有的基因组为模板，科学家们除了加入一些无伤大雅、不能改变功能的花哨字符，并没有任何大规模的创新生命的举动。 同时，我们对生物的认识，还远远没有达到可以随心所欲、像拼积木一样把一堆特定基因凑在一起就能得到特定生命形式的能力。（仅供参考）

命题立意	本题以人造生命——"Synthia"的诞生为知识背景。 （1）考查真核细胞与原核细胞的异同点； （2）考查学生是否理解所学知识的要点，把握知识间的内在联系，形成知识网络的能力，对学生的科学思维和生命观念考查水平较高； （3）立足于对实验设计的分析与评判，能从材料中获取有效信息，通过比较、分析与综合对某些生物学问题进行解释、推理，做出合理判断，展现学生科学探究的核心素养； （4）从社会责任的角度让学生对人造生命的研究意义进行科学理性的评价。
素养水平	（1）生命观念水平二 （2）生命观念水平三；科学思维水平三 （3）科学探究水平三 （4）社会责任水平三

学术情境主题 2

桑格完成胰岛素测序

桂之顼

• 学术导引 •

蛋白质是自然界中最复杂和最神秘的物质之一，与生命息息相关。例如控制生物化学过程的绝大多数酶和许多激素，引起疾病的病毒和许多毒素，以及能够保护我们免受感染的抗体等。蛋白质化学结构的多样性是物种差异的原因。因此，确定蛋白质的结构成为科学研究的重大问题之一。

即使利用电子显微镜，我们也无法直接看到蛋白质的精细结构，因此需要学习化学家们用于研究复杂物质结构的间接方法，通过适当的方法分解大分子，并在获得的片段中寻找更简单的已知物质。20 世纪初，诺贝尔奖得主埃米尔·费歇尔（Emil Fischer）利用此思路研究蛋白质，提出了氨基酸通过肽键结合形成多肽，多肽是蛋白质的水解产物。此后，科学家明确了蛋白质化学的基本原理，在大多数哺乳动物蛋白质中发现了 20 种不同的氨基酸。1952 年，诺贝尔化学奖得主马丁（Martin）和辛格（Synge）提出分配色谱法（纸层析法），可以确定多肽链中氨基酸的种类和数目。但是，在当时的技术下，科学家们对于氨基酸在蛋白质分子中的相对排列顺序几乎一无所知。尽管所有蛋白质都包含大致相同的氨基酸，但它们在物理学和生物学特性上都明显不同，因此蛋白质中氨基酸的排列顺序显得尤为重要。

1955 年，弗雷德里克·桑格（Frederick Sanger）发明了蛋白质测序的方法，获得了牛胰岛素的氨基酸序列，并于 1958 年被授予诺贝尔化学奖。牛胰岛素的测序过程如图 2-1 所示。胰岛素结构的确定为其他蛋白质的类似研究开辟了道路，提供了测序的方法。这些研究旨在确定构成生命物质的许多蛋白质的化学结构，从而了解这些蛋白质如何执行特定功能，同时也希望可以通过对蛋白质的研究揭示疾病发生的变化规律。

1943 年，桑格攻读完博士学位，继续留在剑桥大学，加入了生物化学系查尔斯·奇布尔（Charles Chibnall）教授的实验室，专注于氨基酸排序的研究工作。当时，奇布尔教授已在牛胰岛素的结构方面做了很多研究。牛胰岛素的组成比大多数蛋白质要简单一些，其中不存在两种常见的氨基酸——色氨酸和甲硫氨酸。奇布尔教授也已

学术情境主题2 桑格完成胰岛素测序

牛胰岛素的测序

事实背景：
- 牛胰岛素的组成比大多数蛋白质简单，不存在色氨酸和甲硫氨酸
- 牛胰岛素具有较高含量的游离α-氨基团（N末端残基上）
- 有科学家证明胰岛素的分子量约为6 000

技术背景：
马丁和辛格提出纸层析法，可确定多肽链中氨基酸的种类和数目

牛胰岛素的测序：

- **确定N末端的氨基酸**：2,4-二硝基氟苯（FDNB）与游离α-氨基反应，酸性条件下肽键断裂，形成DNP-氨基酸，鉴定DNP-氨基酸对比合成DNP衍生物的色谱图（显亮黄色）

- **破坏二硫键分离肽链**：过甲酸将胱氨酸转化为半胱氨酸残基

- **B链的测序**：
  - 酸水解：测得A链和B链的氨基酸种类、数目及N末端氨基酸
  - 分离：根据水解产物拼凑出N末端苯丙氨酸残基的部分序列，离子交换色谱法（ion exchange chromatography）、木炭吸附（adsorption on charcoal）、离子电泳（ionophoresis）
  - 推导：结合酸水解产物推导出五个序列
  - 酶水解：特异性作用于不同肽键形成多肽，根据多肽中氨基酸种类确定上述序列的连接方式

- **A链的测序**：
  - 酸水解：得到N末端甘氨酸残基的部分序列
  - 纸层离子电泳（paper ionophoresis）：将不同带电性质的短肽分离
  - 推导：根据氨基酸在不同短肽上的位置推出A链的序列

- **-NH₂的定位**：测定酶解产物的电泳速度和酰胺含量以确定酰胺基团的位置

- **确定二硫键的分布**：
  - 不同反应条件下抑制二硫键重排的方法（中性或碱性：-SH化合物，酸性：-SH抑制剂）
  - 胰凝乳蛋白酶水解得胱氨酸肽，再氧化确定一个二硫键
  - 浓酸处理分离出胱氨酸肽，再氧化确定其余两个二硫键

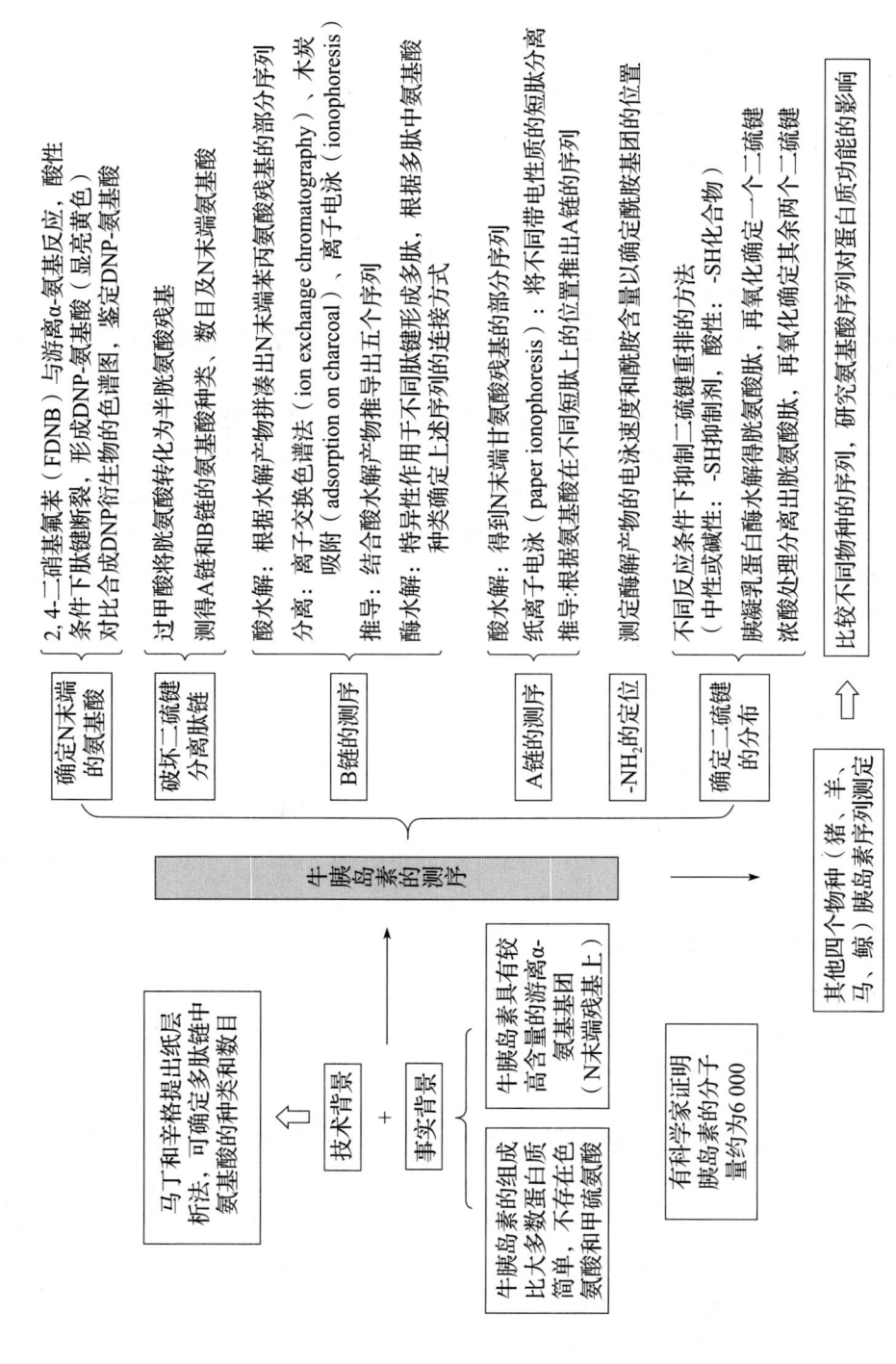

⟹ 比较不同物种（猪、羊、马、鲸）胰岛素序列对蛋白质功能的影响

其他四个物种（猪、羊、马、鲸）胰岛素序列测定

图2-1 牛胰岛素的测序过程

资料来源：Sanger F. The chemistry of insulin [EB/OL]. (1958-12-11) [2023-07-23]. https://www.nobelprize.org/uploads/2018/06/sanger-lecture.pdf.

证明胰岛素具有较高含量的游离 α-氨基基团，这表明它由相对短的多肽链组成。游离的 α-氨基仅存在于 N 末端残基上，因此，可以从这些 N 末端残基的数目确定链的数目。另外，詹森（Jensen）和埃文斯（Evans）已经证明了苯丙氨酸在一条链的末端，这是当时唯一已知的蛋白质中氨基酸的位置。

桑格和奇布尔教授一致认为要确定胰岛素的氨基酸序列，就需要先找到一种能鉴定出氨基酸游离 α-氨基的试剂。桑格确定了一种名为 2,4-二硝基氟苯（FDNB，桑格试剂）的物质，在弱碱性溶液中，FDNB 很容易与氨基酸的 α-氨基发生反应，生成稳定的黄色 2,4-二硝基苯氨基酸。反应在弱碱性条件下进行时不会引起任何肽键断裂，FDNB 与多肽链游离的氨基结合形成 DNP 蛋白。再用酸水解 DNP 蛋白，使肽键断裂，从而以 DNP 衍生物的形式留下 N 末端残基。将 DNP 氨基酸与合成的 DNP 衍生物的色谱图进行比较来鉴定 DNP 氨基酸。用这个方法鉴定出胰岛素 N 末端存在两种氨基酸——苯丙氨酸和甘氨酸。

胰岛素中的半胱氨酸相对丰富，而二硫键是当时唯一已知在蛋白质中发生的交联类型。所以桑格认为胰岛素的肽链是通过半胱氨酸残基的二硫键连接在一起的。他尝试通过破坏二硫键来分离肽链，用过甲酸将胱氨酸转化为半胱氨酸残基，破坏了交联，分离出两个不同的组分，即 A 链和 B 链，并测得了其中的氨基酸种类和数目。

桑格对 B 链的 DNP 衍生物分别进行了酸水解和酶水解，利用不同片段之间的关系，像"拼图"一样拼凑出了完整序列。尽管 A 链较短，但是结构更难确定，因为很多氨基酸在 B 链中只出现了一次，所以"拼图"更容易。而 A 链仅具有少数这样的氨基酸，且都接近一个末端。另外，A 链不易被酶水解，所以桑格处理 A 链时仍采用酸水解的方法，再通过离子电泳将酸水解产物在不同 pH 条件下分离，此后仍采用"拼图"的方式推理序列。

确定了胰岛素两条链的结构后，剩下的问题就是找到二硫键的排列方式。几乎此时，有科学家证明胰岛素的分子量约为 6 000，由此可以确定胰岛素由包含三个二硫键的两条链组成。由于 A 链有四个半胱氨酸，B 链有两个半胱氨酸，所以两个二硫键在 A、B 链之间，另一个在 A 链内部。为了确定二硫键的分布，必须获得含有完整胱氨酸的肽，但是在水解过程中会发生二硫键的随机重排，所以桑格先研究了防止二硫键重排的方式，再利用酸水解和酶水解获得胱氨酸肽，分析其氧化得到的半胱氨酸所在的序列，确定二硫键的位置。最终，桑格发现了牛胰岛素的结构（图 2-2），成为解析蛋白质结构的第一人。

牛胰岛素的测序是科学技术和逻辑思维的巧妙结合，根据不同氨基酸和多肽链化学性质的特点，寻找合适的水解和分离方法是成功的关键。桑格利用不同程度的酸水解和酶水解，针对复杂的混合物，运用离子电泳、离子交换色谱法和木炭吸附进行分离后（图 2-3），再将得到的片段序列进行推理和组合，"拼凑"出合理的两条多肽链的序列。针对二硫键的分布，研究不同 pH 条件下抑制二硫键重排的方法，分别用酸水解和酶水解，再经氧化得到肽段，确定 3 个二硫键的位置。

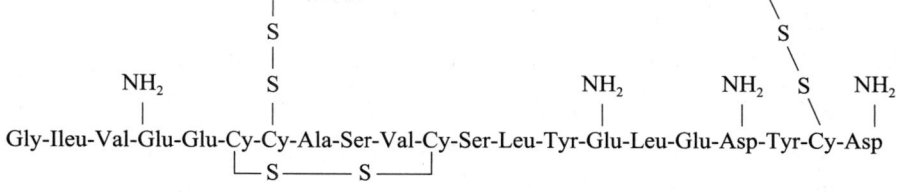

```
                    NH₂ NH₂
                     |   |
Phe-Val-Asp-Glu-His-Leu-Cy-Gly-Ser-His-Leu-Val-Glu-Ala-Leu-Tyr-Leu-Val-Cy-Gly-Glu-Arg-Gly-Phe-Phe-Tyr-Thr-Pro-Lys-Ala
                         |                                              |
                         S                                              S
         NH₂             |                          NH₂    NH₂          \   NH₂
          |              S                           |      |           S    |
Gly-Ileu-Val-Glu-Glu-Cy-Cy-Ala-Ser-Val-Cy-Ser-Leu-Tyr-Glu-Leu-Glu-Asp-Tyr-Cy-Asp
                         └──S────S──┘
```

图 2-2 牛胰岛素的结构

资料来源：Sanger F, Tuppy H. The amino-acid sequence in the phenylalanyl chain of insulin. I. The identification of lower peptides from partial hydrolysates [J]. *The biochemical journal*, 1951, 49(4): 463-481.

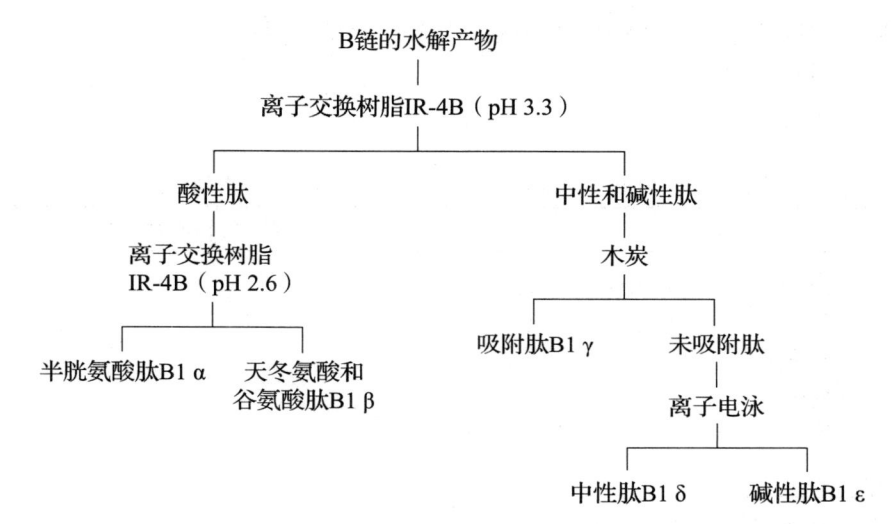

```
                        B链的水解产物
                             |
                  离子交换树脂IR-4B（pH 3.3）
                     ┌───────┴───────┐
                  酸性肽            中性和碱性肽
                     |                  |
              离子交换树脂              木炭
              IR-4B（pH 2.6）      ┌────┴────┐
               ┌────┴────┐      吸附肽B1γ  未吸附肽
          半胱氨酸肽B1α  天冬氨酸和              |
                      谷氨酸肽B1β            离子电泳
                                          ┌────┴────┐
                                     中性肽B1δ   碱性肽B1ε
```

图 2-3 B 链水解产物的初步分离

资料来源：Sanger F, Tuppy H. The amino-acid sequence in the phenylalanyl chain of insulin. I. The identification of lower peptides from partial hydrolysates [J]. *The biochemical journal*, 1951, 49(4): 463-481.

胰岛素是由胰脏内的胰岛 B 细胞受内源性或外源性物质如葡萄糖、胰高血糖素等刺激而分泌的一种蛋白质类激素，能促进糖原、脂肪、蛋白质合成，是机体内唯一降低血糖的激素。20 世纪初，人们发现胰岛素能治疗糖尿病，但从动物体内能提取的量很少，因此只能另辟蹊径思考如何合成胰岛素，桑格对胰岛素的测序也为此后人工合成胰岛素奠定基础。1965 年，北京和上海两地的科研小组人工合成了与天然胰岛素具有相同生物活性的结晶牛胰岛素，成为世界上首例人工合成的蛋白质。1982 年，科学家实现利用大肠杆菌生产重组胰岛素，标志着世界上第一个基因工程药物的诞生。此后，利用基因工程研制的胰岛素应用于临床治疗，为糖尿病患者带来福音，推动了医疗的发展。

像生物学家一样思考

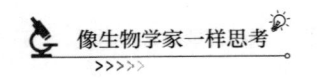

• 素养教学建议 •

牛胰岛素的测序为人工合成蛋白质奠定了基础，也推动了医疗领域和科学研究领域的发展。胰岛素的测序和人工合成在普通高中生物学教科书中多次被提及，在正文、科学史话、课后习题等多处以不同形式呈现。虽然牛胰岛素的测序和人工合成的过程在教材中未展开，但胰岛素与核心概念中的多个知识点相关联，可以作为课堂教学的补充素材和命题的背景材料。从学科知识来看，它主要用以说明：1.蛋白质的空间结构；2.利用基因工程技术生产医用蛋白质类产品——重组人胰岛素；3.蛋白质工程的应用。从呈现方式来看，除正文之外，它还出现在课外阅读栏目，以及被编成课后练习。

分析"桑格完成胰岛素测序"与高中生物学概念的联系（见表2-1），可见其与课程标准在必修和选择性必修的内容要求中的核心概念密切关联，是培养学生学科核心素养的良好材料。

表2-1 "桑格完成胰岛素测序"与高中生物学概念的联系

	内容	课程标准中的生物学概念
研究背景	• 埃米尔·费歇尔提出了氨基酸通过肽键结合形成多肽，多肽是蛋白质的水解产物 • 马丁和辛格提出纸层析法，可确定多肽中氨基酸的种类和数目 • 按时按量注射胰岛素可以缓解糖尿病的症状	必修 1.1.6 阐明蛋白质通常由20种氨基酸分子组成，它的功能取决于氨基酸序列及其形成的空间结构，细胞的功能主要由蛋白质完成 选择性必修 1.4 内分泌系统产生的多种类型的激素，通过体液传送而发挥调节作用，实现机体稳态
研究过程	• 确定N末端的氨基酸 • 破坏二硫键分离肽链 • B链的测序（酸水解、酶水解） • A链的测序（酸水解） • -NH_2的定位 • 确定二硫键的分布	必修 2.2.1 说明绝大多数酶是一类能催化生化反应的蛋白质
后续发展	• 人工合成牛胰岛素 • 重组人胰岛素	选择性必修 5.1 基因工程是一种重组DNA技术 5.1.4 举例说明基因工程在农牧、食品及医药等行业的广泛应用改善了人类的生活品质

素养教学建议1

氨基酸特定的排列顺序决定了胰岛素结构和功能的特异性【生命观念 科学思维】

蛋白质作为生命活动的主要承担者，弄清其结构和功能对各项生命活动的研究尤为重要。因此，教师可以考虑以科学家对胰岛素的认识过程为素材，帮助学生认识蛋白质的基本单位和构成方式，引导学生分析胰岛素结构特异性的原因，思考与讨论蛋白质多样性的原因，从而达到对蛋白质这一生物大分子的认识的目的。以此让学生学会运用科学的思维方法认识蛋白质，基于生物学事实和证据运用归纳、概括等方法探讨并阐释氨基酸如何构成蛋白质，培养学生的科学思维。联系胰岛素对于生命活动的调节作用，进一步启发学生关注蛋白质结构与功能之间的关系，帮助学生树立结构与功能相适应的生命观念。

素养教学建议 2

胰岛素的人工合成与糖尿病的治疗【科学思维　社会责任】

胰岛素作为治疗糖尿病的特效药，在牛、羊等动物体内含量很少，无法大量提取，这成为治疗糖尿病的一大难题。在胰岛素测序的基础上，科学家通过人工合成获得与天然胰岛素相同活性的合成胰岛素，可以在一定程度上缓解胰岛素提取量少的问题。之后，科学家将编码胰岛素的基因与大肠杆菌的 DNA 分子重组，并在大肠杆菌内大量表达，获得大量胰岛素。可见，科学发现与科学技术在医疗领域的应用造福了人类。在教学中以胰岛素的人工合成为材料，有助于培养学生的科学思维和社会责任意识。

微课设计

设计一

从胰岛素认识蛋白质

设计意图：蛋白质是生物体中常见且重要的大分子有机物之一，承载着各项生命活动，但由于结构微观，学生对其非常陌生，因此，教材编排也将蛋白质的功能前置，由功能引出蛋白质的结构，符合学生的认知规律。本微课设计延续教材的思路，以生活中较为常见的糖尿病导入，指出胰岛素在人体血糖平衡调节中的重要作用，再将科学家对胰岛素的研究结果作为事实依据，让学生分析构成胰岛素的氨基酸的结构特点、形成多肽链和胰岛素的方式以及胰岛素特异性的原因，由个别到一般，由特殊性推及普遍性，进而归纳、总结并构建出关于蛋白质的概念体系，培养学生科学思维的同时深化结构与功能观。

设计方案

教师讲述：正常人体的血糖含量为 0.8～1.2 g/L，糖尿病是由于胰岛素不足或胰岛素生成障碍引起的代谢紊乱性疾病，它的主要标志就是高血糖。胰岛素的化学本质是蛋白质，它是由什么成分组成的？它的结构如何？

像生物学家一样思考

材料呈现

材料一

20 世纪初，诺贝尔奖得主埃米尔·费歇尔水解了蛋白质，提出了氨基酸通过肽键（-CO-NH-）结合形成多肽，多肽是蛋白质的水解产物。

材料二

组成牛胰岛素的 A 链有 11 种 21 个氨基酸，B 链有 15 种 30 个氨基酸。桑格通过测序发现了 A、B 链 N 末端的四个氨基酸序列，这些氨基酸的结构如下表所示。

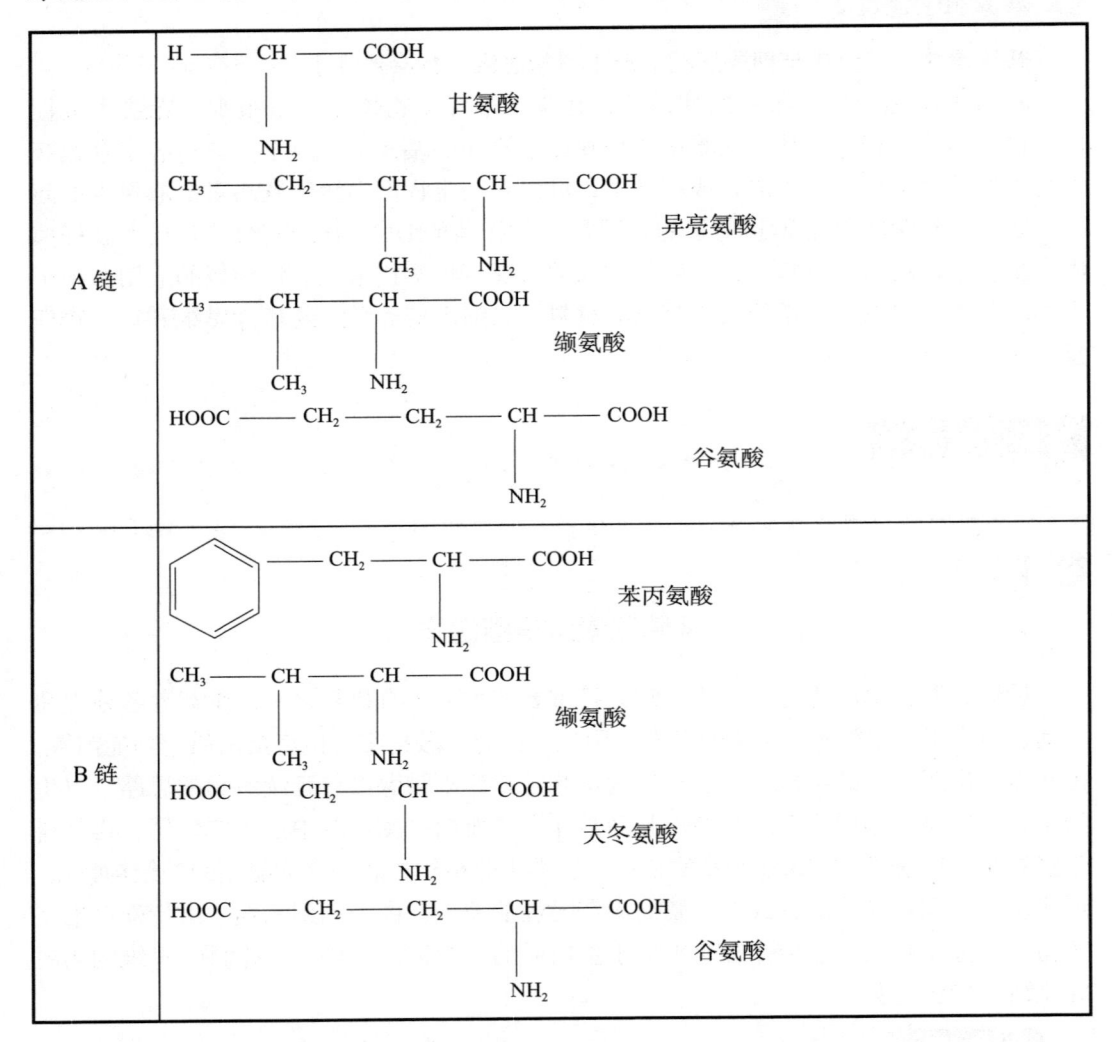

A 链	H—CH—COOH（甘氨酸）
	    |
	    NH$_2$
	
	CH$_3$—CH$_2$—CH—CH—COOH（异亮氨酸）
	       | |
	       CH$_3$ NH$_2$
	
	CH$_3$—CH—CH—COOH（缬氨酸）
	    | |
	    CH$_3$ NH$_2$
	
	HOOC—CH$_2$—CH$_2$—CH—COOH（谷氨酸）
	          |
	          NH$_2$

B 链	⌬—CH$_2$—CH—COOH（苯丙氨酸）
	      |
	      NH$_2$
	
	CH$_3$—CH—CH—COOH（缬氨酸）
	    | |
	    CH$_3$ NH$_2$
	
	HOOC—CH$_2$—CH—COOH（天冬氨酸）
	       |
	       NH$_2$
	
	HOOC—CH$_2$—CH$_2$—CH—COOH（谷氨酸）
	          |
	          NH$_2$

问题设计：观察组成胰岛素的氨基酸，它们有什么共同点和不同点？

教师引导学生分析：都有一个氨基和一个羧基，并连接在同一个碳原子上，不同的氨基酸 R 基上的基因不同，从而构建氨基酸的结构通式。

问题设计：观察氨基酸的结构通式，结合材料推测氨基酸分子如何连接形成多肽。

教师引导学生分析：结合"蛋白质水解"引导学生推测两个氨基酸的连接需要脱

去水，结合"肽键"的结构推测氨基脱去一个 H、羧基脱去一个羟基，归纳总结脱水缩合的过程。

材料呈现

材料三

桑格通过酸水解和酶水解的方法，将牛胰岛素的两条链以不同的方式水解成不同的片段，分离并分析，测得两条链的序列如下：

```
      NH₂ NH₂
       |   |
Phe-Val-Asp-Glu-His-Leu-Cy-Gly-Ser-His-Leu-Val-Glu-Ala-Leu-Tyr-Leu-Val-Cy-Gly-Glu-Arg-Gly-Phe-Phe-Tyr-Thr-Pro-Lys-Ala  B链
```

```
             NH₂                                          NH₂      NH₂         NH₂
              |                                            |        |           |
Gly-Ileu-Val-Glu-Glu-Cy-Cy-Ala-Ser-Val-Cy-Ser-Leu-Tyr-Glu-Leu-Glu-Asp-Tyr-Cy-Asp    A链
```

材料四

研究人员将胰岛素 B 链上编码第 16 个和第 26 个氨基酸的密码子由天然形式的编码酪氨酸的密码子改变为编码丙氨酸的密码子，得到的人工改造的胰岛素丧失了自身聚合的能力，但保留了全部的生物活性，注射到体内后可以快速降低血糖。

材料五

科学家的研究结果表明[①]，胰岛素 A7-B7 二硫键缺失可导致胰岛素原 α 螺旋明显减少以及对胰蛋白酶的酶切敏感性显著增加，其对胰岛素原结构的影响主要导致了受体结合活性的大幅度降低。

材料六

研究来自不同动物物种的胰岛素，发现所有胰岛素均显示相同的活性，所有物种的整个 B 链都是相同的，唯一的区别是在 A 链二硫环所含的三个氨基酸中。下面为牛、猪、羊、马、鲸不相同的三个氨基酸。

Cattle	—	Ala · Ser · Val
Pig	—	Thr · Ser · Ileu
Sheep	—	Ala · Gly · Val
Horse	—	Thr · Gly · Ileu
Whale	—	Thr · Ser · Ileu

问题设计：牛胰岛素的结构由什么决定？

教师引导学生分析：引导学生从组成牛胰岛素的氨基酸种类和排列顺序进行分析，思考并总结氨基酸的数目、排列顺序、肽链的盘曲折叠方式及其形成的空间结构是蛋白质分子结构多样性的原因。

[①] 刘颖，唐建国. A7-B7 二硫键缺失对胰岛素原重折叠及结构的影响［J］. 生物化学与生物物理学报：英文版，2003, (02): 122-126.

问题设计：胰岛素的功能可能与什么有关？

教师引导学生分析：胰岛素的功能可能与部分氨基酸的种类、排列顺序、二硫键的存在有关，从而理解结构与功能相适应。

教师指导学生小结：归纳蛋白质的基本单位氨基酸通过脱水缩合形成多肽链，肽链盘曲、折叠形成有一定空间结构的蛋白质。氨基酸的数目、种类、排列顺序，多肽链的盘曲、折叠方式及其形成的空间结构使得蛋白质结构极其多样。蛋白质结构的多样性是蛋白质种类繁多的原因。

【评析】

评析人：刘越

从材料一到材料六层层递进，从构成多肽的氨基酸种类、数目、排列顺序以及在形成空间结构时的折叠方式等角度来分析，引导学生逐步理解结构与功能相适应，蛋白质分子的结构及其种类繁多的原因。虽然材料一、二与课本的讲解有相似之处，但后面材料中学生能获得科学家的研究方法，如酸水解和酶水解后再分离分析，也能更多了解到其他改变（氨基酸替换、二硫键改变）对蛋白质功能的影响，从而增强理解结构和功能相适应的观念。

设计二

从基因工程到糖尿病的治疗

设计意图：糖尿病是生活中常见的慢性疾病，本微课由学生熟悉的疾病入手，让学生了解其致病机理，帮助学生认识胰岛素在生命活动调节中的重要作用，深入理解动物激素的特点。针对糖尿病的治疗，引导学生结合胰岛素的作用思考可行方法，培养学生运用生物学知识解释生活现象和解决生物学问题的能力，认识胰岛素对改变糖尿病患者命运的重大意义。再呈现胰岛素提取量不足的问题，启发学生运用基因工程的知识思考如何实现胰岛素的大量制备，培养学生运用科学的方法解决问题的思维习惯，进而让学生关注科学发展及其对医疗领域的推动。同时，宣传关爱生命的观念，推崇和践行健康的生活方式。

设计方案

教师讲述：糖尿病是个历史悠久的慢性代谢疾病，包括Ⅰ型和Ⅱ型糖尿病两类。Ⅰ型糖尿病，也称为胰岛素依赖型糖尿病，主要是因为胰岛B细胞发生自身免疫破坏，常导致胰岛素绝对缺乏而引起营养物质代谢性异常疾病。Ⅱ型糖尿病，患者体内产生胰岛素的能力并非完全丧失，有的患者体内胰岛素甚至产生过多，但胰岛素的作用效果较差。

问题设计：根据胰岛素的功能，思考如何治疗这两种类型的糖尿病。

教师引导学生分析：针对胰岛素缺陷导致的糖尿病，可以通过补充外源性胰岛素进行治疗。

问题设计：如何补充外源性胰岛素？为什么？

教师引导学生分析：由于胰岛素的化学本质是蛋白质，若口服会在消化道中酶的作用下分解，从而失去活性，因此不能口服只能注射。

材料呈现

材料一

从牛等家畜的胰腺中提取胰岛素，每 100 kg 胰腺只能提取 4~5 g 胰岛素。

材料二

糖尿病患者一般需要长期注射胰岛素，每天的注射时间为餐前半小时左右。

问题设计：这体现了动物激素的什么特点？

教师引导学生分析：分析总结激素微量高效、作用于靶细胞后被灭活的特点。

教师讲述：人类不能从动物体内大量提取胰岛素，可能会导致什么问题？有没有其他可以解决的方法？

材料呈现

材料三

1965 年，中国北京和上海两地的科研小组人工合成了与天然胰岛素具有相同生物活性的结晶牛胰岛素，成为世界上首例人工合成的蛋白质。他们先将天然胰岛素的 A 链和 B 链拆开，再寻找重新合成的方法。此后，用人工合成的 A 链和天然的 B 链相连，人工合成的 B 链与天然的 A 链相连，确定其活性，最后再将人工合成的 A、B 链相连。

材料四

1982 年，科学家实现利用大肠杆菌生产重组胰岛素，标志着世界上第一个基因工程药物的诞生。

问题设计：利用大肠杆菌生产重组胰岛素的步骤有哪些？

教师引导学生分析：获取胰岛素基因（包括扩增）、构建基因表达载体、将胰岛素基因导入处于感受态的大肠杆菌细胞、目的基因的检测与鉴定（包括检测大肠杆菌发酵产生的胰岛素的活性）。以此梳理基因工程的基本步骤，认识其在医药卫生领域的应用。

问题设计：大肠杆菌没有高尔基体等细胞器，基因工程如何利用大肠杆菌合成胰岛素？结合材料三合理推测。

教师引导学生分析：分别化学合成编码胰岛素 A 链和 B 链的基因序列，将两段目的基因插入基因表达载体，转化入大肠杆菌分别表达两条链，利用材料三的体外人工合成技术将两条链相连形成胰岛素。

材料五

基因工程生产人胰岛素的另一种方法：将胰岛素原的 mRNA 在逆转录酶作用下合成 cDNA，将 cDNA 插入基因表达载体，转化入大肠杆菌表达胰岛素原，将表达产物分离纯化后，利用酶切等方法处理得到胰岛素。

资料来源：冯佑民, 张友尚. 重组人胰岛素研究的回顾和展望[J]. 中国生物工程杂志, 1996, 16(04): 26-31.

像生物学家一样思考

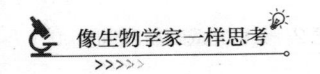

教师指导学生小结： 人类对胰岛素体内合成的认识和人工合成胰岛素的成功，为基因工程合成重组人胰岛素打下坚实基础，进一步推动了基因工程在医疗领域的发展和应用。

【评析】

评析人：孙小兵

本课例以学生熟悉的糖尿病病例和专用药物胰岛素入手，介绍基因工程的应用。通过资料分析、情境探究、实验设计等活动，充分带动学生，引发学生思考。通过本节教学，学生认同健康生活的观念，掌握基因工程的知识，提升科学探究素养，同时联系前沿展示科学研究成果，增强民族自信，辨析生活中激素类药物应用，培养社会责任感。

1. 以胰岛素为线索，创设情境贯穿整个课例。

以常见的胰岛素参与生命活动调节，是降血糖的唯一激素引入课堂，复习胰岛素本质、激素作用特点、血糖调节机制；通过人类不能从动物体内大量提取胰岛素这一问题，引发学生思考其他产生胰岛素的方式；以我国合成结晶牛胰岛素和大肠杆菌批量生产胰岛素，梳理基因工程的基本步骤，认识其在医药卫生领域的应用。整节课设计流畅有层次。

2. 以促进学生主动学习与实践为目标，设计教学活动。

本课例开展了资料分析、情境探究、思考讨论、完善方案等活动，引导学生深入思考、动手建构、充分交流，归纳了基因工程生产胰岛素的全过程，充分给予学生思维权、动手权、话语权。整个教学过程注重真实情境、任务驱动、目标导向、内化提升和创新应用，教学设计有生活、有探究、有思考、有拓展、有实效，较好地体现了生物学科核心素养。

习题设计

习题 1：

桑格成功完成了胰岛素的测序，成为世界上蛋白质的测序第一人，获 1958 年诺贝尔化学奖。他首先找到了一种能鉴定 N 末端氨基酸的试剂，在弱碱条件下可与多肽链 N 末端氨基酸形成 DNP 衍生物（不引起肽键断裂）。此后，利用弱酸水解，仅拆分了部分肽键，得到 DNP-苯丙氨酰肽，通过部分水解产物和完全水解产物可以确定沿着链的四个残基的 N 末端序列。

肽	完全水解产物	部分水解产物
B1	DNP-苯丙氨酸	-
B2	缬氨酸、DNP-苯丙氨酸	B1
B3	天冬氨酸、缬氨酸、DNP-苯丙氨酸	B1、B2
B4	谷氨酸、天冬氨酸、缬氨酸、DNP-苯丙氨酸	B1、B2、B3

（1）加酸、加热等会引起蛋白质_____，这一变化过程与盐析的区别是_____
_____。

（2）由上表可以确定的 B 链 N 末端序列依次为_____。
桑格在酸水解产物的各个部分中鉴定并推导以下五个序列，这五个序列包含了 B 链的所有氨基酸，但是无法从酸水解产物衍生的小肽中确定这五个序列如何连接在一起。（三个字母表示一种氨基酸）

1. Phe·Val·Asp·Glu·His·Leu·CySO$_3$H·Gly（N-terminal sequence）.
2. Gly·Glu·Arg·Gly.
3. Thr·Pro·Lys·Ala.
4. Tyr·Leu·Val·CySO$_3$H·Gly.
5. Ser·His·Leu·Val·Glu·Ala.

基于此，桑格利用了酶水解的方法，如通过胃蛋白酶的作用获得肽 Bp3（Phe，CySO$_3$H，Asp，Glu，Ser，Gly，Val，Leu，His），再结合胰蛋白酶和胰凝乳蛋白酶的作用获得其他肽，从而推断出 B 链的完整序列。

（3）与酸水解相比，酶水解的特点有哪些？
_____。

（4）结合胃蛋白酶的作用结果，可推断出上述五个序列中_____和_____相连，原因是_____。

（5）桑格最终测得 A 链 21 个氨基酸和 B 链 30 个氨基酸的排列顺序，并确定了三个二硫键的位置。若氨基酸的平均相对分子质量为 a，则组成的胰岛素的相对分子质量为_____。

（6）胰岛素的成功测序对于此后蛋白质的研究和应用有什么意义？
_____。

必备知识	蛋白质变性；蛋白质盐析；酶的专一性；脱水缩合相关计算
参考答案	（1）变性；变性是蛋白质的空间结构发生了改变，而盐析只是改变了蛋白质的溶解度 （2）苯丙氨酸–缬氨酸–天冬氨酸–谷氨酸 （3）酶的作用具有专一性/特异性，只能水解特定位点的肽键 （4）序列 1；序列 5；Asp 仅存在于序列 1 中，Ser 仅存在于序列 5 中，且两者都存在于肽 Bp3 中，且序列 2、3、4 中都含有不在肽 Bp3 中的氨基酸 （5）50a-888 （6）为其他蛋白质结构的研究提供可行的科学方法，为胰岛素的人工合成奠定基础，有助于糖尿病的临床治疗等

命题立意	本题提取了桑格对胰岛素测序的部分研究流程作为基本情境。 （1）考查蛋白质变性和盐析的区别； （2）引导学生结合桑格的测序方法和结果推理 B 链 N 末端的四个氨基酸序列，体验科学家的思维过程； （3）根据实验中酸和酶的作用，结合必修 1 中对酶作用特点的认识，分析实验方法； （4）在理解酸水解和酶水解差异的基础上，利用两者的作用结果，推理氨基酸的排列顺序，考查学生科学思维； （5）考查学生对脱水缩合和二硫键形成过程的认识； （6）引导学生思考胰岛素的成功测序对于科学发展的推动作用。
素养水平	（1）生命观念水平二 （2）科学思维水平三 （3）生命观念水平二 （4）科学思维水平三 （5）科学思维水平二 （6）社会责任水平三

习题 2：

胰岛素是治疗糖尿病的特效药，它由两条多肽链构成，A 链有 21 个氨基酸，B 链有 30 个氨基酸，在动物体内的形成过程如图 1 所示。由于无法从动物体内大量提取胰岛素，科学家将动物体内的胰岛素合成基因转入大肠杆菌细胞中生产人胰岛素，大致过程如图 2 所示。

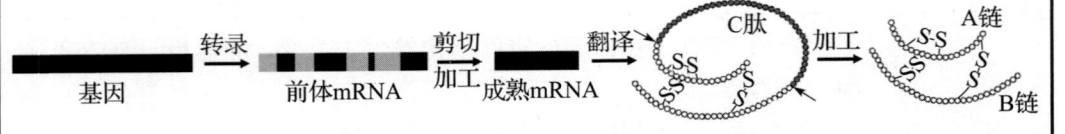

图 1

下列相关叙述不正确的是（   ）。
A. 该技术体现了原核细胞和真核细胞的统一性
B. 胰岛素是人体内微量高效的蛋白质，几乎作用于全身的细胞
C. 据题推测，胰岛素合成的基因有 306 个碱基（不考虑终止密码子）
D. 无法从转化后的大肠杆菌的表达产物中直接得到胰岛素

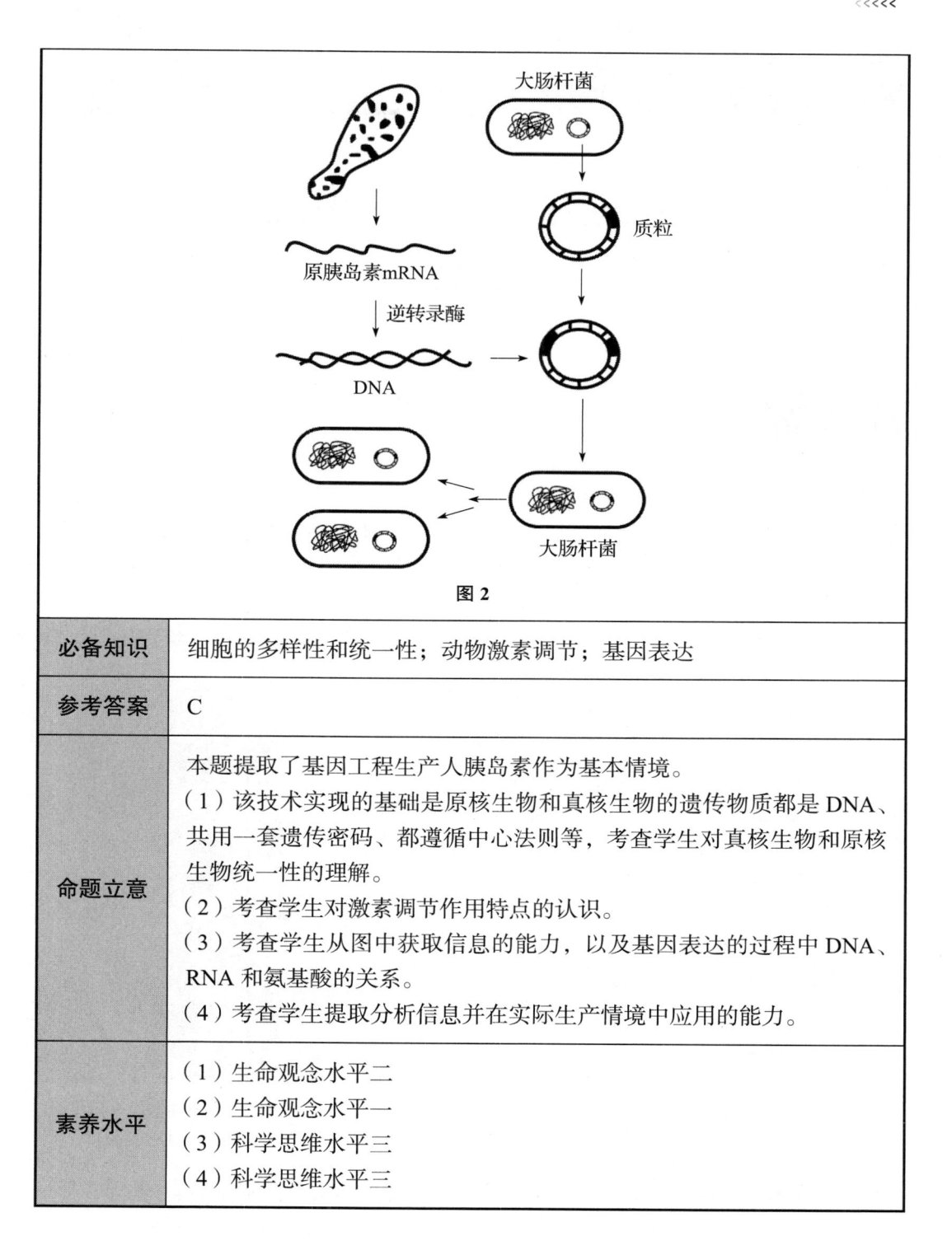

```
                          大肠杆菌
         ┌───┐
         │   │
         └─┬─┘
           ↓
     原胰岛素mRNA              质粒
           ↓ 逆转录酶
         DNA      →

                          大肠杆菌
```

图 2

必备知识	细胞的多样性和统一性；动物激素调节；基因表达
参考答案	C
命题立意	本题提取了基因工程生产人胰岛素作为基本情境。 （1）该技术实现的基础是原核生物和真核生物的遗传物质都是DNA、共用一套遗传密码、都遵循中心法则等，考查学生对真核生物和原核生物统一性的理解。 （2）考查学生对激素调节作用特点的认识。 （3）考查学生从图中获取信息的能力，以及基因表达的过程中DNA、RNA和氨基酸的关系。 （4）考查学生提取分析信息并在实际生产情境中应用的能力。
素养水平	（1）生命观念水平二 （2）生命观念水平一 （3）科学思维水平三 （4）科学思维水平三

学术情境主题 3

分泌蛋白的合成和运输

林易凡

• 学术导引 •

自 1838 年"细胞学说"（cell theory）被提出后的百年间，科学家们以光学显微镜等设备为主，对细胞形态结构和生命活动进行了广泛地观察、描述，引领了"细胞学"（cytology）研究的经典时期。20 世纪 40 年代中期，在纽约的洛克菲勒研究所（The Rockefeller Institute），以阿尔伯特·克劳德（Albert Claude）为首的一批科学家则开始应用电子显微镜和离心分离细胞组分技术研究细胞更细微的结构与各组分的功能，描述了线粒体、高尔基体等细胞器的亚显微结构，发现了内质网、溶酶体、核糖体等新的细胞器，并对各细胞器的功能和相互关系进行了探索，构建了一个崭新的微观世界，形成了在"细胞学"基础之上的一门新学科——"细胞生物学"（cell biology）。在探索细胞器功能的道路上，来自洛克菲勒研究所的乔治·埃米尔·帕拉德（George Emil Palade）（图 3-1）于 1967 年进行的"豚鼠胰腺腺泡细胞分泌蛋白的合成和运输"实验是一座里程碑。此实验也入选了各版本的高中生物学教材，以证明细胞器之间的相互联系。其领导者帕拉德也与阿尔伯特·克劳德、克里斯蒂安·雷内·德·迪夫（Christian Rene de Duve）共同获得了 1974 年的诺贝尔生理学或医学奖，以奖励他们对"细胞结构与功能的探索"的贡献。

图 3-1　乔治·埃米尔·帕拉德（George Emil Palade）

1964 年，帕拉德等人利用 ^3H 标记的亮氨酸标记分泌蛋白和放射性自显影技术，在体内（in vivo）研究豚鼠胰腺腺泡细胞中放射性标记在不同细胞组分中的转移方向，发现分泌蛋白从粗糙微粒体（rough microsome，粗面内质网组分）到光滑微粒体（smooth microsome，高尔基体组分）的转移过程[①]。为了更清楚地分辨微粒体在分泌蛋白运输中的作用，随后的 1967 年和 1968 年，帕拉德又发表了一系列以体外（in vitro）培养的豚鼠胰腺切片为材料的研究成果。他首先验证了在体外条件下，分泌蛋白的运输方向与体内一致[②]。随后他利用放射性自显影的方法统计了不同时间点切片不同区域的放射性标记（分泌蛋白）比例，勾勒了分泌蛋白分泌周期，也就是教材中 3/17/117 min 分泌蛋白的位置的数据来源[③]。最后，他又分别验证了蛋白分泌与蛋白合成过程相互独立，蛋白分泌过程主要依靠有氧呼吸提供能量[④]。通过帕拉德的这一系列实验（图 3-2），人类首次比较完整地了解了蛋白质的分泌过程，也为后来进一步研究细胞物质运输的机制打下坚实基础。

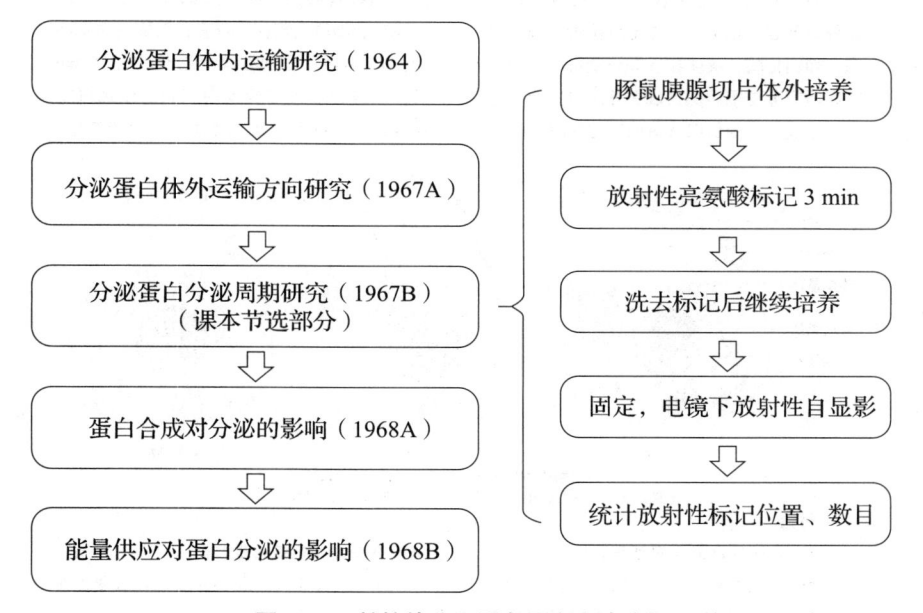

图 3-2　帕拉德分泌蛋白研究实验流程

图 3-3 是人教版新教材对相关内容的具体呈现。值得注意的是：新、老教材均将放射性标记后立刻固定、显影、拍照的结果经历的时间标为"3 min"。而此结果在原文中实际表示"标记 3 min 后直接固定，也就是标记 3 min、孵育（chase 或译为'追

[①] Caro L G, Palade G E. Protein synthesis, storage, and discharge in the pancreatic exocrine cell. An autoradiographic study [J]. *The journal of cell biology*, 1964, 20(3): 473-495.

[②] Jamieson J D, Palade G E. Intracellular transport of secretory proteins in the pancreatic exocrine cell. Ⅰ. Role of the peripheral elements of the golgi complex [J]. *The journal of cell biology*, 1967, 34(2): 577-596.

[③] Jamieson J D, Palade G E. Intracellular transport of secretory proteins in the pancreatic exocrine cell. Ⅱ. Transport to condensing vacuoles and zymogen granules [J]. *The journal of cell biology*, 1967, 34(2): 597-615.

[④] Jamieson J D, Palade G E. Intracellular transport of secretory proteins in the pancreatic exocrine cell. Ⅲ. Dissociation of intracellular transport from protein synthesis [J]. *The journal of cell biology*, 1968, 39(3): 580-588; Jamieson J D, Palade G E. Intracellular transport of secretory proteins in the pancreatic exocrine cell. Ⅳ. Metabolic requirements [J]. *The journal of cell biology*, 1968, 39(3): 589-603.

像生物学家一样思考

逐')0 min"。后面的"17 min"和"117 min"则表示经过了 3 min 的标记后，又进行了分别 17/117 min 的孵育。所以为了统一表示，三个时间点应为只计算孵育时间的"0/17/117 min"或者标记与孵育时间共同计算的"3/20/120 min"为宜。其中和教材相关的分泌蛋白分泌周期研究中的原始数据呈现在后文微课设计章节中，以图片的形式分别呈现不同时间点下放射性自显影电镜照片和据照片统计出的不同部位放射性标记的比例。

思考·讨论

分泌蛋白的合成和运输

有些蛋白质是在细胞内合成后，分泌到细胞外起作用的，这类蛋白质叫作分泌蛋白，如消化酶、抗体和一部分激素等。科学家在研究分泌蛋白的合成和分泌时，做过这样一个实验。他们向豚鼠的胰腺腺泡细胞中

注射 ^{3}H 标记的亮氨酸，3 min 后，带有放射性标记的物质出现在附着有核糖体的内质网中；17 min 后，出现在高尔基体中；117 min 后，出现在靠近细胞膜内侧的运输蛋白质的囊泡中，以及释放到细胞外的分泌物中。

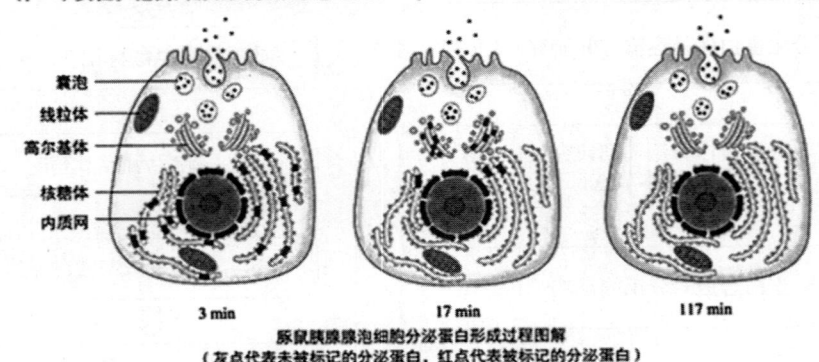

豚鼠胰腺腺泡细胞分泌蛋白形成过程图解
（灰点代表未被标记的分泌蛋白，红点代表被标记的分泌蛋白）

讨论

1. 分泌蛋白是在哪里合成的？
2. 分泌蛋白从合成至分泌到细胞外，经过了哪些细胞器或细胞结构？尝试描述分泌蛋白合成和运输的过程。
3. 分泌蛋白合成和分泌的过程中需要能量吗？能量由哪里提供？

图 3-3　人教版新教材对该实验的呈现

资料来源：朱正威，赵占良.普通高中教科书生物必修 1 分子与细胞 [M].北京：人民教育出版社，2019：51-51.

素养教学建议

"分泌蛋白的合成和运输"实验是细胞生物学史上的经典实验之一，描述了分泌蛋白在豚鼠胰腺腺泡细胞中的分泌周期。自 2003 年人教版教材选入后，2019 年人教版基本沿用了旧教材的呈现方式。此外，沪科版和北师大版教材也采用了这则材料。本实验在人教版教材中的主要用途是阐释细胞器之间的功能联系并引出"细胞生物膜系统"内容，在章节中起承上启下的作用，连接细胞器和生物膜系统。

此则材料的重要性还体现在它与教材其他章节内容联系紧密，是对这些内容的延

伸和补充。以 2019 年人教版教材为例,体现在三个方面:首先,它是对"蛋白质的功能"知识点的延伸。此实验可作为蛋白质其中一种,引出蛋白质在细胞内、细胞膜上、溶酶体内与细胞外分别行使的功能,以"蛋白质生命活动的承担者的角色"为线索,举例说明蛋白质合成、加工和运输过程与蛋白质功能之间的联系,加深学生对核心素养中结构功能相统一的生命观念的理解。其次,它与人教版教材必修 1 中"胞吞与胞吐"知识点紧密联系,分泌蛋白的外向运输即"胞吐"的重要例证。最后,此实验还与必修 2 中"遗传信息的翻译"知识点和"基因表达产物与性状的关系"相关,帮助学生在"遗传信息表达为蛋白质"和"蛋白质体现生物性状"间搭建起桥梁,从而更直观、完整地认识基因通过控制蛋白质控制生物性状的基本过程。

分析"分泌蛋白的合成和运输"与高中生物学概念的联系(见表 3-1),可见帕拉德当年的实验深刻地体现了课程标准中设定的生物学主干知识,是提升和展现学科核心素养的珍贵材料。

表 3-1 "分泌蛋白的合成和运输"与高中生物学概念的联系

内容			课程标准中的生物学概念
研究过程	研究步骤	关键实验方法	必修 1.1.2 阐明细胞内具有多个相对独立的结构,担负着物质运输、合成与分解、能量转换和信息传递等生命活动 1.2.4 举例说明细胞各部分结构之间相互联系、协调一致,共同执行细胞的各项生命活动 2.1.3 举例说明大分子物质可以通过胞吞、胞吐进出细胞 2.2.4 说明生物通过细胞呼吸将储存在有机分子中的能量转化为生命活动可以利用的能量 选择性必修 4.2.1 动物细胞培养
	豚鼠胰腺切片的体外培养	动物组织体外培养技术	
	豚鼠胰腺腺泡细胞结构的分离	差速离心法	
	确定分泌蛋白的位置	同位素标记法	
		放射性自显影	
		电子显微镜技术	
研究结果	分泌蛋白运输过程中从内质网到高尔基体的过程与周期		
	分泌过程与合成过程相互独立		
	分泌过程受酶解影响较小,受有氧呼吸影响较大		

素养教学建议 1

实验方法改进助力帕拉德探索蛋白分泌过程【科学思维 科学研究】

早期帕拉德用活体豚鼠注射放射性标记方法发现了分泌蛋白分泌路径,即蛋白的合成、分泌过程是在体内进行的。为进一步研究分泌过程中诸如分泌周期、能量供应等其他课题,需排除体内胰腺附近复杂的体液成分、神经调节等因素的影响,帕拉德改善实验方法,采用体外胰腺组织培养的方式,使蛋白合成分泌过程发生在体外的培养液中，发表了后续的研究成果。其中分泌周期研究中呈现出清晰的17/117 min分泌蛋白所处的位置，直观而更具说服力，成为经典实验。

通过对原始文献的挖掘，得以向学生呈现更立体的实验过程，并通过分析帕拉德研究中实验方法改进的原因，培养学生逻辑推理和解决问题的能力。

素养教学建议 2

差速离心法分离细胞器的实例【科学思维　社会责任】

差速离心法是细胞生物学建立过程中的重要技术之一，20世纪40年代，由帕拉德的导师克劳德完善并应用。具体方法作为阅读材料出现在了2019年人教版（必修1）和沪科版（必修1）教材之中。教材意在引出各个细胞器，没有提供差速离心法分离细胞器的具体实例。

在证明分泌蛋白分泌途径的实验中，用测定标记的分泌蛋白在差速离心法分离出的细胞各组分中的比例和直观观察标记蛋白在组织切片中依次出现的位置是两个最重要的证据。本实验过程也涉及差速离心法，且文献中详细写出了具体的过程，可以作为介绍此方法的补充材料使用。

此外，帕拉德对差速离心法实验方法的发展有重要贡献，他开创性地使用蔗糖作为介质，取代之前的生理盐水等，明显改善了分离效果。图3-4所示为帕拉德用差速离心法分离豚鼠肝、胰脏细胞结构的流程。

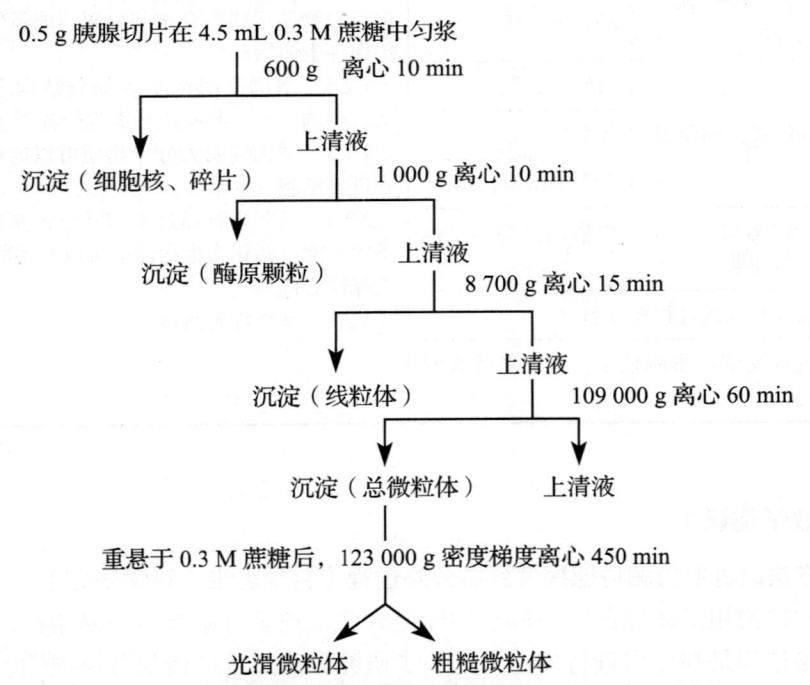

```
        0.5 g 胰腺切片在 4.5 mL 0.3 M 蔗糖中匀浆
                    │
                600 g  离心 10 min
                    │
        ┌───────────┴───────────┐
        ▼                       │上清液
    沉淀（细胞核、碎片）       1 000 g 离心 10 min
                                │
                    ┌───────────┴───────────┐
                    ▼                       │上清液
                沉淀（酶原颗粒）          8 700 g 离心 15 min
                                            │
                                ┌───────────┴───────────┐
                                ▼                       │上清液
                            沉淀（线粒体）          109 000 g 离心 60 min
                                                        │
                                            ┌───────────┴───────────┐
                                            ▼                       ▼
                                        沉淀（总微粒体）           上清液
                                            │
                            重悬于 0.3 M 蔗糖后，123 000 g 密度梯度离心 450 min
                                            │
                                ┌───────────┴───────────┐
                                ▼                       ▼
                            光滑微粒体              粗糙微粒体
```

图3-4　帕拉德用差速离心法分离豚鼠肝、胰脏细胞结构的流程

帕拉德最后分离出的细胞组分是带颗粒的微粒体（microsome，可称为粗面微粒体

或粗面小泡），发现其与分泌蛋白的合成密切相关，但并未能分清粗面微粒体和滑面微粒体的区别以及在蛋白分泌过程中起到的作用。但随着运用巧妙实验设计的细心摸索，他终于又发现了高尔基体在其中承担的承上启下的作用，并完整地呈现出了分泌蛋白的分泌周期。

分泌蛋白的研究（包括核糖体功能的阐释）占用了帕拉德接近 10 年的时间。一方面，仪器设备的进步起到了关键性的作用；另一方面，科学家细致钻研的工作方法与不屈不挠的精神也非常重要。这启发我们科学发现来之不易，既需要外部因素的加持，也需要个人的不懈努力。

素养教学建议3

帕拉德改进同位素标记法【科学思维　科学探究】

匈牙利科学家乔治·德·海韦西（George de Hevesy）利用放射性原子研究物质去向，于 1923 年首次使用 ^{212}Pb 标记研究铅元素在植物中的转移情况，也因此获得了 1943 年的诺贝尔化学奖。而同位素标记法也作为科学方法，和"差速离心法"一起入选了新教材。

本实验之所以能取得成功并确定具体分泌周期，帕拉德改进同位素标记法功不可没。他首先证明了用 ^3H- 亮氨酸标记蛋白质合成的准确性，并提出了脉冲标记的方法，即短时标记后用 500 倍浓度不含标记的 ^1H- 亮氨酸培养液"追逐"（chase）标记脉冲。在分泌蛋白连续合成的过程中，使有同位素标记蛋白的合成和运输过程被前后的无标记蛋白压缩，大大提高了标记蛋白追踪的精度，并可以具体测定这 3 min 中被标记的蛋白所在部位。

改进同位素标记法的细节体现了科学研究需要科学工作者的智慧，有时候灵光一现能够解决实验的关键技术障碍。

微课设计

设计一

拓展延伸："分泌蛋白合成和运输实验"的来龙去脉

设计意图：生物学研究很多情况下是基于实验发现推动的，实验是生物学的基石。实验探究需要很强的发现、解决具体问题的能力，在形成研究思路后，还涉及许多具体问题，诸如选择实验材料、控制变量、选择评价指标等。

本节涉及的"分泌蛋白合成和运输实验"，教材中以示意图的形式呈现了经处理并简化的结果，这种呈现方式适应于高一学生的认知水平。然而，由于缺少实验的开展背景、评价指标确定和原始数据分析，情境材料过于单薄。如果想进一步借本实验培养学生科学思维和科学研究的能力，则需深入挖掘原始文献，厘清实验的来龙去脉，提出实验背后涉及的新问题，让学生设身处地地思考实验细节，并经过推演与讨论，培养学生逻辑推理和解决问题的能力。

本微课利用提问的形式还原实验设计的诸多细节，引导学生发现实验设计中会遇到的真实问题情境。再使用讨论、探究的形式，尝试让学生提出解决方案，并讨论科学家解决方案的巧妙之处，一定程度上还原科学家的思考过程。

设计方案

教师讲述：教师指出教材中呈现的实验是经过人为简化的，突出分泌蛋白运输的过程。而实验研究的主题是分泌蛋白的分泌周期，明确微课探讨的是实验如何通过选取合适的测量方法来达到研究分泌周期的目的。（人教版教材中不同时间点囊泡中分泌蛋白的"颜色"变化，暗示了脉冲法标记的精妙之处。所以这里叙述的目的是把实验结果具体化，让学生充分认识微课要讨论的是实验设计逻辑和细节问题。）

问题设计：为了达到探究分泌周期（具体时间点分泌蛋白运输至的位置）的目的，需要采用何种材料、标记方式和检测手段？如帕拉德为什么选择豚鼠胰腺腺泡细胞，如何标记分泌蛋白，使得结果可精确至分钟，如何直观地观察到蛋白的分泌周期。

学生讨论后，学生或教师总结讨论结果，确定豚鼠胰腺腺泡细胞分泌物的性质和胰腺分泌的调控机制。教师进一步明确实验标记的困难，即使用合适剂量的放射性同位素标记，在实验周期内不引起豚鼠病理性反应的前提下，无论是通过静脉注射亮氨酸，还是麻醉、解剖豚鼠后在胰腺注射亮氨酸，都会造成标记到达胰腺特定细胞时间失控，难以确定 0 min 时间点，进而指出帕拉德体外标记的可控性，明确放射性自显影后电镜观察的检测手段。（本节内容的目的是使学生意识到问题主要出在实验的精密程度上，静脉注射后，放射性物质到达胰腺并参与蛋白合成的时间是宽泛而难以精确控制的，这也是 1964 年帕拉德体内实验的实验方法。即使是解剖后注射，也存在在胰腺内的扩散问题，难以确定最后观测的切片所在的细胞是何时开始合成放射性分泌蛋白的，即当时条件下，难以对单个特定细胞进行显微注射操作并追踪。）

教师引导学生分析：通过体外切片培养并统一更换有/无放射性的培养液，又如何确保观测到的放射性蛋白是 0 min 时标记的蛋白，引出脉冲法标记。

学生讨论。（结合课本中分泌蛋白的"颜色"变化，很容易联想到短时标记后，需要更换不含标记的培养液。在此基础上，可以进一步抛出"追逐"培养的方法。）

教师指导学生小结：帕拉德除及时更换所用的培养液外，还选择了更高浓度氨基酸的培养条件，他称之为"追逐"培养。提问"追逐"培养的目的。

学生讨论后教师点评。随后，呈现图 3-5，明确标记蛋白的形态，要求学生观察，尝试自己发现不同时间点标记分泌蛋白的位置和分泌过程。

学生讨论并讲述发现的细节和问题，可以进行多轮讨论。（如图中深色球体，即酶原颗粒是什么的问题，可以引申出分泌蛋白暂时储存的必要性、腺体的可兴奋性和可被植物性神经调节的特点。又如图中腺体的形态，腺管的位置问题等。）

17 min　　　　　　　　　　37 min　　　　　　　　　117 min

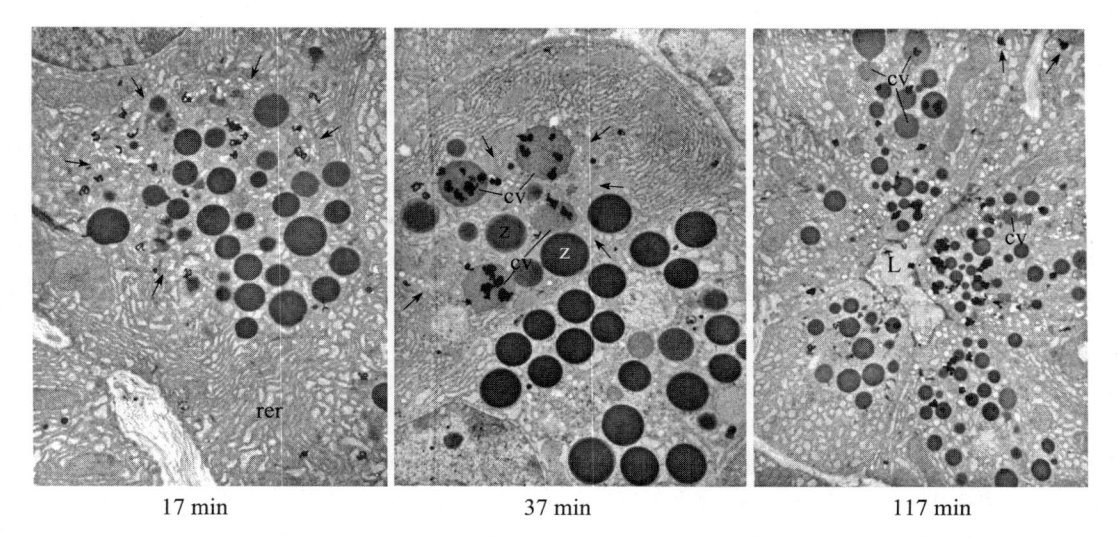

图 3-5　分泌蛋白实验不同时间点放射性自显影电镜照片

资料来源：Jamieson J D, Palade G E. Intracellular transport of secretory proteins in the pancreatic exocrine cell. Ⅱ. Transport to condensing vacuoles and zymogen granules [J]. *The journal of cell biology*, 1967, 34(2): 597-615.

随后呈现图 3-6，并注释其中英文生词，要求学生分析教材中呈现方式的出处，提出教材中 3 min 时间点和 17/117 min 时间点的矛盾之处。（培养学生分析数据的能力，让学生自己发现 3 min 时间点的问题所在，理解"pulse"和"chase"的区别，发展其判断力和挑战权威的精神。）

TABLE Ⅰ

Distribulion of Radioaulographic Grains over Cell Components

	% of radioautographic grains					
	3 min (pulse)	Chase incubation				
		+7 min	+17 min	+37 min	+57 min	+117 min
Rough endoplasmic reticulum	86.3	43.7	37.6	24.3	16.0	20.0
Golgi complex*						
Peripheral vesicles	2.7	43.0	37.5	14.9	11.0	3.6
Condensing vacuoles	1.0	3.8	19.5	48.5	35.8	7.5
Zymogen granules	3.0	4.6	3.1	11.3	32.9	58.6
Acinar lumen	0	0	0	0	2.9	7.1
Mitochondria	4.0	3.1	1.0	0.9	1.2	1.8
Nuclei	3.0	1.7	1.2	0.2	0	1.4
No. of grains counted	300	1 146	587	577	960	1 140

The boldfaced numbers indicate maximum accurnulation of grains over the corresponding cell component.

*At no time were significant numbers of grains found in association with the fattened, piled cisternae of the complex.

图 3-6　原始文献中实验结果呈现方式

资料来源：Jamieson J D, Palade G E. Intracellular transport of secretory proteins in the pancreatic exocrine cell. Ⅱ. Transport to condensing vacuoles and zymogen granules [J]. *The journal of cell biology*, 1967, 34(2): 597-615.

讨论后教师总结微课讨论结果，强调实验细节决定实验成败，提出课后思考题，要求学生收集并发现教材中或其他途径获知的经典生物学实验背后的关键因素。

【评析】

评析人：孙小兵

本课例从实际研究分泌蛋白的分泌周期入手，强调了原始文献的重要性，强调了实验在生物学科的作用。同时进一步强化了结构与功能适应的观念，引发学生对分泌蛋白形成过程的深入思考，激发和培养学生的科学思维。

1. 充分利用文献资源。

本课例从问题串出发，以帕拉德为何选择豚鼠胰腺腺泡细胞、如何标记分泌蛋白、何种标记方式、何种检测手段等一系列问题为切入点，完整再现了"豚鼠胰腺腺泡细胞分泌物的性质和胰腺分泌调控机制"的科学实验。随后的讲述中，脉冲法标记、追逐培养法、分泌蛋白实验不同时间点放射性自显影电镜照片等知识的呈现，让学生更设身处地地思考实验细节，厘清实验的来龙去脉，理解实验背后涉及的深层问题。

2. 有效达成重要概念。

通过本课例的学习，学生能够充分认识到，细胞作为系统，不仅体现在组成系统组分之间存在分工，还体现在系统组分之间的协调配合。本课例紧紧围绕这一教学重点，通过文献阅读、思考讨论、合作探究等多种教学手段，引导学生从生命的物质观、系统观的角度分析分泌蛋白的形成，最终达成"细胞各部分结构既分工又合作，共同执行细胞的各项生命活动"的概念，教学主线明确，逻辑清楚，思路清晰。

设计二

"细胞生物学"诞生的故事

设计意图：1974年诺贝尔生理学或医学奖涉及的是在细胞生物学发展史上有里程碑作用的研究成果，主要奖励研究细胞亚显微结构的研究方法和早期利用方法发现重要细胞器的工作，如核糖体、内质网、溶酶体等。此微课意图通过展现获奖的3位科学家在特定历史时期取得重要成果的原因，描绘科学突破中需要的硬件进步、研究环境保障和个人能力等必不可少的因素，使学生认识到科学研究的进步是由历史、社会、个人等多方面因素决定的。

设计方案

教师讲述：通过讲述细胞生物学和细胞学概念的联系与区别，引出细胞生物学诞生的历史，提供前三个材料后，组织学生讨论。

材料一　1974年诺贝尔生理学或医学奖得主

阿尔伯特·克劳德（Albert Claude），比利时人，1929—1949年工作于美国洛克菲勒研究所，建构经典的差速离心法和电子显微镜观测细胞亚显微结构的方法，发现线粒体的"嵴"和内质网。

克里斯蒂安·雷内·德·迪夫（Christian Rene de Duve），比利时人，在克劳德建立的分离方法基础上，发现了溶酶体和过氧化物酶体。

乔治·埃米尔·帕拉德（George Emil Palade），罗马尼亚裔美国人，1946年赴美加入克劳德的研究小组，随后接替克劳德领导洛克菲勒研究所进行细胞亚显微结构研究，发现核糖体和蛋白分泌的过程。

上面的3位科学家是"细胞生物学"的重要奠基人，因其对细胞结构与功能探索的贡献，共同获得了1974年诺贝尔生理学或医学奖。

材料二 在"细胞学"基础上发展而来的"细胞生物学"

早在19世纪中叶，人们就可以借助光学显微镜对细胞进行研究，但光学显微镜对细胞中负责其活动的成分的结构和组成的分辨能力非常有限，这个阶段被称为"细胞学"研究阶段。随后，两种新研究方法带来了决定性改进。这两种方法都是由纽约洛克菲勒研究所引进的。第一种是应用电子显微镜观测细胞结构，利用其分辨率远高于光学显微镜的特性，直接观测更多细胞内的细节。第二种是在电子显微镜下可视化的分离细胞的程序，细胞被充分匀浆，不同种类的细胞成分利用不同的大小和质量被彼此分离。随着细胞亚显微结构的发现和研究，细胞研究进入了新的纪元，越来越多的细胞功能被解析，"细胞生物学"时代到来了。

材料三 帕拉德在领诺贝尔奖时的演讲节选

"'细胞生物学'在基础生命科学领域创造了一个新的交汇点。在细胞学说的基础上，它进一步证明了生命物质的统一性远超分子水平——从大分子组装到细胞器和细胞的水平。非凡的组织性适用于几乎所有的细胞。每一个细胞器从早期演化到现如今，都利用相似并有序的方式互相联系起来——从核糖体到细胞膜，不同细胞之间只有细微调整——共同构成多种多样的细胞。"

讨论后，教师总结细胞生物学是建立在细胞学的基础上的，又得益于研究方法的创新。进一步提出新问题：科学发展除了实验技术的进步，还需要哪些因素的促进？组织学生阅读下面两则材料。

材料四 西蒙·弗莱克斯纳（Simon Flexner）和广纳人才的洛克菲勒研究所

1902年，刚刚创立的洛克菲勒（医学）研究所（The Rockefeller Institute）迎来了首位"掌门人"——西蒙·弗莱克斯纳（1902—1935年担任洛克菲勒研究所所长）。之前，作为白喉专家的弗莱克斯纳供职于宾夕法尼亚大学医学院。得到洛克菲勒百万美元资助承诺的他，放弃了稳定的工作环境，接受了在洛克菲勒研究所的新挑战。在正式履职前的一年，他游历欧洲，从那不勒斯动物学会的安东·多恩（Anton Dohrn）那里，得到了随后贯彻"所长"任上30余年的建议："给科研人员最大限度的自由，放手让他们干，要帮助，而不是束缚他们。"

随后，弗莱克斯纳打破种族和国家的界限，广纳人才。早期有来自法国的亚历克西斯·卡雷尔（Alexis Carrel，1912年诺贝尔生理学或医学奖，从事血管缝合和器官移植研究）、出生于德国的美国生物学家的雅克·洛布（Jacques Loeb，从事生物学研究）、出生于俄罗斯的美国生物化学家菲巴斯·利文（Phoebus Levene，发现 DNA 的四种碱基）、日本的野口英世（Noguchi Hideyo）等。他们在来到洛克菲勒研究所之后，做出了举世瞩目的成就。据统计，弗莱克斯纳在任期间加入的人才中，获得诺贝尔奖的超过了 10 位。

而后来提出差速离心法和电子显微镜观测细胞技术，发现线粒体的亚显微结构和内质网并获得 1974 年诺贝尔生理学或医学奖的阿尔伯特·克劳德（Albert Claude），也是 1929 年从比利时漂洋过海来到洛克菲勒研究所的。虽然他年轻、寂寂无闻，但弗莱克斯纳被他用物理、化学方法分离鸡肿瘤病原体的计划所吸引，果断给他提供了职位和资助。弗莱克斯纳的慧眼识人使细胞亚显微结构研究的种子在研究所生根发芽，是新时代"细胞生物学"的起源。

学生讨论后，教师总结材料四体现的国家、社会的大环境对科研的影响，之后引出科学家个人的贡献的因素，提供材料五，并要求学生结合材料说说所了解的其他科学家由于个人才智，取得科研突破的故事。

材料五 帕拉德的主要贡献

帕拉德（Palade）被称为现代细胞生物学之父，下面列出了他的主要历史贡献：

（1）发现核糖体，共同解析核糖体的成分和功能，初步确定了大亚基的功能；

（2）改进了同位素标记蛋白的方法，解析分泌蛋白的合成和运输途径、周期、影响因素等；

（3）改进差速离心法的介质，从水和生理盐水改成了蔗糖，进一步保护细胞，使等密度梯度离心法变成可能，利用此法，分离出有生理活性的线粒体；

（4）改进了电镜中的缓冲液与包埋剂，使得电子显微镜照片更加清晰，1952 年在克劳德的带领下清楚地观察到线粒体中的"嵴"；

（5）提携多位细胞生物学家，其中包括提出信号肽假说的古特·布洛伯尔（Günter Blobel）；

（6）1955 年，与其他科学家共同创办了《细胞生物学杂志》(Journal of Cell Biology)。

学生讨论后，教师总结，指出科技进步的影响因素是多方面的，既需要时代的机遇和社会的支持，也需要个人的努力。

【评析】

评析人：刘越

此微课紧扣科学史，有助于养成学生的科学态度和科学精神，培养社会责任感。

1. 呈现"细胞学—细胞生物学"发展变化，还原科学史，结合诺贝尔奖得主的科学成就，让学生从科学史中认识到生命科学的研究受多种因素（科学进步、社会发展、思维意识、个人能力等）的共同促进，以更加客观全面的视角让学生认识科学的发展。

2. 科技促发展。让学生从真实的科研历程中，感受到技术与研究方法在促进科学发展中的重要作用。

3. 让学生感受到科学的推动是许多人共同努力的结果，在科研中要善于利用前人的科研成果不断探索，不能闭门造车，既要利用又要开拓创新，聚四海之气。让学生感受到格局、气魄、胸怀的重要性。

• 习题设计 •

习题 1：

抗霉素 A 是一种可以阻断有氧呼吸第三阶段的化学试剂，为研究细胞呼吸与分泌蛋白的关系，帕拉德又做了如下实验：在培养基中加入 5×10^{-5} M 的抗霉素 A 后，用放射性亮氨酸标记豚鼠胰腺腺泡细胞，在不同时间点测定放射性标记出现在细胞的位置，结果如下表所示：

	标记后 0 min	标记后 17 min		标记后 57 min	
		+	−	+	−
粗面内质网	89.1	62.8	39.6	78.8	37.1
高尔基体	6	34.9	53.4	16.9	40.3
酶原颗粒	4.4	2.3	6.9	4.6	19.9
胰腺腺管管腔	0.2	0	0	0	3.1

注：①表中数字指百分比，"+"指添加抗霉素 A，"−"指不添加抗霉素 A；
②酶原颗粒是储存合成后消化酶的单层膜结构，位于高尔基体和细胞膜之间；
③胰腺腺管管腔是胰腺向十二指肠分泌的外分泌管。

根据以上表格的内容，下列叙述正确的是（　　）。
A. 抗霉素 A 发挥作用的位置是线粒体基质
B. 在 5×10^{-5} M 的抗霉素 A 存在的条件下，分泌蛋白可以通过囊泡进入高尔基体
C. 相较于 17 min，57 min 时实验和对照组中的高尔基体中分泌蛋白比例减小的原因相同
D. 实验无法证明分泌蛋白的分泌过程需要线粒体的参与

必备知识	分泌蛋白相关的细胞器；细胞呼吸各阶段的场所
参考答案	B
命题立意	本题以帕拉德分泌蛋白周期研究后续的"能量供应与分泌关系研究"为背景，呈现了真实情景中的实验结果（原始数据如下图所示）。

命题立意	(1) 考查学生对分泌蛋白分泌过程和细胞呼吸各阶段场所的掌握； (2) 考查学生对题干说明的研究目的的理解和处理分析数据的能力； (3) 考查学生在复杂的科学情境下，根据不同条件，作出假设并逻辑推理结果的能力。

TABLE Ⅱ
Distribulion of Radioaulographic Grains over Cell Components

	% of radioautographic grains				
	3 min（pulse）	Chase incubation*			
		+7 min	+17 min	+37 min	+57 min
Rough endoplasmic reticulum	89.1	50.3	39.6	38.6	37.1
		66.8	62.8	76.8	78.8
Golgi complex Peripheral vesicles‡	5.0	34.9	23.5	19.7	20.4
		24.1	29.4	16.6	15.1
Condensing vacuoles	1.0	6.2	29.9	35.3	19.9
		3.1	5.5	1.5	1.8
Zymogen granules	4.4	7.8	6.9	6.4	19.9
		6.1	2.3	5.4	4.6
Acinar lumen	0.2	0.4	0	0.5	3.1
		0.2	0	0.1	0
No. of grains counted	992	684	359	823	405
		1 620	968	884	1 447

Sets of slices were pulsc-labeled for 3 min in medium containing 200 μc/ml L-leucine 4,5-^{3}H（60 c/mmole）. At the end of the pulse, one set was fixed（3 min pulse）and the others were incubatcd for the indicated times in chase medium containing 4.0 mM L-leucine-H and 5×10^{-4} M cycloheximide without or with 5×10^{-5} M Antimycin A.

抗霉素 A 对蛋白分泌的影响

资料来源：Jamieson J D, Palade G E. Intracellular transport of secretory proteins in the pancreatic exocrine cell. Ⅳ. Metabolic requirements [J]. *The journal of cell biology*, 1968, 39(3): 589-603.

素养水平	科学思维水平三；科学探究水平三

习题 2：

科学家帕拉德利用豚鼠胰腺腺泡细胞研究分泌蛋白分泌的过程中，发现经过分离，最后留下的沉降系数最小的组分是两种"小泡"，其中一种表面遍布颗粒，另一种则是光滑的。他发现如果将这种"有颗粒的小泡"和胞质溶胶（分离各固态细胞结构后剩下的成分）混合，则在小泡中能够检测到蛋白质分子，如果用分离出的"颗粒"和胞质溶胶混合，则在胞质溶胶中可以检测到蛋白质分子；而如果用一些化学试剂处理"有颗粒的小泡"后，则出现下表所示的现象：

处理试剂	无	核糖核酸酶	脱氧胆酸盐
电镜下观察	颗粒明显，小泡清楚	颗粒消失，小泡聚集	颗粒弥散，小泡消失

注：脱氧胆酸盐是一种能溶解蛋白质的化学试剂。

根据上述材料，回答下列问题：

（1）帕拉德分离细胞各结构的方法是_____。

（2）帕拉德发现的"颗粒"在细胞中承担的功能是_____，其化学成分最可能包含_____，在小泡中检测到的蛋白质最可能是_____。

（3）除"颗粒"的作用外，胞质溶胶中还应该含有_____，使得蛋白质能够顺利形成。

必备知识	核糖体的组成成分和功能；分泌蛋白的种类
参考答案	（1）差速离心法 （2）合成蛋白质；RNA 和蛋白质；胰蛋白酶（原） （3）mRNA、tRNA、游离的氨基酸、ATP 等
命题立意	本题以帕拉德发现核糖体的研究结果为背景，呈现了真实的科学情景（原始数据如下图所示）。 （1）考查学生对核糖体的功能和化学成分的掌握； （2）考查学生对翻译过程的掌握； （3）考查学生结合题目信息分析实验结果的能力。 离心提取的粗面微粒体用不同试剂处理结果（×60 000） 资料来源：Palade G E, Siekevitz P. Pancreatic microsomes; an integrated morphological and biochemical study[J]. *The journal of biophysical and biochemical cytology*, 1956, 2(6): 671-690.
素养水平	科学思维水平三；科学探究水平三

学术情境主题 4

世界上首例体细胞克隆猴的诞生

许 轲

学术导引

一个多细胞生命体的各个细胞核是否含有相同的遗传物质？这个经典生物学问题自 19 世纪 80 年代被提出之后，一直被生物学家不断地探索与深化。1931 年，德国著名胚胎学家汉斯·斯佩曼（Hans Spemann）在蝾螈早期胚胎结扎实验中证明，早期胚胎的单个细胞核具有发育为独立完整个体的能力，即具有全能性（图 4-1）。那么对于分化程度增加的细胞，其细胞核是否具有全能性？回答这一问题的关键是体细胞核移植实验：将动物体细胞的细胞核移入去核的卵细胞中，观察重组细胞的发育状况。1952 年，罗伯特·布里格斯（Robert Briggs）和托马斯·金（Thomas King）用美洲豹蛙（*Rana pipiens*）的囊胚细胞作为细胞核供体进行核移植，重组细胞顺利发育，得到了发育至蝌蚪阶段的新个体；但在 1957 年，他们发现以神经胚内胚层细胞作为细胞核供体的核移植却无法得到新个体。于是二人认为当胚胎从囊胚发育至神经胚时，细胞中的部分基因可能丢失或被不可逆地抑制了。

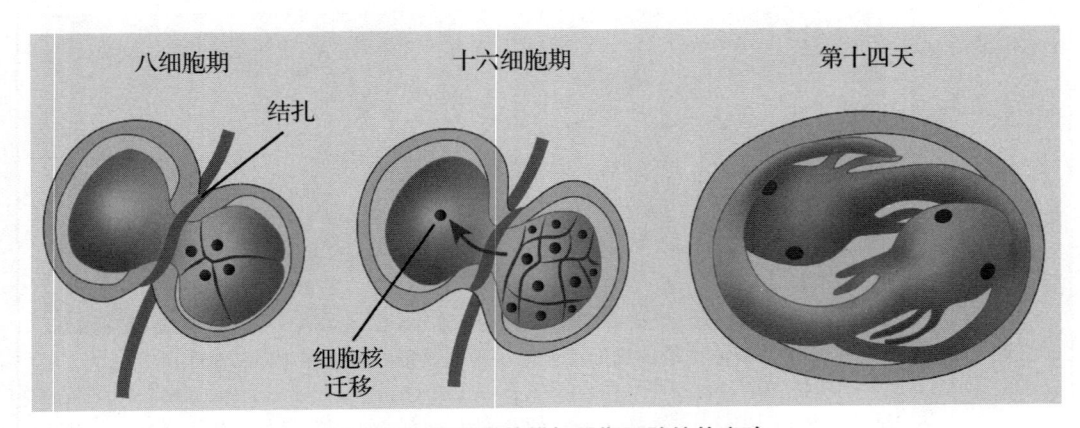

图 4-1 斯佩曼的蝾螈早期胚胎结扎实验

斯佩曼用发丝结扎受精不久的蝾螈受精卵，起先结扎得比较松，随着卵裂进行，早期胚胎的一个细胞核被挤入另一端。随后把结扎得更紧，将胚胎完全分隔为两半，十几天后，两半胚胎均各自发育出完整个体。

然而在 1962 年，当时还是牛津大学动物学系研究生的约翰·戈登（John Gurdon）却得到了完全相反的结论。在导师的指导下，他利用非洲爪蟾（*Xenopus laevis*）进行核移植实验。从非洲爪蟾蝌蚪的肠上皮细胞中取出细胞核，移植入去核的卵细胞中，获得了顺利发育至蝌蚪阶段的新个体，后来又证明这样得到的个体能发育至成年可育阶段[①]。这项开创性的工作表明，动物已分化的体细胞核能够通过核移植实现重编程，动物体细胞的细胞核具有全能性。戈登由此与诱导多能干细胞研究领域的日本科学家山中伸弥（Shinya Yamanaka）共同获得了 2012 年诺贝尔生理学或医学奖。

戈登的工作实际上是利用体细胞获得了克隆非洲爪蟾。我国著名实验胚胎学家童第周等人在同一时期开展了鱼类的核移植研究，用不同亚科的鱼之间的核移植实验探讨细胞质对细胞核的影响。随后的 50 余年，科学家利用体细胞核移植技术陆续克隆了不同动物。1996 年诞生的克隆羊"多莉"实现了第一例哺乳动物的克隆。直至 2017 年，已有二十多种哺乳动物被科学家们成功克隆（表 4-1），然而，与人类进化关系最密切的灵长类动物的体细胞克隆却一直未能实现。

表 4-1 克隆哺乳动物表

发表年份	供体细胞		受体卵母细胞
	物种	细胞类型	物种
种内			
1996	绵羊	分化的胚胎细胞系	绵羊
1997	绵羊	成体乳腺上皮	绵羊
1998	奶牛	胚胎成纤维细胞	奶牛
1998	奶牛	成体卵丘细胞和输卵管细胞	奶牛
1998	小鼠	成体卵丘细胞	小鼠
1999	山羊	胚胎成纤维细胞	山羊
2000	猪	胚胎成纤维细胞	猪
2000	猪	培养成体颗粒细胞	猪
2002	兔	成体卵丘细胞	兔
2002	猫	成体卵丘细胞	猫
2003	骡	胚胎成纤维细胞	马
2003	马	成体皮肤成纤维细胞	马
2003	大鼠	胚胎成纤维细胞	大鼠
2005	狗（阿富汗猎犬）	成体皮肤成纤维细胞	狗（金毛猎犬）

---

① Gurdon J B, Uehlinger V. "Fertile" intestine nuclei [J]. *Nature*, 1966, 210(5042): 1240-1241.

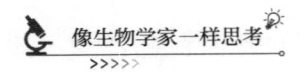

续表

发表年份	供体细胞		受体卵母细胞
	物种	细胞类型	物种
2006	雪貂	成体卵丘细胞	雪貂
2007	马鹿	成体鹿茸生成细胞	鹿
2007	水牛	胚胎成纤维细胞和成体颗粒细胞	水牛
2010	骆驼	成体卵丘细胞	骆驼
2018	食蟹猕猴	胚胎成纤维细胞	食蟹猕猴
种间（略）			

资料来源：Matoba S, Zhang Y. Somatic cell nuclear transfer reprogramming: mechanisms and applications [J]. *Cell stem cell*, 2018, 23(4): 471-485.

2018年1月，中国科学院神经科学研究所孙强团队宣布他们成功培育出世界上首例体细胞克隆猴"中中"和"华华"，突破了体细胞克隆猴的世界难题，标志着中国率先开启了以猕猴作为实验动物模型的时代，研究成果以封面文章的形式发表在国际顶级学术期刊《细胞》(Cell) 上。《细胞》在发表体细胞克隆猴的科研论文[①]的同时，还刊登了戈登等人对该成果的推介，戈登称赞这一研究的影响是"不言而喻的"，"将影响到所有人类疾病的研究模型"。体细胞克隆猴的诞生展现了我国近年来生物科技领域的重大成就。

整体上看，体细胞克隆猴的研究过程（图4-2）与二十余年前克隆羊"多莉"相似，核心技术是动物细胞核移植。研究者尝试用两类体细胞作为核移植的供体，一类是胚胎期猴的成纤维细胞，另一类是成体母猴卵泡内的卵丘细胞。获得供体细胞后，用去核的次级卵母细胞作为受体完成移植。将重组后的细胞体外培养至一定发育阶段，然后将胚胎移植至母猴中，跟踪胚胎的发育情况。统计显示，以成纤维细胞为供体的移植胚胎的存活率为2.5%（存活两只，即克隆猴"中中"和"华华"），以卵丘细胞为供体的移植胚胎的存活率为零。

其实不限于灵长类动物，之前实现的其他体细胞克隆动物的实验成功率普遍很低（1%～5%）。为何体细胞克隆动物难以实现？这与体细胞核能否顺利恢复到早期胚胎核的状态密切相关。体细胞核进入卵母细胞后，在卵母细胞细胞质中某些物质的作用下，体细胞核的基因表达谱发生变化，一些原本在体细胞中活跃表达的基因沉默，而另一些在早期胚胎中高表达的基因则恢复表达。可见只有完成重编程，体细胞核才能表现出全能性，进而开启后续的发育进程。即便用卵母细胞可以实现体细胞核的重编程，但其效果差、效率低。因此科学家尝试在体细胞核移植的基础上，引入其他手段，帮助重组细胞跨过"屏障"，顺利进行重编程。

---

① Liu Z, Cai Y, Wang Y, et al. Cloning of macaque monkeys by somatic cell nuclear transfer [J]. *Cell*, 2018, 172(4): 881-887.

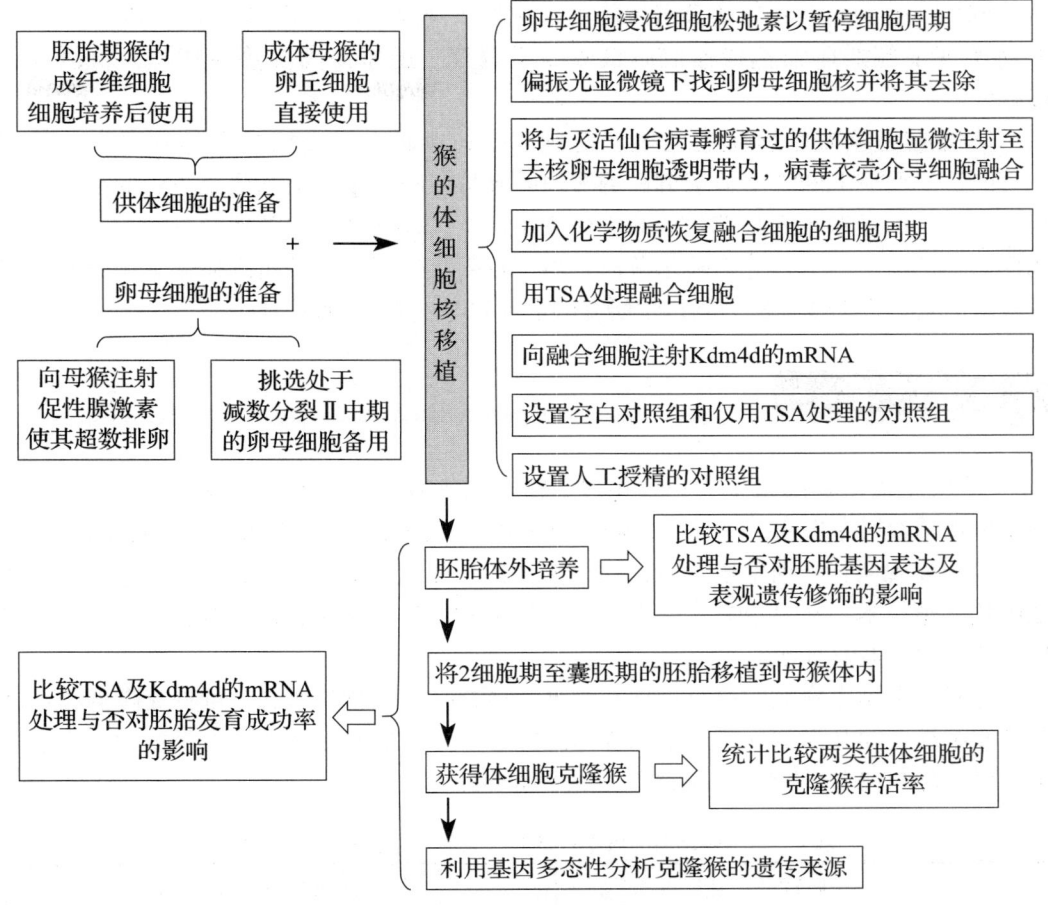

图 4-2 体细胞克隆猴的研究过程

这道"屏障"实际上是表观遗传因素造成的。体细胞核基因组 DNA 的碱基序列在移植前后并没有发生变化，但核基因的表观遗传修饰（epigenetic modification）要发生变化，才能引起基因表达发生改变。2014 年，哈佛大学张毅教授的研究团队发现，向小鼠核移植重组细胞中人为引入表观遗传修饰的调控因子 Kdm4d（一种组蛋白去甲基化酶）后，小鼠体细胞克隆成功率显著提高[1]。他们通过 RNA 测序比对了正常胚胎与体细胞核移植胚胎在 2 细胞期的基因表达情况，发现体细胞核移植后存在二百余个"重编程抵抗基因"，这些基因不能在去核卵母细胞中很好地恢复表达，需要人为引入的 Kdm4d 帮助它们重启。2015 年，他们又在人类体细胞核移植中得到了类似的结果，进一步说明 Kdm4d 在促进体细胞核跨越表观遗传"屏障"中的重要作用。

"中中"和"华华"的研究者充分借鉴了这些涉及表观遗传学方面的研究，从多个方面优化了体细胞核移植的技术方法，其中关键的步骤是人为地对体细胞核进行表观

---

[1] Matoba S, Liu Y, Lu F, et al. Embryonic development following somatic cell nuclear transfer impeded by persisting histone methylation [J]. *Cell*, 2014, 159(4): 884-895.

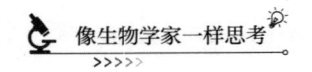

遗传调控。他们向移植后的重组细胞加入两种表观遗传修饰调控因子（包括Kdm4d），从而实现了猕猴体细胞核移植后良好的重编程，进而提高发育成功率，获得了克隆猴。

体细胞克隆猴作为动物模型，有利于更好地研究人类疾病和药物研发。我国"十四五"规划和2035年远景目标纲要中明确将"脑科学和类脑研究"列为科技前沿攻关领域。由于猴与人具有密切的进化关系，所以在体细胞克隆猴的基础上制作脑疾病模型猴的意义重大。它为阿尔茨海默病、自闭症等脑疾病的机理研究、干预和治疗带来新前景，推动我国成为脑科学研究的世界科学中心和创新高地。

● 素养教学建议 ●

"体细胞克隆猴的诞生"——我国生物科技领域这一重大进展被数个版本的普通高中生物学教科书选用，呈现多元化的组织和呈现方式，图文并茂。从学科知识来看，它主要用以说明：1. 细胞核的结构和功能；2. 已分化的细胞依然具有全能性；3. 动物细胞核移植技术。从呈现方式来看，除教材正文之外，它还出现在章首页、课外阅读栏目并被编为书中习题。

分析体细胞克隆猴的研究过程及结果，结合高中生物学概念，可见克隆猴相关的科技文献综合而又深刻地体现了课程标准在必修和选择性必修课程中设定的生物学主干知识（表4-2），是提升和展现学科核心素养的优质材料。

表4-2 "体细胞克隆猴的诞生"与高中生物学概念的联系

	内容		课程标准中的生物学概念

研究过程	研究步骤	关键实验方法	选择性必修
			4.2 动物细胞工程
			  4.2.1 动物细胞培养
			  4.2.2 动物细胞核移植
			  4.2.3 细胞融合
			4.3 对动物胚胎或配子进行显微操作和处理
			  4.3.1 胚胎形成过程
			  4.3.2 胚胎工程
			  5.1.3 基因工程的基本操作程序
			必修
			  3.1.5 表观遗传现象
			必修
			3.2 有性生殖
			3.3 由基因突变等引起的变异是可以遗传的
			  3.3.1 碱基的替换、插入或缺失会引发基因中碱基序列的改变

	（1）体细胞核移植技术方法的优化 （2）猴胚胎成纤维细胞/成体卵丘细胞的体细胞核移植 （3）获得的克隆猴的遗传学分析	• 供体细胞的准备 • 卵母细胞的收集 • 猴体细胞核移植 • 猴胚胎培养和胚胎移植 • Kdm4d体外转录 • 免疫染色 • RNA测序和数据分析 • 超声成像 • 数据统计 • 单核苷酸多态性（SNP）分析 • 短串联重复序列（STR）多态性分析	

续表

内容	课程标准中的生物学概念
研究结果	• 猴胚胎期成纤维细胞的体细胞核移植获得两只存活的克隆猴 • 表观遗传修饰处理提高体细胞核移植胚胎发育成功率 • 克隆猴的遗传分析证实了其克隆来源	必修 1.2.3　遗传信息主要储存在细胞核中 2.3.2　细胞分化 3.1.4　细胞分化的本质是基因选择性表达的结果 3.1.5　表观遗传现象

素养教学建议 1

细胞工程成功应用的案例：体细胞克隆猴的诞生【科学探究　社会责任】

一种生物工程往往包含多种生物技术，纵观体细胞克隆猴的研究过程，克隆猴的诞生主要是通过细胞工程中动物细胞培养、细胞融合、细胞核移植、胚胎移植等多种技术协同使用而实现的（图 4-2）。因此，利用该素材创设的情境可加深学生对细胞工程中各个技术及其基本原理的理解，而且该情境可引导学生综合运用技术和工程学的知识能力，提出工程学需求，设计实践方案，从而提高科学探究核心素养。

生物工程受到伦理和法律的约束，以造福社会和推动科学进步为价值指向。事实上，体细胞克隆猴成功之后，我国科技工作者继续在此基础上引入基因编辑技术，以成年猴皮肤中的成纤维细胞为供体，获得了一批遗传背景一致的基因敲除克隆猴，标志着模拟人类疾病的克隆猴模型的批量生产。可见，体细胞克隆猴素材还可引发学生对克隆技术社会议题的讨论，培养社会责任核心素养，并增进对我国科技创新成果的认识，学习科学家精神，落实立德树人的根本任务。

素养教学建议 2

恢复动物细胞核全能性的"利器"：表观遗传调控【生命观念　科学思维】

和其他动物克隆的实现一样，体细胞克隆猴验证了动物细胞核具有全能性。但是该研究也表明，对于灵长类动物的体细胞来说单靠核移植本身并不足以使重组细胞顺利发育成存活个体，还需要对体细胞核进行表观遗传修饰调控。分化的体细胞的核基因是选择性表达的，核移植后进行重编程才能开启与细胞全能性有关的一系列基因的表达，这个过程不涉及基因序列的改变，但涉及可遗传的基因表达活性的变化和表型（即细胞类型）的变化，因而属于表观遗传（epigenetic，此概念属于新课程标准增添的必修知识内容）的范畴。

调控真核生物细胞核基因表达的表观遗传修饰既可发生在 DNA 上，又可发生在组蛋白上，但都不涉及 DNA 碱基序列的改变。DNA 和组蛋白是真核细胞染色质的主要成分，二者组装为核小体，核小体进一步包装为具有高级结构的染色质。核小体是构成染色质的重复珠状 DNA-蛋白质复合体，每个核小体从结构上可分为核心颗粒和连接区两部分，核心颗粒实际上是长约 146 bp 的 DNA 区段缠绕着的组蛋白八聚体（包括

H2A、H2B、H3 和 H4 各两分子），连接区则是其余 DNA 区段和一个组蛋白 H1。核小体相互连接形成"串珠"样的染色质初级结构。

核心颗粒组蛋白的 N 端肽链如章鱼爪一般伸出八聚体表面，这些肽链富含带正电的氨基酸（如赖氨酸，K）残基，可被专门的酶催化从而发生甲基化（记为 me）、乙酰化（记为 ac）等修饰（见图 4-3）。图中 M 和 me 表示甲基化，A 和 ac 表示乙酰化。组蛋白特定位点的氨基酸残基的特定修饰类型对基因表达造成特定影响。如位于组蛋白 H3 的 N 端 9 号位的赖氨酸残基（H3K9），它的三甲基化（H3K9me3）标志着相关基因的转录抑制，它的乙酰化（H3K9ac）标志着相关基因的转录激活。随着细胞状态的变化，组蛋白修饰动态可逆地被修饰酶所改变，它们如同基因之上（epi-，意为"……之上"）的另一种密码，控制着基因的表达。

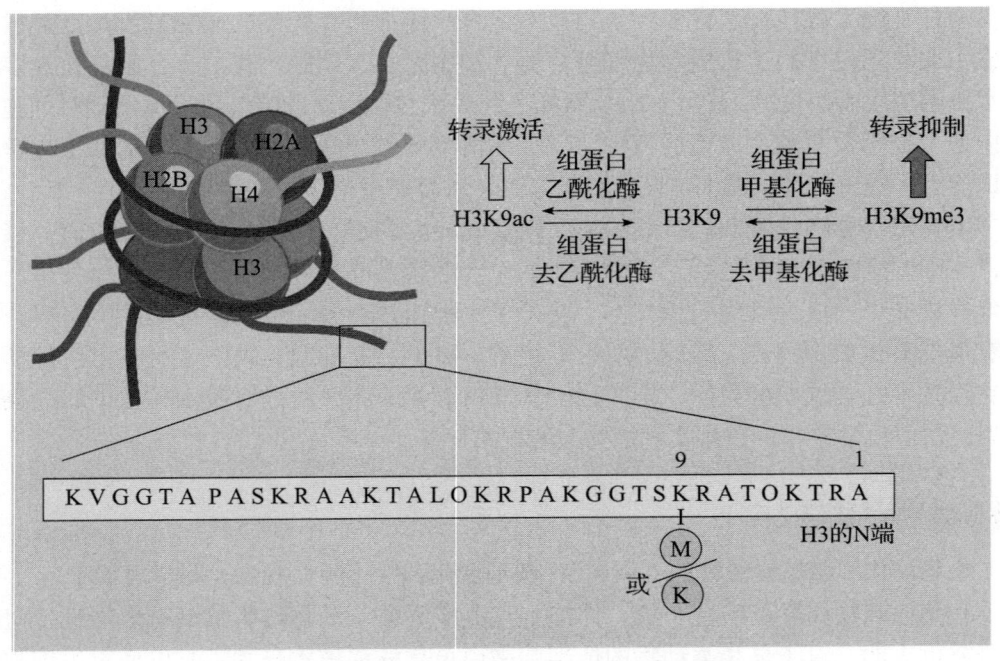

图 4-3　N 端肽链可被专门的酶催化发生甲基化、乙酰化等修饰

体细胞克隆猴的研究者使用了两种表观遗传修饰调控因子处理重组细胞：TSA 和 Kdm4d。前者是一种组蛋白去乙酰化酶的化学抑制剂；后者是 H3K9me3 的去甲基化酶。前者直接以渗透方式即可进入细胞，向培养液中直接加入即可；后者是一种酶，通过显微操作向细胞注射 Kdm4d 基因转录出的 mRNA 导入该酶。研究者以对照实验证明，一方面 TSA 抑制了组蛋白去乙酰化酶的活性，另一方面 Kdm4d 又作为 H3K9me3 的去甲基化酶催化甲基从 H3K9 上离去，从而提高了染色质中组蛋白的乙酰化程度而降低了甲基化程度，有利于移植细胞核全能性基因恢复表达，提高重组细胞的发育成功率（见图 4-4）。表观遗传修饰调控使得移植的体细胞核重编程，恢复其全能性，提高发育成功率。

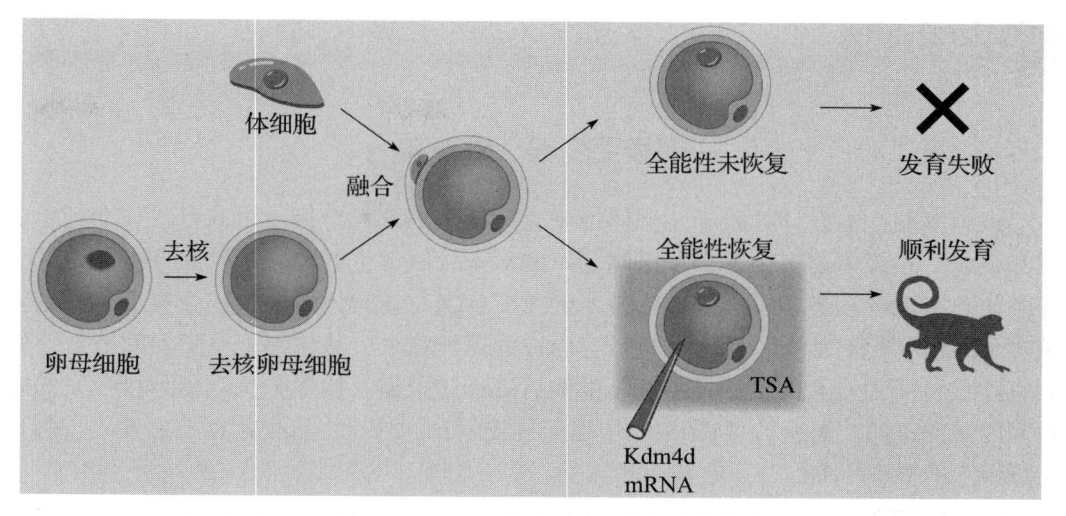

图 4-4　Kdm4d 作为 H3K9me3 的去甲基化酶催化甲基从 H3K9 上离去

因此，利用该素材创设的情境可加深学生对细胞分化及其本质的理解，加深对表观遗传概念的认识，并在基因表达、染色质组成、表观遗传、细胞分化之间建立知识体系。同时，通过问题情境的方式呈现该素材，可培养学生演绎与推理的科学思维。

素养教学建议 3

克隆猴遗传分析的"指纹"：遗传多态性【生命观念　科学思维】

体细胞克隆猴出生后，研究者确定了克隆猴的细胞核基因和线粒体基因的遗传来源。确定遗传来源的原理基于 DNA 遗传多态性，即种群不同个体之间 DNA 序列的细微差异，常称为 DNA 指纹。DNA 序列中存在的差异分为几类，其中包括单核苷酸多态性（SNP）和短串联重复序列（STR）多态性。前者是广泛分布于基因组（包括线粒体基因组）中的单个碱基的变异；后者是基因组中某些位置上串联重复序列的重复次数的差异，比如（TG）$_n$、（CAA）$_n$ 等。通过克隆猴、供体细胞、代孕母猴、供卵母猴基因组之间不同位点的 STR 多态性的比对发现，克隆猴的细胞核基因来自供体细胞。而通过线粒体基因组之间 SNP 的比对发现，克隆猴的线粒体基因来自供卵母猴。

需要说明的是，研究过程是将整个供体细胞注射到卵母细胞的透明带内，在灭活仙台病毒的介导下供体细胞与卵母细胞发生融合，从理论上看供体细胞的线粒体基因亦可遗传到克隆猴中，但卵母细胞中线粒体基因组的拷贝数远超过供体细胞，从而解释了遗传分析的实验结果。

从该素材创设的情境中，学生可加深对突变具有普遍性的认识，体会有性生殖过程中遗传信息的传递规律，从而提升生命观念。学生还可借此关注遗传学技术在亲子鉴定中的应用，并培养演绎和推理的科学思维。

像生物学家一样思考

微课设计

"拔毛变猴"成现实

设计意图： 本设计着眼于发掘体细胞克隆技术的育人价值。用取自科技期刊、电视和报纸的多媒体信息为材料，以问题串的形式发展学生的信息获取和分析能力，引导学生自主发现和建构体细胞克隆技术的重要意义，在具体情境中体会科学家的创新精神、感悟科学的本质。各个材料具有内在的逻辑联系，从体细胞克隆猴的社会评价到克隆猴科研工作者的自述再到克隆猴的后续进展报道，构建一次学生与科学家的短暂却印象深刻的"邂逅"，在学生心中埋下科技创新的种子，培育学科核心素养，落实立德树人的根本任务。

设计方案

教师讲述： 细胞核移植实验原本是为了研究细胞核的功能，但由此却引起克隆技术的巨大进步，"克隆"已经成为社会议题。2017年末，我国科学家率先实现了体细胞克隆灵长动物——食蟹猕猴，克隆动物大家庭里终于出现了人类的近亲。科学家为何要研究体细胞克隆猴？

材料呈现

材料一
克隆哺乳动物历程表（见表4-1）

材料二

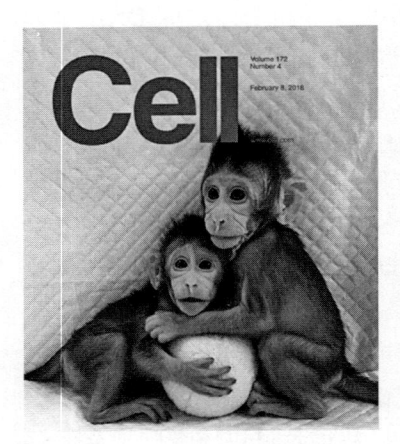

资料来源：Cell 杂志封面（2018-02-08）.

资料来源：世界首例体细胞克隆猴在中国诞生. 央视网，2018-01-26.

材料三
"这项研究的意义是不言而喻的。它使得我们可以编辑培养细胞的基因然后获得遗传背景一致的猴群。这将会影响各种人类疾病的研究模型，无论是常见病还是罕见病。"

——诺贝尔奖得主、体细胞核移植技术先驱约翰·戈登等人对体细胞克隆猴研究的评价

资料来源：Cibelli J B, Gurdon J B. Custom-made oocytes to clone non-human primates [J]. Cell, 2018, 172(4): 647-649.

问题设计： 从这三则材料，你分别能获得关于体细胞克隆猴研究的哪些信息？

教师引导学生分析： 由材料一可知，体细胞克隆猴是克隆哺乳动物中最近才出现的；由材料二可知，世界首例体细胞克隆猴是由我国科学家培育的，这项研究在国内外有着广泛的知名度；由材料三可知，体细胞克隆猴是研究人类疾病的良好模型，克隆猴的成功实现意义重大。

问题设计： 为什么材料三说克隆猴群的遗传背景是一致的？其遗传背景的一致性对于研究人类疾病有何意义？

教师引导学生分析： 源自同一供体的克隆猴，由于其细胞核遗传物质与供体一致，所以克隆猴群个体间的遗传背景一致。猴作为人类疾病的研究模型，如果彼此之间的遗传背景有差异，将对分析实验结果带来干扰，影响实验的准确性。使用相同基因型的克隆猴进行实验，则能控制无关变量，在减少实验动物使用数量的基础上提高了准确度，缩短了制备实验动物的时间。那么，为何具有这些研究优势的体细胞克隆猴却直到最近才出现？

> **材料呈现**

材料四

（播放视频）

各国的科研团队竞相展开研究，克隆浪潮中百舸争流，然而不久所有的团队都发现，原本的快船驶入了一片神秘的"暗流区"。与其他哺乳动物不同的是，灵长类动物的卵细胞在替换了细胞核后本应继续发育的胚胎却停止了生长，路走不下去了。

"一个个失败我就不去说了，我们都觉得看不到希望，完全在黑暗中走。"（孙强，中科院神经科学研究所，非人灵长类研究平台主任）

"尝试一下都不成功了，剩下的就是越来越少的实验室，只有最强的实验室才肯继续往前跑。我们说科技强国，要从跟跑到并跑到领跑，领跑是什么意思呢？就是我们要做得比人家快，要把重要的工作先做出来。在这种因素下，这个克隆猴的制作，既符合我们医药界的需求，也是前沿领域里面的重大问题，既有基础上的意义也有应用上的意义，所以我们就决定要做这个。"（蒲慕明，中科院神经科学研究所所长，中科院院士）

2016年底，黑暗之中，曙光突现。"我们终于发现两种因子的加入，这个胚胎发育得很好，就是优质的克隆胚胎，提升了四倍不止。那么这个时候我们觉得应该有希望能够移植成功。"（孙强）

除了胚胎难以发育，猴子的克隆如此艰难，另一个原因就是灵长类动物的卵和细胞核都特别脆弱，轻微的挤压都会导致移植失败。而且替换细胞核的过程要求苛刻，

要在最快的时间内完成。既要快又要准，为此刘真使用了数千枚小鼠卵子进行练习。"可能练习了有两年的时间吧，现在最快的话，可能10秒钟就可以完成。"（刘真，中国科学院神经科学研究所博士后，克隆猴科研论文的第一作者）

在经历了近五年理论和技术的摸索后，2017年11月27日，第一只克隆猴"中中"诞生。

资料来源：走近克隆猴［EB/OL］．(2018-05-03)［2023-07-23］．央视网《焦点访谈》（https://tv.cctv.com/2018/05/03/VIDEK837aVhtccTZrhrZbOz2180503.shtml）．

问题设计：可见体细胞克隆猴的研究可谓困难重重，"中中"的诞生是世界生物科技领域里程碑式的事件。我国科学家在成为克隆技术"领跑者"的过程中攻克了哪些难关？科学家为什么要攻坚克难？

教师引导学生分析：体细胞克隆猴的研究困难主要有二：其一是克隆胚胎难以顺利发育，其二是卵母细胞去核的操作技术要求高。虽然有重重困难，但是科学家明确认识到该研究在科学前沿和医药应用方面都有重大意义，并且在世界范围内是开创性的，因此进行不懈探索。

材料呈现

材料五

（播放视频）

"灵长类的克隆，现在障碍已经除去了。猕猴可以克隆，在原则上人也可以克隆。但是我们没有看到任何必要克隆人。而且我们做克隆猴的目的，完全是为了建立动物模型，来帮助理解人的大脑，还有治疗人的脑疾病。我们看不出任何理由需要克隆人，社会的伦理也不允许。"（蒲慕明，中科院神经科学研究所所长，中科院院士）

目前，美国、欧盟、日本等都已经纷纷启动了脑科学计划，中国科学家主导的脑科学国际大科学计划也正在规划之中。体细胞克隆猴的诞生将为我国脑科学研究提供国际领先的实验平台，很多困扰人类多年的生命科学问题也将有望得到解答。

资料来源：世界首例体细胞克隆猴在中国诞生 克隆猴模型将首先开展脑疾病研究［EB/OL］．(2018-01-25)［2023-07-23］．央视网《朝闻天下》（https://tv.cctv.com/2018/01/25/VIDEyTxtiCNFEDSl2pfQHZAo180125.shtml?spm=C53156045404.P4HrRJ64VBfu.0.0.）．

材料六

世界首例生物节律紊乱体细胞克隆猴模型诞生

科技日报上海1月24日电（记者王春）中国科学院神经科学研究所的生物节律与衰老疾病研究组和非人灵长类平台经过两年努力，利用CRISPR/Cas9技术，成功构建了世界首例核心节律基因BMAL1敲除食蟹猴模型，发现了敲除猴模型存在昼夜节律紊乱，出现类似精神分裂症的症状，并构建了世界首批生物节律紊乱体细胞克隆猴模型。我国顶级综合英文期刊《国家科学评论》1月24日凌晨在线发表了两篇重大成果的论文。

生物节律是生物体内多种生理学和生物化学过程波动的基础，它在维持机体内在的生理功能（如睡眠/觉醒系统、体温、代谢和器官功能等）及适应环境的变化方面扮演着重要角色。生物节律紊乱与睡眠障碍、神经退行性疾病（如阿尔茨海默病）、精神类疾病、糖尿病、肿瘤，以及心血管等疾病密切相关。

中国科学院脑科学与智能技术卓越创新中心（神经科学研究所）、上海脑科学与类脑研究中心研究团队经过两年多的努力，首次利用CRISPR/Cas9方法，敲除了体外受精猴胚胎中的生物节律核心基因BMAL1，产生了一批BMAL1基因缺失的猕猴。并利用克隆技术，首次成功构建了一批遗传背景一致的生物节律紊乱猴模型。这些猕猴具有昼夜活动紊乱、睡眠障碍、焦虑和精神分裂症等表型，血液分析也表明其与炎症、睡眠障碍、抑郁等相关的基因表达水平显著上调，这为模拟人的节律紊乱相关疾病迈出了关键的一步。

这项研究成果，填补了生物节律紊乱研究高等动物模型的空白，突破了利用活体猕猴体细胞克隆的难题。非人灵长类生物节律紊乱模型为我国新药创制与研发"神助攻"，将应用于神经退行及精神疾病的药物、物理干预研究。

据悉，该成果得到了中国科学院战略性先导科技专项（B类）"脑认知与类脑前沿研究"和上海市市级科技重大专项"全脑神经联接图谱与克隆猴模型计划"的大力支持。

——2019年1月24日《科技日报》

资料来源：王春．世界首例生物节律紊乱体细胞克隆猴模型诞生［N］．2019-01-24．

问题设计：克隆猴"中中"的诞生，是否意味着人类离克隆人越来越近？紧随"中中"之后，我国科学家在体细胞克隆领域又完成了什么工作？这两项工作有什么内在联系？

教师引导学生分析：对材料五的分析可知，我国科学家制备体细胞克隆猴，是为了建立动物模型，构建先进的实验平台，开展脑科学研究，增进人类福祉，与克隆人无关。我国科学界和政府坚决反对和禁止生殖性克隆人。由材料六可见，在首例体细胞克隆猴诞生约一年后，我国科学家真正制备了疾病模型猴，获得了一批模拟人类节律紊乱相关疾病的克隆猴，为人类脑疾病的药物研发提供了重要实验材料。"中中"是健康的克隆猕猴，它的诞生表明猴体细胞克隆技术的成功；节律紊乱克隆猴则是在此基础上实现了人类疾病模型猴的批量生产。前者是后者的技术基础，后者是前者在应用方面的重大推进。

教师指导学生小结：体细胞克隆技术得以在猴身上实现绝非易事，科技政策支持和科学家勇攀高峰的创新精神在其中发挥着重要作用。近年来，我国包括体细胞克隆技术在内的重大科技创新成果竞相涌现，进入领跑阶段，科技实力正在从量的积累迈向质的飞跃。科学家的精神值得我们学习，科技强国的目标需要我们奋进！

【评析】

评析人：郭峰

本微课设计围绕科学家为什么要研究体细胞克隆猴展开，具体特点如下：

1. 材料丰富，内在逻辑强。

给出的材料有六则，分别从科技期刊、电视、报纸等多媒体上获取最新信息，情景真实。内在逻辑如下：克隆哺乳动物的历程是一个研究从无到有的过程，在此过程中突破技术难点，终于克隆出"中中"。为什么要这样做？有什么意义呢？会不会引起克隆人这方面的担忧呢？利用问题串步步引导学生思考，培育社会责任这一核心素养。

2. 重温过程，体会不容易。

国外无数科学家止步于克隆胚胎难于发育，中国科学家不畏艰难，失败多次仍然坚持，摸索出两种因子促进了胚胎的发育，但接着又有一障碍，灵长类动物的卵和细胞核特别脆弱，轻微挤压就导致移植失败，中国科学家反复练习两年，最后熟练到最快10秒就可操作成功。这些实例鼓励学生勇攀高峰。

3. 展现自信，培育社会责任。

以我国科学家的研究成果、过程、方法为情境，重视探究过程的同时，培养了学生社会责任意识。引导学生关注、认同我国科学家的成果，建立民族自豪感的认知心理。"中中"的诞生，让学生真实了解我国科学研究的重大成就及世界领跑地位，激发学生刻苦学习、立志为我国的科技发展做出贡献的使命感。

习题设计

习题1：

我国科学家利用体细胞核移植技术成功克隆了猕猴，实验流程见下图。

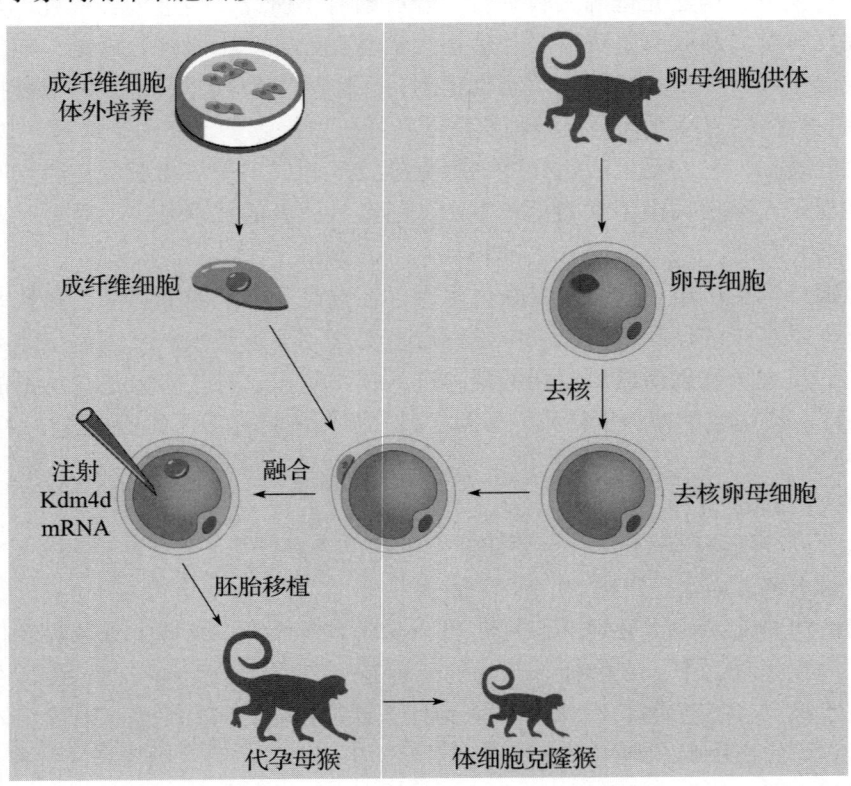

（1）研究者向卵母细胞供体猴的体内注射了人类的某种促性腺激素，从而获得足够数量的卵母细胞。该激素在生理条件下由_____分泌，分泌活动接受_____分泌的_____激素调节，人类的该激素_____（①可以；②不可以）对猴的靶细胞发挥作用。

（2）挑选处于_____时期的卵母细胞，然后进行去核操作。这一时期的卵母细胞通常_____（①含有；②不含有）同源染色体，卵细胞膜外的透明带内_____（①含有；②不含有）第二极体。

（3）利用显微操作将成纤维细胞注射至卵母细胞的透明带内，成纤维细胞事先与灭活的仙台病毒孵育过，推测事先做此处理的原因是_____。

（4）向核移植后的重组细胞中注射编码组蛋白去甲基化酶基因（Kdm4d）的mRNA。这种外源的mRNA能与重组细胞自身的_____结合翻译出Kdm4d蛋白。Kdm4d通过影响组蛋白的修饰影响_____，有利于细胞表现全能性，进而提高了重组细胞的发育成功率。

（5）部分重组细胞顺利发育，形成桑葚胚，然后形成_____胚，后者当中含有将来发育为胎盘和胎膜的_____（①内细胞团；②滋养层细胞；③透明带）

（6）DNA测序技术已经在生物学科研中广泛应用。某只克隆猴甲的诞生过程涉及成纤维细胞系乙、卵母细胞供体猴丙、代孕母猴丁。已知乙、丙、丁三者的线粒体基因组之间存在多个位点的单碱基差异，但三者各自的线粒体基因组基本一致。为了确定克隆猴甲体内大多数线粒体基因组的来源，请以培养皿中的乙和甲、丙、丁的皮肤细胞为材料设计实验方案，并写出预期结果：_____。

必备知识	体液调节；体细胞核移植；受精过程；减数分裂；动物细胞融合；胚胎早期发育；基因表达；细胞分化的原因；表观遗传；基因工程的基本操作程序；基因突变；基因检测
参考答案	（1）垂体；下丘脑；促性腺激素释放；① （2）MII（减数第二次分裂）；②；② （3）促进卵母细胞与成纤维细胞融合 （4）核糖体；不同基因的表达（基因的选择性表达） （5）囊；② （6）取一定量的乙和甲、丙、丁的皮肤细胞（分别分离出线粒体），分别提取线粒体基因组，用线粒体基因组专门的引物进行PCR，对扩增得到的DNA产物进行测序，比对四者的线粒体基因组序列的单碱基差异。如果多个位点的比对显示甲和乙一致而与丙、丁不同，则甲的大部分线粒体基因组来自乙；同理推测来自丙或丁
命题立意	本题依托真实科研情境，以体细胞核移植的实验流程为线索分别引向不同实际问题，乍一看是熟悉情境，但却含有诸多陌生因素，具有高度的综合性和复杂度，但涉及的知识内容都在课标与新教材的范围之内，涵盖必修1、必修2、选择性必修1、选择性必修3的多个章节。 （1）考查超数排卵的体液调节原理，并涉及激素作为信使传递信息的特点； （2）考查体细胞核移植的技术要点和哺乳动物受精阶段，并涉及减数分裂的过程； （3）考查动物细胞融合技术； （4）考查基因表达的过程，题目信息引导学生考虑表观遗传修饰影响基因表达进而影响细胞分化，展现抽象与联想的科学思维； （5）考查胚胎发育过程，立足于细胞分化的学科概念； （6）基于基因突变的随机性和基因扩增与检测，考查对遗传学在亲缘

命题立意	关系鉴定中的应用，展现科学探究素养。 由本题可见，真实科研过程调动的生物学知识本身就具有高度的综合性，学生可以此提升信息获取、理解掌握、知识整合的素养。
素养水平	（1）生命观念水平二 （2）生命观念水平三；科学思维水平二 （3）生命观念水平二；科学思维水平二 （4）生命观念水平三；科学思维水平三 （5）生命观念水平二 （6）科学探究水平四；生命观念水平三

习题 2：

科学家约翰·戈登（John Gurdon）利用体细胞核移植技术，将非洲爪蟾（*Xenopus laevis*）分化了的肠上皮细胞核植到去核的卵细胞中，首次获得了新个体。阅读以下材料，回答问题。

"布里格斯和金在1952年已经成功将囊胚的细胞核移植到去核的卵细胞中并获得了正常的美洲豹蛙（*Rana pipiens*）蝌蚪。但在1957年，他们却发现神经胚内胚层的细胞核移植不能获得正常发育的个体。他们得出了一个合理的结论，即从囊胚发育至神经胚的过程中，一些正常发育所需的基因或是丢失或是被不可逆地抑制了。

在此情形下，我曾制定的博士期间的工作目标已经被他人完成了，主要问题的答案也被得到了。那么把这个工作在相似物种上重复还有什么意义？这样做的结局有两种可能：一种是获得与布里格斯和金不一样的实验结果，那么主要问题仍是悬而未决的，会引发收获颇丰的研究；另一种是得到与他们相同的实验结果，从而引出一个重要的问题——是什么机制导致命运已被决定的体细胞的细胞核在卵细胞的细胞质中不能被重编程。"

——戈登，2012年诺贝尔生理学或医学奖获奖演说

（1）根据材料，推断不少生物学家在20世纪50年代左右关注的"主要问题"是_____，戈登的实验结果是他预测的第_____种结局。对前人的研究进行重复和改进，进而推动生物学进步的例子有_____。

（2）戈登利用可以向样品发射紫外线的显微镜开展了非洲爪蟾的体细胞核移植。由于一定强度的紫外线可以破坏遗传物质，因此在实验流程中，他不需要通过显微操作就能完成的步骤是_____。

（3）通常，非洲爪蟾的卵细胞表面覆盖有一层有弹性的胶状物，即便用微小的针头挤压卵细胞，甚至将针头从卵细胞的另一侧推出，针头周围都充斥着胶状物，使针头无法真正进入细胞质。这个特点导致体细胞核移植的流程中难以操作的步

骤是_____。

（4）但是戈登意外地发现，经过紫外线照射后，覆盖卵细胞的胶状物逐渐溶解，为实验排除了主要的操作困难。紫外线照射产生了一举两得的效果，戈登认为他的这段研究经历诠释了"幸运眷顾有准备的人"。对此你的感想是_____。

必备知识	体细胞核移植；细胞核的功能；细胞分化；胚胎发育
参考答案	（1）分化细胞是否具有全能性（分化细胞是否含有全部的细胞核基因）；一；摩尔根用果蝇证明孟德尔的遗传定律，并发现了新的定律（斯他林和贝利斯对前人关于胃酸引起胰液分泌的实验现象提出不同解释，并由新的实验证明促胰液素的存在） （2）去核 （3）将供体细胞核（肠上皮细胞核）注入去核的卵细胞 （4）科学家对实验过程和实验现象的细心观察有利于研究的开展（科学家在科学研究中保持开放态度、重视实践、勇于探索的精神值得我们学习）
命题立意	本题的形式和内容均相当新颖，由阅读材料（科学家的演说稿）引出问题串。基于学生对细胞分化和细胞核移植已有的知识，结合文本，推断科学史上系列科学实验背后的科学问题，考查逆向思维和推理能力，并且由一及多，引导学生举例说明科学研究中通过重复实验推动科学发展，体会科学的特征，考查发散思维。全题层层推进，故事性强，材料给出研究的概括和历史背景，各个小题则逐步再现关键实验过程，最后突有转折。本题意图使学生身临其境，在潜移默化中展现和提升学科素养，激发对科学探究的兴趣。
素养水平	（1）生命观念水平三；科学思维水平四 （2）科学探究水平三；科学思维水平二 （3）科学探究水平三；科学思维水平二 （4）科学探究水平二；社会责任水平三

学术情境主题 5

人类对通道蛋白的探索历程

刘 莹

• 学术导引 •

1. 水通道蛋白的发现。

19 世纪末，多位科学家分别通过实验观察发现某些细胞对水具有较高的渗透性。1986 年，本加（Benga）和同事首次证实了在人类红细胞膜上存在水通道。1988 年，阿格雷（Agre）和同事在人红细胞中发现了一种新的整合膜蛋白[①]。不含糖基化成分的该蛋白分子量大小为 28 kDa，含糖基化成分时该蛋白在电泳图上迁移至 35～60 kDa 的位置。他们认为该蛋白（1991 年被称为 CHIP28，channel-forming integral protein 28 kD）可能在膜骨架与脂质双分子层的连接中发挥作用。1990 年，帕克（Parker）表示该蛋白质可能是水通道蛋白。1992 年，阿格雷和同事利用非洲爪蟾卵母细胞来研究水通道蛋白的作用机制。他们发现含有体外转录的 CHIP28 蛋白 RNA 的非洲爪蟾卵母细胞表现出较高的水渗透性。因此，他们猜测 CHIP28 可能是水通道蛋白或水通道的调节因子。同年，他们通过脂质体的重组实验证明了 CHIP28 蛋白本身就是一个水通道而不是一个水通道的调节因子[②]。1993 年，CHIP28 被命名为水通道蛋白 1（AQP1）。1993 年至 2002 年间，科学家们在细菌、植物、动物和人类中发现了 200 多种水通道蛋白家族成员。2003 年，阿格雷因水通道蛋白的发现获得了诺贝尔化学奖[③]。

阿格雷在回顾自己的研究历程时，称自己"纯粹靠运气"。他为什么这样说呢？这是因为在发现水通道蛋白之前，阿格雷是一名血液学家。他当时正在研究 Rh 血型抗原，并试图在兔体中产生针对部分变性和纯化的 Rh 多肽的抗体。在获取抗体的过程中，他意外地收获了一种 28 kD 大小的非 Rh 多肽抗体的蛋白质。这种蛋白质在细胞中含量非常丰富。每个红细胞大约有 200 000 个拷贝，是膜中的主要蛋白质之一。此外，

---

① Denker B M, Smith B L, Kuhajda F P & Agre P. Identification, purification and partial characterization of a novel mr 28 000 integral membrane protein from erythrocytes and renal tubules［J］. *The journal of biological chemistry*, 1988, 263(30): 15634-15642.

② Zeidel M L, Ambudkar S V, Smith B L & Agre P. Reconstitution of functional water channels in liposomes containing purified red cell CHIP28 protein［J］. *Biochemistry*, 1992, 31(33): 7436-7440.

③ Agre P. Nobel Lecture. Aquaporin water channels［J］. *Bioscience reports*, 2004, 24(3): 127-163.

该蛋白的特性显示它是一种跨膜四聚体（图 5-1），暗示它可能是一种通道蛋白，但是它是什么物质的通道呢？即使随后他们在人体肾脏中发现该蛋白质也非常丰富，特别是在肾近曲小管的顶端和基底外侧膜以及髓袢的降支细段，但依然未能认识到它的功能。这让阿格雷一度非常沮丧，但并未让他放弃希望。

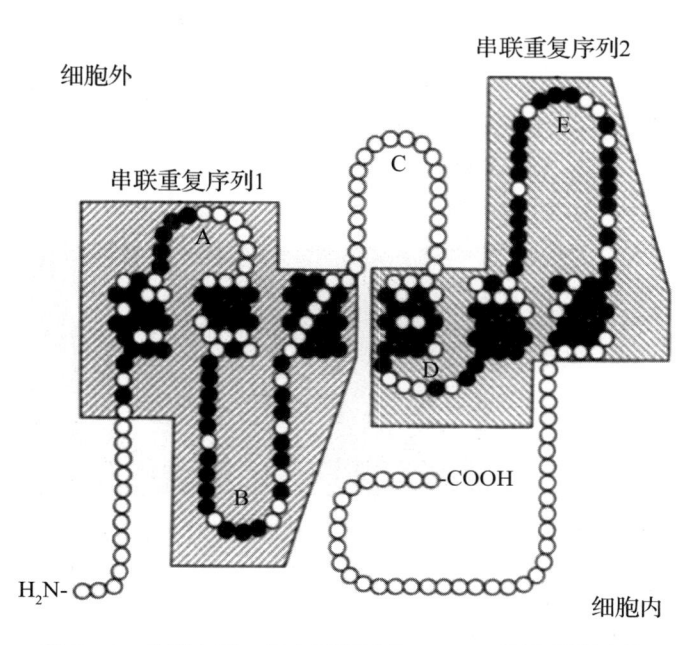

图 5-1 从蛋白质一级序列预测的 CHIP28 蛋白的膜定位
资料来源：Preston G M, Carroll T P, Guggino W B & Agre P. Appearance of water channels in xenopus oocytes expressing red cell CHIP28 protein [J]. *Science*, 1992, 256(5055): 385-387.

阿格雷几乎利用了他所有的资源来解决这个难题。他曾与十几位知名的生物化学家和生理学家讨论过这个蛋白质，但没人能预测其功能。直到前文所提到的帕克（阿格雷的临床导师）暗示阿格雷红细胞和肾小管对水的渗透性都很强。阿格雷带领他的两名博士后随即克隆了红细胞的 cDNA 编码区对应的含有 269 个氨基酸的多肽，通过亲水性分析预测其具有六个跨膜结构域。通过比对遗传学数据库，他们发现了在牛、果蝇、细菌和植物这些不同来源的生物中均含有与 CHIP28 序列相似的 DNA，但其功能尚未确定。这些线索使得阿格雷更加怀疑 CHIP28 蛋白是一种水通道蛋白，于是他们选用了透水性非常低的非洲爪蟾卵母细胞来检测 CHIP28 蛋白的功能。

首先，他们构建了非洲爪蟾卵母细胞中 CHIP28 蛋白的表达系统。将 10 ng 体外转录的 CHIP28 RNA 微量注射到卵母细胞中。用 CHIP28 羧基末端的胞内结构域的抗体（anti-CHIP）通过免疫印迹法来检测 CHIP28 蛋白的表达。在用 CHIP28 RNA 注射卵母细胞 24 小时后，用 anti-CHIP 抗体检测到了 28 kD 的蛋白质，其丰度可达 72 小时。糖基化 CHIP28 蛋白的表达也十分明显（图 5-2）。

接着，他们开展了 CHIP28 蛋白的水渗透性功能试验。实验组中，卵母细胞被注射 10 ng 编码 CHIP28 蛋白的 cRNA；对照组中则注射等量的水。在蛋白质合成的三天后，卵母细胞看起来基本相同。然后他们将这两组卵母细胞转移至蒸馏水中处理，立即发现了惊人的差异。对照组卵母细胞因具有极低的水渗透性，所以表现正常。与之相反的是，实验组中的卵母细胞对水的渗透性很强，会像爆米花一样胀破（图 5-3）。

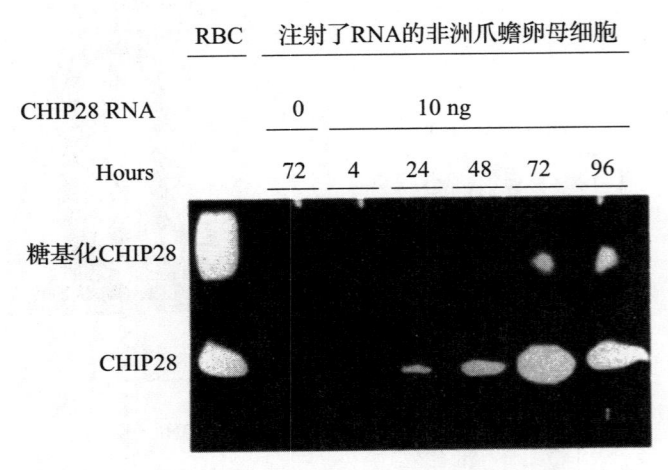

图 5-2　人红细胞膜和非洲爪蟾卵母细胞的免疫印迹结果

资料来源：Preston G M, Carroll T P, Guggino W B & Agre P. Appearance of water channels in xenopus oocytes expressing red cell CHIP28 protein [J]. *Science*, 1992, 256(5055): 385-387.

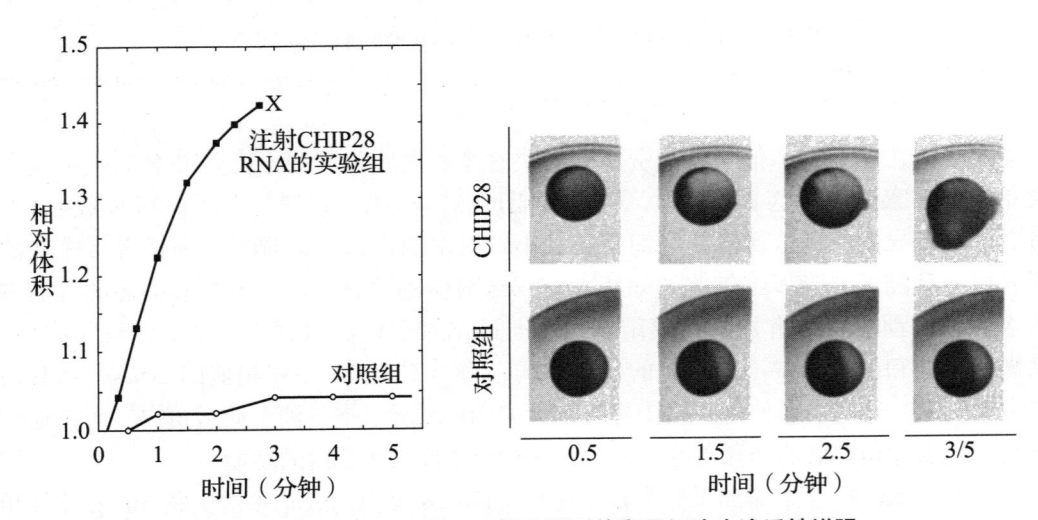

图 5-3　注射 CHIP28 RNA 的非洲爪蟾卵母细胞水渗透性增强

资料来源：Preston G M, Carroll T P, Guggino W B & Agre P. Appearance of water channels in xenopus oocytes expressing red cell CHIP28 protein [J]. *Science*, 1992, 256(5055): 385-387.

1970 年，科学家通过试验观察到人红细胞的水渗透性可被汞所抑制。还原剂（如 β-巯基乙醇）可恢复因汞而抑制的水渗透性，水通过脂质双分子层的扩散不受这些试剂的影响。阿格雷等又将注入 CHIP28 RNA 的卵母细胞于 0.3 mM $HgCl_2$ 中孵育，发现其对水的渗透性降低,在 3 mM $HgCl_2$ 孵育后抑制效果更明显(表 5-1)。当注射 CHIP28 RNA 的卵母细胞先与 $HgCl_2$ 孵育,再与 β-巯基乙醇孵育时,抑制作用被消除,卵母细胞胀破。

表 5-1 $HgCl_2$ 抑制注射 CHIP28 RNA 的卵母细胞的水渗透性试验

RNA 注射情况	卵母细胞处理方法(mM)		水渗透率	标准偏差	实验次数
	$HgCl_2$	ME	$cm/s \times 10^{-4}$		
None	0	0	27.9	18.8	8
	0.3	0	20.3	9.2	2
	0.3	5	25.4	2.2	2
CHIP28	0	0	210	40.7	10
	0.3	0	80.7	3.7	3
	3.0	0	34.5	11.2	3
	0.3	5	188	50.8	3

资料来源:Preston G M, Carroll T P, Guggino W B & Agre P. Appearance of water channels in xenopus oocytes expressing red cell CHIP28 protein [J]. *Science*, 1992, 256(5055): 385-387.

阿格雷等往卵母细胞注入了不同量的体外转录的 CHIP28 RNA,并测量其对水的渗透性。结果显示,随着注射 RNA 量的增多,CHIP28 蛋白的表达量增加,卵母细胞的水渗透性也相应增强(表 5-2)。随后 CHIP28 蛋白被命名为为 "AQP1",这是第一个在功能上被鉴定的水通道蛋白。

表 5-2 在非洲爪蟾卵母细胞中注射的 CHIP28 RNA 量、水渗透率和 CHIP28 蛋白表达间的比较

CHIP28 RNA 的注射量(ng)	水渗透率	标准偏差	N	CHIP28 表达情况(每卵母细胞拷贝 $\times 10^{-11}$)
	$cm/s \times 10^{-4}$			
0	13.7	3.3	3	0
0.1	50.0	10.1	3	<0.1
0.5	112	29.2	4	0.4
2.0	175	38.4	4	1.6
10.0	221	14.8	2	10

资料来源:Preston G M, Carroll T P, Guggino W B & Agre P. Appearance of water channels in xenopus oocytes expressing red cell CHIP28 protein [J]. *Science*, 1992, 256(5055): 385-387.

为了充分验证 AQP1 是水通道蛋白,阿格雷等又将纯化的 AQP1 重组到合成的脂质体中。在冷冻断裂电子显微镜下观察,发现未重组 AQP1 的脂质体膜表面是光滑的;

而重组 AQP1 的脂质体膜表面含有许多直径为 0.01 微米的膜内颗粒。将该两组脂质体转移至高渗缓冲液中，未重组 AQP1 的脂质体出现收缩现象，在大约半秒内可达到平衡；重组 AQP1 的脂质体收缩速度更快，大约可在 20 毫秒内达到平衡。该实验结果证实了 AQP1 可以介导水的通过[①]。

2. 钾离子通道的结构和机理研究。

离子通道的研究略晚于水通道蛋白。1945 年，英国神经科学家霍奇金（A. L. Hodgkin）和赫胥黎（A. F. Huxley）利用枪乌贼的巨大轴突开展了系列研究，并首次记录到静息电位和动作电位。1952 年，二人提出了质膜离子通道的概念。1963 年，美国植物学家爱普斯坦（E. Epstein）等人提出离子通过短暂附着在载体上而被转运到植物细胞中的观点。1976 年，德国科学家内尔（E. Neher）和萨克曼（B. Sakmann）创造了膜片钳法来记录单个离子通道的电生理学特征。1984 年，德国生物学家施罗德（J. I. Schroeder）在蚕豆的保卫细胞的原生质膜中发现了钾离子的单通道。1998 年，美国生物化学家麦金农（R. MacKinnon）利用 X 射线晶体学方法首次揭示了变铅青链霉菌（streptomyces lividans）中钾离子通道蛋白的三维结构[②]。2003 年，麦金农和阿格雷获得了诺贝尔化学奖。

变铅青链霉菌属钾离子通道蛋白的氨基酸序列（KcsA K^+ 通道）与其他 K^+ 通道的氨基酸序列相似，包括脊椎动物和无脊椎动物电压依赖性 K^+ 通道、脊椎动物内向整流型和 Ca^{2+} 激活的 K^+ 通道、源于植物和细菌的 K^+ 通道以及环状核苷酸门控的阳离子通道（图 5-4）。一般情况下，具有功能的 K^+ 通道蛋白都是由四个相同的亚基构成的四聚体。KcsA K^+ 通道的跨膜区段包含 K^+ 通道特征序列，该序列可形成孔状结构，与果蝇和脊椎动物电压门控的 K^+ 通道中的该序列几乎相同。

麦金农通过 X 射线晶体学确定了从残基位置 23 到 119 的 KcsA K^+ 通道结构，分辨率为 3.2 Å。K^+ 通道是一个围绕中心孔具有四重对称性的四聚体（图 5-5A）。像其他几种膜蛋白一样，它具有两层芳香族氨基酸，可以延伸进入脂质双层（图 5-5B）。每个亚基都有两个跨膜 α 螺旋，由大约 30 个氨基酸的孔区域连接，该区域由转塔、孔螺旋和选择性过滤区组成。构成四聚体的每个亚基的一个跨膜螺旋（内螺旋）面对中心孔，而另一个（外螺旋）面对脂质膜。

内螺旋相对于细胞膜倾斜了约 25° 并轻微扭曲，这样亚基就像朝向细胞外的花瓣一样张开。开放的花瓣包含了朝向细胞外表面的孔螺旋所形成的结构。这个区域包含 K^+ 通道形成选择性过滤区的重要序列。

[①] Zeidel M L, Ambudkar S V, Smith B L & Agre P. Reconstitution of functional water channels in liposomes containing purified red cell CHIP28 protein [J]. *Biochemistry*, 1992, 31(33): 7436-7440.

[②] Doyle D A, Morais Cabral J, ... MacKinnon R. The structure of the potassium channel: molecular basis of K^+ conduction and selectivity [J]. *Science*, 1998, 280(5360): 69-77.

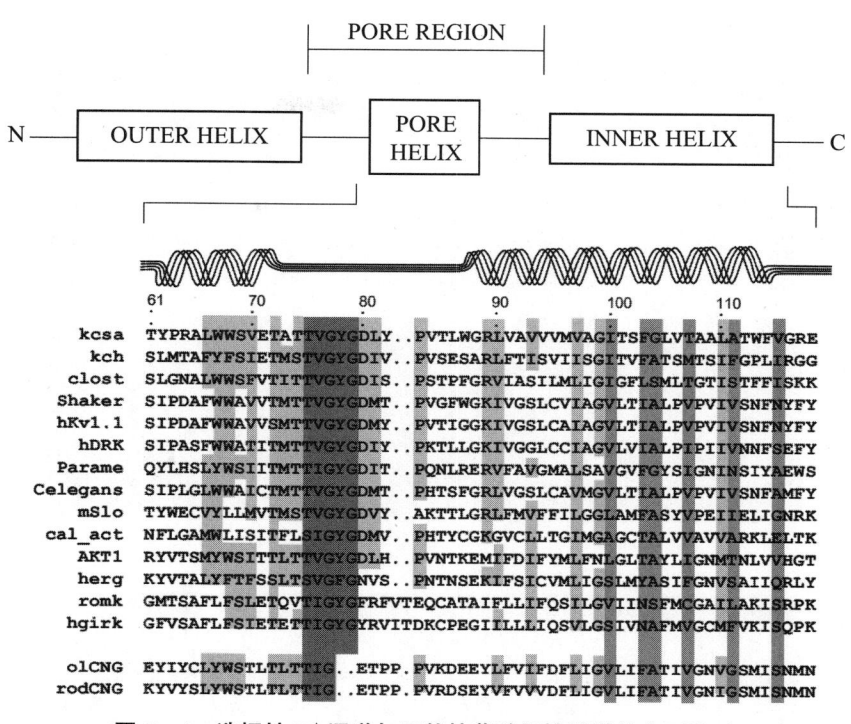

```
            PORE REGION
       ┌─────────────────┐
       │   PORE          │
N ─┤ OUTER HELIX ├─┤ HELIX ├─┤ INNER HELIX ├─ C
```

```
          61        70        80          90       100       110
kcsa     TYPRALWWSVETATTVGYGDLY..PVTLWGRLVAVVVMVAGITSFGLVTAALATWFVGRE
kch      SLMTAFYFSIETMSTVGYGDIV..PVSESARLFTISVIISGITVFATSMTSIFGPLIRGG
clost    SLGNALWWSFVTITTVGYGDIS..PSTPFGRVIASILMLGIGFLSMLTGTISTFFISKK
Shaker   SIPDAFWWAVVTMTTVGYGDMT..PVGFWGKIVGSLCVIAGVLTIALPVPVIVSNFNYFY
hKv1.1   SIPDAFWWAVVSMTTVGYGDMY..PVTIGGKIVGSLCAIAGVLTIALPVPVIVSNFNYFY
hDRK     SIPASFWWATITMTTVGYGDIY..PKTLLGKIVGGLCCIAGVLVIALPIPIIVNNFSEFY
Parame   QYLHSLYWSIITMTTIGYGDIT..PQNLRERVFAVGMALSAVGVFGYSIGNINSIYAEWS
Celegans SIPLGLWWAICTMTTVGYGDMT..PHTSFGRLVGSLCAVMGVLTIALPVPVIVSNFAMFY
mSlo     TYWECVYLLMVTMTSVGYGDVY..AKTTLGRLFVFFILGGLAMFASYVPEIIELIGNRK
cal_act  NFLGAMWLISITFLSIGYGDMV..PHTYCGKGVCLLTGIMGAGCTALVVAVVARKLELTK
AKT1     RYVTSMYWSITTLTTVGYGDLH..PVNTKEMIFDIFYMLFNLGLTAYLIGNMTNLVVHGT
herg     KYVTALYFTFSSLTSVGFGNVS..PNTNESKIFSICVMLIGSLMYASIFGNVSAIIQRLY
romk     GMTSAFLFSLETQVTIGYGFRFVTEQCATAIFLLIFQSILGVIINSFMCGAILAKISRPK
hgirk    GFVSAFLFSIETETTIGYGYRVITDKCPEGIILLLIQSVLGSIVNAFMVGCMFVKISQPK

olCNG    EYIYCLYWSTLTLTTIG..ETPP.PVKDEEYLVIFDFLIGVLIFATIVGNVGSMISNMN
rodCNG   KYVYSLYWSTLTLTTIG..ETPP.PVRDSEYVFVVVDFLIGVLIFATIVGNIGSMISNMN
```

图 5-4 选择性 K^+ 通道与环状核苷酸门控通道的序列比对

资料来源：Doyle D A, Morais Cabral J, ... MacKinnon R. The structure of the potassium channel: molecular basis of K^+ conduction and selectivity [J]. *Science*, 1998, 280(5360): 69-77.

通过观察四个内螺旋和四个孔螺旋之间的关系，可以了解亚基堆积的基本特征（图 5-5C）。四个内螺旋在细胞膜的内侧面相互挤成一束，形成一个倒帐篷的外观。孔螺旋结构使四聚体保持在一起，在离子的运输过程中也很关键。K^+ 通道形成的圆锥形帐篷结构可能是所有阳离子通道的总体特征，四个圆锥形结构像圆锥形帐篷的杆一样排列，四个孔螺旋及选择性过滤区靠近细胞外表面。

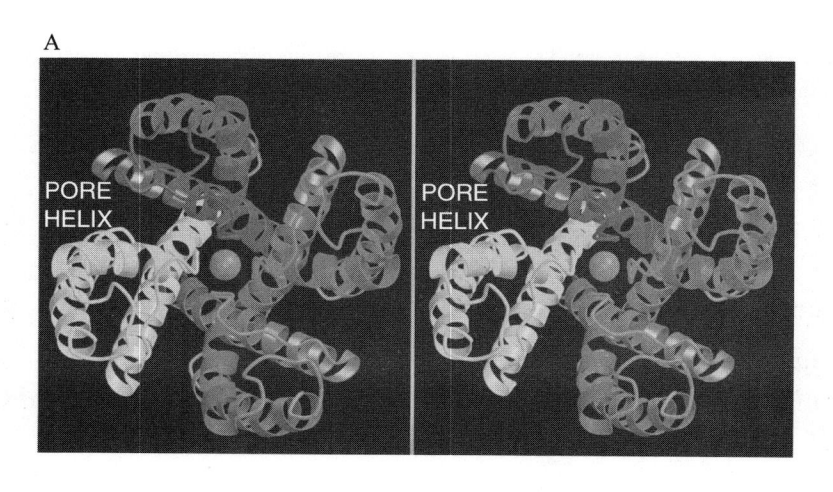

像生物学家一样思考

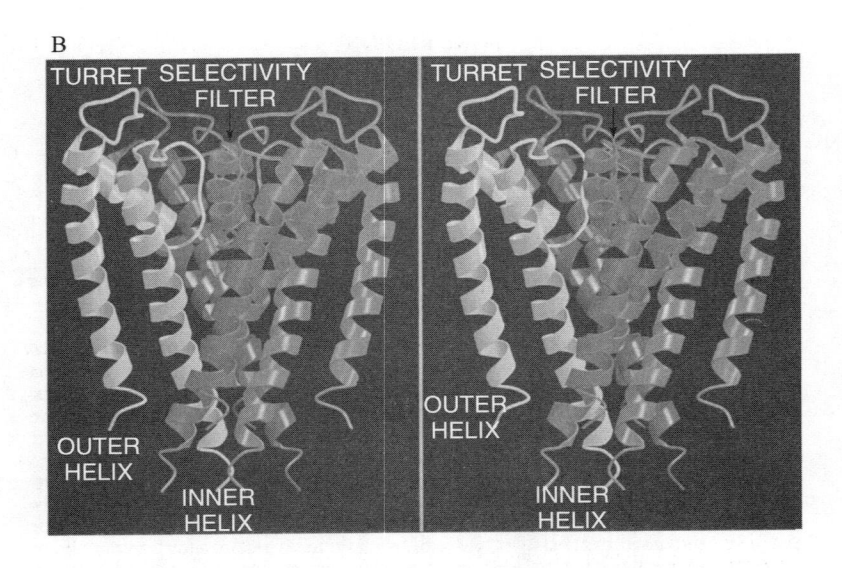

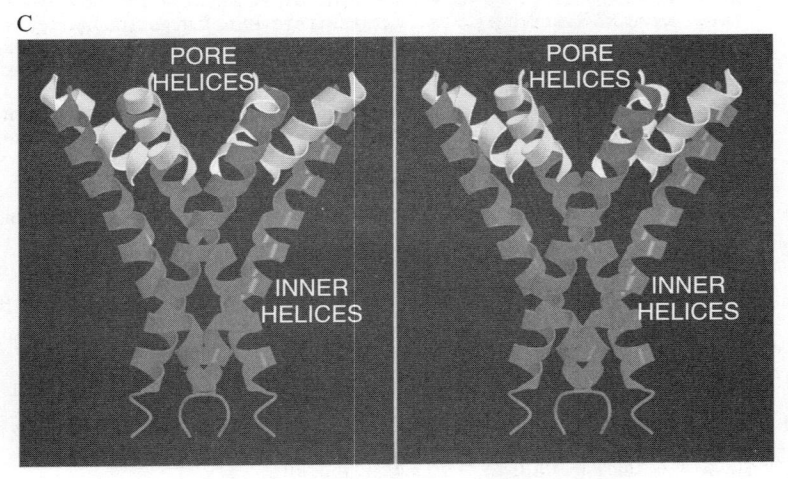

图 5-5 选择性 K^+ 通道的立体视图

资料来源：Doyle D A, Morais Cabral J, ... MacKinnon R. The structure of the potassium channel: molecular basis of K^+ conduction and selectivity [J]. *Science*, 1998, 280(5360): 69-77.

正如其他阳离子通道一样，细胞内和细胞外通道均被酸性氨基酸带负电（图 5-6），这种作用将提高阳离子的局部浓度，同时降低阴离子的浓度。孔的总长度为 45 Å，K^+ 可在整个孔中移动，并且大部分保持水合状态。相反，将孔与细胞外溶液分隔开的选择性过滤区太窄，以至于 K^+ 必须丢弃与其结合的水才能进入。孔内壁的化学成分主要是疏水的氨基酸（图 5-6）。通过功能性实验分析，孔的结构和化学设计确保了从细胞质到选择性过滤区的低阻力，从而促进了 K^+ 的高通量运输。

K^+ 通道的选择性过滤区的结构具有两个基本特征。首先，主链原子形成了一系列连续的氧环，因此提供了许多紧密间隔的适当离子位，用于配位脱水的 K^+。因此，K^+ 在选择性过滤区中只有一个很小的距离可以从一个位置扩散到另一个位置。选择性过

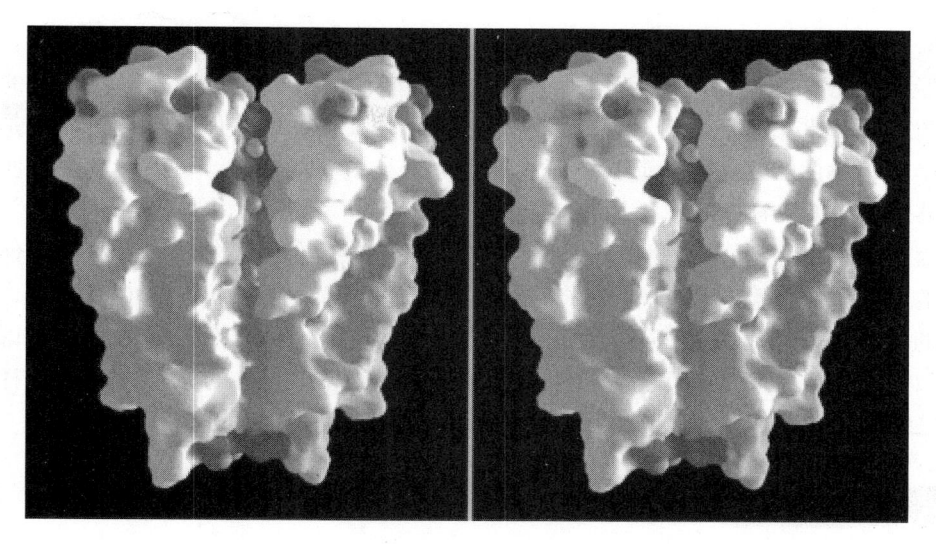

图 5-6 选择性 K⁺ 通道的分子表面和孔的轮廓

资料来源：Doyle D A, Morais Cabral J, ... MacKinnon R. The structure of the potassium channel: molecular basis of K^+ conduction and selectivity [J]. *Science*, 1998, 280(5360): 69-77.

滤区的第二个重要结构特征是其周围的蛋白质堆积。V-G-Y-G 序列的缬氨酸和酪氨酸侧链指向远离孔的方向，并与来自倾斜的孔螺旋的氨基酸发生特定的相互作用。四个酪氨酸侧链与孔螺旋色氨酸残基一起形成了大量的芳香族氨基酸片，总共十二个，其位置像选择性过滤器周围的袖带一样（图 5-7）。

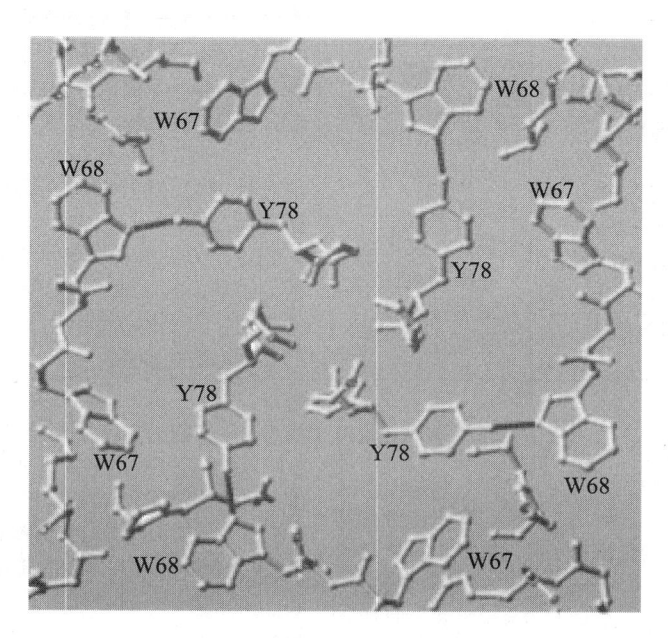

图 5-7 K⁺ 通道选择性筛选器的详细视图

资料来源：Doyle D A, Morais Cabral J, ... MacKinnon R. The structure of the potassium channel: molecular basis of K^+ conduction and selectivity [J]. *Science*, 1998, 280(5360): 69-77.

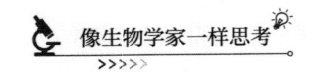

K⁺通道的结构如何解释其特异的离子选择性？当离子进入选择性过滤区时，它显然会脱水（几乎完全脱水）。为了弥补脱水的耗能，羰基氧原子必须取代水上的氧原子，与离子非常紧密地接触，并起到替代水的作用。该结构表明选择性过滤区是为了防止半径较小的 Na^+ 通过，使其分子弹簧始终保持打开的状态，可防止羰基氧原子接近足够近的程度来补偿 Na^+ 脱水的耗能。

因此可得出结论，选择性过滤区吸引并浓缩了 K^+。但是选择性过滤区是如何运输离子的呢？该结构意味着单个 K^+ 将被非常紧密地固定，但是两个 K^+ 相互排斥，因此它们的位置靠近选择性过滤器的相对端。当第二离子进入时，K^+ 和选择性过滤区之间的吸引力被离子之间的排斥力完全平衡，这就是允许发生导电的原因。K^+ 与选择性过滤区之间的强相互作用以及静电排斥介导了 K^+ 的高通量跨膜运输。

▶ 素养教学建议 ◀

"人类对通道蛋白的探索历程"与高中生物学概念的联系见表 5-3。

表 5-3 "人类对通道蛋白的探索历程"与高中生物学概念的联系

内容		课程标准中的生物学概念
	研究步骤　　　　关键实验方法	
研究过程	（1）纯化蛋白质 （2）蛋白质拓扑结构预测 （3）构建表达重组 DNA （4）获得 cRNA （5）cRNA 导入卵母细胞 （6）通过免疫印迹法来检测目的蛋白的表达 （7）显微镜观察卵母细胞形态变化 （8）数据比对分析	• 蛋白质的提取与分离 • SDS-PAGE • 目的 DNA 的提取、扩增和纯化 • DNA 片段的连接 • 反转录 • 微量注射 • 免疫印迹法 • 显微镜观察 • 数据比对分析	选择性必修 概念 4　细胞工程通过细胞水平上的操作，获得有用的生物体或其产品 　4.2　动物细胞工程包括细胞培养等技术 　　4.2.1　动物细胞培养是动物细胞工程的基础 概念 5　基因工程赋予生物新的遗传特性 　5.1　基因工程是一种重组 DNA 技术 　　5.1.2　阐明 DNA 重组技术的实现需要利用限制性内切核酸酶、DNA 连接酶和载体等三种基本工具 　　5.1.3　阐明基因工程的基本操作程序主要包括目的基因的获取、基因表达载体的构建、目的基因导入受体细胞和目的基因及其表达产物的检测鉴定等步骤
研究结果	• 获得了一个在人红细胞和肾脏中大量表达的 28 kD 的膜蛋白 • 注射 CHIP28 RNA 的非洲爪蟾卵母细胞可成功表达 CHIP28 蛋白，并对水的渗透性增强 • 汞可抑制注射 CHIP28 RNA 的非洲爪蟾卵母细胞的水渗透性，还原剂解除该抑制后，其恢复对水的渗透性		必修 概念 2　细胞的生存需要能量和营养物质 　2.1　物质通过被动运输方式进出细胞，以维持细胞的正常代谢活动 　　2.1.1　阐明膜质具有选择透过性 　　2.1.2　举例说明有些物质顺浓度梯度进出细胞，不需要额外提供能量 概念 3　遗传信息控制生物性状 　3.1　遗传信息主要编码在 DNA 分子上 　　3.1.1　概述多数生物的基因是 DNA 分子的功能片段

续表

	内容	课程标准中的生物学概念
研究结果	• 重组 AQP1 的脂质体在高渗溶液中收缩的速度比对照组更快	3.1.4 概述 DNA 分子上的遗传信息通过 RNA 指导蛋白质的合成，生物的性状主要通过蛋白质表现 选择性必修 概念 1 生命个体的结构与功能相适应，各结构协调统一共同完成复杂的生命活动，并通过一定的调节机制保持稳态

▶ 素养教学建议 1

钾离子通道蛋白协助运输钾离子进出细胞体现了结构与功能观【生命观念】

钾离子通道蛋白的三维结构特点实现了其特异性和高通量，并充分体现了结构与功能性。钾离子通道蛋白的选择性过滤区吸引并浓缩了 K^+。钾离子通道蛋白的选择性过滤区使其分子始终保持打开状态，以防止直径更小的离子如 Na^+ 通过。单个 K^+ 被非常紧密地固定在钾离子通道的孔腔中。当第二离子进入时，K^+ 和选择性过滤区之间的吸引力与离子之间的排斥力相互平衡，进而推动了 K^+ 的高通量通过。K^+ 与选择性过滤区之间的强的相互作用以及静电排斥介导了 K^+ 的高通量跨膜运输。

▶ 素养教学建议 2

CHIP28 是水通道蛋白的验证运用了假说演绎法和批判性思维【科学思维】

阿格雷等从发现 CHIP28 蛋白在人的红细胞和肾脏中大量表达的这个现象出发，受导师帕克的启发，提出问题：CHIP28 蛋白是否是水通道蛋白？为了解决这个问题，他运用了假说演绎法。若 CHIP28 蛋白可以提高非洲爪蟾卵母细胞的水渗透性，则可以证实它是水通道蛋白。反之，则不是。基于此，阿格雷等设计实验，观察结果。通过实验发现 CHIP28 蛋白的确可以提高非洲爪蟾卵母细胞的水渗透性。但阿格雷等并没有就此下结论，他们推测 CHIP28 蛋白可能是水通道蛋白的调节因子。它是否真的是水通道蛋白还需要在脂质体中做进一步的实验验证。这体现了科学家们严谨的科学态度，批判性的科学思维和求真务实的价值观。紧接着，阿格雷等设计并实施了在脂质体中验证 CHIP28 蛋白的功能实验。实验结果表明 CHIP28 蛋白本身就能够重现水通道蛋白的功能，说明完整细胞中实现水通道蛋白的功能成分很可能仅由 CHIP28 分子组成，其他蛋白对水通道功能并不必要。综上所述，所有信息表明 CHIP28 蛋白是红细胞和肾脏近曲小管的主要水通道蛋白。

▶ 素养教学建议 3

非洲爪蟾卵母细胞中成功表达 CHIP28 蛋白利用了细胞工程和基因工程技术【科学探究】

毫无疑问，要想利用非洲爪蟾卵母细胞进行科学研究，首先必须掌握体外培养这种细胞的技术。2020年修订版高中生物学课程标准明确指出细胞工程通过细胞水平上的操作，获得有用的生物体或其产品，动物细胞培养是动物细胞工程的基础。要实现对非洲爪蟾卵母细胞的体外培养同样也需要满足细胞培养的一般条件：所需的营养物质、无菌无毒的环境、适宜的温度、pH值、渗透压和气体环境。

如何使体外培养的非洲爪蟾卵母细胞表达出研究所需的蛋白质呢？解决这个难题就需要基因工程的帮助了。常用的非洲爪蟾卵母细胞的高效表达载体是于1992年所构建的，该表达系统可高效表达外源基因。在该载体中同样含有多个限制性内切酶位点，以便外源基因插入。在构建某个基因在非洲爪蟾卵母细胞中的高效表达载体时，首先需要获取目的基因，其次构建该基因的表达载体，在体外转录RNA，将转录的RNA显微注射到非洲爪蟾卵母细胞中，最后检测目的蛋白的表达。阿格雷等通过形态学观察及功能实验验证了非洲爪蟾卵母细胞中是否表达了CHIP28蛋白。

微课设计

设计一

水进出细胞可否另辟蹊径？

设计意图：通过学习自由扩散后，学生会自然而然地产生水都是仅通过自由扩散方式进出细胞的前科学概念。教师可以利用学生的前科学概念，建构认知冲突，促进学生掌握核心概念。通过重温科学家的科研历程，让学生通过设计实验来体会科学方法"假说演绎法"。

设计方案

材料呈现

材料一

过去人们普遍认为，水分子都是通过自由扩散进出细胞的。但在一些研究中发现，水分子以扩散的方式穿过膜脂双分子层的速率非常低。人的红细胞在低渗溶液中会出现吸水膨胀而溶血的现象，但水生生物的卵母细胞在低渗溶液中却不膨胀。

问题设计：水分子进出细胞仅依赖自由扩散这一种方式吗？细胞膜上哪些成分可能起到帮助水分子跨膜运输的作用？

教师引导学生分析：从材料中可以发现，水可能还存在除自由扩散之外的途径快速进出细胞。结合先前所学的细胞膜的结构与功能的相关知识，如细胞膜的组成成分中含有蛋白质，有的蛋白质贯穿于整个细胞膜的磷脂双分子层，细胞膜控制物质进出的功能与膜蛋白质密不可分，学生可推知水分子可以快速进出细胞可能与细胞膜上的蛋白质有关。

> **材料呈现**

材料二

　　1988年，美国科学家阿格雷等在实验中意外收获了一种分子量大小为28 kD的膜蛋白。该蛋白在人的红细胞中含量非常丰富，是膜中的主要蛋白质之一。于是，他们将这种新发现的蛋白质命名为CHIP28。随后他们又发现在人的肾脏中该蛋白质的含量也非常丰富，特别是在肾的近曲小管和髓袢处。

　　问题设计：结合材料一，你认为CHIP28蛋白可能具有什么功能？请尝试设计实验证实你的假说。

　　教师引导学生分析：结合人的红细胞在水溶液中会吸水胀破的实验现象和初中所学肾小管对水的重吸收作用，学生可提出在人的红细胞和肾脏细胞中高度表达的CHIP28蛋白可能与这些细胞对水的吸收有关的假说。在设计实验验证该假说为开放性问题时，教师可适当提示学生选择哪些实验材料。若利用人的红细胞，可敲除编码CHIP28蛋白的基因使其不表达CHIP28蛋白，再将这样的红细胞置于清水中观察其是否出现吸水胀破的现象。若使用材料一中在低渗溶液中不吸水的水生生物的卵母细胞，则尝试使其表达CHIP28蛋白，再将表达了CHIP28蛋白的水生生物的卵母细胞置于清水中观察其是否出现吸水膨胀的现象。

　　虽然此时学生尚未学习"假说演绎法"这个科学方法，但教师依然可以利用阿格雷发现水通道蛋白的研究历程，引出"假说演绎法"，为必修2学习该科学方法奠定基础。"假说演绎法"大致可分为五个步骤，即发现问题→提出假说→演绎推理→实验验证→得出结论。阿格雷发现问题：CHIP28蛋白是水通道蛋白吗？提出假说：CHIP28蛋白是水通道蛋白。演绎推理：如果使水渗透性非常低的非洲爪蟾卵母细胞表达CHIP28蛋白，非洲爪蟾卵母细胞在低渗溶液中将会出现吸水膨胀的现象。实验验证：表达了CHIP28蛋白的非洲爪蟾卵母细胞在低渗溶液中出现了吸水膨胀的现象。得出结论：CHIP28蛋白可能是水通道蛋白。

> **材料呈现**

材料三

　　阿格雷受其导师帕克的启发，猜测CHIP28蛋白可能是一种水通道蛋白。于是他们选用了水渗透性非常低的非洲爪蟾卵母细胞来检测CHIP28蛋白的功能。阿格雷等将成功表达了CHIP28蛋白的非洲爪蟾卵母细胞转移至蒸馏水中处理，立即发现了惊人的差异。对照组未表达CHIP28蛋白的非洲爪蟾卵母细胞因具有极低的水渗透性，将其置于蒸馏水中后表现正常。而实验组表达了CHIP28蛋白的非洲爪蟾卵母细胞对水的渗透性变强，会像爆米花一样胀破（如下图）。2003年，阿格雷因发现水通道蛋白而获得了诺贝尔化学奖。

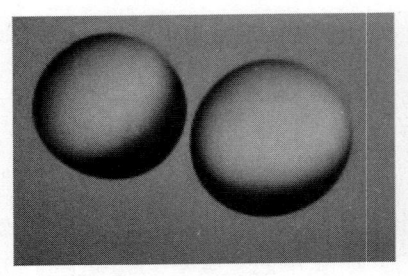

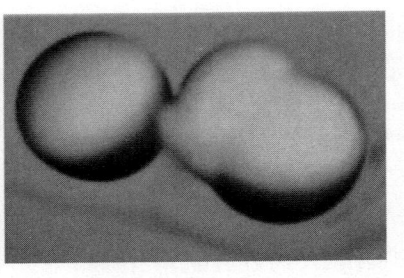

资料来源：Agre P. The aquaporion water channels［J］. *Proceeding of the American thoracic society*, 2006, 3（1）: 5-13.

问题设计：阿格雷为什么选用非洲爪蟾卵母细胞作为实验材料？实验组和对照组为什么均要将细胞放入低渗溶液中观察？观察分析实验结果，你能得出什么结论？为什么？该实验结果能否充分证实 CHIP28 蛋白为一种水通道蛋白？若利用人工脂质体来设计上述实验，对照组应如何处理？

教师引导学生分析：通过真实的科学史材料，直观呈现科学家科学探究的严谨性和逻辑性。采用非洲爪蟾卵母细胞作为实验材料是因为其对水的渗透性很低，在低渗溶液中可保持正常形态。可表达 CHIP28 蛋白的非洲爪蟾卵母细胞在低渗溶液中按照预期应具有对水的渗透性，一段时间后形态会发生变化。通过该实验结果分析，学生可得出 CHIP28 蛋白是水通道蛋白。但该实验并不能充分证实 CHIP28 蛋白就是水通道蛋白，还需要将 CHIP28 蛋白转入人工脂质体内进一步验证。

教师指导学生小结：水分子可借助细胞膜上的水通道蛋白以协助扩散方式进出细胞。这种方式是顺浓度梯度进行跨膜运输的，是不需要额外消耗细胞内化学反应产生的能量。

【评析】

评析人：刘越

水通道蛋白是新教材中新增的知识点，在此微课设计中材料一通过引入新知识使学生印象深刻，材料二和材料三用科研过程做示范，让学生深入思考科研中发现的问题，应该怎样设计实验来解决问题，充分培养了学生的科学探究能力。

设计二

初识转运蛋白

设计意图：通过水通道蛋白的学习后，学生了解了某些物质可以通过细胞膜上的转运蛋白进出细胞。要熟练掌握协助扩散这个核心概念，就必须了解其中的基本概念，即转运蛋白。通过比较、观察、类比和归纳总结的方法，引导学生认识转运蛋白，构建核心概念。

设计方案

材料呈现

材料一

播放葡萄糖转运载体蛋白工作机理的视频,用 PPT 展示钾离子通道蛋白和葡萄糖转运载体蛋白的工作动图。

问题设计:请学生结合教材内容,完成表 5-4。

表 5-4 通道蛋白与载体蛋白的区别

	通道蛋白	载体蛋白
开口方向		
构象变化		
转运速度		
特异性		
是否与转运底物相结合		

教师引导学生分析:学生可以结合教材内容及动态视图,分别从这两种转运蛋白的几个不同方面来尝试归纳总结二者的区别,进而掌握通道蛋白和载体蛋白的概念。

材料呈现

材料二

氨氯地平是一种二氢吡啶钙拮抗剂(亦称钙离子拮抗剂或慢通道阻滞剂),能够抑制钙离子跨膜进入血管平滑肌和心肌。血管平滑肌和心肌的收缩过程依赖于细胞外钙离子通过离子通道进入细胞内而完成。氨氯地平可选择性抑制钙离子跨膜转运。

氨氯地平是一种外周动脉血管扩张剂,直接作用于血管平滑肌,从而降低外周血管阻力和血压,可用于治疗高血压及冠状动脉疾病。

问题设计:结合材料分析,为什么氨氯地平可以降低血压?请搜集资料,还有哪些与离子通道相关的疾病或药物?

教师引导学生分析:结合材料可知,血管平滑肌和心肌的收缩过程依赖于细胞外钙离子通过离子通道进入细胞内而完成。氨氯地平可选择性抑制钙离子跨膜转运,可起到扩张外周动脉血管的作用,故有降血压的功效。通过搜集资料,可使学生进一步了解研究转运蛋白的生物学意义。

【评析】

评析人:孙小兵

本设计主要针对物质跨膜运输中转运蛋白这一概念进行深度分析和详细解析。学生已经学习了渗透作用和水分子进出细胞的方式,对水通道蛋白有了初步认识。在此基础上,教师通过播放葡萄糖转运载体蛋白工作机理的视频和钾离子通道蛋白的工作动图PPT，从开口方向、构象变化、转运速度、特异性等几个方面详细归纳了通道蛋白和载体蛋白二者的区别。在学生掌握基本概念后，进一步通过材料二，让学生分析氨氯地平选择性抑制钙离子跨膜转运的机理，并通过提出问题，让学生认识到血管平滑肌和心肌的收缩过程依赖于细胞外钙离子通过离子通道进入细胞内而完成，进而达到让学生理解转运蛋白的生物学意义这一教学目的。整个课例内容略显单薄，但仍体现出教师的精心预设，表格和问题层层深入，引导学生归纳概括得出转运蛋白概念，进一步加深了结构和功能相适应的观念。

• 习题设计 •

习题1：

研究发现，转入番茄 *SlMIP* 基因后的拟南芥可通过增加水分子的吸收，保持较高的组织含水量，有效调节体内 Na^+/K^+ 比值，吸收更多的小分子有机渗透调节物质来避免细胞质失水，使植物更有效地抵御盐害。以下描述错误的是（　　）。
A. 转入番茄 *SlMIP* 基因的拟南芥所产生的变异为基因重组
B. 实验表明番茄 *SlMIP* 基因编码的蛋白质为水通道蛋白
C. *SlMIP* 水通道蛋白运输水分子进出细胞的方式为主动运输
D. 番茄 *SlMIP* 水通道蛋白基因在植物中具有渗透调节作用

必备知识	基因重组；通道蛋白；渗透调节；主动运输；被动运输
参考答案	C
命题立意	本题综合了基因指导蛋白质的合成，转基因技术、水通道蛋白的功能及渗透调节等相关知识，旨在考查学生的以下几项素养： （1）考查学生对基因重组的概念的理解； （2）考查学生对基因编码蛋白质的认识； （3）考查学生是否理解主动运输和被动运输的区别； （4）考查学生从材料中获取信息的能力，结构与功能相适应的生命观念。
素养水平	（1）生命观念水平二；科学思维水平三 （2）生命观念水平二；科学思维水平三 （3）生命观念水平二；科学思维水平二 （4）生命观念水平三；科学思维水平三

习题 2:

氨氯地平是一种常用的降压药物,能够抑制钙离子跨膜进入血管平滑肌和心肌。血管平滑肌和心肌的收缩过程依赖于细胞外钙离子通过离子通道进入细胞内而完成。氨氯地平可直接作用于血管平滑肌,从而降低血压。以下相关叙述错误的是(　　)。 A. 钙离子跨膜进入血管平滑肌和心肌细胞的方式为主动运输 B. 钙离子跨膜进入血管平滑肌和心肌细胞时需要膜蛋白参与 C. 氨氯地平可选择性地抑制钙离子进入血管平滑肌和心肌 D. 氨氯地平结合钙离子通道后会使血管舒缓,从而降低血压	
必备知识	主动运输;协助扩散
参考答案	A
命题立意	本题旨在考查学生是否掌握协助扩散和主动运输的概念。
素养水平	生命观念水平二;科学思维水平二

学术情境主题 6

核酶发现

刘　娴

● 学术导引 ●

在 19 世纪末，一些重要发现预示了分子生物学时代的到来。1869 年，弗里德里希·米歇尔（Friedrich Miescher）从细胞核中分离出一种高度酸性的物质，他称其为"核素"，事实上，他发现了 DNA。与当时主要关注的蛋白质相比，他发现的物质硫含量低，磷含量高，无法通过蛋白酶消化处理。后来，检测了不同生物体的"核素"的化学成分，发现"胸腺核酸"是 DNA，而"酵母核酸"由 DNA 和 RNA 组成。有趣的是，"核素"的发现只比格雷戈尔·孟德尔（Gregor Mendel）发现遗传定律（1866 年）晚几年，但依然有许多科学家认为蛋白质是遗传信息的载体。因此，直到 1944 年，奥斯瓦尔德·埃弗里（Oswald Avery）提出 DNA 作为遗传信息的载体时，人们才开始意识到蛋白质不是遗传信息的载体。

艾略特·沃尔金（Elliot Volkin）在 20 世纪 50 年代后期将 RNA 描述为一种由 DNA 合成的分子，结构与 DNA 类似。根据罗莎琳德·富兰克林（Rosalind Franklin）的晶体学研究和詹姆斯·沃森（James Watson）、弗朗西斯·克里克（Francis Crick）在 1953 年提出的 DNA 双螺旋结构，1961 年，科学家提出 RNA 可能为从 DNA 到蛋白质的信息流的中间分子。1958 年，由克里克首先设计，然后由弗朗索瓦·雅各布（François Jacob）和雅克·莫诺（Jacques Monod）实验验证了分子生物学的中心法则：DNA 基因转录成核中的 RNA，然后在细胞质中合成蛋白质。RNA 的介导作用成为现代分子生物学研究的重要课题。

1939 年，托比昂·卡佩森（Torbjörn Caspersson）和珍·布拉舍（Jean Brachet）各自独立发现了细胞质中含有大量 RNA。他们还提出，具有大量 RNA 的细胞能产生大量的蛋白质。这是蛋白质合成过程中需要 RNA 的第一个线索，也暗示了 DNA 和蛋白质之间的联系。1955 年，乔治·帕拉德（Georges Palade）发现了第一个核糖核蛋白体复合物——核糖体，其中的 RNA 是发现的第一类非编码 RNA（ncRNA）。克里克在"中心法则"中还提出了以下理论：有一个"衔接子"分子将 RNA 翻译成氨基酸。这第二类 ncRNA，即 tRNA 是由马伦·霍格兰（Mahlon Hoagland）和保罗·查美尼克（Paul Zamecnik）在 1857 年发现的。1960 年，雅各布和莫诺首先创造了"信使 RNA（mRNA）"一词。他们的研究表明蛋白质合成需要携带遗传信息的中间分子。不久之后，克里克（Crick）进一步确定了遗传密码是无逗号、不重叠的三联体代码，其中三个核苷酸编码和一个氨基酸。随后遗传密码被体外破译，并发现其在所有活生物体中基本通用。20 世纪 60 年代后期，在 mRNA 中发现了一类新的短寿命核 RNA，即核不均一 RNA（hnRNA）。这些长 RNA 分子实际上是成熟 rRNA 和 mRNA 的前体。研究 hnRNA 的科学家发现了 rRNA 加工和拼接的机制。在此期间的科研工作发现了小核 RNA（snRNA），它作为剪接体的一部分，能够剪接 mRNA 前体的内含子，以及小核仁 RNA（snoRNA），在核仁中参与核糖体 RNA 的加工和成熟。

尽管乔格布、莫诺和克里克在其研究中已经提到 RNA 不仅仅是信使分子，但依然有许多科学家还认为它仅仅是不稳定的中间分子，忽略了其他类型的 ncRNA 的活跃作用。1980 年，托马斯·切赫（Thomas Cech）和西德尼·奥特曼（Sidney Altman）发现 RNA 可以作为化学反应的催化剂。最初，切赫小组从四膜虫的 RNA 中发现了一个内含子能够通过 RNA 催化的切割进行自身剪接。随后，奥特曼小组证明了核蛋白 RNA 酶 P 中的 RNA 催化了该酶降解 RNA 的生化反应。这些 RNA 被称为核酶，此后发现核酶是核糖体和剪接体的重要组分，在遗传信息流中起到重要作用。

切赫选用了四膜虫作为实验对象，因为该单细胞真核生物易于饲养，细胞较大也易于观察，同时该生物具有两个细胞核——大核和小核（图 6-1）。rDNA 是转录 rRNA 的模板，大核具有大量的 rDNA，便于研究中心法则的遗传信息流动过程。

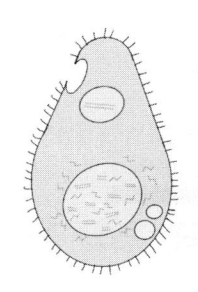

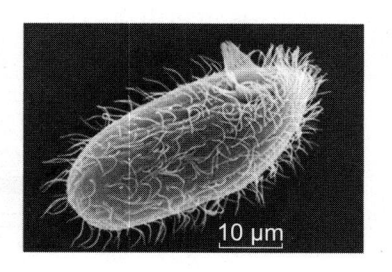

图 6-1 四膜虫

资料来源：Cech T R. Self-splicing and enzymatic activity of an intervening sequence RNA from tetrahymena [J]. *Bioscience reports*, 1990, 10 (3): 239-261.

当时科学家利用 RNA 和 DNA 的分子杂交，已经发现四膜虫的 rDNA 有内含子。为了研究 rRNA 如何剪接内含子，切赫在培养体系中加入 α 鹅膏蕈碱和硫酸铵，抑制了 mRNA 和 tRNA 的合成以及 rRNA 的剪接，得到了大量 rRNA 前体分子，为了模拟剪接的环境，加入了核提取物、NTP 和氯化镁，5 分钟后就出现了剪接的内含子（图 6-2 中 0.4 kb），说明这一过程是十分高效的，可能有酶的参与。

最初切赫推测酶应该存在于核提取液中，但 1980 年所做的如图 6-3 所示的实验，却将他导向了另一个方向。切赫发现，只要加入氯化镁、GTP，哪怕不加入核提

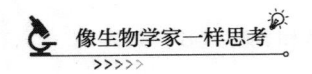

取液，rRNA 前体也能完成剪接。这与当时主流的观点"酶的化学本质是蛋白质"并不相符。

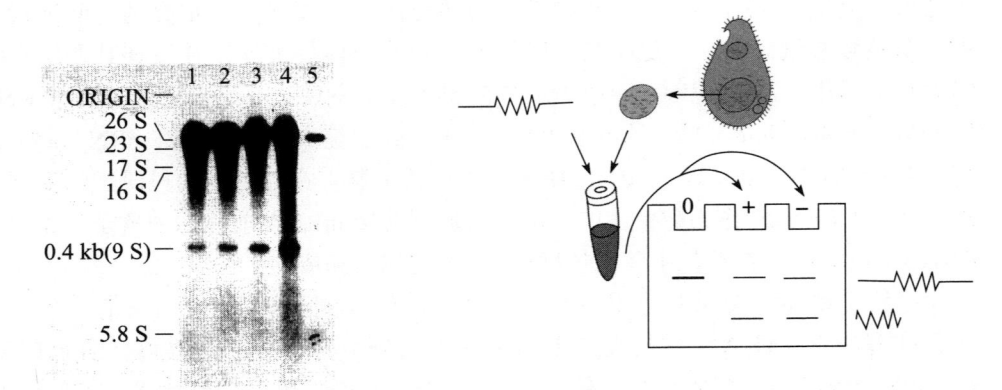

图 6-2 出现剪接的内含子

资料来源：Cech T R. Self-splicing and enzymatic activity of an intervening sequence RNA from tetrahymena [J]. Bioscience reports, 1990, 10 (3): 239-261.

图 6-3 切赫 1980 年做的实验

资料来源：Cech T R. Self-splicing and enzymatic activity of an intervening sequence RNA from tetrahymena [J]. Bioscience reports, 1990, 10 (3): 239-261.

切赫开始猜想，可能提取 RNA 时纯度不够，残留了蛋白质，因此选用蛋白酶处理 rRNA 提取物时依然能完成剪接。切赫做出了一个大胆的假设，该反应的酶可能不是蛋白质。

为了验证这一假设，切赫将 rDNA 通过基因工程的手段转入大肠杆菌中（图 6-4），已知大肠杆菌没有内含子，则大肠杆菌中不存在可以完成剪接的酶，结果发现转入的 rDNA 转录产物依然可以完成剪接。说明该反应是自身催化的，参与的酶的本质是核酸。

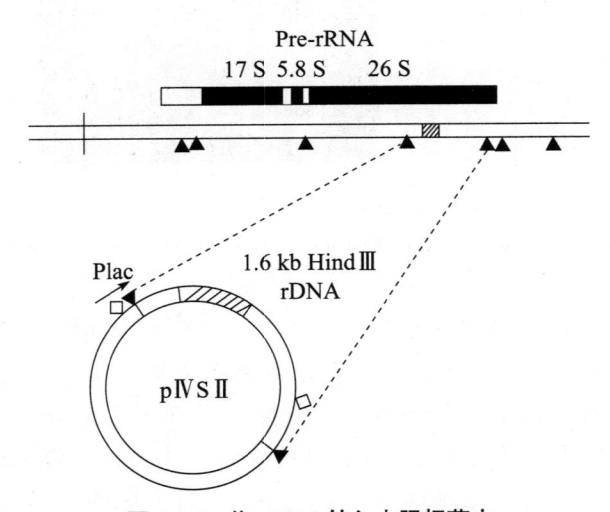

图 6-4 将 rDNA 转入大肠杆菌中

资料来源：Cech T R. Self-splicing and enzymatic activity of an intervening sequence RNA from tetrahymena [J]. Bioscience reports, 1990, 10 (3): 239-261.

采用放射性同位素标记 GTP，借助有机化学知识，切赫总结出该剪接的过程实质是如下过程（图 6-5）：1. rRNA 形成发夹结构后，GTP 替换 rRNA 内含子 5' 端的鸟嘌呤脱氧核糖核苷酸，将内含子 5' 端释放；2. 内含子 3' 端的鸟嘌呤脱氧核糖核苷酸替换外显子 3' 端添加的鸟嘌呤脱氧核糖核苷酸，将内含子 3' 端释放，内含子脱落。

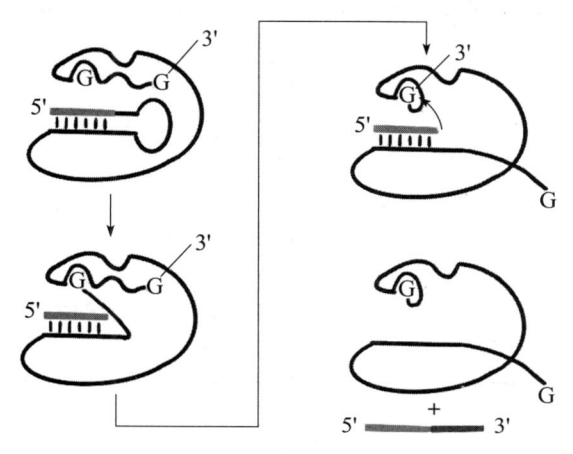

图 6-5　剪接的实质过程

资料来源：Cech T R. Self-splicing and enzymatic activity of an intervening sequence RNA from tetrahymena [J]. Bioscience reports, 1990, 10 (3): 239-261.

因此实验过程可以总结如下。

rRNA前体提取 → 加入GTP、氯化镁 → 电泳检验是否有剪接后的内含子片段

核酶的发现也促使科学家提出和完善了 RNA 世界理论。该理论认为最早的生命物质是 RNA，出现在 DNA 和蛋白质之前。实际上，细胞生物学中关于 RNA 作用的大量研究揭示 RNA 是 DNA 复制所必需的，且核糖核苷酸是脱氧核糖核苷酸的前体。因此，RNA 在蛋白质合成的每个步骤中都起着重要作用。除了这些 RNA，20 世纪 90 年代初发现了其他类别的调控 ncRNA，这些 ncRNA 在基因表达调控中发挥多种作用。RNA 的研究时间轴见图 6-6。

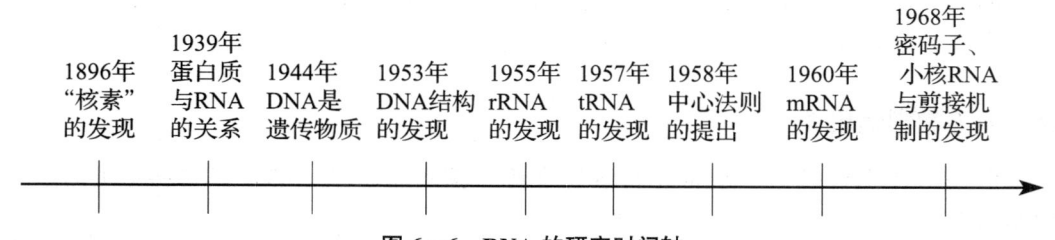

1896年"核素"的发现　1939年蛋白质与RNA的关系　1944年DNA是遗传物质　1953年DNA结构的发现　1955年rRNA的发现　1957年tRNA的发现　1958年中心法则的提出　1960年mRNA的发现　1968年密码子、小核RNA与剪接机制的发现

图 6-6　RNA 的研究时间轴

像生物学家一样思考

素养教学建议

"核酶发现"与高中生物学概念的联系见表6-1。

表6-1 "核酶发现"与高中生物学概念的联系

内容			课程标准中的生物学概念
研究过程	研究步骤	关键实验方法	
	（1）检验剪接反应是否发生	• 电泳 • 同位素标记	必修 3.2 STS DNA 指纹技术 必修 3.2 细胞器的结构与功能
	（2）验证剪接反应是否自我催化	• 基因工程技术	选择性必修 5.1.3 基因工程的基本操作程序
研究结果	• 部分RNA具有催化功能		必修 5.1 绝大部分酶的化学本质是蛋白质，少数酶是RNA

素养教学建议 1

rRNA自催化剪接是基因工程成功应用的案例【生命观念　科学探究】

一项经典的科学研究往往应用了当时前沿的科学技术，切赫在分析剪接催化酶的化学本质时，创造性地选用了不具备自我剪接能力的大肠杆菌作为转基因的受体，在转基因大肠杆菌中检测到rRNA剪接现象的存在，证明了rRNA是依靠自身进行剪接的。因此，利用该素材创设的情境可加深学生对基因工程中各个技术及其基本原理的理解，而且该情境可引导学生思考科学发现与科学技术之间的关系，提高科学探究能力。

素养教学建议 2

剪接反应的酶的化学本质分析是教材的有力补充【科学探究　社会责任】

必修1生物教材的课后习题，要求学生对结晶酶的化学本质进行分析。如果学生了解过切赫对酶化学本质分析的实验，可以很容易地模仿切赫的经典实验，选用蛋白酶、变性剂等化学材料判断酶是否是蛋白质，有助于培养学生的科学探究能力。此外，切赫的发现背离了当时的主流思想，创造性地提出了酶可能是RNA的观点，体现出科学家实事求是的精神，因此可以作为培养学生社会责任的科学史素材。

素养教学建议 3

核酶的发现可以作为教材生物进化理论、辅酶概念教学的补充材料【生命观念　科学思维】

核酶的发现是分子生物学RNA研究的基础，促进科学家提出了RNA世界的假说。

教师在教学过程中适度拓展，介绍 RNA 世界理论，不仅有利于学生理解生命进化的过程，从简单到复杂的生命观念，同时有助于学生在生物纷繁复杂的概念中把握核心的进化思想和生命观念，因此有利于培养学生的生命观念以及理解知识的科学思维。

微课设计

适我无非新——核酶的发现

设计意图：

教材对核酶的发现只有一句简短的介绍。切赫发现的核酶具体是什么？有什么作用？切赫是如何验证该物质是核酸而不是蛋白质的？要想了解这些内容，需要教师予以更多的材料与引导。本设计给出切赫的关键实验，供教师选用，兼有启迪学生思维的效果。

设计方案

材料呈现

材料一

切赫的实验：过去的研究发现，rRNA 需要将外显子剪接起来才能成熟，这一反应具有高效性和专一性，因此我们认为这个反应该需要酶的参与。为了找到这种酶，切赫设计了实验，如下图所示。

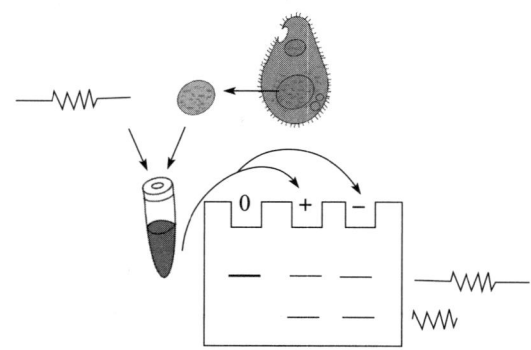

资料来源：Cech T R. Self-splicing and enzymatic activity of an intervening sequence RNA from tetrahymena [J]. *Bioscience reports*, 1990, 10 (3): 239-261.

问题设计： 这一实验的自变量是什么？如果这种酶在核提取液里，那我们预期的实验现象应该是什么？实际结果呢？为什么对照组也完成了剪接呢？

教师引导学生分析： 这一实验的自变量为是否加入核提取液。预测到的实验现象是只有加入核提取液的实验组，电泳才会有成熟 rRNA 和剪切下的内含子的分离。但是，这一实验出现了未曾预料的结果：不加入核提取液的对照组，也观察到了 rRNA 的剪接，电泳后出现了外显子剪接体和剪接脱落的内含子两条条带。根据这一现象可以提出两种假设：1. 可能 rRNA 前体提取的时候残留了部分蛋白质，发挥了酶的作用；2. 可能 rRNA 前体自身就可以催化这个反应。哪种假设是对的呢？

像生物学家一样思考

材料呈现

材料二

切赫开始猜想，是否提取 RNA 时纯度不够，残留了部分蛋白质，因此选用蛋白酶处理 rRNA 提取物，发现依然能完成剪接。切赫做出了一个大胆的假设：该反应的酶，可能不是蛋白质。"−""+"表示是否加入核提取物，C、L 表示剪切下的内含子。

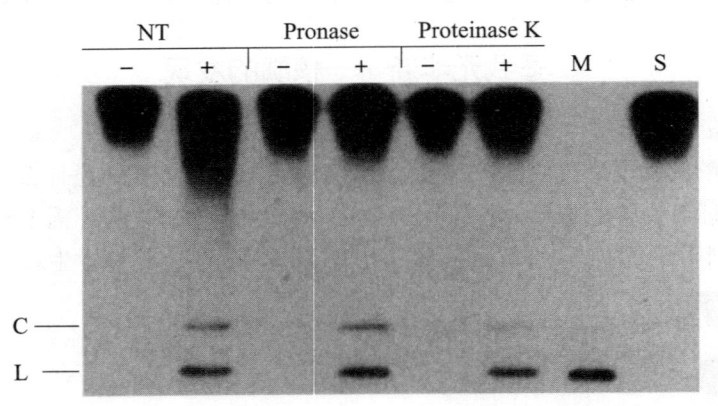

资料来源：Cech T R. Self-splicing and enzymatic activity of an intervening sequence RNA from tetrahymena [J]. Bioscience reports, 1990, 10 (3): 239-261.

问题设计：为什么要用蛋白酶处理？根据实验结果可以对上述假设进行何种修正？

教师引导学生分析：假设 rRNA 前体提取时残留了部分酶，且酶的本质是蛋白质，加入蛋白酶可以排除这部分酶对实验的干扰。添加了蛋白酶后还是可以观察到剪接后的产物，说明可能存在一种非蛋白质的物质可以催化这个反应，且该物质存在于核提取液中。

材料呈现

材料三 切赫的验证实验

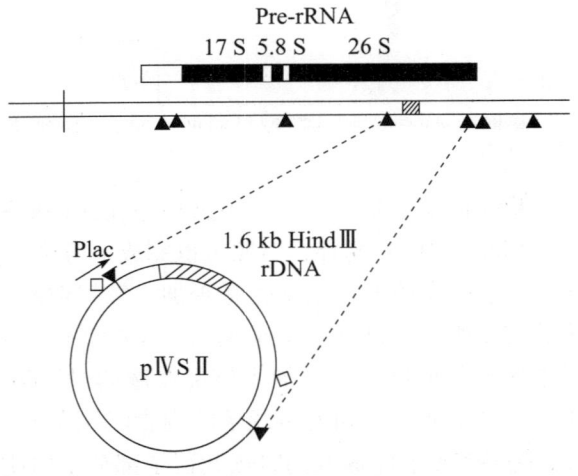

资料来源：Cech T R. Self-splicing and enzymatic activity of an intervening sequence RNA from tetrahymena [J]. Bioscience reports, 1990, 10 (3): 239-261.

为了验证这一假设，切赫将 rDNA 通过基因工程的手段转入大肠杆菌中，观察到的实验现象说明该反应是自身催化的，参与的酶的本质是核酸。

问题设计： 为什么切赫选择原核生物而不是真核生物作为受体细胞呢？如果假设正确，可以观察到怎样的实验现象？

教师引导学生分析： 原因是原核生物不具有内含子，因此原核生物的内源基因无法完成前体剪接，所以如果观察到了剪接产物，就说明转入的外源基因实现了自我剪接。在大肠杆菌中确实观察到了剪接的产物。

教师引导学生小结： 切赫因为发现了可以催化核酸剪接反应的核酶，和其他科学家共同获得了 1989 年的诺贝尔奖。他做这个诺贝尔奖级别的实验时还相当年轻，切赫于 1947 年出生，这个实验是 1980 年做的，才刚过 30 岁。事实上有人专门做过统计，科学家们做诺贝尔奖级别的工作时，大多是在 20～30 岁开始的，差不多是刚刚完成大学教育的时期，因此早期的积累和科研平台的选择，极大程度上影响了工作的重要程度。希望同学们重视起步，大器早成。

【评析】

评析人：郭峰

本微课以核酶的发现过程为切入点，通过三则材料的分析，帮助学生建立起有关酶的生物学概念，并运用控制变量、设置对照等科学探究方法，用真实的情景引导学生思考，教学设计深度恰当，主要特点如下：

1. 运用真实情景，使学生对酶的本质加深认识。

rRNA 中是否加入核提取液，都能得到外显子剪接体和剪接脱落的内含子两条条带。这一科学真实的情景促使学生思考，到底是什么发挥了酶的作用呢？材料二进一步用蛋白酶处理和不用蛋白酶处理，还是发现有剪接后的产物，再一次用真实的情景使学生认识到起催化作用的不是蛋白质。通过这些思维活动，使学生感同身受，加深了对酶的本质的认识。

2. 运用假设，合理求证，培养学生科学探究的意识。

根据材料一可以提出两种假设，然后用材料二的实验结果排除了蛋白质的作用，发现不是蛋白质起催化作用，材料三进一步用原核生物作为受体细胞，还是得到了剪接的产物，一步步小心求证，运用设置对照和控制变量的科学探究方法，逐步增强学生对自然现象的好奇心和求知欲，并掌握科学探究的基本思路和方法，勇于创新。

3. 讲述核酶发现的科学史，激励学生早立大志。

通过切赫 30 多岁时的探究工作，让学生能从科学家的研究过程知道 RNA 可以是催化剂，了解科学家在从科学事实的获得中，如何进行大量的工作和辛苦付出，才能有所成就，以此培养学生严谨的科学态度、吃苦的品性，早立大志，以科学家为榜样，为人类科学事业做出应有的贡献。

总之，本节微课既拓展了学生的认识，又培养了学生的科学态度。

• 习题设计 •

为了验证真核生物中的某种内含子具有核酶的特点，可以催化所在pre-rRNA（rRNA前体）剪接，科学家将该内含子所在基因插入质粒，转移到大肠杆菌中，根据下图回答问题。

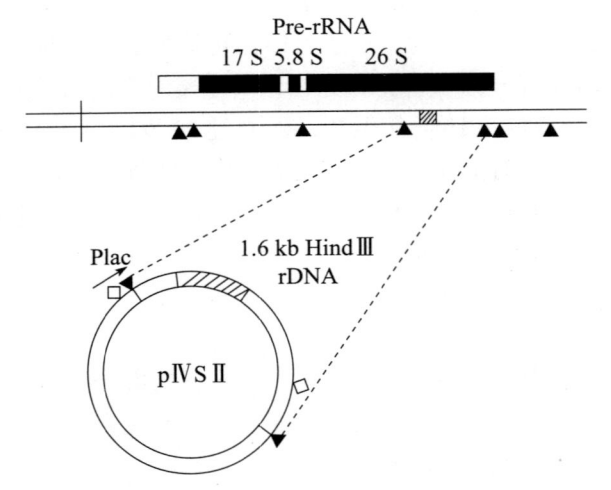

资料来源：Cech T R. Self-splicing and enzymatic activity of an intervening sequence RNA from tetrahymena [J]. *Bioscience reports*, 1990, 10 (3): 239-261.

（1）该质粒作为基因的表达载体，应该具有哪些结构？
（2）该基因编码的rRNA是核糖体的核酸组分，▲和◇分别表示两种限制酶的切割位点，Plac为启动子序列。由图可知该基因需要采用何种限制酶处理？图中rRNA前体只采用了一种限制酶切割，可能会出现什么问题？如何检测重组质粒是否出现该问题？
（3）假设该基因内含子确实能发生自我切割，试预测其实验结果，并说明受体选用大肠杆菌的原因。
（4）若该大肠杆菌泄漏到环境中，可能会产生什么影响？

必备知识	基因的结构；基因工程
参考答案	（1）复制起点、启动子、标志基因。 （2）应该选择▲，才能保留启动子。可能出现反向连接。采用◇切割，分析片段长度可以判断重组质粒是否反向连接。 （3）获得的rRNA的内含子被切除。大肠杆菌作为原核生物不含内含子，自身不会进行内含子剪接，可以排除环境干扰。 （4）因为原核生物存在基因的水平转移，因此可能造成基因污染。

命题立意	本题以核酶发现研究流程为基本情境。 （1）引导学生分析基因表达载体的结构； （2）对应核酶催化反应的结果，要结合基因的结构、基因工程的知识内容，对学生的科学思维和生命观念考查水平较高； （3）通过对实验设计的分析与评判，展现学生科学探究的核心素养； （4）从社会责任的角度使学生对实验安全有合理认识与评估。
素养水平	（1）生命观念水平二 （2）生命观念水平三；科学思维水平三 （3）科学探究水平三 （4）社会责任水平三

学术情境主题 7

三羧酸循环的研究发现

尤　赫

• 学术导引 •

生命体是如何从糖类、脂肪和蛋白质等营养物质中获得能量以维持生命活动需要的呢？能量的获取和转化问题是生物学中最基本的问题之一。一百多年以来，科学家们经过不断探索，逐渐揭开了生命体进行能量转化的化学基础，极大地促进了生物化学的发展。

18 世纪后期，法国化学家和生物学家、被尊称为"近代化学之父"的安托万·洛朗·拉瓦锡（Antoine-Laurent de Lavoisier）通过观察燃烧现象，经过一系列的定量实验，创立了氧化学说以解释燃烧放热的过程，他推测动物呼吸实质上是缓慢氧化的过程。燃烧放热是非常剧烈的过程，伴随着快速的氧化并释放大量能量，那生物体是怎么将化学物质"缓慢地"氧化，逐步温和地释放能量的呢？经过两百多年的探索，科学家发现了生物体利用氧气氧化营养物质产生能量的多种生物化学途径。其中，最重要的发现之一便是在线粒体基质中有机物进行逐步氧化的三羧酸循环（tricarboxylic acid cycle）过程。它的发现使人们更进一步地理解了有氧呼吸，为研究其他复杂的代谢途径打下了坚实的基础。

由于有机物进入循环后的第一个产物是柠檬酸，所以最初次循环得名柠檬酸循环（citric acid cycle）。而柠檬酸本身具有三个羧基，这三个羧基在后续的代谢中起到重要作用，所以此循环后来被称为三羧酸循环。20 世纪 30 年代，匈牙利生理学家阿尔伯特·森特·哲尔吉（Albert Szent–Györgyi）选取了鸽子的胸肌来研究细胞对蛋白质、糖类和脂肪的代谢过程，这是因为鸽子的胸肌可以为飞行提供充足的能量，因此森特·哲尔吉推测其具有旺盛的有氧代谢[1]。他在实验中发现，当提供糖类或者糖类的发酵产物，比如乳酸或者丙酮酸的时候，鸽子胸肌细胞的耗氧量大幅增加，并且能将这些发酵后的三碳化合物彻底氧化成二氧化碳和水。森特·哲尔吉已经意识到，这一彻

---

[1] Raju T N. The Nobel chronicles. 1937: Albert von Szent-Györgyi (1893-1986) [J]. *Lancet (London, England)*, 1999, 353(9151): 508.

底氧化的过程肯定不是一个化学反应完成的,而是分步骤完成的。他找到了参与其中的一些四碳中间产物,比如琥珀酸(succinic acid)、延胡索酸(fumaric acid)、苹果酸(malic acid)以及草酰乙酸(oxaloacetic acid)。最终,他因为发现了延胡索酸作为一种重要的具有催化作用的激素可以参与到能量代谢中而获得了1937年的诺贝尔生理学或医学奖。然而,森特·哲尔吉对这些四碳代谢物的认识还停留在催化剂的水平上,他的研究小组认为这些四碳有机酸不会作为代谢反应物,或者说不作为能量的提供者,仅仅作为氢原子的搬运者,起到催化剂的作用。

直到1937年,英国谢菲尔德大学的德国科学家汉斯·克雷布斯(Hans Krebs)和他的一位博士研究生威廉·强森(William A. Johnson)意外发现当给予三碳发酵产物丙酮酸盐(pyruvate)的时候,动物组织竟然合成了琥珀酸这种四碳化合物[①]。因为之前人们已经知道三碳丙酮酸盐可以在生物体内合成六碳柠檬酸盐,克雷布斯和强森推测,正是柠檬酸盐经过代谢合成了这些四碳化合物。经过一系列反应阻断实验,他们发现柠檬酸在丙酮酸过程中不仅起着催化作用,还参与到了代谢反应。接着,他们根据自己的实验和前人的发现总结出一个柠檬酸可以在反应中再生的循环(在鸽子的胸肌细胞悬液中加入草酰乙酸后可以快速合成柠檬酸),作为解释实验发现的假说(图7-1)。

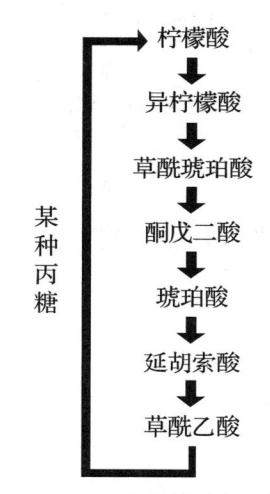

图7-1 1937年柠檬酸循环假说

如果细心观察最早提出的柠檬酸循环,我们可以发现一个当时悬而未解的问题:四碳草酰乙酸是如何和三碳化合物(比如丙酮酸)脱去一个碳合成柠檬酸的?这个问题被美国生物化学家弗里茨·阿尔贝特·利普曼(Fritz Albert Lipmann)成功解决。他发现丙酮酸可以在酶的作用下脱去一个羧基,生成乙酰辅酶A和二氧化碳,乙酰辅酶A促成二碳基团和四碳草酰乙酸结合,生成柠檬酸,至此三羧酸循环就完全建立起来了(图7-2)。因为三羧酸循环的建立和乙酰辅酶A的发现,克雷布斯和利普曼共同获得了1953年的诺贝尔生理学或医学奖。

随着科学的不断发展,三羧酸循环的研究日趋完善。时至今日,人类已经完全掌握了三羧酸循环的过程,并理解了它发生于线粒体基质中,并产生了少许能量。具体来说,以1分子乙酰-CoA为起点,完成一次三羧酸循环,生成3分子NADH,1分子FADH2和1分子GTP(相当于ATP)(图7-3)。

除了细胞有氧呼吸,三羧酸循环还具备其他作用吗?科学家在探索未知世界的过程中,经常要问出这类问题:某一个已经熟知的事物,是否具有其他更重要的功能?其实,人类在探索任一科学问题的起始阶段,不大可能看清答案的全貌,看到的仅仅

---

① Krebs H A, Johnson W A. Metabolism of ketonic acids in animal tissues [J]. *Biochemical journal*, 1937, 31(4): 645-660.

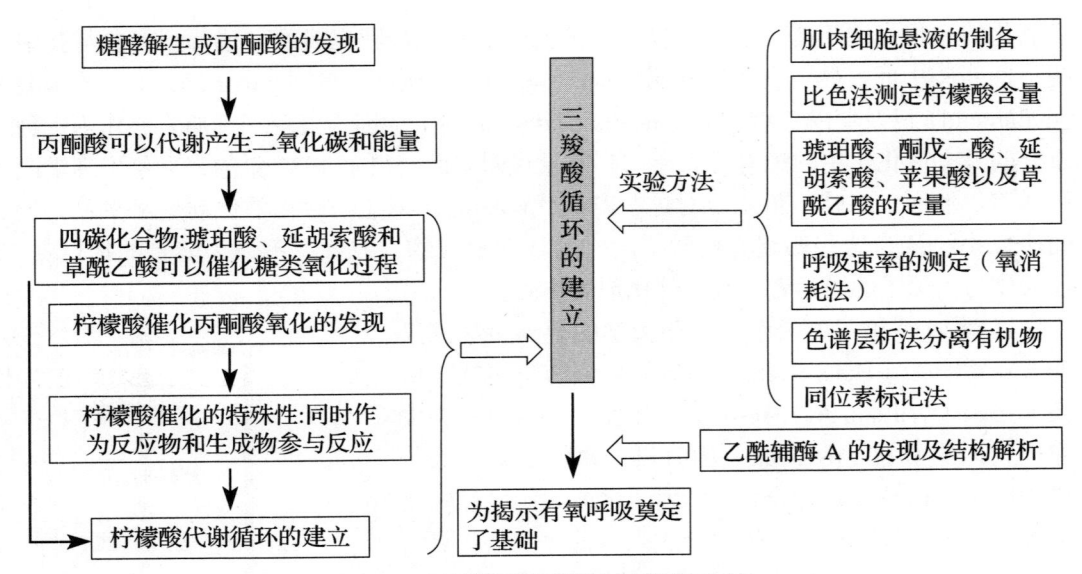

图 7-2 三羧酸循环的研究历程和方法

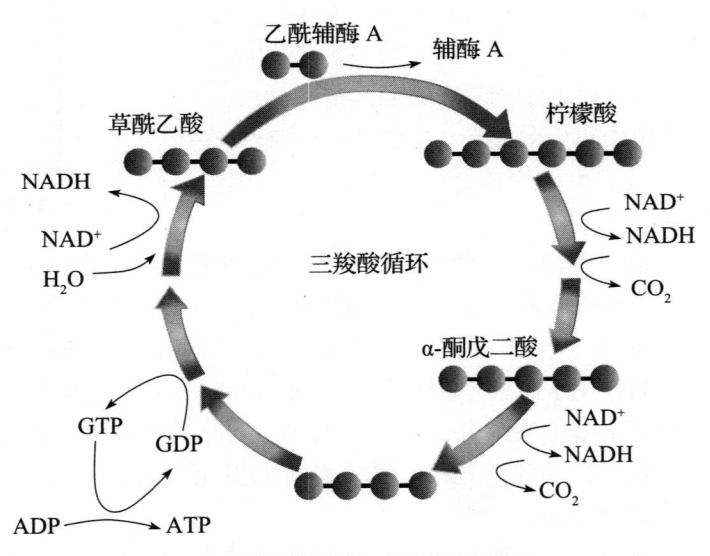

图 7-3 三羧酸循环全过程示意图

是某一细节。因此，我们并不能做出这样的论断：三羧酸循环的最大功能是参与有氧呼吸。本着这样的思想，科学家通过更加深入地研究三羧酸循环，得到了一些意料之外的收获。比如，科学家发现三羧酸循环中的重要物质——琥珀酸在炎症相关的分子信号通路中起到重要作用；另外一种物质——顺乌头酸在抗炎的过程中起到了重要作用[①]。那么，三羧酸循环是如何准确定量地提供琥珀酸和顺乌头酸，参与到

---

① Ryan D G, Murphy M P, Frezza C, et al. Coupling krebs cycle metabolites to signalling in immunity and cancer [J]. *Nature metabolism*, 2019, 1: 16-33.

免疫调节中去的呢？三羧酸循环还有没有其他功能？这些问题还有待同学们去积极探索。

素养教学建议

三羧酸循环的建立，在细胞有氧呼吸的过程中起到了承上启下的作用。从学科知识来看，它主要用以说明有氧呼吸第二阶段的化学反应，并结合"糖类是生命活动的主要能源物质"这一概念，使学生从能量代谢的角度更好地认识生化反应，这一过程在高中生物学教材的多个版本中均有涉及。人教版教材以有氧呼吸第二阶段的化学反应来呈现，并配有以线粒体为背景的化学反应简图；沪科版教材除了基本的介绍外，还增加了"克雷布斯循环"这一"阅读空间"栏目，简要介绍了三羧酸循环的发现历史和实验选材，并提到了克雷布斯因阐明三羧酸循环而获得了1953年的诺贝尔生理学或医学奖；北师大版教材通过呈现三羧酸循环的科学资料，让学生自主发现丙酮酸分解的过程，并体会科学探索的乐趣。从学科素养来看，三羧酸循环的发现历史和实验研究对学生认识科学研究的基本方法、提升科学研究的思维能力有很大帮助。三羧酸循环的建立也可以帮助学生形成生命的能量观和系统观。三羧酸循环这一成就获得诺贝尔奖的历史，也可以激发学生对于重大科学问题的评价和判断，并培养其投身科学的社会责任观念。"三羧酸循环的研究发现"与高中生物学和化学概念的联系见表7-1。

表7-1 "三羧酸循环的研究发现"与高中生物学和化学概念的联系

	内容		课程标准中的概念
	研究历程	关键实验方法	生物学 必修 1.1 细胞由多种多样的分子组成 　1.1.4 糖类是生命活动的主要能源物质 2.2 细胞功能绝大多数基于化学反应 　2.2.4 生物通过细胞呼吸将储存在有机分子中的能量转化为生命活动可以利用的能量 化学 必修 4.2 典型有机化合物的性质 4.3 有机化学的研究价值 选择性必修 模块一　化学反应原理 2.1 化学反应的方向与限度 模块三　有机化学基础 1.1 有机化合物的分子结构 1.2 有机化合物中的官能团 1.3 有机化合物中的化学键 3.1 聚合物的结构特点 3.2 生物大分子
研究过程	（1）森特·哲尔吉首先发现琥珀酸、延胡索酸和草酰乙酸在糖类氧化过程中起到了关键作用（氢原子的转运体） （2）克雷布斯发现柠檬酸对有氧呼吸有催化作用 （3）柠檬酸的含量会随着其氧化分解的阻断而减少，并非增多 （4）柠檬酸-酮戊二酸-琥珀酸-延胡索酸-苹果酸-草酰乙酸-柠檬酸循环的初步建立 （5）乙酰辅酶A的发现解决了循环最后一步重新合成柠檬酸的过程	• 鸽子胸肌悬液的制备 • 比色法测定柠檬酸含量 • 琥珀酸的定量 • 氧化法测定酮戊二酸的含量 • 呼吸速率的测定 • 色谱层析法 • 同位素标记法	

续表

内容	课程标准中的概念

研究结果 · 三羧酸循环的建立，为揭示整个有氧呼吸过程打下了基础	生物学
	必修
	2.2 细胞功能绝大多数基于化学反应
	  2.2.1 酶是一类能够催化生化反应的蛋白质
	  2.2.4 生物通过细胞呼吸将储存在有机分子中的能量转化为生命活动可以利用的能量

素养教学建议 1

柠檬酸作为有氧呼吸中间产物的发现【科学思维　社会责任】

柠檬酸作为有氧呼吸中间产物的发现揭开了三羧酸循环建立的序幕。克雷布斯首先观察到了柠檬酸可以加速有氧呼吸这一新现象，确定了柠檬酸具有"催化剂"功能的特性。一般催化剂具有反应前后的总量不变的特性，那么柠檬酸是怎么样被消耗，又怎么样同时且等量地被补充的呢？通过对科学史的总结，我们深知正是因为这个科学问题的提出，才真正开启了有氧呼吸第二阶段研究的大门。可以利用柠檬酸"催化"这一科学材料，创设"头脑风暴（brain storm）"课堂情景，引导学生形成"提出问题"的科学能力。另外，通过对"什么样的科学问题才是好问题"的探讨，让学生领会科学探究从无到有的关键一步。

素养教学建议 2

三羧酸循环的建立过程【生命观念　科学思维　生物与化学学科间的联系】

科学家发现柠檬酸在有氧呼吸中参与的功能之后，对其代谢和合成过程的解读是三羧酸循环建立的直接原因。三羧酸循环初步建立的过程，类似于"积木拼接"的过程。

首先，在克雷布斯以前，科学家已经发现了琥珀酸、延胡索酸、苹果酸和草酰乙酸这四种四碳有机酸在有氧呼吸中具有催化作用。当时的科学家认为，它们的催化作用主要是作为氢原子的受体或者供体，通过氧化还原反应来完成催化过程（反应[1]）。在此情境下，既可以让学生体会"提出假说"的过程，让学生更加深刻地理解什么是"假说"，又可以让学生灵活运用高中有机化学中学到的"有机物的氧化还原"相关内容，体会学科交叉的魅力。

反应[1]

$$\underset{\text{琥珀酸}}{\begin{array}{c}COOH\\|\\CH_2\\|\\CH_2\\|\\COOH\end{array}} \underset{+2H}{\overset{-2H}{\rightleftarrows}} \underset{\text{延胡索酸}}{\begin{array}{c}COOH\\|\\CH\\||\\CH\\|\\COOH\end{array}} \underset{-H_2O}{\overset{+H_2O}{\rightleftarrows}} \underset{\text{苹果酸}}{\begin{array}{c}COOH\\|\\CHOH\\|\\CH_2\\|\\COOH\end{array}} \underset{+2H}{\overset{-2H}{\rightleftarrows}} \underset{\text{草酰乙酸}}{\begin{array}{c}COOH\\|\\CO\\|\\CH_2\\|\\COOH\end{array}}$$

接着，克雷布斯利用各种有机酸盐合成过程中的抑制剂，将有氧呼吸第二阶段的化学反应在不同位置阻断，然后研究阻断处的化学产物，以得到柠檬酸代谢的中间产物，并总结出了一些新的化学反应方程（反应[2]和反应[3]）。

反应[2]

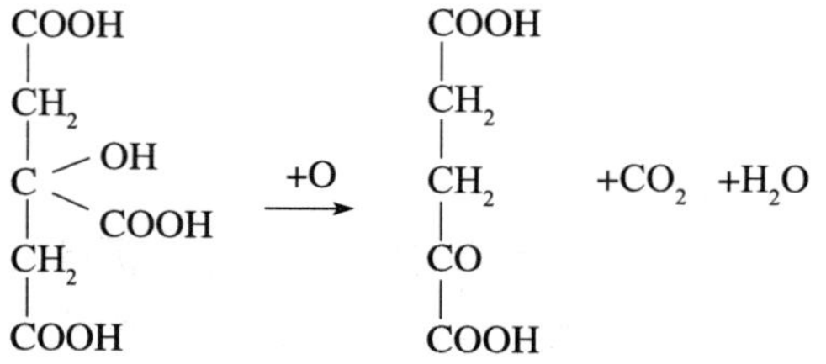

柠檬酸 $\xrightarrow{+O}$ 酮戊二酸 $+CO_2$ $+H_2O$

反应[3]

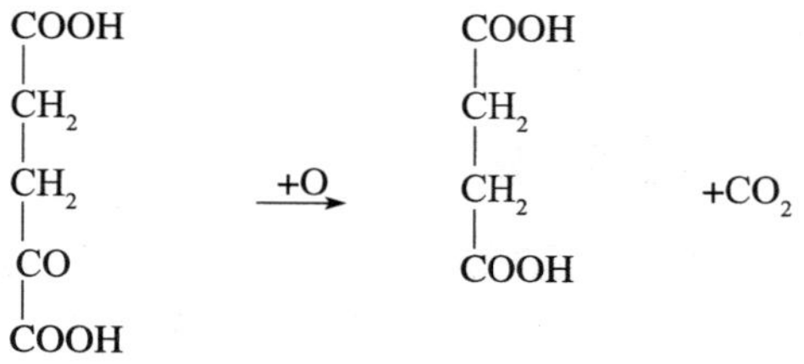

酮戊二酸 $\xrightarrow{+O}$ 琥珀酸 $+CO_2$

最后，克雷布斯发现草酰乙酸在具有丙酮酸的情况下，还可以合成柠檬酸，便推测出反应[4]。值得一提的是，这个反应的中间产物草酰甲羟戊酸和顺乌头酸是推测出来的。随后的科学研究发现，前者在动物体内含量很低，不太可能参与到动物的有氧呼吸代谢过程中，后者虽然与柠檬酸在体内存在可逆反应，但也不是柠檬酸的主要提供者。这些质疑，促使利普曼最终发现了丙酮酸是如何进入三羧酸循环的。

反应[4]

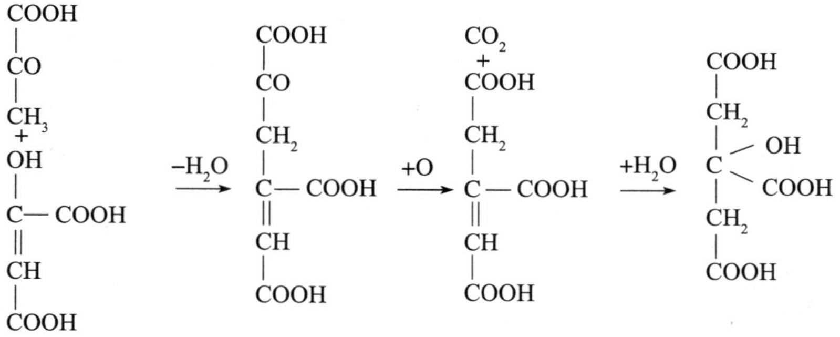

丙酮酸 + 草酰乙酸 $\xrightarrow{-H_2O}$ 草酰甲羟戊酸 $\xrightarrow{+O}$ 顺乌头酸 $\xrightarrow{+H_2O}$ 柠檬酸

在三羧酸循环研究过程中发现的这一情境，可以引导学生完成"发现学习"和"建构学习"过程，即利用一些发现的化学反应式，让学生自主思考推导三羧酸循环的过程和步骤，并鼓励学生在搭建框架的过程中提出问题。教师在这个过程中更多的是承担共同探索者的角色，而非指导者的角色。

对于学生提出的很多问题，教师甚至目前整个科学界都未必能够回答，比如"这些化学反应具体是在线粒体基质中的哪个区间完成的？线粒体基质同时发生众多具备'化学平衡'的反应不会乱套吗？这些促进化学反应的酶是如何在特定的位置发挥作用的？这样的反应是否违反热力学第二定律，即熵增定律？时间在有氧呼吸第二阶段的生化反应中扮演什么样的角色？"学生在起步阶段就有可能提出揭示生命未知的基本原理的好问题，这些问题的背后可能涉及形态发生（morphogenesis）以及相分离（phase separation）等前沿领域，教师可以根据科学前沿提供获取资源的途径和方法（比如生物医学文献的检索库），鼓励学生发现有趣的问题，提高学生独立寻找资源的能力，对科学进行探索。如果此情景中，学生能够提出类似问题，说明本情景已经成功激发出学生的科学思维。

素养教学建议 3

克雷布斯的研究经历和诺贝尔奖【生命观念　社会责任　生物与历史学科间的联系】

通过借助"学术导引"部分对于三羧酸循环发现过程的讲解，以及引导学生阅读克雷布斯的生平经历和1953年诺贝尔奖的介绍，创设一个故事情景。通过故事的阅读，可以引导学生从多角度理解克雷布斯是如何成为一个有影响力的科学家的，有哪些可以值得我们学习的地方。

教师也可以采用讲故事的方式，生动有趣地讲述科学史，创设科学史话环节，吸引学生的兴趣。对于人物生平以及发现的历程，学生可以课下查阅资料深入阅读，提升学生总结归纳的能力。在"阅读 – 故事 – 反思"的模式中，提升学生对生命科学的兴趣，从而培养学生对科学普及的社会责任感。

另外，生物学和历史学科的交叉，使学生体会到自然科学与人文科学的交融，学生会发现"史实"和"史料"的联系和区别，有些学生可能会对科学史产生浓厚的兴趣。学生也可能会意识到，科学家的成就和发现，往往与历史社会环境有着密不可分的联系。克雷布斯所处的恰好是一战与二战之交风云激荡的欧洲，对生物学和历史学科共同感兴趣的学生，可能会提炼出一些时代背景与科学发现之间的规律性。本情景主要面向对科学史有兴趣的同学，鼓励他们未来进行科学史的研究，并加以指导。

微课设计

设计一

柠檬酸在有氧呼吸中的作用

设计意图：柠檬酸是有氧呼吸第二阶段的关键分子，因为柠檬酸具有三个羧基，所以柠檬酸循环便被称为三羧酸循环。柠檬酸的合成和分解对三羧酸循环是否可以正常进行具有十分重要的意义。柠檬酸作为有氧呼吸过程中的中间物质，既是反应物，又是生成物，克雷布斯的这一发现直接推动了三羧酸循环的科学发展。那么这个过程中，克雷布斯是如何提出问题并解决问题的呢？本节微课将用上述问题作为起点，提供科学实验的数据作为材料，引导学生发现科学规律，提升学生的学科知识、学科素养和思维能力。其中学科知识主要集中在细胞呼吸和有机化学方面，学科素养可以从科学发现的历程和化学反应的过程方面提升学生对科学研究过程的认识。

设计方案

教师讲述：有氧呼吸第二阶段的本质是丙酮酸和水生成二氧化碳、还原氢和少量二氧化碳的过程，对于整个有氧呼吸而言是一个承上启下的关键步骤。科学家经过对丙酮酸有氧代谢的研究发现，柠檬酸在丙酮酸分解过程中起到至关重要的作用，那么柠檬酸起到什么样的作用呢？它能否促进丙酮酸的分解呢？请同学们阅读并分析材料一和实验结果。

材料呈现

材料一　柠檬酸对鸽子的胸肌悬液的呼吸作用的影响

克雷布斯为了验证柠檬酸能否对细胞的有氧呼吸产生影响，他将一定量的柠檬酸加入鸽子的胸肌悬液中，测量在一定时间内鸽子的胸肌悬液吸收的氧气，数据如下表所示：

柠檬酸对鸽子的胸肌悬液的呼吸作用的影响

时间（分钟）	460 mg 鸽子胸肌制成的悬液（在 3 mL 磷酸缓冲液中）吸收的氧气（μL）	
	没有添加底物	添加了 0.15 mL、浓度为 0.02 mol/L 的柠檬酸
30	645	682
60	1 055	1 520
90	1 132	1 938
150	1 187	2 080

问题设计：（1）随着时间的推移，氧气的吸收量有哪些变化规律？

（2）你认为产生这些变化规律的原因是什么？

（3）从该实验可以得出，柠檬酸在有氧呼吸中起到了什么作用？

教师引导学生分析：请同学们依次思考这三个问题。对于第一个问题，同学们要学会理解科学数据，有效提取信息。对于第二个问题，同学们可以思考有氧呼吸的特点，结合数据理解柠檬酸的催化作用。对于第一个和第二个问题，同学们可能会答出"氧气的吸收量随着时间的推移递增"，但容易忽略"氧气消耗速率随着时间的推移减弱"这一特征。这一特征也表明了有氧呼吸的生命依赖性，体现了生命观念。接下来同学们再思考第三个问题，请同学们思考有氧呼吸和生命观念的联系，一旦细胞离开个体，有氧呼吸这一生命过程也会逐渐衰竭。同学们需要对比加入柠檬酸和不加入柠檬酸氧气的吸收量，并计算出吸收氧气平均速率的规律，体会定量的科学探究方法。

像生物学家一样思考

材料呈现

材料二 柠檬酸可能直接作为有氧呼吸的参与者

克雷布斯发现柠檬酸可以作为有氧呼吸的催化剂以后，他思考了一个问题：普通的催化剂反应前后的总量是不变的，那么柠檬酸是如何完成催化作用的，也就是说，柠檬酸是如何产生它的中间产物，然后又通过中间产物合成的呢？在研究鸽子的胸肌悬液吸收氧气的过程中，克雷布斯加入了砷酸盐，意图通过阻碍柠檬酸的下游产物——酮戊二酸氧化，来观测柠檬酸作为反应物的量是否因为酮戊二酸不能继续氧化而积累。结果却发现，阻断柠檬酸产物氧化，并没有使柠檬酸聚积，柠檬酸的含量反而大幅降低了。实验结果如下图所示：

加入柠檬酸的量 (μL)	40 min 后柠檬酸的量 (μL)	柠檬酸的反应量
1 120	30	1 090
2 240	972	1 268
4 480	2 790	1 690

*材料二的文字描述部分可以由老师打印分发。

问题设计：（1）砷酸盐是酮戊二酸氧化的抑制剂，克雷布斯最初为什么认为加入砷酸盐后柠檬酸的含量应该上升？

（2）结合化学反应平衡等相关知识，请推测柠檬酸的含量不升反降的原因是什么。

教师引导学生分析：请同学们思考回忆"化学反应平衡"的概念，通过此概念，请同学们注意体会生物体中的化学反应，虽然有酶的催化，但也有很多是可逆反应。同学们可以发现，柠檬酸是反应物，同时也是生成物，并能够体会柠檬酸循环论证的过程，培养关联性思维。

教师指导学生小结：本节课利用柠檬酸实验的结果，引导学生发现科学规律，体验柠檬酸循环建立的过程，并引导学生树立正确对待科学的观念。

【评析】

评析人：郭峰

本节微课是研究柠檬酸在有氧呼吸中的作用，有如下特点：

1.问题驱动，引导学生科学思维。

材料一提出三个问题，激发了学生的兴趣，吸引学生的注意力，同时帮助学生深入理解知识，提升了学生思考能力。材料一中学生能看出氧气量在提高，但只有仔细观察与思考，才能知道吸收氧气平均速率的规律，从而引导学生深层次思考，启发学生的思维，帮助学生形成爱思考、善分析的良好思维品质。

2. 生化结合，拓宽学生知识视野。

材料二给出柠檬酸的含量变化，要结合化学反应平衡的概念，让生物与化学相结合，培养学生的发现问题能力、解决问题能力、自主创新能力、深度学习能力和适应未来能力，拓宽了学生知识视野，使得学生更加重视各学科基础知识。

设计二

"科学家大逃离"——纳粹统治下的科教滑坡

设计意图：教师通过引导学生对克雷布斯生平的了解，结合克雷布斯所生活的社会环境与时代背景，体会科学和教育事业的发展离不开良好的社会环境。通过与历史学科相关联，教师可以提供学生一些史料记载，通过对史料的分析和对已经学到的史实的利用，引导学生探究重大社会事件是如何影响生物学发展的，并引导学生反思，如何以史为鉴，营造良好的社会氛围，避免"科学家大逃离"对科学和教育事业的打击。本微课体现了自然科学与人文科学的学科交叉，可以提升学生素养。

材料一 克雷布斯的生平节选

1900年，克雷布斯出生于德国下萨克森州的一个犹太家庭。

1918年，克雷布斯进入哥廷根大学和弗莱堡大学学习医学。

1925年，他获得了汉堡大学医学博士学位，后又赴柏林大学学习了一年化学。

1926年，克雷布斯遵从内心的呼唤，前往知名学者奥托·海因里希·瓦尔堡（1931年诺贝尔生理学或医学奖获得者）领导的柏林威廉皇家生物学研究所工作。

1931年，他开始研究复杂的合成代谢过程，并于1932年描述了第一个生化循环路径——尿素循环。

1932年，克雷布斯进入弗莱堡大学医学院任教。

1933年，他因犹太血统而受到纳粹种族主义政策的迫害，被迫离开德国前往英国剑桥大学，随后在谢菲尔德大学药学系获得了一个讲师职位。

1935年，克雷布斯发表文章阐述了谷氨酰胺代谢的重要酶学研究。

1937—1940年，他研究发现了"柠檬酸循环"（又名"三羧酸循环"，后来人们又将其叫作"克雷布斯循环"）。

1947年，他被选为英国皇家学会会员。

1953年，他与发现辅酶A的美国生物化学家李普曼一起荣获诺贝尔生理学或医学奖。

1954年起，克雷布斯在牛津大学任生物化学教授并受聘为该校研究细胞代谢的医学研究中心主任，1958年受封为骑士，1967年退休。

克雷布斯一生获得欧美诸国14所大学的荣誉学位，还被选为美国、法国、荷兰等国家科学院的外籍院士。他的主要著作有《动物组织中的乙酰乙酸代谢》《哺乳动物肝中脲的合成》《三羧酸循环》《生物体内能量转化研究》《柠檬酸的代谢作用》《细胞代谢随笔》等。

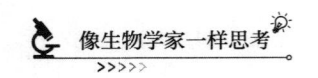

问题设计：（1）克雷布斯早年受过的教育对他在生物化学领域取得成功有什么帮助？

（2）克雷布斯在德国取得了什么重要的科学发现？他为什么随后去英国任教呢？

材料二　1933年的德国教育

1933年的反犹太法令使所有犹太裔教师、教授和官员被清除出了教育系统。大学教授被要求加入国家社会主义德意志讲师联盟，向希特勒宣誓效忠，而对纳粹党理念不够服从者则会受到学生和教师的举报，从而被解除职务。由于对薪水的支持不足，许多教师离开了工作岗位。由于教师数量短缺，平均授课容量由1927年的37人增加至1938年的43人……

资料来源：Evans, Richard J. The third reich in power. New York：Penguin, 2005.

问题设计：（1）学生探讨：如果克雷布斯留在德国，他还能够发现三羧酸循环吗？为什么？

（2）有人说："教育和科学研究离不开社会的支持，克雷布斯离开纳粹统治下的德国，进入英国做科学研究是正确的选择"，也有人说："科学无国界，但科学家有自己的祖国，克雷布斯从纳粹德国逃亡到英国做科学研究，应该被批评。"请用批判性思维分析这两种说法。

教师引导学生分析：教师通过对克雷布斯生平经历的阅读，让学生感受科学家一生的成长经历。对于第一个问题，学生可以体会基础教育对科学工作者的后期发展是必不可少的，让学生感受到基础教育的重要性，引导对教育有理想的学生投身教育行业。通过第二个问题引导学生发现，克雷布斯在德国也同样有非常好的科学研究发现，反映出20世纪初期，德国社会的教育水平和科学研究氛围处于一个较好的水平。通过阅读，学生理解克雷布斯离开德国去往英国任教的原因，反映出社会环境对科学发展有着重要的影响。通过史料的研读，引导学生培养历史唯物主义思维，用辩证的态度看待社会历史与科学之间的关系。

【评析】

评析人：邓海清

本微课给学生如下启示：

20世纪30年代德国纳粹对外实行侵略，对内实行法西斯统治，对犹太人采取种族灭绝政策，给世界带来灾难，许多犹太精英逃离德国，战争和人才缺失导致了德国及大半个欧洲的科教滑坡。

尽管遭受如此深重的灾难，许多逃离德国的犹太科学家如爱因斯坦、克雷布斯等人在异国他乡仍然专注于所热爱的科学事业，潜心钻研，为人类认识自然规律做出了重大贡献。

克雷布斯求学和科研的经历让我们对马克思的名言"在科学的道路上没有平坦的大路可走，只有在崎岖小路的攀登上不畏劳苦的人，才有希望到达光辉的顶点"，有了更深刻的理解。

珍爱和平，发奋图强，为中华之崛起而读书，应成为我们中学生的共识。改革开放以来，我国取得了辉煌的成就，这是全体中国人共同奋斗的结果，其中广大知识分子起到了重要的作用。目前中国每年获得的国际专利数世界第一，论文发表数全球第一。若想在基础学科研究上取得新的突破，为人类做出新的贡献，中国学子还需继续努力。

• 习题设计 •

习题1：

三羧酸循环是有氧呼吸第二阶段的重要化学反应。一分子三碳丙酮酸在丙酮酸脱氢酶的作用下合成乙酰辅酶A并脱去一分子的二氧化碳。乙酰辅酶A提供二碳乙酰基与四碳草酰乙酸合成六碳柠檬酸，进入三羧酸循环。柠檬酸和其他代谢产物的反应式如下：

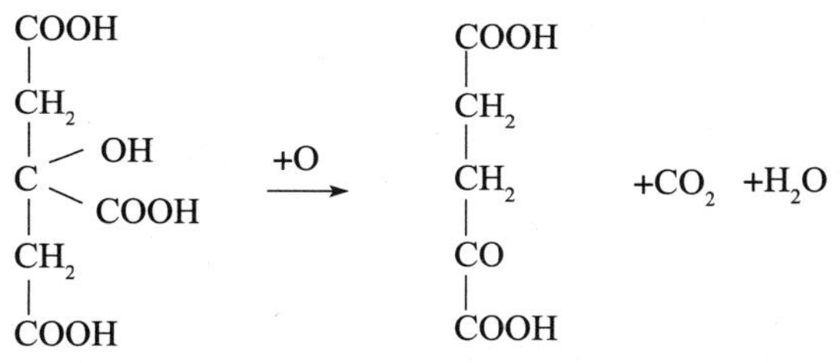

柠檬酸 $\xrightarrow{+O}$ 酮戊二酸 $+CO_2 +H_2O$

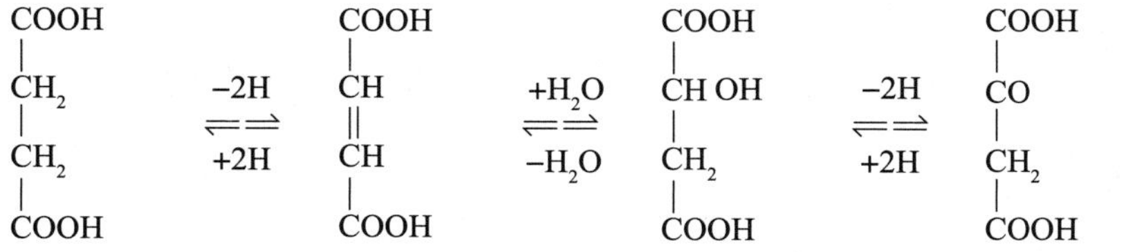

琥珀酸 $\underset{+2H}{\overset{-2H}{\rightleftharpoons}}$ 延胡索酸 $\underset{-H_2O}{\overset{+H_2O}{\rightleftharpoons}}$ 苹果酸 $\underset{+2H}{\overset{-2H}{\rightleftharpoons}}$ 草酰乙酸

在有机化学中，通常把"加氧去氢"的反应作为氧化反应，把"加氢去氧"的反应作为还原反应（如图中反应所示）。

根据上述材料和所学的有氧呼吸相关知识和原理，回答下列问题：

（1）柠檬酸代谢生成酮戊二酸的过程是氧化反应还是还原反应？

（2）已知酮戊二酸在三羧酸循环中可以产生琥珀酸，请根据材料提示，写出其化学反应式，并注明氢氧原子变化情况。

（3）根据材料描述和化学反应，请绘制出三羧酸循环的物质转化图（只需要写文字，不需要写化学式）。

（4）三羧酸循环发生的场所是哪里？此过程需要氧气的直接参与吗？

（5）你推测在三羧酸循环中脱去的很多氢原子，在细胞中以什么物质的形式存在？这种物质具有怎样的转化特征，为有氧呼吸提供了何种功能？

必备知识	化学反应平衡；有机化学基础；细胞呼吸过程
参考答案	（1）氧化反应 （2）$\begin{array}{c}\text{COOH}\\|\\ \text{CH}_2\\|\\ \text{CH}_2\\|\\ \text{CO}\\|\\ \text{COOH}\end{array} \xrightarrow{+O} \begin{array}{c}\text{COOH}\\|\\ \text{CH}_2\\|\\ \text{CH}_2\\|\\ \text{COOH}\end{array} + CO_2$ （3）略 （4）线粒体基质；不需要 （5）以还原氢（或还原性辅酶Ⅰ，或NADH）的形式存在。NADH和NAD+在细胞内快速转化且动态平衡。还原氢携带的能量经过有氧呼吸第三阶段转移到ATP中。
命题立意	本题以三羧酸循环的建立为基本情景。 （1）考查学生对生物化学过程的感知，以及相对应的有机化学基础知识； （2）引导学生加深对于有氧呼吸化学反应的系统观念认知，学会"搭积木"式的研究方法； （3）立足于课程标准中对细胞呼吸的要求，联系教材和材料，考查学生学习和综合判断能力； （4）紧扣课程标准中关于"注意学科间联系"的要求，加强学科间的横向联系，加强学生理解科学本质、科学的思想方法和跨学科的学科概念和过程。
素养水平	（1）生命观念水平二 （2）生命观念水平三；科学思维水平三 （3）科学探究水平三 （4）社会责任水平三

习题 2：

科学家在研究柠檬酸代谢的过程中，发现在鸽子胸肌悬液中加入柠檬酸以后，大大加速了有氧呼吸；接着，科学家又发现，如果加入柠檬酸的代谢产物，比如草酰乙酸、苹果酸等物质，有氧呼吸效率也大大提高了。有趣的是，科学家在加入草酰乙酸或者苹果酸以后，柠檬酸的代谢没有降低，反而升高了，所以科学家提出了一个柠檬酸代谢的循环，如下所示：

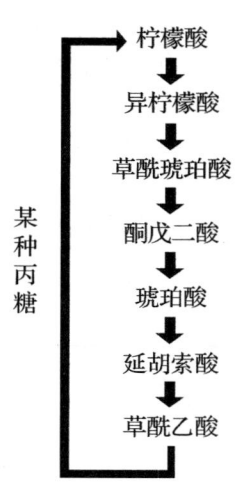

```
      ┌─→ 柠檬酸
      │    ↓
      │   异柠檬酸
      │    ↓
      │   草酰琥珀酸
      │    ↓
某种丙糖│   酮戊二酸
      │    ↓
      │   琥珀酸
      │    ↓
      │   延胡索酸
      │    ↓
      └── 草酰乙酸
```

根据上述材料和所学的有氧呼吸相关知识和原理，回答下列问题：

（1）请设计体外定量实验，测定每毫克鸽子胸肌的有氧呼吸速率（可以画图描述）。

（2）有氧呼吸第二阶段的反应物是什么？请提出一个合理的假说，此反应物如何进入该循环？

（3）请设计实验并推测实验结果，说明在什么条件下你的假说成立，什么条件下不成立。

必备知识	化学反应平衡；有机化学基础；细胞呼吸过程
参考答案	（1）参考实验设计：取一定量的鸽子胸肌，称取重量，研磨制作成胸肌悬液，置于小烧杯中（小烧杯可置入马达驱动的搅拌桨，使氧气充分混合）。在小烧杯旁放置一个盛有饱和 NaOH 溶液的小烧杯，将两个小烧杯用密封性良好的玻璃罩罩住，在玻璃罩和桌面接触处涂上凡士林密封。玻璃罩上设置一个连通的细管，细管中放置一红色液滴。那么根据红色液滴在 1 min 内移动的距离 L（mm），在已知细管内径 d（mm）的情况下，可以推导出呼吸速率为：$v=2.5\times10^{-4}\pi d^2 L$（mL/min）。 （2）（3）略，合理即可。不一定要与真实发现相同。

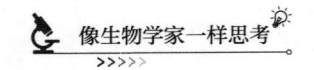

命题立意	本题以柠檬酸代谢的研究为基本情景。 （1）考查学生对生物化学过程的感知，以及相对应的有机化学基础知识； （2）提升学生对实验设计的能力，培养定量的设计思维； （3）立足于课程标准中对细胞呼吸的要求，联系教材和材料，考查学生学习和综合判断能力； （4）紧扣课程标准中关于"注意学科间联系"的要求，加强学科间的横向联系，有利于学生理解科学本质、思想方法和跨学科的学科概念和过程。
素养水平	（1）生命观念水平二 （2）生命观念水平三；科学思维水平三 （3）科学探究水平三 （4）社会责任水平三

卡尔文光合作用暗反应

刘 娴

• 学术导引 •

20世纪初期，光合作用基本机制的研究逐渐深入。当时已经了解到光合作用可以分为两个不同的阶段：吸收光能和利用能量将二氧化碳转化为糖。第二阶段的实验开始使用"暗反应"来描述这一过程，现在也称为碳反应。

光合作用中碳固定研究的先行者假设被光激发的叶绿素会与二氧化碳相互作用，可能生成甲醛，进一步反应产生糖。1938年，山姆·鲁宾（Sam Ruben）和马丁·卡门（Martin Kamen）在伯克利发表了使用^{11}C研究光合作用碳固定的论文。他们首次发现该反应没有生成甲醛，并提出第一个产物应该是羧酸。这一工作使得科学家不再考虑甲醛，逐渐达成羧化反应是碳固定的第一步的共识。

^{11}C的半衰期短，稳定存在的时长不能满足分离光合作用产物的需要，因此并不是研究碳固定的最佳同位素。发明了回旋加速器的核物理学家欧内斯特·劳伦斯（Ernest Lawrence）预测应该存在同位素^{14}C，随后发现了合成^{14}C的方法。第二次世界大战结束后，劳伦斯聘请了梅尔文·卡尔文（Melvin Calvin）进行^{14}C的研究。但卡尔文对氧化还原反应更感兴趣，因此实验室招募了本森。本森使用^{11}C验证了鲁宾和卡门的一些发现，取得了糖类化学博士学位。在研究^{11}C的工作中，本森得出结论，鲁宾和卡门的诸多光合作用实验没有得到碳固定过程的可靠结论。

为了研究碳固定第一步反应的产物，卡尔文实验室选用易养殖的单细胞生物小球藻作为实验材料，并设计了可以快速（通入^{14}C标记的CO_2 0.4 s后）杀死小球藻的实验装置。采用纸层析法将小球藻提取液的各个组分分开，本森改进了纸层析装置，得到了光合作用不同时长的组分分离结果。用^{14}C放射性自显影技术分析哪些组分是碳固定的产物。另外，本森基于自己的学术背景设计了鉴定产物的化学方法，实验结果如图8-1所示。

根据图8-2的实验结果，科学家确定了碳固定的第一个产物是三碳化合物，以及碳固定中也会产生六碳糖。科学家运用同位素定位标记的方法，分析了这两种产物中^{14}C所在的位置，发现三碳糖的标记位于1号碳原子上，而六碳糖的标记位于3号和

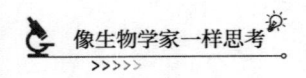

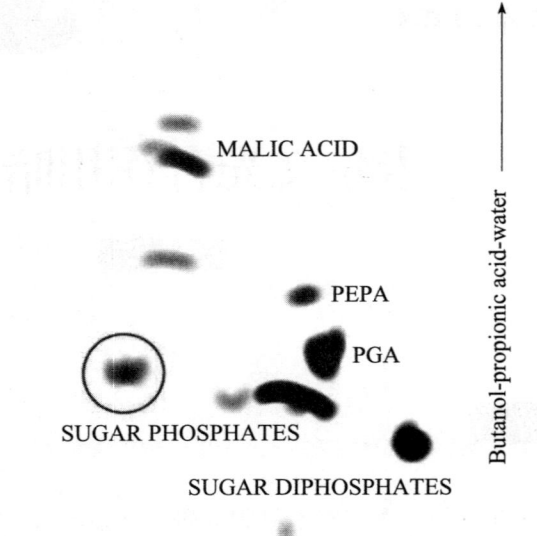

图 8-1 通入 ^{14}C 标记的 CO_2 5 s 后层析纸上的产物分析结果，圈内所示为三碳糖产物所在位置，圈右下的黑色印记是六碳糖

资料来源：Calvin M. The path of carbon in photosynthesis. Lawrence Berkeley National Lab. (LBNL), Berkeley, CA (United States), 1961.

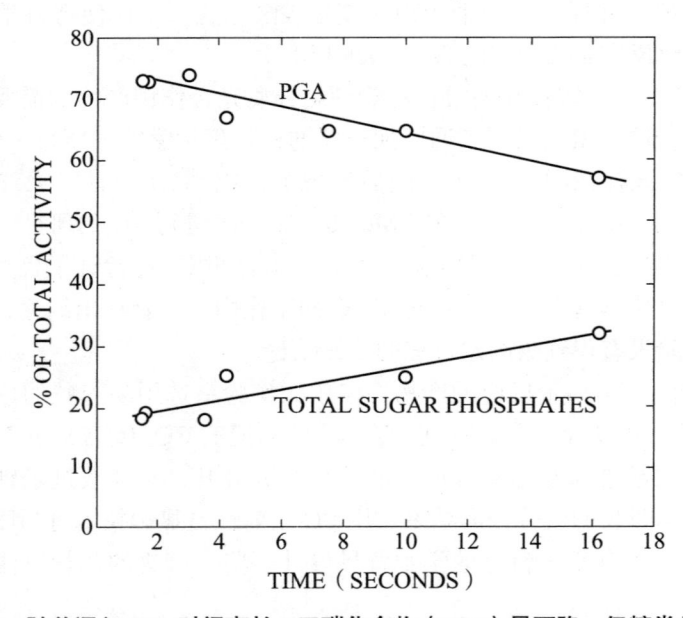

图 8-2 随着通入 CO_2 时间变长，三碳化合物（PGA）量下降，但糖类总量上升

资料来源：Calvin M. The path of carbon in photosynthesis. Lawrence Berkeley National Lab. (LBNL), Berkeley, CA (United States), 1961.

4 号碳原子上。随后，本森又发现了五碳糖的存在，其放射性主要在 3 号碳原子上。基于有机化学的知识,科学家分析三碳糖和五碳糖发生转酮醇/转羟乙醛反应(图8-3)。如图8-4所示,将六碳糖的1、2号碳原子组成的二碳单元转移到三碳糖的标记碳原子上,生成的五碳糖在3号碳原子上有标记。但实测发现五碳糖的标记位于1、2、3号碳原子上。

图 8-3 转酮醇反应

资料来源:Calvin M. The path of carbon in photosynthesis. Lawrence Berkeley National Lab. (LBNL), Berkeley, CA (United States), 1961.

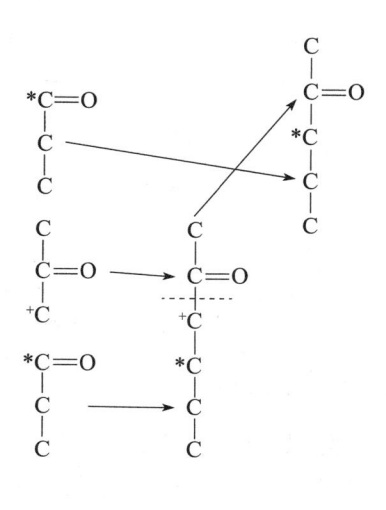

图 8-4 五碳糖的生成过程

资料来源:Calvin M. The path of carbon in photosynthesis. Lawrence Berkeley National Lab. (LBNL), Berkeley, CA (United States), 1961.

为什么五碳糖的1、2号碳原子也出现了放射性呢?科学家根据新发现七碳糖的放射性做出推断,解决了这一问题。

在上述转酮醇反应中,生成的产物除了有五碳糖,还有1、2号碳原子被标记的四碳糖(参见图8-4),后者与三碳糖发生羟醛缩合,如图8-5所示,可以形成3、4、5号位被标记的七碳糖。标记情况与实测结果是吻合的。

图 8-5 三碳糖和四碳糖的羟醛缩合反应

资料来源:Calvin M. The path of carbon in photosynthesis. Lawrence Berkeley National Lab. (LBNL), Berkeley, CA (United States), 1961.

三碳糖与七碳糖发生转酮醇反应，如图 8-6 所示，生成两个五碳糖，分别在 3 号位、1～3 号位带有标记，其混合物的定位标记检测，就与图 8-5 中 1～3 号位具有不同强度的放射性的实验数据吻合了。

$$
\begin{array}{c}
CH_2OH \\
| \\
C=O \\
| \\
*CHOH \\
| \\
*CHOH \\
| \\
*CHOH \\
| \\
CHOH \\
| \\
CH_2O\textcircled{P}
\end{array}
+
\begin{array}{c}
**CHO \\
| \\
CHOH \\
| \\
CH_2O\textcircled{P}
\end{array}
\longrightarrow
\begin{array}{c}
CH_2OH \\
| \\
C=O \\
| \\
**CHOH \\
| \\
CH_2O\textcircled{P}
\end{array}
+
\begin{array}{c}
*CHO \\
| \\
*CHOH \\
| \\
*CHOH \\
| \\
CH_2O\textcircled{P}
\end{array}
\left\{
\begin{array}{c}
*C \\
*C \\
***C \\
C \\
C
\end{array}
\right.
$$

图 8-6 三碳糖和七碳糖的转酮醇反应

资料来源：Calvin M. The path of carbon in photosynthesis. Lawrence Berkeley National Lab. (LBNL), Berkeley, CA (United States), 1961.

那二氧化碳和什么物质反应生成三碳糖呢？卡尔文一直认为，碳固定应该是一个循环，根据如图 8-7 所示的间断光照实验，观察到碳固定初产物三碳糖的上升伴随着五碳糖的下降，因此三碳糖是由五碳糖和二氧化碳发生羧化反应生成的。

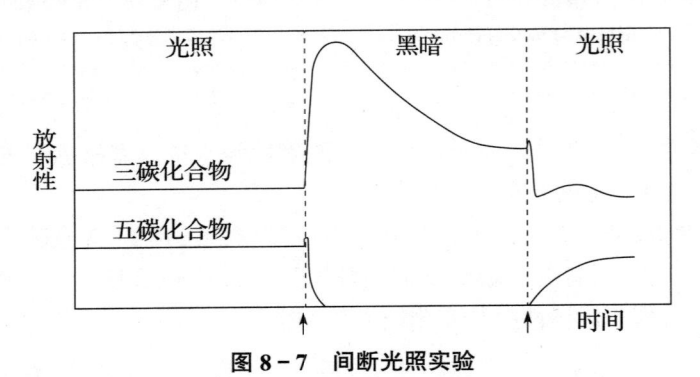

图 8-7 间断光照实验

资料来源：Calvin M. The path of carbon in photosynthesis. Lawrence Berkeley National Lab. (LBNL), Berkeley, CA (United States), 1961.

碳反应的发现揭示了植物固定 CO_2 的过程。通过分析代谢途径，可以预测不同环境下的 CO_2 固定效率。运用现代生物学技术手段，改造代谢途径中的关键酶，可以进一步提高有机物产量，在农业生产实践中有重要应用。

同时，碳反应与光呼吸的关系为强光下光合作用效率降低的生产经验提供了理论依据。近年来对 RuBP 羧化/加氧酶的研究和改造多以提高光合作用碳反应、降低光呼吸为目的，体现出碳反应代谢路径的研究对农业科研与生产的指导价值。但是，最近的一些研究发现某些物种降低光呼吸并不能提升有机物产量，说明碳反应与光呼吸的关系可能并不像最初科学家预测的那样简单，相信这一领域的进展在植物生理学科与粮食生产领域均具有重要意义。

> **素养教学建议**

光合作用的碳反应显然是高中教材的核心内容，在此不做赘述，仅引用近年高考与上述学术导引相关的部分试题，分析可能的考查方向。

（2018年11月浙江选考）为研究光合作用中碳的同化与去向，用_____的CO_2供给小球藻，每隔一定时间取样，并将样品立即加入煮沸的甲醇中。甲醇用以杀死小球藻并_____标记化合物。浓缩后再点样进行双向纸层析，使标记化合物_____。根据标记化合物出现的时间，最先检测到的是三碳化合物。猜测此三碳化合物是CO_2与某一个二碳分子结合生成的，但当_____后，发现RuBP的含量快速升高，由此推知固定CO_2的物质不是二碳分子。

（2011年全国卷）在光照等适宜条件下，将培养在CO_2浓度为1%环境中的某植物迅速转移到CO_2浓度为0.003%的环境中，其叶片暗反应中C_3和C_5化合物微摩尔浓度的变化趋势如下图。

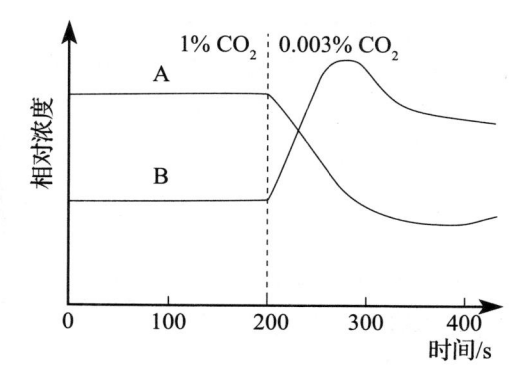

回答问题：

（1）图中物质A是_____（C_3/C_5）。

（2）在CO_2浓度为1%的环境中，物质B的浓度比A的低，原因是_____；将CO_2浓度从1%迅速降低到0.003%后，物质B浓度升高的原因是_____。

（3）若使该植物继续处于CO_2浓度为0.003%的环境中，暗反应中C_3和C_5化合物浓度达到稳定时，物质A的浓度将比B的浓度_____（低/高）。

（4）CO_2浓度为0.003%时，该植物光合速率最大时所需要的光照强度比CO_2浓度为1%时的_____（高/低），其原因是_____。

由上可见，高考所考查的实验数据多来自经典文献，如果了解过科学情境，就能更好地理解碳反应稳定进行时三碳糖和五碳糖的比例关系。新课程改革后，高考更强调对科学思维、科学探究等核心素养的考查，因此2018年浙江高考题直接引入双向纸层析，回归学术情境，考查学生对光合作用的理解，如果了解过碳反应的研究过程，这些名词就能帮助学生更快理解题目的背景。

像生物学家一样思考

此外，人教版新教材在光合作用部分大幅增加了光合作用光反应和碳反应的介绍比例，也涉及了部分科学史内容。这可能也是新课程改革教学与考查的导向。

那么如何在教学中应用学术导引的内容呢？

本节内容是对课程标准中"新陈代谢是化学反应""探索其中的物质和能量变化"内容的深化，且紧扣光合作用这一章节，因此建议应用在光合作用该节教学时，作为教学内容的深化与拓展。

素养教学建议 1

碳反应的发现是层析和同位素标记成功应用的案例【生命观念　科学探究】

一项经典的科研工作往往得益于开拓性的科学技术，并在之后的研究中被一再效仿。在本工作中，最重要的实验方法是层析和同位素标记，这也是高中生物教材分子与细胞部分主要介绍的科学技术，学生在学习细胞器、光合作用色素提取两部分内容时，已经基本了解了这两项技术。因此，可以提示学生应用已学过的科学技术，来分析碳反应的过程。很多时候教师缺乏科学史的背景知识，对学生提出的方法无法从历史和实际的角度加以引导，但利用相关资料，教师可以逐步引导学生重现卡尔文和本森的实验方法，并适时展示实验结果，让学生在教室中也能体验设计实验、获得数据、分析结果的过程，并在抽丝剥茧的分析过程中感受到科学探究的乐趣。

素养教学建议 2

同位素定位标记用于对碳反应初产物的分析【科学探究　科学思维】

同位素定位标记是对同位素标记技术的拓展，利用化学反应确定放射性同位素在碳骨架上的位置。从课本上叶绿素的纸层析到浙江高考题题干的双向纸层析，从同位素示踪到同位素定位标记，其难度提升基本相近，且三碳糖与五碳糖的关系是碳反应的核心，因此结合同位素定位标记技术说明三碳糖的生成可以加深学生对同位素标记技术的理解，深化三碳糖是碳反应初产物的认识，同时理解科学家是如何发现这一成果的，有助于培养学生的科学思维和科学探究能力。

素养教学建议 3

卡尔文与本森的科研经历可以培养学生对科研的兴趣【科学思维　社会责任】

卡尔文和本森的重大发现是高中教材基本上会提及的教学内容，但遗憾的是教材对两人的具体科研工作着墨不多。根据新课标核心素养的培养要求，我们希望引导学生喜欢科研，具备科学思维和科学探究能力，愿意学习科学家的奉献精神，具有社会责任感。在心理学上，美国心理学家阿尔伯特·班杜拉强调观察学习对行为学习的意义，培养的最佳方案就是为学生树立科学研究上的榜样。对卡尔文和本森科研的介绍有助于学生确立科研的志向，并了解科研的基本内容，此外，本模块第一部分内容基本按照卡尔文诺贝尔奖演说的顺序，教师在讲解此部分时也可以引用本森对卡尔文的评价"他能把一切科研成果都讲成推理小说",提醒学生重视交流与展示技巧在科学工作中的重要价值。

微课设计

设计一

^{14}C 揭露的生命奥秘——碳反应产物的探索过程

设计意图：光合作用部分是对课程标准中"新陈代谢是化学反应""探索其中的物质和能量变化"内容的深化。本微课紧扣新课标的要点，引导学生运用同位素标记和色谱的实验方法，设计并实施恰当的实验方案，探索其中的物质变化，培养学生科学探究能力，并深化学生对新课标的理解。合理补充材料，给出同位素定位标记实验结果，引导学生分析三碳糖的生成过程，加深学生对同位素标记技术的理解，深化三碳糖是碳反应初产物的认识，同时理解科学家是如何发现这一成果的，有助于培养学生的科学思维。

设计方案

材料呈现

材料一 卡尔文实验室研究碳固定反应的装置

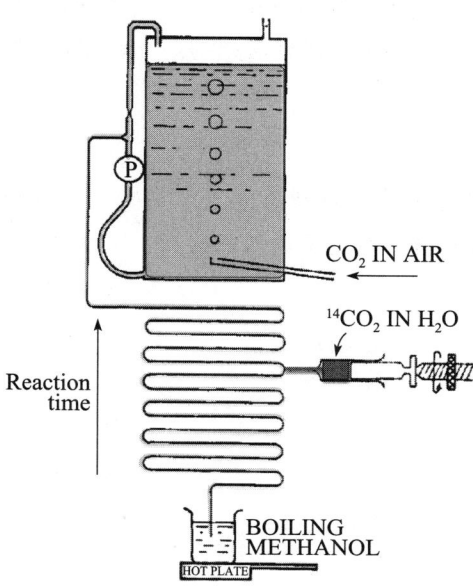

资料来源：Sharkey T D. Discovery of the canonical Calvin-Benson cycle. *Photosynthesis Research*, 2019, 140(2): 235-252.

问题设计：图中深色液体表示的是什么生物？为什么要通入空气中的二氧化碳？

像生物学家一样思考

为什么要通入 ^{14}C 标记的二氧化碳？热平板加热沸腾的甲醇有何作用？通过水泵 P 可以调节深色液体泵出的速度，为什么水泵可以调节反应时间？

教师引导学生分析：深色液体是培养的小球藻，在通入的二氧化碳参与下进行光合作用。通过调节水泵 P 来调控小球藻接触到放射性标记二氧化碳的时间，从而获得标记不同时长的小球藻，在沸腾的甲醇中将其杀死，可以研究不同时长时标记产物的异同。显然，获得的产物是混合物，如何将其分开呢？

材料呈现

材料二　双向纸层析结果图

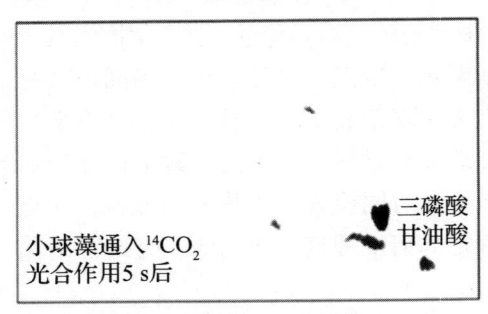

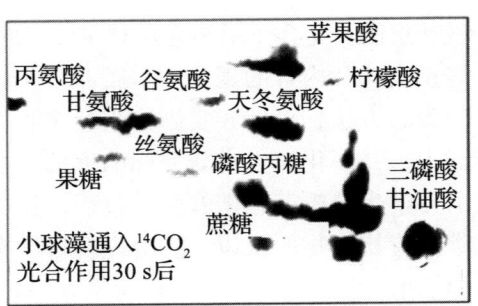

（左图）小球藻通入 $^{14}CO_2$ 光合作用5 s后：三磷酸甘油酸

（右图）小球藻通入 $^{14}CO_2$ 光合作用30 s后：丙氨酸、甘氨酸、谷氨酸、天冬氨酸、苹果酸、柠檬酸、丝氨酸、果糖、磷酸丙糖、蔗糖、三磷酸甘油酸

资料来源：Calvin M. The path of carbon in photosynthesis. Lawrence Berkeley National Lab. (LBNL), Berkeley, CA (United States), 1961.

问题设计：上图所示结果是一张纸上不同有机物的放射性强弱，纸上的不同有机物是如何分离的？根据 5 s 和 30 s 的结果不同，碳固定最早的产物应该是什么？

教师引导学生分析：双向纸层析可以根据有机物在溶剂中溶解度不同，将各种有机物分离开。对比两份结果，可以发现最早的产物是三磷酸甘油酸，是一种三碳化合物。

材料呈现

材料三

纸层析获得的三碳化合物、六碳化合物及其关系，下图中左上所示为三磷酸甘油酸的衍生物，纸层析同样获得了右上所示的五碳糖、下方所示的六碳糖（果糖衍生物）。

问题设计：分析产物放射性同位素的位置，画出三碳化合物合成六碳化合物的反应过程。

教师引导学生分析：根据放射性同位素的位置变化，可以得出合成过程是放射性标记碳元素相互连接的结论。

> **材料呈现**

材料四　五碳化合物及其生成过程

$$
\begin{array}{l}
*C=O \\
C \\
C
\end{array}
\quad
\begin{array}{l}
C \\
C=O \\
*C \\
C
\end{array}
$$

$$
\begin{array}{l}
C \\
C=O \\
^+C
\end{array}
\longrightarrow
\begin{array}{l}
C \\
C=O \\
^+C
\end{array}
$$

$$
\begin{array}{l}
*C=O \\
C \\
C
\end{array}
\longrightarrow
\begin{array}{l}
*C \\
C \\
C
\end{array}
$$

问题设计：本森还发现了五碳糖的存在，它的标记如上图所示。基于有机化学的知识，请推测五碳糖的生成反应过程是怎样的，本质是什么。

教师引导学生分析：同样根据标记位置变化情况可以画出反应过程，本质是二碳单位的转移，同时提醒学生注意，该反应还生成了四碳化合物。

> **材料呈现**

材料五　七碳化合物

$$
\begin{array}{l}
CH_2OH \\
C=O \\
HO*CH \\
H*COH \\
H*COH \\
HCOH \\
CH_2O-\text{\textcircled{P}} \\
SMP
\end{array}
$$

问题设计：科学家还发现了七碳化合物，其标记如上图所示，请画出其合成过程。

教师引导学生分析：由材料四生成的四碳糖与三碳糖合成，因此有这样的标记。

像生物学家一样思考

材料呈现

材料六 五碳化合物实际放射性分析

碳原子编号	相对放射性
1	11
2	10
3	69
4	5
5	3

问题设计：为什么五碳化合物1、2号碳原子也出现了放射性？是否还有别的反应可以生成五碳化合物？

教师引导学生分析：当七碳糖的二碳单位转移时，会生成1、2、3号位都被标记的五碳糖，由此可以由三碳化合物生成五碳化合物。那么三碳化合物是如何产生的呢？

材料呈现

材料七

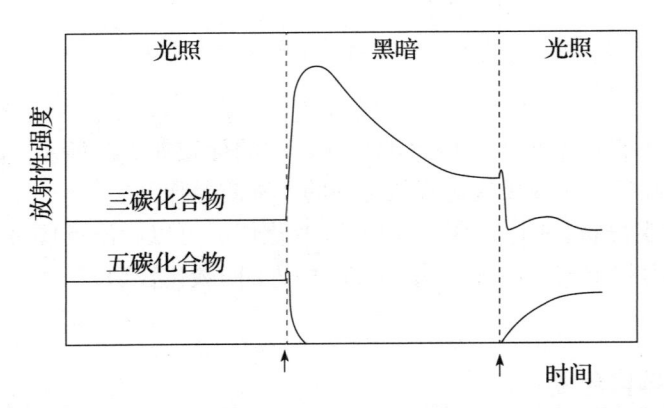

问题设计：中间黑暗处理的目的是什么？黑暗处理时三碳化合物数量如何变化？再次给光后达到稳态，三碳化合物和五碳化合物存在怎样的关系？推测三碳化合物如何产生。

教师引导学生分析：黑暗处理是为了耗尽五碳化合物，此时三碳化合物的上升说明五碳化合物转化成了三碳化合物。再次给光后达到稳态，三碳化合物是五碳化合物的两倍，因此五碳化合物通过与二氧化碳的结合生成两个三碳化合物。

教师指导学生小结：回顾这一过程，学生也许会惊讶于科学家采用的方法是那么的朴实，同位素示踪、层析都是以前学习过的方法，但是这两个方法却让科学家理解了光合作用中二氧化碳的固定是如何进行的，揭开了自然界最重要的新陈代谢的神秘面纱。

高中的学习，就像是熟悉乐高的每一块积木，是为了掌握解决问题的工具与方法，期待这些工具和方法能在同学们手里发挥更大的价值。

【评析】

评析人：孙小兵

该课例以光合作用暗反应卡尔文循环的实际研究过程展开讲述，紧扣课标要点，再现了科学家的原始发现和推理历程，再现了当年的实验装置、实验方案和物质变化，再现了实际探究中同位素标记和双向纸层析的实验方法，培养学生的探究能力，培养学生建立科学的思维模式，同时深化学生对课标的理解。通过对原始文献的再度解读，训练学生归纳与推理的思维能力，也让学生更深刻地理解光合作用暗反应的本质。

1. 创设情境，亲历探究之路，构建光合作用概念。

本微课利用光合作用科学史发现过程中的经典实验作为探究情境，引入材料，从沸腾的甲醇杀死小球藻获得不同时间的光合产物到双向纸层析对产物进行分析辨别，从放射性同位素的位置变化得出合成过程是碳元素相互连接到推理出三碳化合物、六碳化合物、五碳化合物、七碳化合物生成的关系和先后顺序，层层递进，环环相扣，引导学生主动构建、完善光合作用暗反应的过程和光合作用这一重要概念。同时，通过提供的资料，提出层层深入的问题，引导学生分析讨论，使其亲历科学家的探索历程，构建知识间的联系，激发学生学习的主动性和积极性。

2. 通过对光合作用暗反应的自主探究过程，全面提升生物学科核心素养。

本微课是对科学家经典实验和推理过程的呈现，还原当时科学研究的情境和问题，在光合作用暗反应和科学探究过程中通过一个个资料和教师设置的问题串，不断地建构模型，并进行修正和完善，使学生学会运用归纳与概括、模型和建模、分析与比较等方法，培养学生的科学思维。同时，通过实际研究过程，学生认识到同位素示踪、层析等技术在研究中的作用，体会持之以恒的科研态度，凸显生物学科的社会责任和育人价值。

• 习题设计 •

为了探究光合作用中的物质变化，科学家进行了大量的实验，下图是科学家在不同条件下检测甘油酸-3-磷酸和核酮糖-1，5-二磷酸，请结合图回答以下问题：

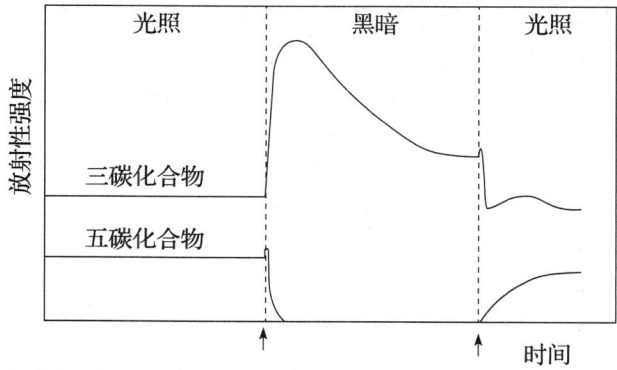

（1）科学家如何分离实验产物中的甘油酸-3-磷酸和核酮糖-1，5-二磷酸？
（2）在本实验开始前，科学家用 ^{14}C 标记了二氧化碳，然后在不同的时间检测产物中的放射性，发现甘油酸-3-磷酸首先出现放射性，核酮糖-1，5-二磷酸最后出现放射性，根据这一实验结果，你能得出怎样的结论？
（3）中间的暗处理的目的是什么？
（4）根据上图分析，当光合作用达到平衡时，甘油酸-3-磷酸和核酮糖-1，5-二磷酸具有怎样的数量关系？
（5）核酮糖-1，5-二磷酸在酶A的作用下，还可以与氧气结合，为了提高光合作用的效率，可以运用分子生物学手段对酶A进行怎样处理？科学家发现，处理后光合作用的效率并未提升，试分析其原因。

必备知识	光合作用；酶的作用和本质
参考答案	（1）利用层析法。 （2）说明甘油酸-3-磷酸是光合作用暗反应的第一个产物，而核酮糖-1，5-二磷酸是最后的产物。 （3）使得细胞中原有的光合产物被耗尽。 （4）甘油酸-3-磷酸的数量是核酮糖-1，5-二磷酸的两倍。 （5）通过蛋白质工程降低酶A与氧气的亲和力，使得酶A更容易催化二氧化碳固定的反应。说明光合作用的效率还受到其他因素的影响，例如光照强度；酶A催化的氧气参与的反应对光合作用的持续进行有重要价值，例如可以防止叶绿体生物膜在高浓度氧气环境中损伤。（其他答案言之有理均可）
命题立意	本题以光合作用暗反应研究流程为基本情境。 （1）考查分离有机物的基本方法； （2）引导学生分析甘油酸-3-磷酸和核酮糖-1，5-二磷酸具有怎样的数量关系，要结合必修1光合色素的分离、光合作用碳反应等多个知识内容，对学生的科学思维和生命观念考查水平较高； （3）立足于对实验设计的分析与评判，展现学生科学探究的核心素养； （4）从社会责任的角度使学生对碳反应的研究意义进行科学理性的评价。
素养水平	（1）生命观念水平二 （2）生命观念水平三；科学思维水平三 （3）科学探究水平三 （4）社会责任水平三 （5）科学思维水平三

学术情境主题 9

细胞周期调控关键因子的发现

梁秋莹

• 学术导引 •

19 世纪 30 年代，由德国科学家施莱登（M. J. Schleiden）和施旺（T. Schwann）建立的细胞学说中提出了"新细胞可以从老细胞中产生"的观点，吸引了人们对这个问题产生更多的疑问并对其进行深入探究：新细胞是如何从老细胞中产生的？这个产生的过程是受什么控制的？ 1882 年，德国基尔大学的弗莱明（Flemming）教授在光学显微镜下观察到了动物细胞中形态变化明显的有丝分裂现象。但由于当时科学发展有限，学者们认为有丝分裂的分裂期是细胞分裂增殖的主要活动期，于是把细胞活动分为分裂期和静止期（即分裂间期），并把研究重点放在了染色体的形态变化上。直到 1953 年，科学家霍华德（A. Howard）和佩尔（S. R. Pel）利用蚕豆根尖分生区作为实验材料，在培养液中加入 ^{32}P 标记的磷酸盐，并在蚕豆根尖有丝分裂的不同时间通过放射性自显影方法进行观察和分析，发现遗传物质 DNA 的复制只发生于间期中的一个时间段，这一时期与分裂期在时间上存在前后两个间隙。至此，他们提出了细胞周期的概念。细胞周期分为分裂间期（G_1/S/G_2）和分裂期。在整个过程中，一个细胞要进行物质积累、细胞装备、修饰等过程并把染色体平均分到子细胞中，形成两个具有完整功能的细胞，这样一个有序而严密发生的事件必然受到精准调控。于是，科学家们开始致力于揭开细胞周期调控机制的神秘面纱。

20 世纪 60—80 年代，美国科学家利兰·哈特韦尔（Leland Hartwell）、英国科学家蒂莫西·安（R. Timothy Hunt）及保罗·纳斯（Paul Nurse）经过多年研究探索，发现了真核生物细胞周期的关键调控因子，为揭秘细胞周期调控机制做出了重要贡献。

利兰·哈特韦尔与芽殖酵母（*Saccharomyces cerevisiae*）

20 世纪 60 年代中后期，美国弗雷德·哈钦森癌症研究所（Fred Hutchinson Cancer Research Center）的利兰·哈特韦尔开始在芽殖酵母上进行遗传学研究。1970—1971 年，哈特韦尔和他的团队通过大量遗传学实验分离出了上百株细胞分裂周期（Cell division cell，Cdc）的突变株（特定基因的缺陷型），并利用这些突变株进行了一系列的

像生物学家一样思考

研究[①]。

哈特韦尔选择的实验对象芽殖酵母有着完整的真核细胞周期，以单细胞形式增长且便于分离。此外，芽殖酵母为温度敏感型，最适宜温度约为 28 ℃，在此温度下能正常增殖。而突变株在 36 ℃的限制温度下会出现不同程度的分裂异常，使酵母细胞停留在细胞周期的不同时相（图 9 – 1）。另外，芽殖酵母会在细胞周期开始时出芽，且芽会随着细胞周期进程而变大，因此可以通过芽的大小判断酵母细胞所处的时相。

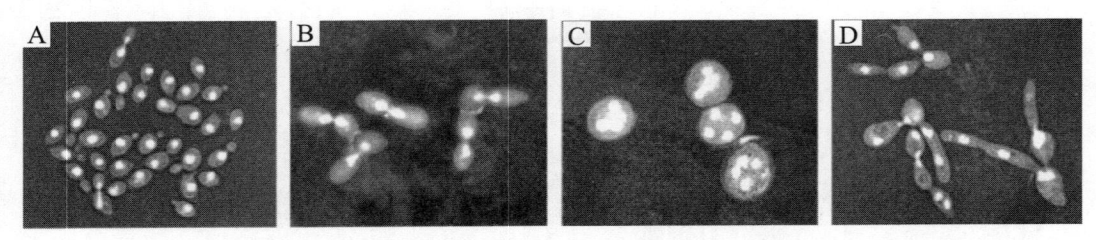

图 9 – 1 哈特韦尔实验中正常细胞和 *Cdc* 突变株细胞图，表示在限制温度下孵化几小时不同酵母细胞株的状态（A）野生型，（B）*Cdc8*，（C）*Cdc24*，（D）*Cdc10*

资料来源：Hartwell L H. Nobel lecture. yeast and cancer[J]. *Bioscience reports*, 2002, 22(3-4): 373-394.

基于上述特点，哈特韦尔在细胞周期的不同时相（通过出芽的大小判断）将突变株转移到限制温度条件 36 ℃下，观察突变株是否能继续完成细胞周期（最后是否形成 2 个子细胞），来判断该突变株的特定缺陷基因在细胞周期中发挥作用的时间点（表 9 – 1）。[①]

表 9 – 1 哈特韦尔实验中不同芽殖酵母突变株在细胞周期不同时相转移至限制温度后的分裂情况（出芽大小，指出芽长度除以母细胞长度）

菌株编号	转移至 36 ℃时出芽大小	结果		
		仍为 1 个细胞	分裂为 2 个细胞	总计
370D1	0	9	1	10
	0～0.2	0	1	1
	0.2～0.4	0	8	8
	0.4～0.6	0	6	6
	0.6～0.8	0	10	10
	0.8～1.0	0	13	13
327D1	0	4	4	8
	0～0.2	1	7	8
	0.2～0.4	0	8	8
	0.4～0.6	0	11	11

---

① Hartwell L H, Culotti J, Pringle J R, et al. Genetic control of the cell division cycle in yeast[J]. *Science*, 1974, 183(4120): 46-51.

续表

菌株编号	转移至 36 ℃时出芽大小	结果		
		仍为 1 个细胞	分裂为 2 个细胞	总计
327D1	0.6～0.8	0	10	10
	0.8～1.0	0	6	6
124D1	0	5	8	13
	0～0.2	0	5	5
	0.2～0.4	0	4	4
	0.4～0.6	0	14	14
	0.6～0.8	0	18	18
	0.8～1.0	0	8	8
280D8	0	4	0	4
	0～0.2	1	0	1
	0.2～0.4	12	1	13
	0.4～0.6	5	9	14
	0.6～0.8	0	14	14
	0.8～1.0	0	22	22
428D1	0	2	0	2
	0～0.2	4	0	2
	0.2～0.4	9	0	9
	0.4～0.6	5	3	8
	0.6～0.8	2	8	10
	0.8～1.0	0	19	19
7-41D3	0	10	0	10
	0～0.2	5	0	5
	0.2～0.4	11	0	11
	0.4～0.6	9	5	14
	0.6～0.8	0	12	12
	0.8～1.0	0	24	24
17-17D1	0	7	0	7
	0～0.2	8	0	8
	0.2～0.4	20	1	21
	0.4～0.6	2	23	25
	0.6～0.8	0	31	31
	0.8～1.0	0	35	35

以 370D1 突变株为例，由表 9-1 可知，即使在细胞周期早期（出芽大小为 0）时将 370D1 突变株转移到限制温度 36 ℃下，绝大部分酵母细胞仍能继续完成细胞周期（分裂为 2 个子细胞）。并且，在细胞周期的后续时相（出芽大小 0～0.2/0.2～0.4/0.4～0.6 等）将该突变株转移到限制温度下，全部转移细胞都能继续分裂。由此说明 370D1 的突变基因在芽殖酵母细胞周期中的执行时间非常早，接近刚开始出芽的时间。即在转移到限制温度之前该突变基因就已经完成了表达和调控的使命，因此转移到限制温度下细胞也能继续完成分裂。根据上述方法，哈特韦尔得出了芽殖酵母中调控细胞周期的不同基因发挥作用的时间点（图 9-2）。作用时间同样处在细胞周期较早时期的突变株还有 327D1、124D1，较晚的有 280D8、428D1、7-41D3 等。

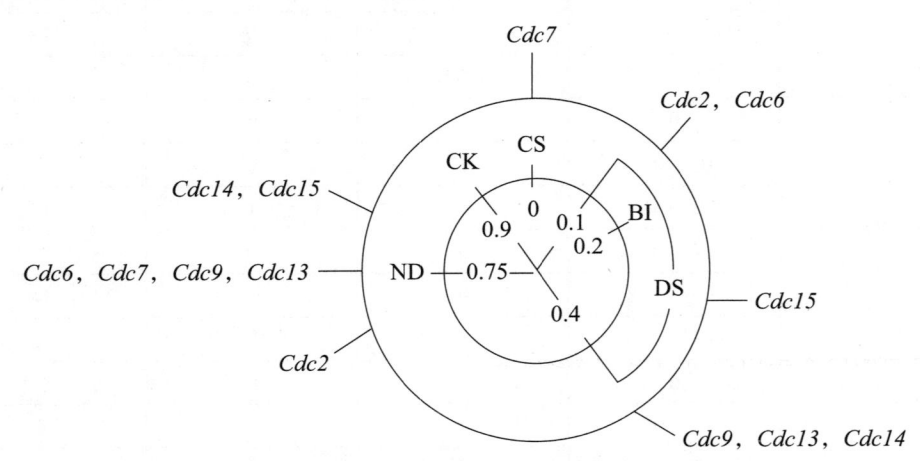

图 9-2 哈特韦尔的不同基因在细胞周期中发挥作用的时间点
(CS：细胞分裂；BI：出芽；DS：DNA 合成；ND：核分裂；CK：细胞质分裂)
资料来源：Hartwell L H. Nobel lecture. yeast and cancer [J]. *Bioscience reports*, 2002, 22(3-4): 373-394.

在哈特韦尔发现的这些细胞分裂周期调控基因中，有一个在 G_1 期起重要作用的 *Cdc28*，被称为"启动"基因。*Cdc28* 在 G_1 期发挥作用的时间点也因此被称为"启动点"（在高等的真核生物中该点被称为限制点或 R 点）。G_1 期可被"启动点"划分为早 G_1 期和晚 G_1 期。在早 G_1 期，如果酵母细胞完成营养物质和能量的储备并生长到特定大小，*Cdc28* 将启动程序促进细胞进入晚 G_1 期进而进入 S 期，否则细胞将停止细胞周期而进入 G_0 期。随后，哈特韦尔在 1989 年为揭开细胞周期调控机制的神秘面纱做出了另一巨大贡献——"检查点（checkpoints）"概念的提出。他认为细胞周期各个阶段是按照严格的顺序进行的，细胞会进行一系列的检查以保证细胞增殖过程能正常进行，如检查 DNA 是否准确复制、DNA 是否损伤、染色体是否能正常分配到 2 个子细胞等。如果发生了影响细胞周期各阶段正常推进的事件，检查点会提供特定信号激活相关通路以阻断细胞周期的进程。当细胞周期被叫停后，检查点还会采取补救措施以排除故障，进而恢复细胞周期的运转。检查点的缺陷被认为是正常细胞转变为癌细胞的原因之一。

保罗·纳斯和裂殖酵母（*Schizosaccharomyces pombe*）
20 世纪 60 年代，保罗·纳斯在以裂殖酵母为实验对象的研究中发现并分离了

Cdc2 基因，其编码了一种 34 kD 的蛋白激酶[①]，作用于裂殖酵母（*S. pombe*）的"启动点"和 G_2/M 转换点。研究发现，裂殖酵母的 *Cdc2* 与芽殖酵母（*S. cenevisiae*）的"启动点"基因 *Cdc28* 有着相似的结构和功能，并且高度同源。"启动点"基因除了存在于单细胞真核生物中之外，纳斯团队还发现人类也有相似的调控基因。1987 年，纳斯团队的梅拉尼（Melanie Lee）通过基因工程在人类 cDNA 文库中成功分离了人类的 *Cdc2* 基因，并且发现其编码的蛋白质产物和裂殖酵母的 *Cdc2* 编码的产物有 63% 的氨基酸残基是一致的。此外，研究团队还用人类的 *Cdc2* 基因填补裂殖酵母 *Cdc2* 突变株，发现该突变株能正常通过"启动点"及 G_2/M 控制点，这证明了裂殖酵母和人类的 *Cdc2* 在结构和功能上都具有高度相似性，即其在 10 亿～15 亿年的进化历程中是高度保守的。后来，由这类基因编码的蛋白质被称为"周期蛋白依赖性蛋白激酶（cyclin-dependent kinase，CDK）"，可以通过磷酸化其他蛋白质以推动细胞周期的正常进行。

蒂莫西·安和加利福尼亚海胆（*Lythinus pictus*）

20 世纪 80 年代，和纳斯一样来自英国皇家癌症研究基金会的蒂莫西·安团队利用 ^{35}S 标记的甲硫氨酸以研究海洋无脊椎动物在卵裂时蛋白质的变化情况。在对加利福尼亚海胆进行研究时，蒂莫西·安发现了在细胞周期中会周期性变化的一类蛋白质。该类蛋白质会在细胞从 G_0 期进入 G_1 期时开始合成，分裂期后含量下降，然后在下一个细胞周期该类蛋白质含量会再重复上述的上升和下降过程，呈现周期性变化。这一类蛋白质后来被命名为"细胞周期蛋白"（Cyclin）。在后续研究中，蒂莫西·安团队也在其他物种中发现了 Cyclin 的存在，再次说明了在细胞周期中这些调控分子是高度保守的。

一系列研究表明，蛋白激酶 CDK 自身不具有激酶活性，其活性必须依赖于相应的 Cyclin。1990 年，纳斯团队在酵母中分离了 CDK1 和 Cyclin B，发现 Cyclin B 可以通过磷酸化 CDK1 使其激活，激活后的 CDK1 可以使多种底物蛋白磷酸化，进而调控细胞周期中不同事件的发生，如核仁蛋白的磷酸化可以促使核仁解体、组蛋白 H1 的磷酸化可促使染色质的凝缩等。CDK1 与 Cyclin B 这两个大小亚基共同构成了成熟促进因子（maturation promoting factor，MPF）。在高等真核生物细胞中主要的 Cyclin-CDK 复合物作用时相总结如表 9-2 所示。

表 9-2　各类 Cyclin-CDK 复合物作用的细胞时相

CDK	Cyclin	作用的细胞时相
CDK4	Cyclin D1，D2，D3	G_1
CDK2	Cyclin E1，E2	G_1
CDK6	Cyclin D1，D2，D3	G_1/S
CDK3	Cyclin E	G_1/S

[①] Simanis V, Nurse P. The cell cycle control gene *Cdc*2+ of fission yeast encodes a protein kinase potentially regulated by phosphorylation [J]. *Cell*, 1986, 45(2): 261-268.

续表

CDK	Cyclin	作用的细胞时相
CDK2	Cyclin A	S
CDK1（Cdc2）	Cyclin B	G_2/M

资料来源：林志娟，宋德懋. 细胞周期的调控——2001年诺贝尔生理学或医学奖工作介绍及研究进展[J]. 生理科学进展，2009, 40(03): 274-280.

经过科学家们多年的努力探索，细胞周期调控的复杂机制逐步被揭示。美国科学家利兰·哈特韦尔、英国科学家蒂莫西·安及保罗·纳斯三位科学家也凭借他们的重大发现获得了2001年诺贝尔生理学或医学奖。

● 素养教学建议 ●

"细胞周期调控关键因子的发现"这一重大进展可以为今后了解和破译基因序列数据、癌症治疗等领域提供重要支持，这三位科学家的成果被诺贝尔奖评价为"大部分生物医学研究领域将从这些基本发现中受益，这些基本发现可能在许多领域得到广泛应用"。在高中生物学不同版本的教科书中，细胞周期都是极为重要的内容。其中，人教版教材在课后以拓展练习导语形式提到细胞周期是依赖内部精准的调控得以实现的，因此对细胞周期的研究对防治癌症而言有着重要意义。北师大版教材在呈现细胞的增殖部分的知识时，以不同形式阐述了细胞周期调控关键因子的存在、功能及意义：1. 以阅读资料形式引导学生思考处于分裂过程中细胞的提取物对细胞分裂进程的作用；2. 描述了部分暂停分裂的细胞受到某些特定信号的诱导后可以重新进入连续增殖的周期变化；3. 细胞周期调控机制的研究具有重要实践应用价值，如核移植克隆动物的供受体细胞需要保持周期的同步性。

除了"细胞的增殖"部分内容外，"细胞周期调控关键因子的发现"与高中生物学概念也有着紧密联系（表9-3），是展现和提升学科核心素养的珍贵材料。

表9-3 "细胞周期调控关键因子的发现"与高中生物学概念的联系

内容			课程标准中的生物学概念
研究过程	研究步骤	关键实验方法	必修 2.3 细胞生长、增殖、分化、衰老和死亡 　2.3.1 有丝分裂保证了遗传信息在亲代和子代细胞中的一致性 　2.3.2 细胞衰老和死亡是自然的生理过程 3.1 亲代传递给子代的遗传信息主要编码在DNA分子上 　3.1.3 DNA分子通过半保留方式进行复制 　3.1.4 DNA指导蛋白质的合成，生物的性状主要通过蛋白质表现
	（1）酵母突变株的分离 （2）酵母细胞突变株的同步培养 （3）将酵母细胞转移到限制温度，观察并分析	• 酵母细胞培养 • 同位素标记法 • 细胞周期同步化 • 显微观察 • 放射自显影技术 • 数据统计 • DNA测序和分析 • 聚丙烯酰胺凝胶电泳	

续表

内容		课程标准中的生物学概念
研究结果	• 芽殖酵母细胞周期调控各时相关键基因的发现 • 细胞周期检查点和“启动点”的发现 • 分离了上百株芽殖酵母的突变株	3.2　有性生殖 3.3　由基因突变等引起的变异是可以遗传的 3.3.1　碱基的替换、插入或缺失会引发基因中碱基序列的改变 3.3.3　特定作用下，细胞分裂失控甚至发生癌变 3.3.6　人类遗传病 选择性必修 5.1　有目的地培养某种微生物 5.1.3　基因工程的基本操作程序 5.1.4　基因工程在医药行业的广泛应用改善了人类的生活品质

素养教学建议 1

细胞周期关键调控因子的发现是癌症治疗、胚胎发育、细胞衰老等医学研究的重要基石【生命观念　社会责任】

细胞周期调控机制中关键因子的发现为癌症治疗、胚胎发育、细胞衰老等领域的研究开拓了新方向。这些关键因子精准调控着细胞周期各个环节，不仅保证了细胞的增殖，还保证了细胞重要物质的精确复制。一旦失去这些因子的调控，细胞将会出现异常，甚至无限增殖形成恶性肿瘤。加深对细胞周期调控机制的了解可以帮助科学家们在正常细胞和癌细胞周期时长区别上或在调控因子上进一步研究，造福更多的人。因此可利用本素材创设情境帮助学生将细胞周期调控与疾病、衰老、发育生物学等医学研究联系起来，建立和提升社会责任与生命观念的学科素养。

素养教学建议 2

芽殖酵母的巧妙应用对研究特定调控基因功能的作用【生命观念　科学思维】

哈特韦尔在 20 世纪 60 年代后期开始对芽殖酵母突变株进行研究，酵母是单细胞真核生物，是遗传研究的良好模型。此外，哈特韦尔成功分离的温度敏感型突变株酵母具有下列特点：1. 在细胞周期一开始就出芽；2. 在限制温度（36 ℃）下会出现分裂异常。因此哈特韦尔通过在酵母细胞周期的不同时间将其转移到限制温度，后续观察其是否能完成细胞周期分裂成 2 个子细胞，以判断该突变基因在细胞周期发挥作用的时间点。芽殖酵母突变株特点的巧妙利用是哈特韦尔团队成功发现多个 *Cdc* 因子的关键因素。可利用本素材通过问题情境的方式训练学生的科学思维，引导学生将知识建立体系，并进行整体性的把握和运用。

像生物学家一样思考

素养教学建议 3

细胞周期调控关键因子的发现是遗传学知识综合运用的成功案例【生命观念 科学探究】

在细胞周期调控关键因子的发现历程中，有 2 个重要实验具有里程碑式的意义。其一，1970 年，有两位科学家将海拉细胞（Hela cells）同步培养至不同阶段，分别将其与 M 期细胞在灭活仙台病毒的介导下融合。他们发现与 M 期细胞融合的间期细胞发生了染色体的超前凝集（prematurely condensed chromosome，PCC）现象。这个实验证明了 M 期细胞具备使间期细胞发生染色体超前凝集的物质，即成熟促进因子 MPF。其二，1971 年，另外两位科学家对青蛙的卵母细胞进行了如图 9–3 所示的实验。他们将 M 期细胞的细胞质通过显微注射的方法注入青蛙的卵母细胞中，发现该卵母细胞会启动细胞分裂进入 M 期，而被注射分裂间期细胞的细胞质的卵母细胞仍停留在 G_2 期。

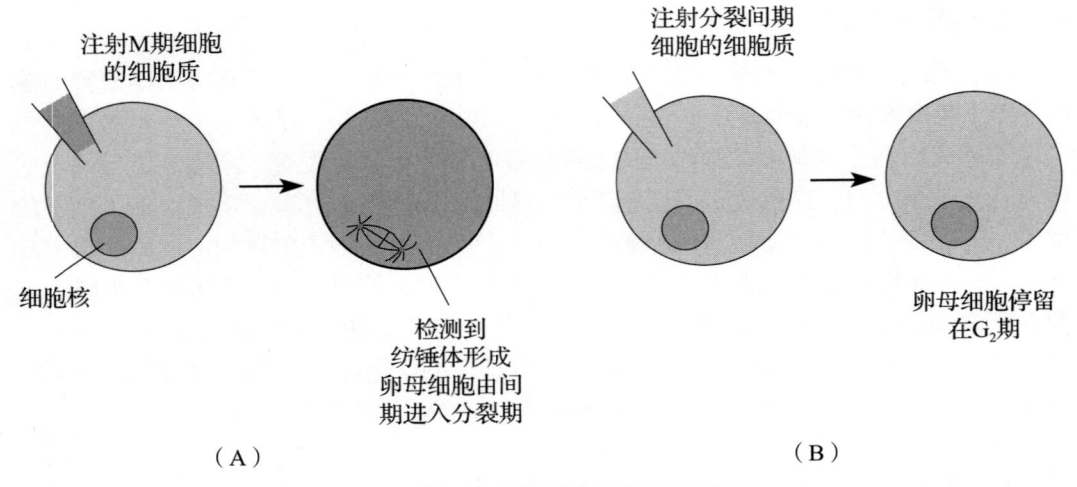

图 9–3 青蛙的卵母细胞相关实验示意图

资料来源：Masui Y, Markert C L. Cytoplasmic control of nuclear behavior during meiotic maturation of frog oocytes [J]. *The Journal of experimental zoology*, 1971, 177(2): 129-145.

此后，学者们共同努力揭示了 MPF 的构成，发现其由大亚基（细胞周期蛋白，Cyclin）和小亚基（细胞周期蛋白依赖激酶，CDK）构成。通过进一步分离纯化和遗传分析，还发现来自不同生物的这些因子具有结构和功能上高度的保守性。至此，科学家们揭秘人类细胞周期调控机制的研究取得了极为重要的进展。因此利用本素材创设情境引导学生加深对细胞增殖及其本质的理解，并在基因表达、蛋白质功能、细胞周期各阶段、细胞增殖等知识点之间建立联系，串联成知识脉络进而与其他遗传学和生物化学知识共同构建形成知识网，培养科学探究素养。

• 微课设计 •

> 设计一

细胞周期调控研究材料的选择

设计意图：细胞周期关键调控因子的发现具有重要实践应用价值，对癌症治疗、细胞衰老等领域的研究都具有重要指导意义。在细胞周期调控关键因子的发现历程中，科研工作者们不懈的探索及求证精神是他们打开发现之门的钥匙，同时对实验材料的选择也是他们成功的关键。通过细胞周期关键调控因子发现过程的呈现，辅以联系教材经典实验里科学家对材料的选择的例子，如必修1"光合作用与能量转化"中恩格尔曼对水绵和好氧细菌的选择、"细胞的衰老和死亡"中悉尼·布雷内利用秀丽隐杆线虫研究细胞凋亡及必修2"遗传因子的发现"中孟德尔选择豌豆、"基因在染色体上"中摩尔根利用果蝇研究伴性遗传等，来加深学生对科学研究中选材重要性的理解，培养学生的科学思维和科学探究能力。

设计方案

教师讲述：2001年诺贝尔生理学或医学奖颁发给了三位科学家，分别是美国科学家利兰·哈特韦尔、英国科学家蒂莫西·安及保罗·纳斯，以表彰他们对真核有机体细胞周期关键调控因子的发现。这些关键因子的发现为人类进一步揭开细胞周期这一精密调控过程的神秘面纱贡献了重要力量，也为癌症治疗、细胞衰老等研究提供了强有力的支撑。

材料呈现

材料一

20世纪60年代中后期，美国弗雷德·哈钦森癌症研究所（Fred Hutchinson Cancer Research Center）的利兰·哈特韦尔开始在芽殖酵母上进行遗传学研究。通过大量的实验，哈特韦尔和他的团队找到了芽殖酵母细胞周期调控的多个关键基因。

材料二

20世纪60年代，保罗·纳斯在以裂殖酵母为实验模型的研究中发现并分离了 *Cdc2* 基因，该基因编码了一种蛋白激酶可以作用于裂殖酵母的"启动点"和 G_2/M 期。

问题设计：这两位科学家都选择了酵母细胞作为实验材料，请尝试分析原因。

教师引导学生分析：酵母是单细胞生物，结构简单，生长周期短，便于培养、观察和进行实验研究。同时，酵母是真核生物，对酵母这一简单真核生物进行遗传学研究得出的结论对后续多细胞真核生物相关的研究具有指导意义。

教师讲述：除了上述特点之外，帮助哈特韦尔发现多个关键调控基因的芽殖酵母还具有很多优点。

像生物学家一样思考

材料呈现

材料三

芽殖酵母有着完整的细胞周期，会以单细胞形式增长且便于分离。此外，芽殖酵母为温度敏感型，最适宜温度约为28 ℃。各突变株（特定基因的缺陷型）在限制温度（36 ℃）条件下会出现分裂异常，停留在细胞周期的不同阶段。而且芽殖酵母会在细胞周期开始时出芽，且芽会随着细胞周期进程而变大，因此可以通过芽的大小判断该酵母细胞所处的细胞周期时相。

基于上述特点，哈特韦尔团队分离了上百株酵母突变株，然后通过在细胞周期的不同时间（通过出芽的大小判断）将突变株转移到限制温度条件下，观察其是否能继续完成细胞周期（最后是否形成2个子细胞）来判断该突变株的缺陷基因在细胞周期中发挥作用的时间点（见下表）。

哈特韦尔的不同芽殖酵母突变株在细胞周期不同时相转移至限制温度后的分裂情况
（出芽大小，指出芽长度除以母细胞长度）

菌株编号	转移至36 ℃时出芽大小	结果		
		仍为1个细胞	分裂为2个细胞	总计
370D1	0	9	1	10
	0～0.2	0	1	1
	0.2～0.4	0	8	8
	0.4～0.6	0	6	6
	0.6～0.8	0	10	10
	0.8～1.0	0	13	13
327D1	0	4	4	8
	0～0.2	1	7	8
	0.2～0.4	0	8	8
	0.4～0.6	0	11	11
	0.6～0.8	0	10	10
	0.8～1.0	0	6	6
124D1	0	5	8	13
	0～0.2	0	5	5
	0.2～0.4	0	4	4
124D1	0.4～0.6	0	14	14
	0.6～0.8	0	18	18
	0.8～1.0	0	8	8

续表

菌株编号	转移至36℃时出芽大小	仍为1个细胞	分裂为2个细胞	总计
280D8	0	4	0	4
	0～0.2	1	0	1
	0.2～0.4	12	1	13
	0.4～0.6	5	9	14
	0.6～0.8	0	14	14
	0.8～1.0	0	22	22
428D1	0	2	0	2
	0～0.2	4	0	2
	0.2～0.4	9	0	9
	0.4～0.6	5	3	8
	0.6～0.8	2	8	10
	0.8～1.0	0	19	19
7-41D3	0	10	0	10
	0～0.2	5	0	5
	0.2～0.4	11	0	11
	0.4～0.6	9	5	14
	0.6～0.8	0	12	12
	0.8～1.0	0	24	24
17-17D1	0	7	0	7
	0～0.2	8	0	8
	0.2～0.4	20	1	21
	0.4～0.6	2	23	25
	0.6～0.8	0	31	31
	0.8～1.0	0	35	35

资料来源：Hartwell L H, Culotti J, Pringle J R, et al. Genetic control of the cell division cycle in yeast[J]. *Science*, 1974, 183(4120): 46-51.

教师讲述：以突变株280D8为例，在细胞周期尚未开始（出芽大小为0）和刚开始（出芽大小为0～0.2）这两个时间点将芽殖酵母转移到36 ℃进行培养，酵母细胞都无法继续完成分裂形成2个子细胞。在出芽大小为0.2～0.4时转移，只有不到7.7%的酵母细胞能继续分裂。而在出芽大小为0.4～0.6时转移，过半酵母能继续完成细胞周期。

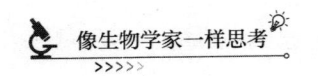

这说明了 280D8 的突变基因发挥作用时间点在细胞周期中后段（出芽大小为 0.4～0.6）。

问题设计：请根据这个判断方法尝试在图表中找到一个发挥作用时间早以及一个发挥作用时间晚的突变株。

教师引导学生分析：根据材料三理解哈特韦尔团队的实验思路，并按照实验逻辑在实验结果图表中分析发挥作用时间早和发挥作用时间晚的突变株类型。作用时间处在细胞周期较早时期的突变株有 370D1、327D1、124D1；较晚的有 280D8、428D1、7-41D3 等。

> **材料呈现**

材料四

经过后续对裂殖酵母、海胆、非洲爪蟾等生物的研究，科学家们找到了细胞周期多个调控基因，发现了它们对细胞周期的调控作用，如裂殖酵母的 $Cdc2$ 表达产物作用于裂殖酵母的"启动点"和 G_2/M 期。

材料五

1987 年，纳斯团队通过基因工程在人类 cDNA 文库中成功分离了人类的 $Cdc2$ 基因，并且发现其表达产物的结构和裂殖酵母的 $Cdc2$ 编码的产物有 63% 的氨基酸残基是一致的。且将人类 $Cdc2$ 基因填补到裂殖酵母的 $Cdc2$ 突变株，发现该突变株能顺利通过"启动点"和 G_2/M 期，完成分裂。

问题设计：上述两个材料说明了什么？

教师引导学生分析：对于细胞周期这一复杂而精密的调控过程，科学家们首先以单细胞真核生物酵母作为研究起点，随后再逐步对更复杂、更高级的海胆、非洲爪蟾等开展研究。在后续的研究中，原先对酵母细胞周期的研究成果具有重要价值。而裂殖酵母 $Cdc2$ 基因和人类 $Cdc2$ 基因在结构和功能上的相似性也揭示了地球上生物的统一性。

问题设计：哈特韦尔等科学家利用酵母细胞进行实验是他们成功发现细胞周期多个调控因子的关键。请回顾学过的内容，尝试举例说明有哪些经典实验的材料选择是尤为关键的。

教师引导学生分析：课本中提到的许多重要发现都与科学家们正确的选材有关，如必修 1 "光合作用与能量转化"中恩格尔曼对水绵和好氧细菌的选择、"细胞的衰老和死亡"中悉尼·布雷内利用秀丽隐杆线虫研究细胞凋亡及必修 2 "遗传因子的发现"中孟德尔选择的豌豆、"基因在染色体上"中摩尔根利用果蝇研究伴性遗传等。

教师引导学生小结：大家先前根据哈特韦尔团队的实验思路在图表中分析了不同突变株的突变基因在细胞周期调控中的作用时间，相当于简单模拟了科学家当时的研究过程。虽然我们无法切身体会他们的艰辛和付出，但能感受到一步步解开谜题所带来的振奋和喜悦。小小的酵母细胞就是这样一步步带着科学家们发现了调控细胞周期的关键因子。其实，实验材料的选择是这几位科学家成功的关键，从单细胞酵母到海胆、从海胆到非洲爪蟾，这样从简单到复杂、从低等到高等、从水生到陆生的研究思路也是地球上生物数十亿年来的进化方向。

细胞周期调控的面纱正在被逐步揭开，后续在遗传学、医学等领域的研究还有待一批又一批科学工作者们的努力。

【评析】

评析人：孙小兵

本课例从 2001 年诺贝尔生理学或医学奖表彰"真核有机体细胞周期关键调控因子的发现"入手，依次再现了五个相关材料，学生分析思考、交流研讨，教师按照科学发展史逐层推进、抽丝剥茧，揭开细胞周期调控的面纱，完成教学目标。整个设计合理、完整、流畅。

1. 文献和任务驱动，促进学生有效思维活动。

本课例展示了美国科学家利兰·哈特韦尔、英国科学家蒂莫西·安及保罗·纳斯在细胞周期调控过程中的研究，共分五个材料呈现。"哈特韦尔和他的团队找到了芽殖酵母细胞周期调控的多个关键基因"，"保罗·纳斯在以裂殖酵母为实验模型的研究中发现并分离了 $Cdc2$ 基因"，"纳斯团队通过基因工程在人类 cDNA 文库中成功分离了人类的 $Cdc2$ 基因……且将人类 $Cdc2$ 基因填补到芽殖酵母的 $Cdc2$ 突变株，发现该突变株能顺利通过'启动点'和 G_2/M 期，完成分裂"。上述材料阅读中，教师十分关注材料内容和学习任务的关系，巧妙地设计了具体的问题，教学中既有原始的文献内容，又有清晰的活动任务，而且通过梯度合理、层层递进的问题来引导学生思考，开放创新又紧贴教材，这些设计都体现了教师对促进学生有效思维活动及有效学习的良苦用心。

2. 真实情境解决问题，提升学生学科素养。

教师在本节课设计过程中创设了真实的问题情境，通过任务驱动，让学生有效地参与到学习过程中，在问题解决过程中，培养了学生的学科核心素养，帮助学生构建了细胞经历生长、增殖、分化、衰老和死亡等生命进程这一重要概念。教师在创设情境时，既联系实际教学内容，又依托原始文献，体现了较强的求新求变意识。这些问题情境既能引导学生关注科技前沿，增强社会责任感，体会通过科学实验解决生物学问题的思路，又能在分析思考的过程中培养学生获取和分析信息、有逻辑思维的能力，使学生的科学思维得到切实有效的发展，帮助学生深入领悟结构功能观。

设计二

从细胞周期蛋白到癌症治疗——细胞周期蛋白的发现及其意义

设计意图：细胞周期调控关键因子的发现为细胞衰老、癌症治疗等领域的研究开拓了新思路。这些关键因子精准调控着细胞周期的各个环节，不仅保证了细胞一分为二，还保证了细胞重要物质的精确重复。通过呈现细胞周期蛋白的发现过程、作用以及其和肿瘤的关系等资料，引导学生结合学过的知识思考如何应用到抗癌等医学研究中，展望未来在癌症治疗领域的新进展，让学生深刻理解该研究发现的意义，培养学生的生命观念和社会责任。

像生物学家一样思考

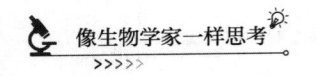

设计方案

教师讲述：2001年诺贝尔生理学或医学奖颁发给了三位科学家，以表彰他们对真核有机体细胞周期关键调控因子的发现。这些关键因子参与调控精密的细胞周期，也与教材中的动物细胞工程专题及胚胎工程专题有关。

材料呈现

材料一

在动物细胞工程和胚胎工程中，卵母细胞需要在体外培养到减数第二次分裂中期才能进行后续核移植或体外受精操作，这与卵母细胞的成熟促进因子（maturation promoting factor，MPF）[①]水平有关。科学家们共同努力揭示了 MPF 的构成，发现其由大亚基（细胞周期蛋白，Cyclin）和小亚基（细胞周期蛋白依赖激酶，CDK）构成。Cyclin 可通过磷酸化特定 CDK 以推动细胞周期各时相的正常运行。

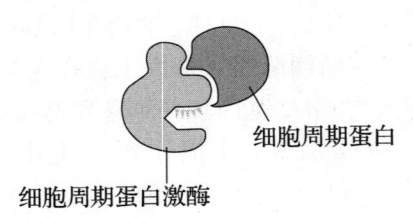

各类 Cyclin-CDK 复合物作用的细胞时相

CDK	Cyclin	作用的细胞周期时相
CDK4	Cyclin D_1，D_2，D_3	G_1
CDK2	Cyclin E_1，E_2	G_1
CDK6	Cyclin D_1，D_2，D_3	G_1/S
CDK3	Cyclin E	G_1/S
CDK2	Cyclin A	S
CDK1（Cdc2）	Cyclin B	G_2/M

资料来源：Hartwell L H. Nobel lecture. yeast and cancer [J]. *Bioscience reports*, 2002, 22(3-4): 373-394.

问题设计：请根据上述材料描述 Cyclin、CDK 和细胞周期时相的关系。如果某个 Cyclin（如 Cyclin B）缺失或水平过低，细胞分裂能正常进行吗？这说明了什么？

教师引导学生分析：细胞周期是受到多个因子精密调控的过程，Cyclin 会和相应 CDK 共同作用调控细胞周期时相推进。如果 Cyclin B 缺失或水平过低，细胞会无法进入 M 期，停留在 G_2 期，这说明了 Cyclin 和细胞增殖密切相关。

教师讲述：细胞增殖与 Cyclin 水平确实有着紧密联系，如细胞进入 S 期之前，会

[①] Lohka M J, Masui Y. Formation in vitro of sperm pronuclei and mitotic chromosomes induced by amphibian ooplasmic components [J]. *Science*, 1983, 220(4598): 719-721.

对 DNA 进行检查，如果 DNA 受到损伤，细胞会停滞在 G_1 期，暂不进入 S 期，直至完成修复为止。这样的关卡机制保证了产生的子细胞 DNA 的完整性。如果调控相应检查机制的基因异常，就会使本应发生凋亡或停止增殖的细胞带着错误信息继续进行分裂。通过之前的学习，我们知道肿瘤的发生和细胞的异常增殖有着紧密关联，那么肿瘤的发生是否会和 Cyclin 也有联系？

> **材料呈现**

材料二

Cyclin D_1 异常表达广泛存在于各种实体肿瘤和血液系统肿瘤中，并与很多肿瘤的组织分级、临床分期、预后和疗效有关。Cyclin D_1 在肿瘤细胞的异常主要表现为基因扩增、染色体倒位和易位。Cyclin D_2 和 D_3 异常表达在血液系统恶性肿瘤更多见。Cyclin E 在很多肿瘤的表达在数量和活性上都有异常。乳腺癌中 Cyclin E 的增加不仅与肿瘤组织分级和临床分期有关，而且与不良预后和较高死亡率有关。最近发现 Cyclin L_1 在头颈上皮肿瘤过表达，提示其可能是一个癌基因。

资料来源：杨连君. 细胞周期蛋白及其与肿瘤等疾病的关系. 中国肿瘤生物治疗杂志 [J]. 2003, (03): 223-225.

问题设计：结合在教材中学过的知识，思考"最近发现 Cyclin L_1 在头颈上皮肿瘤过表达，提示其可能是一个癌基因"能为抗癌研究提供什么思路？

教师引导学生分析：Cyclin 的异常表达与肿瘤发生有着较大的相关性。由于 Cyclin E 被发现在头颈上皮肿瘤中过表达，研究人员可以通过特定方法降低 Cyclin E 的表达量，如注射 Cyclin E 抗体与其结合，或通过基因工程导入具有反义 Cyclin E 基因的重组质粒来抑制 Cyclin E 高表达，以达到抗癌的目的。

> **材料呈现**

材料三

某些病毒能在宿主细胞中主动编码内源性 Cyclin 的同源物，称为病毒的 Cyclin（V-cyclin）。它的表达可以逆转很多细胞因子引起的 G_1 期阻滞，甚至促进 G_0 期细胞重新进入细胞周期。V-cyclin 核心结构与 Cyclin H/Cyclin A 相似，并与细胞周期调节因子之间有相互作用，对病毒的生存和宿主细胞分裂、分化及恶性转化相关。小鼠疱疹 68 病毒编码的 V-cyclin 与细胞内源性 Cyclin D_1 同源，其表达能促进胸腺细胞周期，抑制 T 细胞分化。

资料来源：杨连君. 细胞周期蛋白及其与肿瘤等疾病的关系. 中国肿瘤生物治疗杂志 [J]. 2003, (03): 223-225.

问题设计：上述材料说明了什么？对抗癌研究有什么意义？

教师引导学生分析：某些病毒能利用宿主细胞合成 Cyclin 的同源物 V-cyclin，并对宿主细胞的细胞周期进行干预。对 V-cyclin 的合成机理、结构和功能的进一步探索可能对肿瘤的发生、诊断等研究具有指导意义。

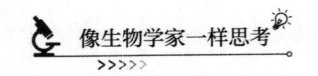

教师引导学生小结：细胞周期是受多种调节因子精确调控的过程，三位科学家为揭密该复杂过程付出了巨大的努力也取得了重要进展，但仍有许多关于细胞周期调控的分子机制有待进一步阐明。后续对 Cyclin 和 CDK 家族的进一步研究可能是人类克服癌症的关键。科学研究的传承需要一代又一代人的努力，各位同学将来都有机会从前辈学者手中拿过这个接力棒，为人类的福祉而不懈奋斗。

【评析】

评析人：郭峰

落实生命观念和社会责任教育不能仅靠空口说教来实现，最好能结合所学知识，通过适度的拓展，引用科学家真实的科研成果，让学生有趣地运用所学解决生产生活问题。本微课从讨论细胞周期蛋白拓展到癌症治疗，通过三则材料引导学生分析问题，以及怎样解决问题，学生自主性高，充分体现了新课标的教学理念。主要特点如下：

1. 从现象到本质，落实了生命观念。

第一则材料给出脊椎动物体内的 CDK 和 Cyclin 相结合的现象，不同的 CDK 和不同的 Cyclin 结合后引起的细胞周期转换的时期不同，把学生从细胞水平带到分子水平，进一步从微观的角度分析问题，在这一过程中落实了生命观念，如结构与功能观、稳态与平衡观，使学生能够用生命观念认识到生物的多样性、统一性、独特性和复杂性。

2. 从理论到实践，增强了社会责任。

材料二中"最近发现 Cyclin L_1 在头颈上皮肿瘤过表达，提示其可能是一个癌基因"，能为抗癌研究提供什么思路？本材料让学生认识到癌症发病机理，结合所学知识，引导学生运用所学解决具体问题，学生会想到基因表达的产物是蛋白质，就会用抗原抗体杂交来治疗，使得过表达的产物减少；进而会想到翻译水平的抑制作用，利用反义基因来抑制 mRNA 与核糖体的结合，来达到治疗效果。

材料三进一步拓展到病毒上，对同源物的合成机理、结构与功能的进一步研究，引申到学生感兴趣的点——肿瘤的发生和萎缩。

在学习的过程中，将社会责任教育落实渗透到具体问题的分析过程当中。

习题设计

习题 1：

在 20 世纪 80 年代，科学家用 ^{35}S 标记的甲硫氨酸研究海洋无脊椎动物卵裂时蛋白质的变化情况，发现在细胞周期中有一类蛋白质的水平会发生周期性变化（如下图所示），这类蛋白被称为细胞周期蛋白（Cyclin），对细胞周期调控具有重要意义，如周期蛋白家族中的 Cyclin B 可以作用并激活周期蛋白激酶 CDK1，共同构成 MPF，促进核仁蛋白磷酸化促使核仁解体等，进而调控细胞周期进程。下列相关叙述正确的个数为（　　）。

```
分裂期    分裂间期    分裂期    分裂间期
```

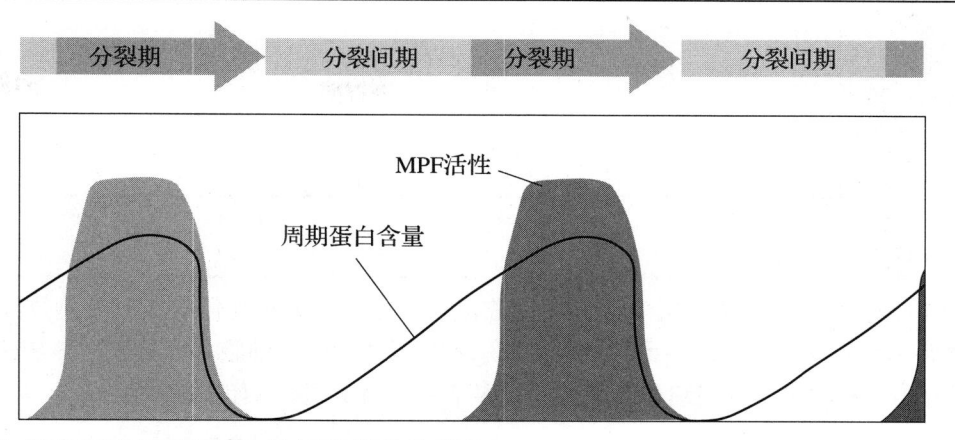

（图示：MPF活性、周期蛋白含量随细胞周期变化曲线）

（1）最先可以检测到 ^{35}S 的细胞器是核糖体
（2）如果 CDK1 被降解，细胞会停留在分裂中期，便于进行染色体的计数
（3）可以通过诱导小鼠成熟红细胞的细胞周期调控基因发生突变进行癌症相关研究
（4）Cyclin 和 CDK 协同推动了细胞周期各时相的进行，可以通过观察特定基因缺失细胞株的细胞分裂情况判断该基因对细胞周期的调控作用，应用于细胞衰老和死亡的研究

A. 1 个　　　　B. 2 个　　　　C. 3 个　　　　D. 4 个

必备知识	蛋白质的合成场所；细胞周期的基本过程和特点；细胞的衰老和死亡；基因突变；基因表达与形状的关系
参考答案	B
命题立意	本题以细胞周期蛋白和细胞周期蛋白依赖激酶与细胞周期的关系为基本情境。（1）考查蛋白质合成的基本知识； （2）引导学生通过图文资料分析 CDK 的功能，并考查细胞周期各时相的特点、观察植物细胞有丝分裂的实验要点及影响蛋白质活性的因素等知识点； （3）引导学生通过提供的图文资料分析和归纳出细胞周期是受基因精密调控这一信息，需要结合细胞的衰老和死亡、基因突变等多个知识内容； （4）引导学生通过提供的图文资料进一步分析细胞周期蛋白、细胞周期蛋白依赖激酶与细胞周期的关系，需要学生根据情境提炼信息，并结合基因突变、基因的表达等知识设计实验思路，对学生综合能力要求较高。

素养水平	（1）生命观念水平二 （2）科学思维水平二；生命观念水平二 （3）科学思维水平三 （4）科学探究水平三；社会责任水平三

习题2：

2001年诺贝尔生理学或医学奖颁给了三位科学家，以表彰他们对发现细胞周期关键调控因子做出的贡献。其中，哈特韦尔团队通过对酵母细胞基因缺陷型突变株有丝分裂过程的研究发现细胞周期进程受多个关键因子调控（如下图所示）。

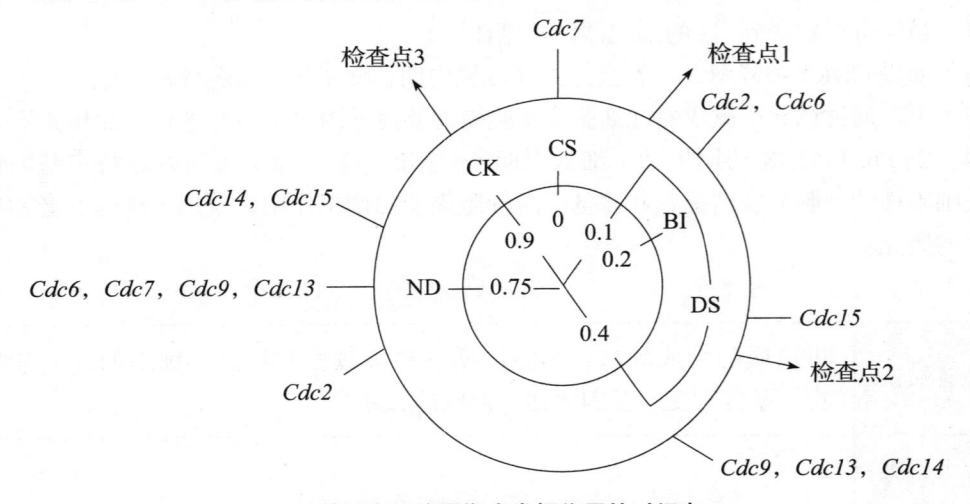

不同基因在细胞周期中发挥作用的时间点

外圈是调控有丝分裂的细胞周期基因（Cdc）作用的时间点，内圈为酵母细胞有丝分裂时相。CS：细胞分裂；BI：出芽；DS：DNA合成；ND：核分裂；CK：细胞质分裂

回答下列问题：

（1）利用酵母进行细胞周期研究的优点在于_____
_____（写出两点）

（2）哈特韦尔团队还提出了"检查点"概念，即细胞会进行系列检查以保证增殖过程的正常进行，如检查DNA是否损伤、纺锤体是否形成等。如果在检查时发现增殖过程出现异常，则细胞会暂停增殖直至修复完成。

①由图可知，如果_____基因缺失，可能使酵母分裂时DNA合成出错导致不能通过相应检查点，使细胞停在_____；如果用_____处理细胞，抑制纺锤体的形成，细胞将不能通过检查点_____。

②细胞周期分为分裂间期（G_1/S/G_2）和分裂期。已知 Cdc2 是控制酵母通过 G_1 期关键检查点（称为"启动点"）进而进入 S 期的关键基因。现有 Cdc2 突变株酵母

（在36 ℃限制温度下出现分裂异常），请利用基因工程的方法设计实验验证 Cdc2 对酵母细胞分裂具有调控作用，简要写出实验步骤、预期实验结果和结论。
实验步骤：_____
实验结果和结论：_____

必备知识	细胞的增殖；基因工程的步骤；进化；细胞的衰老和死亡；控制变量法
参考答案	（1）繁殖快；易饲养；酵母细胞是单细胞生物，结构简单，便于观察和研究；酵母是简单的真核生物，研究酵母对之后研究更高级的真核生物有指导意义；等等。 （2）① *Cdc2*，*Cdc6*，*Cdc15*　分裂间期　秋水仙素　3 ②利用基因工程的方法从基因文库获取 *Cdc2* 基因，构建重组表达载体后通过 Ca^{2+} 处理 *Cdc2* 突变株，再将目的基因导入突变株后，在36 ℃下培养。通过显微镜观察受体细胞的分裂情况。 导入 *Cdc2* 的受体细胞能正常增殖（能进入 S 期进行 DNA 复制完成细胞周期），*Cdc2* 对酵母细胞分裂具有重要调控作用。
命题立意	本题以细胞周期酵母细胞的"启动"基因 *Cdc2* 的发现为情境展开。 （1）考查实验材料选择的基本原则； （2）通过科学家真实的研究思路，引导学生利用所学基因工程的知识解决给定情境的问题，加深对科学研究的了解。
素养水平	（1）科学思维水平二；科学探究水平二 （2）生命观念水平三；科学探究水平三

学术情境主题 10

诱导多能干细胞与细胞重编程

许 轲

• 学术导引 •

细胞分化的研究根植于胚胎学、细胞学和遗传学的传统之中。分子生物学诞生之后,伴随着学科交叉和实验技术的发展,人们对细胞分化原理的认识日益深入。"细胞分化是基因选择性表达的结果"——现今高中生耳熟能详的生物学知识凝聚了19世纪以来生物学家们的不懈探索。19 世纪 90 年代,德国生物学家魏斯曼(August Weismann)提出了种质理论,将一个生物个体划分为体质(位于体细胞)和种质(位于生殖细胞),受精卵通过细胞分裂产生体细胞与生殖细胞,生殖细胞负责遗传因子的保持和传递,而体细胞由于只获得了受精卵中不同的"决定因子"从而分化成不同类型(图 10-1)[1]。1957 年,英国生物学家沃丁顿(Conrad Waddington)提出了"表观遗传景观"(epigenetic landscape)理论(图 10-1)[2],他富有想象力地进行类比:发育进程中的细胞分化好似位于山顶的小球沿着不同路径滚落,而造成不同滚动路径的因素正是基因的选择性表达(属于表观遗传现象)。1962 年,英国科学家戈登(John Gurdon)成功利用非洲爪蟾实现了首个动物已经分化了的体细胞的核移植,一方面证实了细胞核的全能性,另一方面也说明细胞的身份与命运是可以被改变的,犹如落到山底的小球能够重回山顶并沿着新的路径滚落。

体细胞克隆非洲爪蟾后的数十年,各种克隆动物如雨后春笋般陆续出现。期间,胚胎干细胞的培养技术也日趋成熟,可在体外规模化培养具有多种分化潜能的人类胚胎干细胞。克隆动物与胚胎干细胞犹如两根引火线,燃起了社会对再生医学的关注。但是出于伦理学的考量,科学界和各国政府普遍坚决反对生殖性克隆人。即便是对于治疗性的克隆,卵母细胞和胚胎的合法性问题、免疫排斥引起的不安全因素等都制约着人类细胞的克隆的发展。那么为了实现组织器官再生以治疗疾病的目的,有没有不借助生殖细胞和胚胎细胞就可制备多能干细胞的手段呢?

---

[1] Weismann A. The germ-plasm: a theory of heredity [M]. New York: Charles Scribner's Sons, 1893: 196.

[2] Waddington C H. The strategy of the genes. A discussion of some aspects of theoretical biology [M]. London: George Allen & Unwin, 1957: 29.

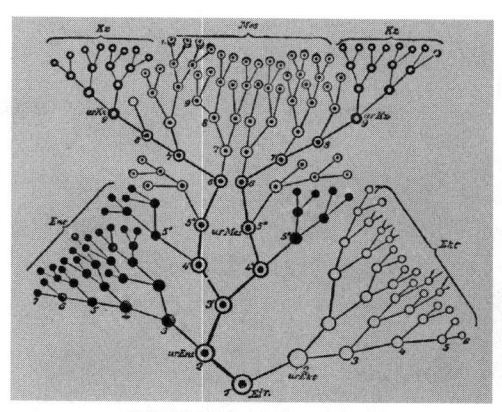

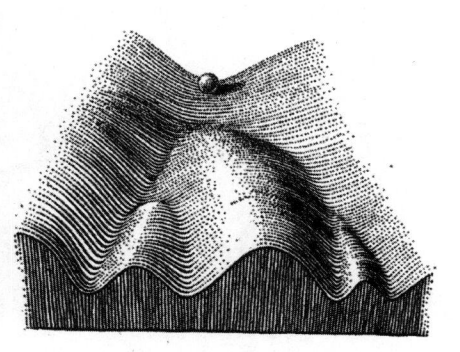

| 魏斯曼种质理论，1893年 | 沃丁顿表观遗传景观，1957年 |

图 10-1 细胞分化的先驱理论

魏斯曼提出随着受精卵的分裂，不同体细胞因为获得不同决定因子而逐步分化；
沃丁顿提出细胞分化的表观遗传景观理论，分化是不同基因相互作用的结果。

正是基于上述考虑，日本科学家山中伸弥（Shinya Yamanaka）确定了他实验室的研究目标。山中伸弥及其研究团队于2006年首次确定用四个限定的诱导因子（即Oct3/4，Sox2，c-Myc 和 Klf4），即可将胚胎期或成年小鼠的成纤维细胞（一种体细胞）诱导成为多能干细胞。他将这种类似于胚胎干细胞（embryonic stem cell，简称 ES 细胞）的细胞类型称为诱导多能干细胞（induced pluripotent stem cell，简称 iPS 细胞）。一年后，山中伸弥团队利用同样的四个因子成功将人类的成纤维细胞诱导为 iPS 细胞，这成为多能干细胞用于科学研究和疾病治疗的重大转折点。这两项研究均刊登于国际知名学术期刊 *Cell*[①]。iPS 细胞与体细胞核移植相比，两者均可实现对分化细胞的重编程，但前者不涉及核移植操作，不需要使用卵母细胞，在医学方面有广阔的应用前景（图 10-2）。取病人的体细胞在体外诱导产生 iPS 细胞，进而可构建相关的疾病模型、进行药物筛选。作为一种细胞疗法，如果使 iPS 细胞重新分化为健康的细胞并植入患者，则避免了使用胚胎干细胞的伦理问题，并且也在原则上避免了病人的免疫排斥反应。

山中伸弥开创性地发现仅用四个因子便可将分化的体细胞诱导为多能干细胞，这出乎人们的预料。如何从众多基因中确定关键诱导因子的数量和种类呢？答案显然是进行筛选。研究者首先提出一个基本假设：维持胚胎干细胞身份的相关基因会在诱导体细胞转变为多能干细胞的过程中发挥作用。基于此，研究者利用生物信息学对比了胚胎干细胞与体细胞基因表达量的差异，找出了24个特异性的在胚胎干细胞中高表达的基因，将它们作为候选因子。然后利用选择性培养基和抗性基因巧妙设计了筛选策略（详见"素养教学建议1"），筛选诱导因子的策略体现出研究者过人的科学探究能力。

---

① Takahashi K, Yamanaka S. Induction of pluripotent stem cells from mouse embryonic and adult fibroblast cultures by defined factors [J]. *Cell*, 2006, 126(4): 663-676; Takahashi K, Tanabe K, Ohnuki M, et al. Induction of pluripotent stem cells from adult human fibroblasts by defined factors [J]. *Cell*, 2007, 131(5): 861-872.

像生物学家一样思考

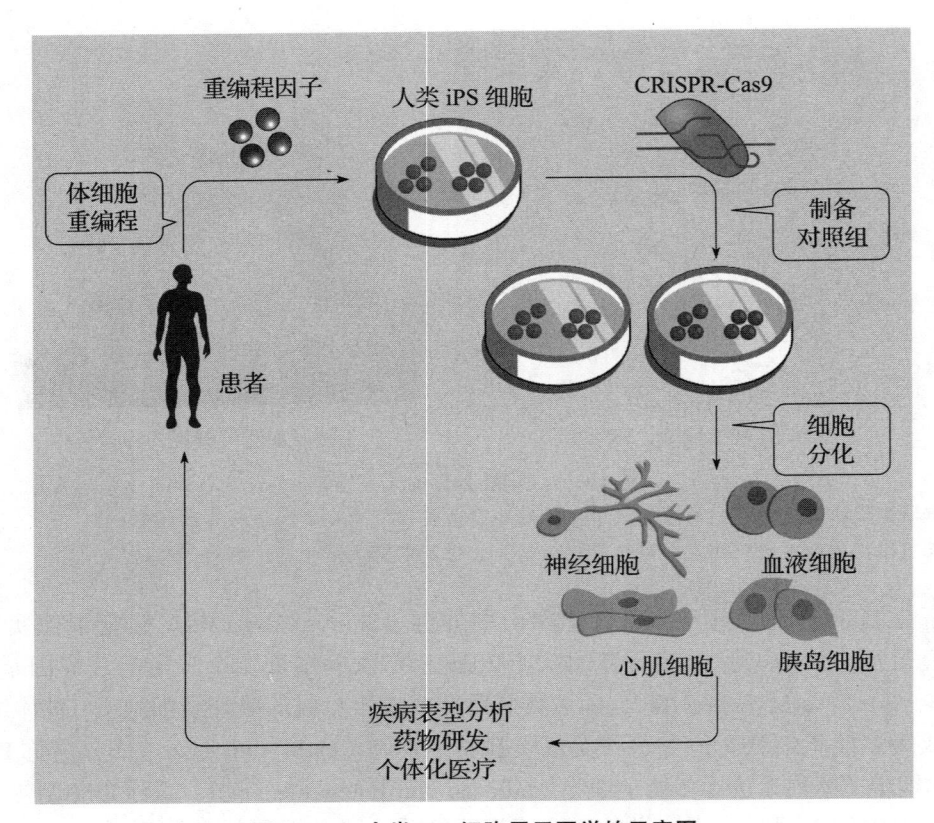

图 10-2　人类 iPS 细胞用于医学的示意图

资料来源：Shi Y, Inoue H, Wu J C, Yamanaka S. Induced pluripotent stem cell technology: a decade of progress [J]. *Nature reviews drug discovery*, 2017, 16(2): 115-130.

整个筛选过程运用了"减法原理"的科学方法，从 24 个候选因子中逐步缩小范围，最终锁定了诱导多能干细胞的"充分且必要"的四个关键诱导因子，后来被称为"山中伸弥因子"（图 10-3）。得到 iPS 细胞后，研究者采用多种手段验证它确实具有多能性。验证方法包括：与胚胎干细胞和成纤维细胞相对照的形态学观察，基因表达谱分析，体内分化实验（包括畸胎瘤和嵌合胚胎形成），体外分化实验，等等。这些实验结果共同表明：iPS 细胞与胚胎干细胞相似，能分化成为多种不同类型的细胞。"山中伸弥因子"的充分性体现在：它们可以将小鼠胚胎期或成体的成纤维细胞转变为多能干细胞，人类 iPS 细胞的产生更加说明这些因子的作用具有高度保守性。"山中伸弥因子"的必要性体现在：将四个因子中的三个或两个导入成纤维细胞，均不能诱导多能干细胞的产生。即便在导入 Oct3/4，c-Myc 和 Klf4 三个因子的情况下（即减去 Sox2），选择性培养基中出现可以存活并能繁殖的细胞，它们在体内和体外的分化测试中却保持未分化状态，无法体现出多能性，因此不是多能干细胞。

2012 年诺贝尔生理学或医学奖颁给英国科学家戈登和日本科学家山中伸弥以表彰他们发现成熟细胞可以被重新编程从而体现出多能性。但是，山中伸弥制备 iPS 细胞的方法仍有待改进。他最初将关键诱导因子导入小鼠或人类体细胞时均以反转录病毒为

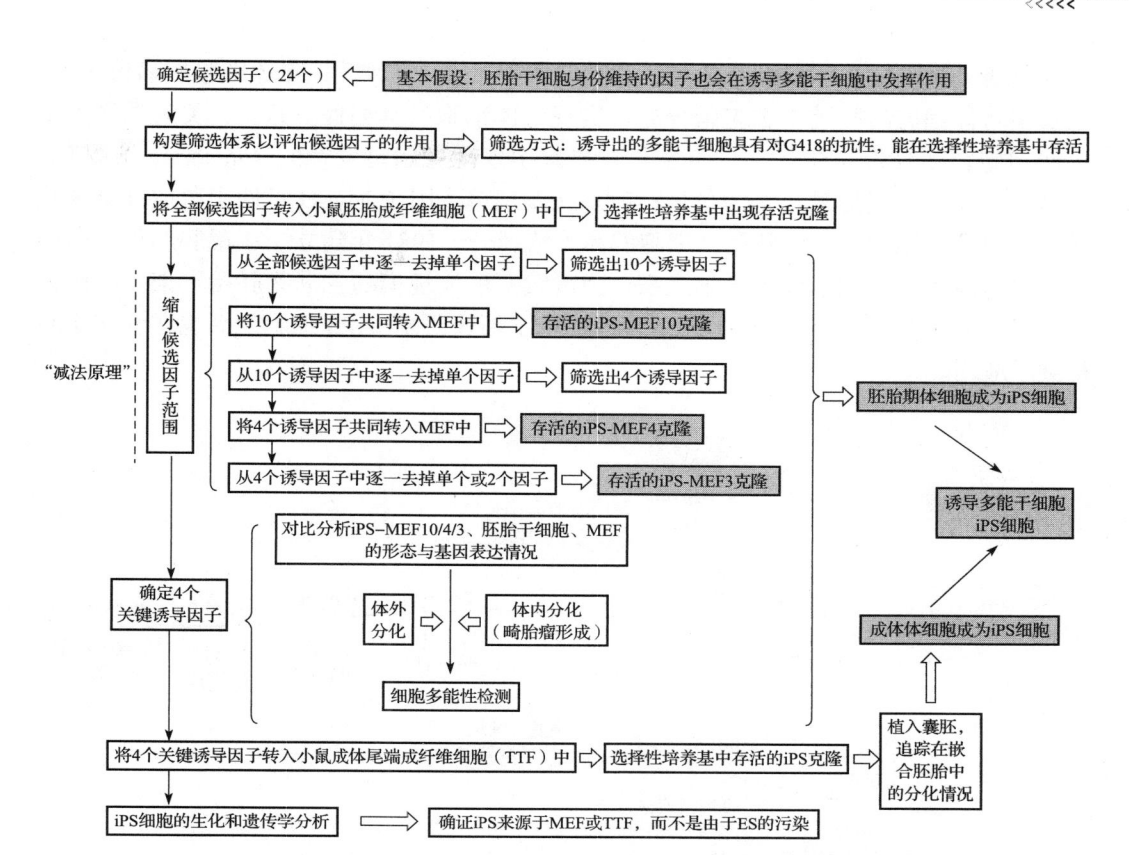

图 10 - 3 山中伸弥 2006 年小鼠诱导多能干细胞的研究过程

载体。但反转录病毒也可能会将编码关键诱导因子的基因整合进入受体细胞的基因组，造成潜在风险。例如，外源基因随机插入基因组会干扰插入区域附近内源基因的表达；又如，在 iPS 细胞分化出的子代细胞中，这些"潜伏"在基因组中的"外来客"若恢复表达则导致干细胞再次生成，有致癌风险。所幸后来科学家们陆续尝试使用多种其他手段制备 iPS 细胞，采用腺病毒、质粒、合成 mRNA 或重组蛋白等将诱导因子导入受体细胞中，不仅使诱导效率提高，而且可避免诱导因子基因整合入受体细胞基因组的隐患。

2013 年，北京大学邓宏魁研究团队发现使用四种小分子化合物的组合处理小鼠体细胞即可诱导多能干细胞产生，并称这种细胞为化学诱导多能干细胞（chemically induced pluripotent stem cell，简称 CiPS 细胞）。由 CiPS 细胞实现对分化细胞的逆转，既摆脱了体细胞核移植技术对于卵母细胞的依赖，又不需要向体细胞中导入外源基因，提供了更加简便有效且安全的方式完成细胞重编程。

纵观细胞重编程与诱导多能干细胞的研究历程（图 10 - 4），可见科学研究交叉互鉴、接续创新的发展样态。iPS 细胞的出现有赖于三条主线的科研线索。其一，通过细胞融合实现细胞重编程——1962 年戈登利用非洲爪蟾首次实现动物体细胞核移植，证实了动物细胞核的全能性，后续几十年陆续出现多种体细胞克隆动物，直至 2017 年由

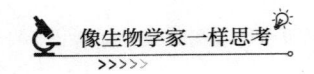

我国科研人员实现的体细胞克隆灵长动物"中中"和"华华";除体细胞核移植之外,也发现将体细胞与胚胎干细胞融合亦可实现对体细胞的重编程。其二,关键诱导因子可使细胞转变身份与命运——1969 年在果蝇中发现控制足发育的 Antennapedia 基因,该基因突变体果蝇的触角变为了足;后来又发现单个因子 MyoD 可使小鼠成纤维细胞转变为成肌细胞。其三,胚胎干细胞的体外培养——1981 年建立了小鼠胚胎干细胞的体外培养技术,构建了胚胎干细胞系,为后续开展大规模哺乳动物胚胎干细胞的研究奠定了实验工具平台。如今,iPS 细胞已经用于新药研发,iPS 细胞产品也在临床实验得到了应用。

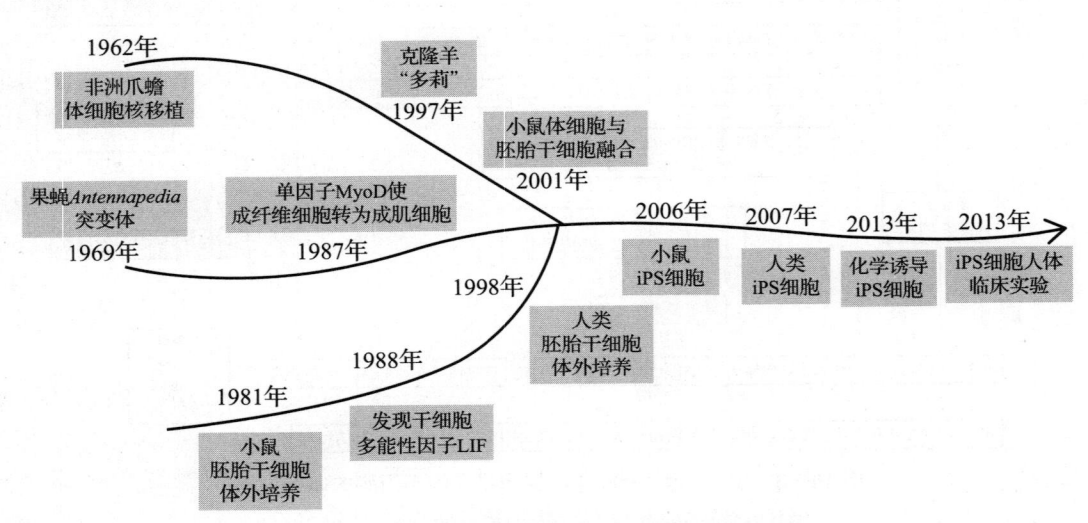

图 10-4 细胞重编程和诱导多能干细胞的研究历程

细胞重编程的研究是再生医学领域的基础。我国"十四五"规划和 2035 年远景目标纲要将再生医学列为"临床医学与健康"的科技前沿领域攻关。关于改变细胞身份与命运的探索将更好地造福人类,助力健康中国建设。

素养教学建议

"诱导多能干细胞"这一诺贝尔奖级别的科研成果被多个版本的新版普通高中生物学教科书选用。从学科内容上看,它主要用以说明:1."细胞全能性"(北师大版必修 1);2."干细胞在生物医学工程中的应用价值"(人教版选择性必修 3,北师大版选择性必修 3);3."基因工程的基本工具和基本操作程序"(人教版选择性必修 3);4."细胞工程的发展历程"(人教版选择性必修 3);5."禁止生殖性克隆人"(人教版选择性必修 3)。从呈现方式上看,既有正文,又作为习题素材,同时还将其纳入科学史内容,力图在课程标准框架内从多方面发掘这一科研成果的育人价值,以提升学生的学科素养。"诱导多能干细胞"与高中生物学概念的联系见表 10-1。

表 10-1 "诱导多能干细胞"与高中生物学概念的联系

内容		课程标准中的生物学概念
研究步骤	关键实验方法	
研究过程		
（1）确定候选因子和筛选方案，构建筛选体系 （2）缩小候选因子的范围 （3）诱导多能干细胞的基因表达情况分析 （4）胚胎成纤维细胞来源的 iPS 细胞的多能性分析 （5）成体尾端细胞来源的 iPS 细胞的多能性分析 （6）iPS 细胞的生化和遗传学分析	• 细胞培养 • 小鼠杂交 • 反转录病毒侵染 • 畸胎瘤形成与组织学分析 • 体外细胞分化 • 显微注射 • DNA 微芯片 • RT-PCR • 亚硫酸盐基因组测序	选择性必修 4.2　动物细胞工程 　　4.2.1　动物细胞培养 　　4.2.5　干细胞在生物医学工程中的应用 4.3　胚胎工程 5.1　基因工程 　　5.1.2　基因工程的基本工具 　　5.1.3　基因工程的基本操作程序 　　5.1.4　基因工程的应用 必修 　　3.1.4　概述 DNA 分子上的遗传信息通过 RNA 指导蛋白质的合成
研究结果	• 利用限定的 4 个因子（Oct3/4，Sox2，c-Myc 和 Klf4）即可将胚胎期或成体的成纤维细胞转化为多能干细胞 • 诱导多能干细胞在体内与体外均显示出多能性，能分化为多种类型的细胞		必修 　　2.3.2　细胞分化 　　3.1.4　细胞分化的本质是基因选择性表达的结果

素养教学建议 1

用"减法原理"筛选关键诱导因子【科学探究　科学思维】

研究者通过精心设计的筛选体系从众多候选因子中确定关键诱导因子（图 10-5）。利用含抗生素的选择性培养基培养体细胞以进行筛选。筛选体系只允许多能干细胞在培养基中生长，不允许体细胞生长。向体细胞中导入某些候选因子，若候选因子能使分化的体细胞逆转为多能干细胞，则在培养基上会出现存活的细胞集落（colony），就可以确定候选因子的诱导作用。

为什么筛选体系只允许多能干细胞存活呢？这是由于研究者通过基因工程，将多能干细胞这一细胞类型与对抗生素的抗性偶联起来，使得多能干细胞表达抗性基因，其他细胞则不表达抗性基因。

已知 *FBXO15* 是多能干细胞特异性表达的基因，体细胞的基因组中虽然含有此基因但并不表达。研究者事先把抗性基因（称为 *β-geo*）插入体细胞 *FBXO15* 基因的启动子序列之后，从而制成含有但并不表达抗性基因的体细胞。将这种体细胞进行体外培养，利用携带候选因子的反转录病毒侵染它们，从而把候选因子导入体细胞。向培养基中加入抗生素，若干天后在培养皿中存活的细胞集落能具备抗生素的抗性，就是由于候选因子的导入使得体细胞转变成了多能干细胞，从而开启了 *FBXO15* 启动子驱动的抗性基因表达。这种对体外培养细胞的抗性筛选体系可以高效简便地对单一候选因子或其各种组合加以筛选，评估它们能否诱导多能干细胞的产生。

像生物学家一样思考

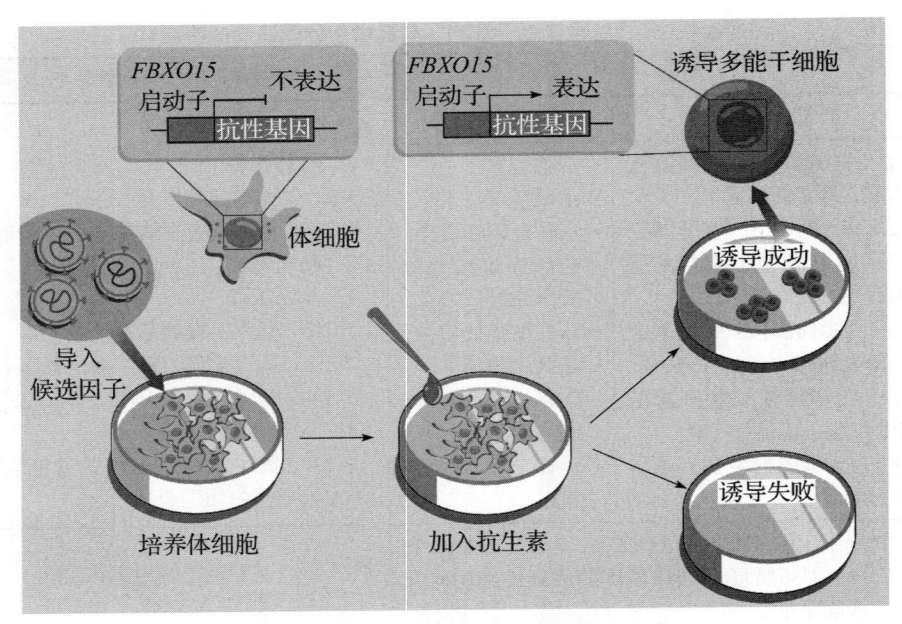

图 10-5　关键诱导因子的筛选体系

　　24 种候选因子全部导入体细胞后出现抗性筛选阳性的细胞集落，表明当中存在关键诱导因子。研究者逐一减去其中的单个因子，从而获得 24 种筛选结果，发现当分别减去编号为 3、4、5、11、14、15、18、20、21、22 这 10 种因子后，无法在筛选后及时获得细胞集落，表明这 10 种因子是 24 种中较为重要的。随后，研究者将这 10 种因子一起导入体细胞，细胞集落的出现率居然远高于 24 种因子全导入的情况，这就提示关键诱导因子就存在于这 10 种因子当中。按照相同的思路，研究者进行了第二轮减法筛选，从而确定了 4 种对于体细胞重编程的关键诱导因子，这 4 种因子足以诱导 iPS 细胞的产生，但缺一不可。

　　研究者在这里使用了"减法原理"控制诱导因子的种类和数量，成功鉴定出关键诱导因子。自变量控制中的"加法原理"和"减法原理"是科学研究中常用的科学方法。新版人教版必修 2 教科书在"DNA 是主要的遗传物质"（第 3 章第 1 节）专门用"科学方法"栏目加以介绍，补充说明了艾弗里利用肺炎链球菌证明 DNA 是遗传物质的实验中使用了减法原理。教师利用"山中伸弥因子"的发现过程创设真实情境，能够使学生在生动的科研领域中培养科学思维与科学探究素养，领悟对照实验中控制变量的常用方法，体会到重大的科学发现并非高高在上，它们当中的实验设计和思维过程是完全能理解的。另外，教师可用生产生活以及科学探究中需要设计筛选方案的其他情境引导学生自主设计筛选体系，对筛选的科学性、有效性与简便性进行交流与评价。

素养教学建议 2

诱导多能干细胞是细胞工程与基因工程成功应用的案例【生命观念　科学探究】

　　细胞工程和基因工程都是工程。工程是人类为了特定目的，应用科学技术把各种资源最佳地转化为产品或服务，有组织地改造世界的活动。细胞工程与基因工程的设计一方面有赖于生物学知识的基础，另一方面要在法律与伦理的约束之下，促进社会进步和人类发展。生物工程的成功运用反过来也能推动生物学自身的发展。诱导多能干细胞的研究恰恰是证明此观点的范例。细胞工程与基因工程的综合运用充分体现在山中伸弥小鼠 iPS 细胞的研究过程中（见图 10-3，表 10-1）：病毒载体的构建，目的基因的导入，动物干细胞的体外培养与体外分化，通过显微注射将 iPS 细胞注入小鼠囊胚以获得嵌合胚等。反过来，iPS 细胞的研究又推进了人们对细胞分化与重编程的认识。教师以此为素材，可引导学生梳理研究过程，寻找其中的细胞工程与基因工程设计，不仅能培养进行工程学设计的科学探究素养，还能加深对基因表达、细胞增殖与分化等重要知识概念的理解，巩固生命观念。

素养教学建议 3

细胞分化与重编程的研究历程【科学思维　社会责任】

生物学界数百年来对于细胞分化与重编程的研究历程饱含着科学工作者的智慧、汗水和创造，彰显出科学本质的熠熠光辉，而干细胞的医学价值又体现出"科学—技术—社会"的紧密互动。包括 iPS 细胞在内的这一研究历程是对中学生进行科学史教育和培养社会责任核心素养的优质素材。教师以 iPS 细胞的研究为起点，引导学生回溯对于细胞分化与重编程的几条研究脉络、追踪后续进展（如化学诱导多能干细胞）与医学应用，帮助学生在科学史中体会魏斯曼和沃丁顿等理论先驱的模型与建模思维，认可研究历程中诸多科学家的不懈探索，激发学生参与生物学和医学相关社会议题的讨论，甚至引导部分学生未来投身科学事业。

微课设计

设计一

选出中意的它

设计意图：本设计回归诱导多能干细胞发现的过程，通过真实科研探索情境的构建，渐进式地给予学生自主思考所需要的材料，在教师的组织下逐步完成实验设计和实验数据分析解读。在实际问题中加深对于对照实验的理解，体会"减法原理"的科学方法。微课以对科学家提出的假设进行实验设计为起点，启发学生提出实验的大致思路；然后从实验的可操作性进行分析，引导学生认识到筛选策略对于便捷有效地开展筛选工作的重要性；接着给出选择性培养、抗性基因、启动子、报告基因的相关材料，由学生建构筛选体系；随后展示科学家设计的筛选体系和筛选结果，驱动学生自发地运用"减法原理"设计进一步缩小因子范围的实验；进而呈现科学家得出的实验数据，通过设问使学生对实验数据进行分析，并明确设置对照组在此实验中的具体意义；最后设置悬念，让学生推测科学家下一步的实验。整个微课以适量且适于学生理解的材料组为基础，注重教学环节的自然连贯，使学生在新颖的科研情境中重点提升科学探究和科学思维核心素养，潜移默化地增进对细胞分化及基因表达、基因工程、细胞工程的认识，进而增进主动学习的意愿，激发科学兴趣。

设计方案

教师讲述：在研究已经分化的体细胞能否逆转为多能干细胞的过程中，科学家大胆提出了假设——向体细胞中导入某些只在多能干细胞中特异性表达的基因（以下简称为"多能基因"），便可以实现这一逆转，这需要通过实验验证该假设。已知小鼠细胞的体外培养技术很成熟，在适宜条件下可在培养皿中大量培养，并且利用病毒作为载体能便捷地将外源基因导入小鼠细胞中。

问题设计：你认为实验的大致思路是怎样的？

教师引导学生分析：利用携带"多能基因"的病毒作为载体，使其侵染培养皿中小鼠的已经分化的体细胞，观察侵染后的细胞能否转变为多能干细胞。

问题设计：如何在培养皿中数以十万计的细胞中找出已经发生了转变的细胞呢？

教师引导学生分析：虽然已经有了大致的实验思路，但是为了让实验设计更加具有可操作性，就要设计高效简便的筛选体系。在微生物的培养技术中，有一种培养基被称为选择性培养基，它只能允许特定种类的微生物生长，同时阻止或抑制其他种类的微生物的生长。同样的技术也可以用于动物细胞培养。

材料呈现

材料一

小鼠的细胞一般不能在含有毒性抗生素G418的培养基中生长，原因是G418能够抑制细胞中蛋白质的合成，但是如果细胞开启表达了抗性基因，就能够产生破坏G418的酶，从而能够在含G418的培养基中存活并产生若干单一细胞来源的群体（集落）。

材料二

启动子是一段序列结构特殊的DNA片段，位于基因上游，紧挨着转录的起始位点，是RNA聚合酶识别和结合的部位，有了它才能驱动特定基因转录出mRNA，进而合成相应的蛋白质。

材料三

小鼠胚胎干细胞是一种具有多能性的干细胞，研究发现小鼠胚胎干细胞能够特异性地表达被称为FBXO15的基因。有意思的是，纯合FBXO15基因隐性突变的胚胎干细胞依然能保持多能性，不会对胚胎干细胞的生长与分裂分化造成明显影响。所以FBXO15基因可以用来作为标识胚胎干细胞身份的报告基因。

问题设计：如何设计一种简便且有效的筛选体系从众多体细胞中找出转变为多能干细胞的那些细胞呢？

教师引导学生分析：无论是小鼠的胚胎干细胞还是体细胞，均含有FBXO15基因及其启动子的序列，只不过这个基因是在胚胎干细胞中选择性表达而已。因此可在小

鼠体细胞的 *FBXO15* 基因的启动子序列后插入 G418 抗性基因序列，将这些体细胞在培养皿中进行体外培养。然后利用携带"多能基因"的病毒侵染体细胞，并向培养基中加入 G418。一段时间后，那些转变为多能干细胞的细胞由于开启了 *FBXO15* 基因表达从而连带具有了抗性，能够在培养皿中存活，出现肉眼可辨的细胞集落，实现简便有效的批量筛选。在候选细胞中利用报告基因的启动子驱动抗性基因表达，在选择性培养基中筛选出目的细胞。

材料呈现

材料四　体细胞逆转为多能干细胞的抗性筛选体系示意图

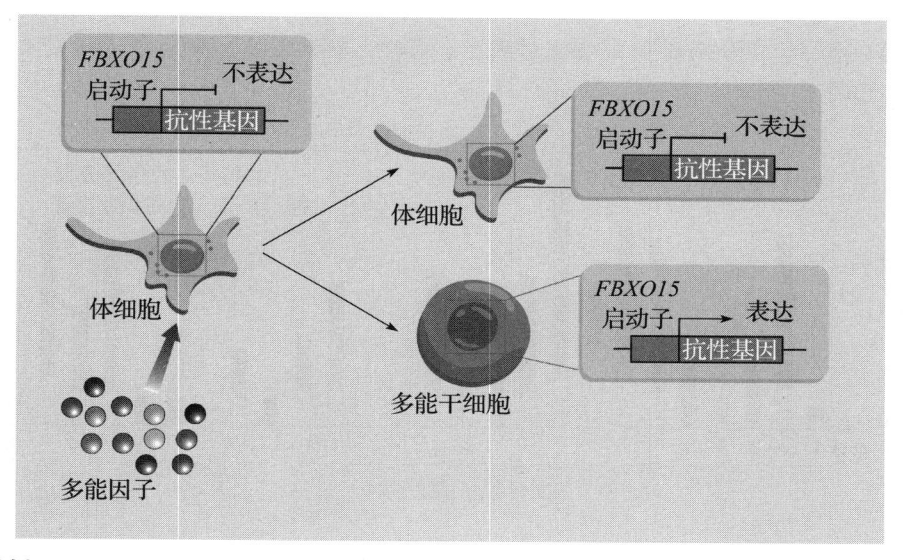

材料五

将 24 种"多能基因"一起导入体细胞后 16 天，实验组的 G418 选择性培养基上出现存活的细胞集落（被结晶紫染色便于观察）。

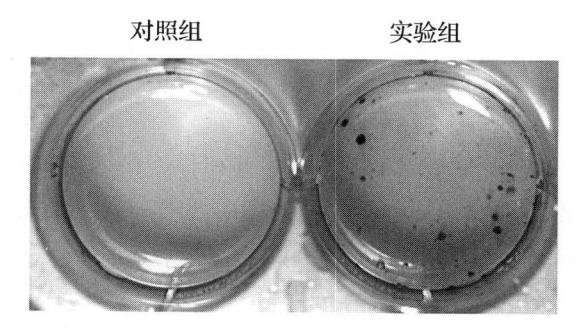

资料来源：Takahashi K, Yamanaka S. Induction of pluripotent stem cells from mouse embryonic and adult fibroblast cultures by defined factors [J]. Cell, 2006, 126(4): 663-676.

教师引导学生分析：结合材料五及其他实验，科学家发现将 24 种"多能基因"导入体细胞确实可使部分体细胞诱导为多能干细胞。这 24 种因子是实验的相关自变量，

像生物学家一样思考

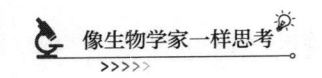

选择性培养基上的细胞集落个数是因变量，集落个数越多说明诱导的效率越高。但是24种因子的数量未免太多，这其中可能有不必要的因子。为了找到更为关键的因子，需要进一步控制变量。

问题设计：如何在24种因子范围内筛选出诱导多能干细胞的必要因子？

教师引导学生分析：根据"减法原理"，逐一从24种因子中分别减去1种因子，与24种因子全部导入的情况相对照，观察相同培养时间和条件下其他23种因子叠加组合的细胞集落出现个数，即可比较得出其中的必要因子。

材料呈现

材料六

从24种因子中分别逐一减去1种因子，G418选择性培养基上存活细胞集落的数量统计，如下图所示。

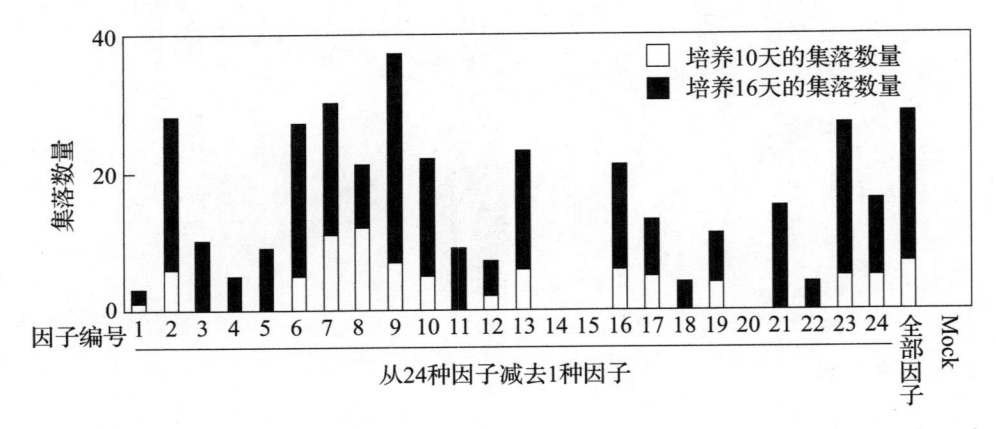

资料来源：Takahashi K, Yamanaka S. Induction of pluripotent stem cells from mouse embryonic and adult fibroblast cultures by defined factors [J]. *Cell*, 2006, 126(4): 663-676.

问题设计：你认为这24种因子中哪些因子的作用更为重要？为什么？

教师引导学生分析：从材料六可见有10种因子更为重要，它们的编号分别是3、4、5、11、14、15、18、20、21、22。当把它们分别从全部24种因子中减去之后，筛选培养10天时培养皿中未出现集落，直至16天时，其中部分组合才出现集落。这说明这10种因子对于诱导多能干细胞的出现是必要的。

问题设计：材料六中的Mock组做了什么处理？为何要引入这一组？前期已知全部因子的导入可以产生集落，为何材料六的实验中还要同时引入该组？

教师引导学生分析：Mock组并未向体细胞中导入任何因子，是该实验的阴性对照组；全部因子导入的组则是重复前期实验的结果，是该实验的阳性对照组。阴性对照组的设置说明集落的出现确实是由于因子的导入引起，并不是自发或偶然出现的。阳性对照组的设置说明之前的实验结果具有可重复性，排除本次实验操作失误可能引发集落不出现的可能性。同时设置阴性和阳性对照组，有力地排除了实验的偶然因素，使得结果更具有说服力，便于后续研究的进行。

问题设计：你认为紧接着研究者会利用这 10 种更为重要的因子做什么实验？

教师引导学生分析：只将这 10 种因子共同导入体细胞中，检测它们是否足以使得 G418 选择性培养基上出现细胞集落。如果这种情况下出现的细胞集落数量甚至比全部 24 种因子导入的情况下还多，一方面说明其他 14 种因子的共同存在不利于诱导多能干细胞，另一方面说明这 10 种因子在促进体细胞逆转为多能干细胞中的作用相对更大，从而缩小了研究范围。

教师指导学生小结：为了找到使体细胞逆转为多能干细胞的因子，研究者以病毒作为载体向体细胞中导入不同因子的组合。研究者设计了便捷而有效的筛选体系，利用报告基因的启动子驱动抗性基因表达，把选择性培养基上存活的细胞集落作为实验的"读出"。在确定大范围的 24 种因子共同导入体细胞可以诱导出多能干细胞后，他们利用自变量控制的"减法原理"，找出了当中更为重要的 10 种因子。事实上，研究者后续使用"减法原理"进一步缩小范围，发现仅用这 10 种因子中的 4 种就足以诱导出多能干细胞。研究者因为该系列研究获得了 2012 年诺贝尔生理学或医学奖，其实这其中的实验设计和科学方法却并不神秘，同学们通过积极的自主思考与讨论都逐渐领会到了。在面对实际生活或科学探究中的其他涉及筛选的问题时，你是否会更加得心应手地设计出筛选方案呢？

【评析】

评析人：刘越

此微课设计激发兴趣，紧扣诱导多能干细胞与细胞重编程知识，通过问题串层层递进式渗透科学家的研究思路，从而全面展现科研思路和方法，覆盖基因工程、动物细胞培养、细胞分化和表达等知识，提升学生的科学探究和科学思维素养。

1. 抽提史料，还原实验思路。

引导学生像科学家一样思考，用层层递进的方式让学生感受在科学研究中运用"减法原理"的价值，体会科学探究的基本思路和方法；在材料分析中，由易入难引导学生进行实验设计，最后呈现全过程。

2. 利用新情境，构建基因工程筛选体系。

利用基因工程知识在新情境中活学活用，将知识落在实处，将学科素养实践于课堂中。

3. 立足新情境，着力培养学生的科学思维，提高科学探究能力。

好的课堂内容是检测学习目标是否达成的好材料，既有实验数据分析，又有对照实验，还有对下一步实验的猜想，将理论和实际相结合，使科学思维在每个问题中得到细化与深入。

4. 微课设计新颖，既科学又有趣。

"选出中意的它"这样的标题本身既吸引学生，又让学生有一探到底的求知欲望，在激发兴趣中实现主动学习，增进对关键知识的认识和理解。

像生物学家一样思考

设计二

改变命运的路

设计意图：本设计通过丰富的材料帮助学生认识细胞重编程研究的科学历程，从而加深对细胞分化的理解，但是重点却在于以材料组和问题串调动学生体会模型与建模的科学思维，学会对科学模型进行评价并依照实验事实修正模型。本设计选取代表性的科学史实，图文结合，科学家的自述与他叙结合，以点带面，避免陷入事实堆砌与简单描述，目的是引导学生在真实的科学史情境中思考并解释重大科学进展出现的原因，从而对科学的本质有真切体会，激发学生对科学的热情。

设计方案

教师讲述：生物体发育过程中，多能性的干细胞逐步分化，其形态、结构、生理功能出现了稳定性的差异。然而从遗传物质来看，对于同一个体的干细胞与分化细胞，它们的核基因组是一致的，细胞的分化是基因组中不同基因选择性表达的结果。那么动物已经分化了的体细胞可否改变命运？

材料呈现

材料一

1893 年，德国生物学家魏斯曼（August Weismann）提出了种质理论。该理论区分了体细胞与生殖细胞，认为只有生殖细胞中的种质才能代代相传，而体细胞由于获得了受精卵中不同的"决定因子"而分化为各种类型。魏斯曼以这一理论坚决反对获得性遗传和用进废退的错误进化理论。

材料二 生殖细胞与体细胞具有截然不同的功能

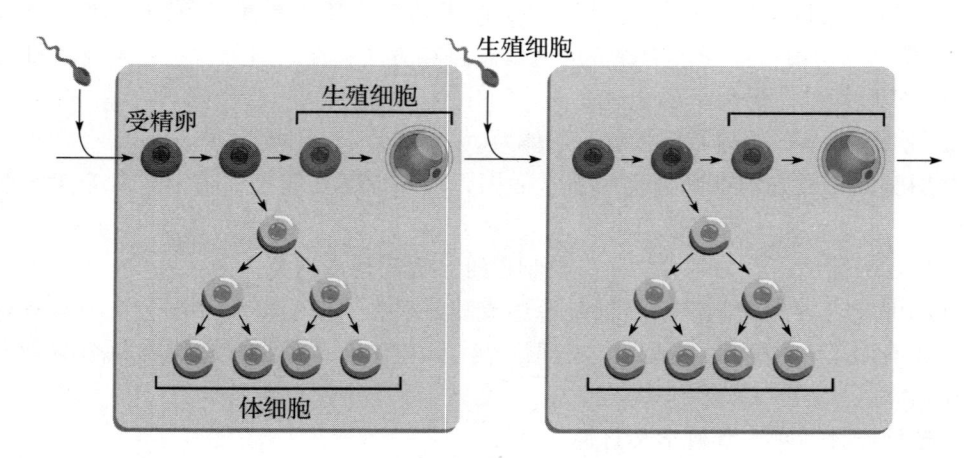

问题设计：用现代生物学的观点看，你认为魏斯曼提出的"种质"是什么？体细胞获得的不同的"决定因子"的物质基础最有可能是什么？

教师引导学生分析：种质实际上就是动物细胞核中的遗传物质，即核 DNA（或染色体），它通过有丝分裂、减数分裂和受精作用在生物体中代代相传。"决定因子"不是 DNA，体细胞之间的核 DNA 是相同的。细胞分化是基因选择性表达的结果，而基因之所以能在不同细胞中选择性表达，关键是由于在细胞分裂过程中决定细胞身份与命运的转录因子在子代细胞中的不对称分配，转录因子进入细胞核，进而在子代细胞中调控一系列不同基因的转录，所以"决定因子"即转录因子的物质基础是蛋白质（或能翻译出它们的 mRNA）。

问题设计：材料二中呈现体细胞分裂分化过程的图示有什么优点和不足？你能想到什么更好的呈现方式？

教师引导学生分析：材料二中体细胞的排布方式和箭头连接形象地反映了细胞分裂分化过程中的连续的宗系关系，形成了谱系。但是体细胞的种类多样，比如造血干细胞能产生红细胞和多种白细胞，它们之间的形态功能各异，用图中单一的体细胞图示无法很好地体现这一点，可以用不同形状不同颜色的细胞图示来替换图中的图示。

> **材料呈现**

材料三

1957 年，英国生物学家沃丁顿（Gonrad Waddington）在其著作《基因的策略——理论生物学某些方面的讨论》中的插图如下。他在图注中说："小球朝着读者滚落的路径相当于受精卵某个部分的发育历程。首先是一个向右或向左二者择一，沿着向右的路径，接着又出现了二者择一……"

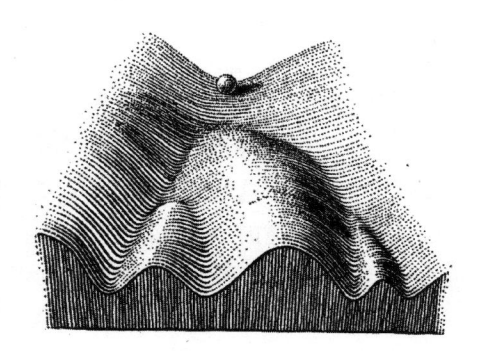

资料来源：Waddington C H. The strategy of the genes. A discussion of some aspects of theoretical biology[M]. London: George Allen & Unwin, 1957: 29.

材料四

2012 年诺贝尔生理学或医学奖颁发给英国科学家戈登（John Gurdon）和日本科学家山中伸弥（Shinya Yamanaka），以表彰他们发现"成熟细胞可以被重新编程从而体现出多能性"。戈登于 1962 年将非洲爪蟾蝌蚪的肠上皮细胞移植到去核的卵细胞中，获得了新的非洲爪蟾个体。山中伸弥于 2006 年发现将四种限定的因子导入小鼠分化了的体细胞中可以诱导其成为类似胚胎干细胞的多能干细胞，并在 2007 年使用相同的四种因子获得了人类的诱导多能干细胞。

问题设计：材料三试图通过构建模型探讨细胞分化的机制，与材料二的图示有着重要区别。你认为沃丁顿提出的这一模型有什么合理之处？细胞的不同分化路径由什么决定？结合材料四，该模型有什么需要加以完善的地方？

教师引导学生分析：动物发育过程中，体细胞的分化潜能逐渐降低，而且在大多数生理情况下，体内的末端分化细胞不能脱分化，就如同山底的小球不能自行滚上山一样。细胞的不同分化路径由基因选择性表达决定。材料四表明，动物已经分化的细胞通过人为的条件，如细胞核移植或导入特定的诱导因子，可以改变细胞命运回到多能干细胞的状态，就如同山底的小球能被外力推动回到山顶一样。

材料呈现

材料五

1987 年，科学家发现向小鼠的成纤维细胞中导入编码 MyoD 蛋白的外源基因可以直接将其转变为成肌细胞。正常情况下，*MyoD* 基因在成肌细胞中表达而不在成纤维细胞中表达。成纤维细胞产生结缔组织的纤维和基质，而成肌细胞产生肌肉细胞，二者差异巨大。

材料六

1981 年，科学家从小鼠的早期胚胎中分离出胚胎干细胞并将其在体外成功培养，建立了胚胎干细胞系，在合适的培养条件下，胚胎干细胞能够在培养皿中大量增殖且保持多能性。

问题设计：山中伸弥在他的诺贝尔奖获奖演讲中谈到，诱导多能干细胞的实现是建立在多项前人研究之上的，其中就包括材料五和材料六涉及的两项研究。你认为这两项研究如何成为诱导多能干细胞研究的基础？

教师引导学生分析：材料五的研究说明动物不同类型的分化细胞之间身份的转变是可实现的，实现手段甚至简单到只需要导入一种外源基因，而这种外源基因正是目标细胞类型中本身就特异性表达的基因。这项研究为诱导多能干细胞研究提供了实验思路——导入若干胚胎干细胞特异性表达的外源基因，从而把分化的体细胞诱导为多能干细胞。材料六的研究创立了规模化的胚胎干细胞体外培养技术，这为诱导多能干细胞研究提供了操作平台（实验工具），试想倘若多能干细胞无法在体外增殖并保持其多能性，即便诱导出了它们，后续研究也将寸步难行。

教师指导学生小结：动物细胞的命运是能够被改变的。早期的种质理论和沃丁顿细胞分化模型，为细胞分化的原理提供了基本的理论框架，显示出科学家过人的建模思维。以戈登和山中伸弥为代表的科学家们大胆创新，不拘泥于原有的理论，通过实验说明分化了的动物细胞的命运可以人为逆转。诱导多能干细胞的实现有赖于前人对研究思路的启发和对实验器材的研究。大家在实例中体会到科学是在传承中不断创新的，你愿意加入科学工作者的行列中来吗？

【评析】

评析人：邓海清

此微课在简述动物个体发育过程中细胞分化现象的基础上，介绍了科学家在早期研究中提出的关于细胞分化的两种模型。学生意识到在 19 世纪末，魏斯曼并不知道能够遗传的"种质"和导致细胞分化的"决定因子"为何物，沃丁顿在20世纪中叶DNA被公认为生物的遗传物质之后仅数年便提出了"发育控制论"，科学家的这种先人一步的远见卓识其实是深入研究、博采众长、大胆设想的结果。教师引导学生分析"种质"和"决定因子"是什么物质的过程，是引导学生运用已知的现代生物学知识和理论完善魏斯曼"种质理论"的过程，是解决生物学问题的过程。学生在讨论的过程中不仅拥有清晰的认知，获得解决问题的成就感，而且加深了对科学家的敬佩之情，产生对生物学的兴趣。

随着生物学的分支学科如遗传学、分子生物学及发育生物学的快速发展，科学家们逐渐认识到个体发育过程中基因的选择性表达是导致在时空顺序上出现各种高度分化的细胞类型的根本原因。在发育过程中，基因的选择性表达是程序性的，其结果是不同形态、不同功能的各种体细胞出现在特定的身体部位，它们分工合作，共建完美的生物个体。

对细胞分化过程、基因选择性表达的研究将持续漫长的时间。生物体上高度分化的细胞不可逆转为初始状态是进化的结果，试想如果高度分化的体细胞能够逆转回头，可能会导致生物体结构和功能的紊乱。但在科学家看来，将离体的体细胞诱导为多能干细胞不仅对基因的选择性表达的研究提供逆向的证据和思路，更能为人类的健康长寿提供理论和技术支撑，这种研究是非常有意义的。山中伸弥做到了，他找到了"将山底的小球推回山顶的力量"，即诱导高度分化的细胞脱分化的4种限定因子。他的成就也是建立在多项前人研究之上的。通过此微课，结合生物教材，同学们进一步认识到，博采众长、深入研究、永不放弃、另辟蹊径是生物学科学史上获得众多重大成就的科学家们的共同特点。

习题设计

习题1：

科学家在尝试把体细胞转变为多能干细胞的过程中设计了如下图所示的实验。事先在体细胞 *FBXO15* 基因的启动子序列之后插入 *β-geo* 序列，然后利用反转录病毒作为载体向这种体细胞导入外源基因的 cDNA。发现在导入某些外源基因后，这种体细胞成功转变为多能干细胞，多能干细胞能分化成多种不同类型的细胞。G418 是一种抑制核糖体发挥作用的抗生素，图中的 *β-geo* 编码一种破坏 G418 的酶。

（1）cDNA 的合成过程是：以 mRNA 为模板，在_____酶的作用下，以_____为原料合成出单链 cDNA，它的序列与模板的序列是互补配对的，单链 cDNA 进而在_____酶的作用下成为双链 cDNA。本实验中，外源基因的 cDNA 最有可能来源于从_____（①体细胞；②多能干细胞；③卵细胞）中构建的 cDNA 文库，其序列中_____（①含有；②不含有）内含子。

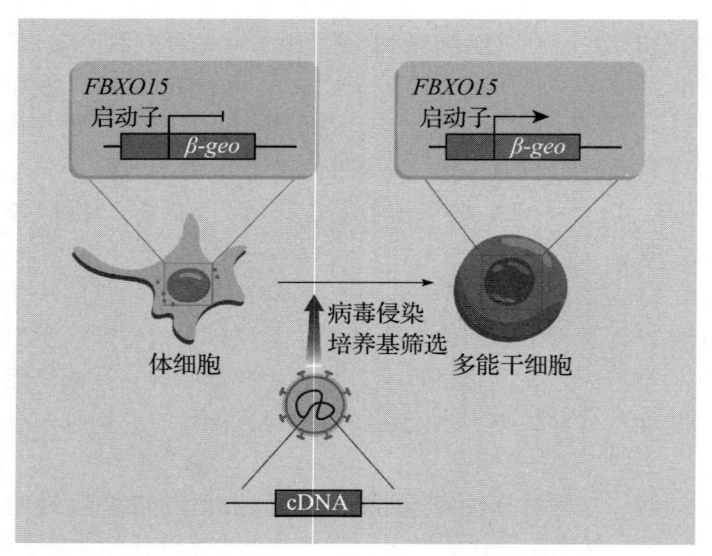

（2）启动子位于基因的上游，它是_____酶识别和结合的部位。在含有 G418 的细胞培养基中生长的是图中的_____（①体细胞；②多能干细胞），基因组中含有 β-geo 序列的是图中的_____（①体细胞；②多能干细胞）；如果事先不插入 β-geo 序列，在含有 G418 的细胞培养基中没有细胞生长，原因是_____。

（3）为了验证获得的干细胞的多能性，请利用胚胎工程中的相关技术，用①正常小鼠囊胚、②多能干细胞（能持续在自身及其分裂产生的所有子细胞中表达绿色荧光蛋白）为材料设计实验，写出实验思路和预期实验结果：_____。

（4）由于实验使用了反转录病毒作为载体，外源基因会插入所得细胞的基因组中，据此分析所得多能干细胞在应用时的潜在风险是_____。

必备知识	细胞分化；干细胞培养及其应用；选择培养基；基因工程的基本工具；基因工程的基本操作程序；胚胎工程技术及其应用；DNA 的复制；基因的表达；基因突变的原因；蛋白质的功能
参考答案	（1）反转录；脱氧核糖核酸；DNA 聚合；②；② （2）RNA 聚合；②；①②；蛋白质是生命活动的主要承担者，G418 存在时，核糖体失去合成蛋白质的功能，导致细胞死亡 （3）将多能干细胞经过显微操作移植入正常小鼠囊胚中，然后将囊胚移植入适合的雌性小鼠体内，一段时间后取出胚胎，通过绿色荧光蛋白的表达观察多能干细胞在胚胎中的分化情况。预期胚胎的不同器官

参考答案	不同组织中均会出现表达绿色荧光蛋白的分化细胞，表明多能干细胞能在胚胎中顺利分化为多种细胞 （4）有可能破坏内源基因，造成基因突变，进而影响多能干细胞发挥作用甚至引起其癌变
命题立意	本题以 iPS 细胞的研究为真实情境，具体再现科学家获得 iPS 细胞和验证其多能性的过程，综合性强，涉及必修和选修的多个互相关联的必备知识内容，要求灵活运用；复杂度较高，以实验流程图为依托考查学生在陌生情境中的信息获取能力。 （1）指向重要知识； （2）指向解释实验现象的科学思维素养，同时依托选择性培养基的作用原理考查对细胞分化本质、基因表达、蛋白质功能、选择性培养的理解； （3）指向设计实验方案预测实验结果的科学探究素养，需要在把握多能性概念的基础上结合胚胎移植技术设计实验； （4）培养立足基因突变的原因渗透生物技术安全问题的社会责任素养。
素养水平	（1）生命观念水平三 （2）生命观念水平三；科学思维水平四 （3）科学探究水平三 （4）社会责任水平三

习题 2：

我国科学家利用四种有机小分子处理体外培养的小鼠体细胞，将其诱导成为多能干细胞。动物细胞培养技术在其中发挥了基础性的作用。
（1）小鼠体细胞或干细胞的培养液中，除了含有必需的营养物质外，还含有一定浓度的青霉素和链霉素等抗生素，原因是_____。
（2）小鼠细胞的培养箱含有 5% 的 CO_2，目的是_____。
（3）对于贴壁生长的某种小鼠体细胞，由于细胞间的接触抑制、培养液中_____以及_____等因素，需要定期进行传代，传代时使用_____酶处理，使其分散单个细胞，然后加入_____，将细胞制成_____，分瓶培养。
（4）与体细胞核移植等技术获得多能干细胞相比，小分子诱导多能干细胞的技术优势在于（写出两点即可）：_____
_____。

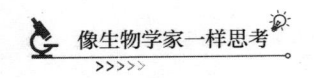

必备知识	动物细胞培养；干细胞培养及其应用；动物体细胞核移植技术
参考答案	（1）保持培养液的无菌环境 （2）维持培养液的 pH 值 （3）营养物质缺乏；有害代谢产物积累（或细胞密度过大）；胰蛋白；培养液；细胞悬液 （4）无须使用卵母细胞；无须导入外源基因；无须使用胚胎细胞（任意写出两点即可）
命题立意	本题依托真实的科研情境，重视基础性。（1）（2）（3）考查学生在实际问题中准确表述基础知识的能力，利用动物细胞培养的多种条件以及操作过程渗透物质能量观和稳态平衡观。（4）引导学生比较获得多能干细胞的不同技术手段，评价新技术的优势。
素养水平	（1）生命观念水平二；科学思维水平一 （2）生命观念水平二；科学思维水平二 （3）生命观念水平二；科学探究水平二 （4）科学探究水平三

学术情境主题 11

端粒与端粒酶

刘 武

• 学术导引 •

2009年10月5日，诺贝尔评委会宣布当年诺贝尔生理学或医学奖由三位科学家共同获得，他们分别是加州大学旧金山分校的伊丽莎白·布莱克本（Elizabeth Blackburn）、约翰霍普金斯大学的卡罗尔·格雷德（Carol Greider），以及哈佛医学院的杰克·绍斯塔克（Jack Szostak），以表彰他们在染色体端粒和端粒酶领域对人类做出的具有划时代意义的贡献。

染色体（chromosome）是真核细胞所特有的物质和功能结构，主要由脱氧核糖核酸（DNA）和蛋白质共同组成。早在20世纪30年代，赫尔曼·约瑟夫·穆勒（Hermann Joseph Muller，1946年诺贝尔生理学或医学奖获得者）在研究X射线对生物体的影响时，发现X射线能够打断果蝇细胞内的染色体末端，该末端片段是一种特殊的结构，相较于染色体其他部分，该片段极其稳定。于是，穆勒把染色体末端片段命名为"端粒"（telomere）。几乎同时，巴巴拉·麦克林托克（Barbara McClintock，1983年诺贝尔生理学或医学奖获得者）在研究玉米遗传学实验中观察到，在减数第二次分裂后期，染色体偶尔会产生一种小概率事件——染色体断裂，并且这些断裂体往往会很容易重新拼接起来；染色体具有完整末端的话，则不会发生相互连接。她推测，染色体的完整末端（图11-1）应该有一种特殊的组成结构来避免染色体之间的相互连接。

由于当时人们对DNA结构和DNA复制的认识还处在探索阶段，对端粒的结构和功能自然也不会有更深入的认识。1953年，詹姆斯·沃森（James Watson）和弗朗西斯·克里克（Francis Crick）发表论文向世人阐述DNA分子双螺旋结构模型［1962年，二人和威尔金斯（Wilkins）共同获得诺贝尔生理学或医学奖］。1956年，阿瑟·科恩伯格（Arthur Kornberg，1959年诺贝尔生理学或医学奖获得者）发现DNA聚合酶（DNA polymerase）的作用机制。随着现代分子生物学科学与技术的发展，端粒的研究也得以快速重新发展（图11-2）。

像生物学家一样思考

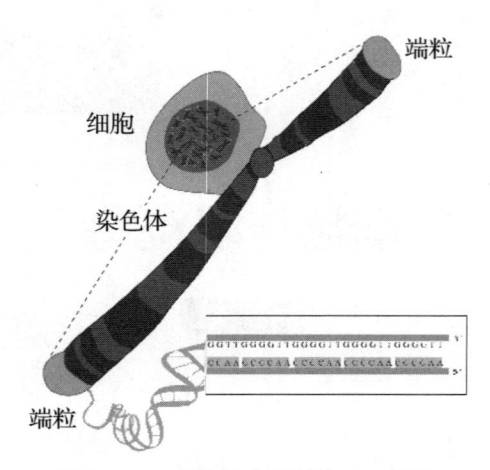

图 11-1 染色体末端结构——端粒

1938年，穆勒定义端粒

1941年，巴巴拉·麦克林托克发现染色体末端有一个特殊的结构

1961年，海弗列克发现细胞分裂次数极限

20世纪70年代，初端粒序列"末端复制问题"

1978年，布莱克本完成第一个端粒序列测序

1985年，端粒酶的活性被检测到

1988年，端粒序列的引入使人工染色体合成成功，人类端粒序列完成测序

1989年，赫拉细胞中检测到端粒酶活性

1990年，检测到随着年龄的增加，人体成纤维细胞端粒逐渐缩短

1994年，发现在几乎所有的人类肿瘤细胞中都能检测到端粒酶活性

2009年，端粒及端粒酶研究获得诺贝尔生理学或医学奖

2018年，人类端粒酶冷冻电镜结构得到解析

图 11-2 人类研究端粒及端粒酶的历史进程

经过不断地科研探索，人类逐步推测和揭示出 DNA 复制过程的细节。线性 DNA 分子在复制过程中，前导链和后随链的合成都需要一段 RNA 引物作为起始，随后这些 RNA 引物会被去除，相应的空隙会被补上 DNA 序列。当最后一个 RNA 引物被移除后，亲代 DNA 的 3′末端，即与 RNA 引物结合的一段 DNA 分子单链因无法得到复制而在子代 DNA 中丢失。由于真核细胞染色体上的 DNA 分子都呈线性，DNA 分子每经一轮复制，其末端便会减少 50～200 个核苷酸，染色体也随之缩短。随着细胞的增殖，染色体中 DNA 分子末端会随着细胞分裂次数的增加而变短，这种现象被称为 DNA 的"末端复制问题"（图 11-3）；随着细胞的分裂增殖，染色体末端会不断变短，短到一定程度就会引起染色体结构的不稳定、某些重要基因丢失等，最终导致细胞衰老或死亡。

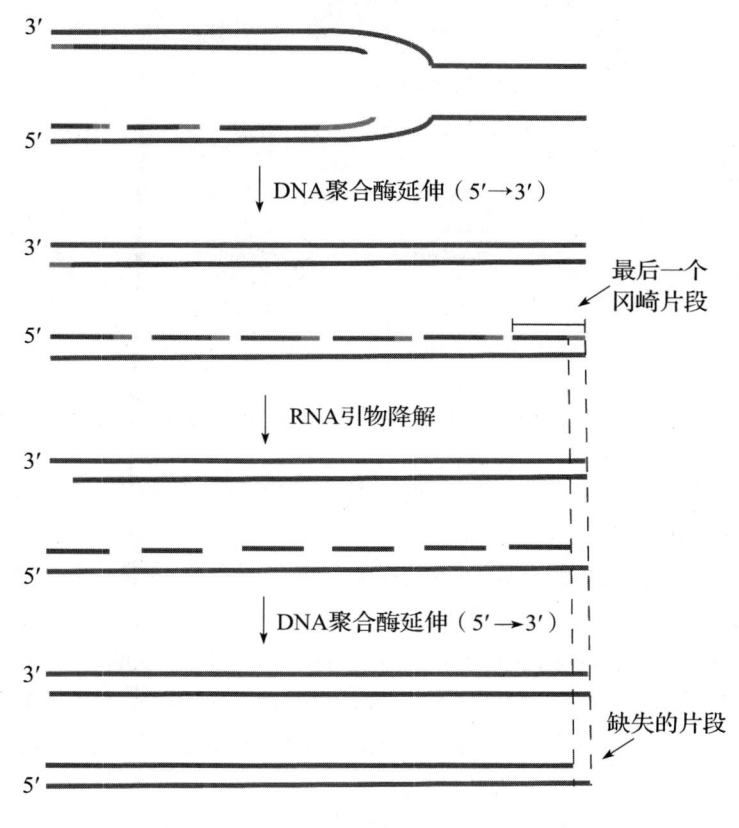

图 11-3　线性 DNA 分子"末端复制问题"

1978 年，布莱克本和格雷德等克隆出四膜虫微小染色体的端粒 DNA 序列，证明其为串联线性核苷酸序列，组成为 5′-TTGGGGG-3′，重复 20～70 次。同时，绍斯塔克在研究酵母菌线性化质粒（可以看作简单的人工染色体）的过程中，当把人工线性化酵母质粒导入酵母菌后，发现质粒会快速地降解或重组。在一次学术会议上，绍斯塔克获知布莱克本在四膜虫中发现的染色体也呈线性，并且可以稳定存在于四膜虫内，

> **像生物学家一样思考**

于是绍斯塔克大胆提出假设：四膜虫端粒的 TTGGGG 重复序列也许可以保护人工线性化酵母质粒的稳定性。于是绍斯塔克联系布莱克本，两个团队合作，把四膜虫端粒 DNA 重复序列连接到人工线性化酵母质粒两端后，导入酵母细胞。实验结果显示，线性化的酵母质粒能够在细胞内很好地完成自我复制，不被降解或重组，这在某种意义上宣告人工染色体的成功合成；该研究成果同时证明了端粒 DNA 序列对染色体的保护作用（图 11-4）。随后，陆续又有科学家证明多种脊椎动物的端粒 DNA 序列。

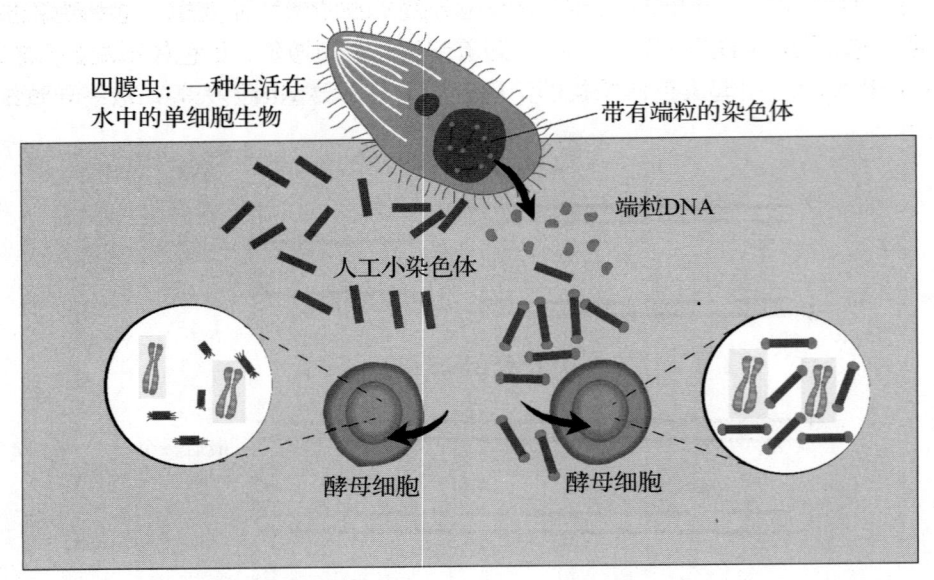

图 11-4 人工酵母染色体的构建发现，端粒 DNA 序列具有保护染色体的功能

端粒除了含有特定的 DNA 重复序列，还包含有特殊的端粒结合蛋白，它们共同作用，一起构成端粒的结构。

1985 年，布莱克本和她的博士生格雷德发现，四膜虫的端粒 DNA 片段可被四膜虫全细胞提取物中的一种活性物质加长。布莱克本与格雷德进一步研究发现，这种活性物质是一种由蛋白质与 RNA 形成的复合体，属于反转录酶，该酶能够解决线性 DNA 分子"末端复制问题"[①]；它的工作原理是以其自身 RNA 序列为模板合成端粒重复序列，填补线性 DNA 分子复制过程中因 RNA 引物被移除后在染色体 DNA 末端留下的缺口。

细胞的端粒 DNA 序列的长短有什么规律与意义？1990 年，格雷德和麦克马斯特大学的凯文·哈里（Calvin Harley）合作，用合成的人类端粒 DNA 序列（TTAGGG）作为探针，测定人体成纤维细胞染色体端粒 DNA 序列长度，发现不同年龄段端粒 DNA 序列的长度不同，总的来说，老年人的端粒 DNA 序列比小孩的短。人体绝大多数的细胞，其染色体端粒随着增殖分裂往往会不断缩短（图 11-5），缩短到一定程度时，细

---

① 杨超，邸伟，张飞雄. 伊丽莎白·布莱克本与端粒和端粒酶研究 [J]. 遗传，2010, 32(1): 1-3.

胞停止增殖，逐渐衰老。端粒缩短除了引起细胞衰老，往往还会引起远离端粒的基因转录表达发生改变，进而会引起与年龄相关的疾病产生。有研究发现，端粒的缩短类似于 DNA 受到损伤，都会诱导 p53 的表达下调（p53 是著名的肿瘤抑制因子）。

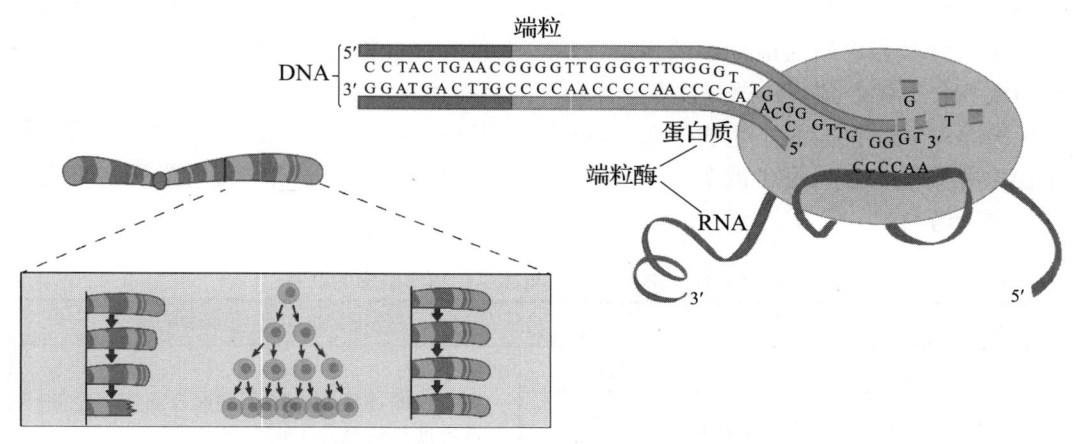

图 11-5　染色体端粒长度随着细胞的增殖分裂不断缩短；端粒酶可以延长端粒长度

2013 年，四膜虫和人的端粒酶的结构通过负染电镜技术被初步认识[1]；2015 年，四膜虫的端粒酶的冷冻电镜结构被解析[2]；2018 年，人的端粒酶的结构通过冷冻电镜技术得到解析。

人体正常细胞中，端粒酶的数目及活性受到十分精确的调控，只有在各类干细胞、生殖细胞等这些具有不断增殖和分化潜能的细胞内，才可以检测到端粒酶活性。值得注意的是，1994 年，有实验室团队在恶性肿瘤细胞内检测到高活性的端粒酶，该酶能够维持癌细胞染色体端粒的长度，保持和促进癌细胞的增殖特性。后续的研究更指出，约百分之九十的癌细胞中，端粒酶表现出活性，端粒酶可能参与肿瘤的恶性转化[3]。

端粒和端粒酶的相关研究，加深和拓展了人们对细胞的认知深度和广度，帮助人类认识理解一些疾病的致病机制，对相关疾病治疗方法的研发与改进具有重要的推进作用，特别是对癌症、衰老、糖尿病等方面的认知和医疗应对有着重要的意义。

素养教学建议

人教版生物教材必修 1 第六章在细胞衰老的原因部分明确提出端粒假说，虽然只有短短一段，但背后的内容极其丰富。端粒学说的提出是建立在近现代生命科学发展的基础上，其研究历程充满了几代人的艰辛探索；端粒和端粒酶的发现及不断地深入

---

[1] Sauerwald A, Sandin S, Cristofari G, et al. Structure of active dimeric human telomerase [J]. *Nature structural & molecular biology*, 2013, 20(4): 454-460.

[2] Jiang J, Chan H, Cash D D, et al. Structure of tetrahymena telomerase reveals previously unknown subunits, functions and interactions [J]. *Science*, 2015, 350(6260): aab4070.

[3] Blasco M A. Telomeres and human disease: ageing, cancer and beyond [J]. *Nature reviews genetics*, 2005, 6(8): 611-622.

像生物学家一样思考

探究，对人类健康事业的发展有着诸多方面的重要促进作用；但是，依然需要对其投入更多的研究，例如端粒酶的开启与关闭是如何调控的，仍然未被完全了解，研究成果如何应用于健康医疗事业还有许多工作要做。所以，基于端粒学说的教学，通过其发展历程中具体的科研探究案例，培养学生的科学探究素养。向学生介绍端粒及端粒酶相关医疗技术在现实应用中的困境，培养学生的社会责任，让他们明白生物学知识的重要意义，体会到"科学—技术—社会"的密切关系。

分析端粒学说与高中生物学概念的联系，发现端粒学说的发展历程和研究结果较全面地联系到课程标准中的若干重要概念（见表11-1），是丰富与提升学科核心素养的重要参考材料。

表11-1 "端粒学说"与高中生物学概念的联系

内容		课程标准中的生物学概念
重要研究案例	关键实验方法	
研究历程 （1）1978年，布莱克本确定了端粒的DNA序列 （2）1982年，布莱克本和绍斯塔克合作证明端粒可以保护染色体不被破坏 （3）1984年，布莱克本和绍斯塔克发现了产生端粒DNA酶，即端粒酶	• 凝胶电泳 • 放射性同位素标记^{32}P标记不同的脱氧核苷酸 • 限制性内切酶、AP内切酶 • 核酸脱嘌呤将含嘌呤的碱基从DNA中去掉免疫染色 • 同系色谱根据大小分离低聚状态核苷酸、超声成像 • DNA连接酶 • DNA聚合酶扩增DNA	必修 1.1.7 概述核酸由核苷酸聚合而成，是储存与传递遗传信息的生物大分子 1.2 细胞各部分结构既分工又合作 必修 3.1.2 概述DNA分子是由四种脱氧核苷酸构成，通常由两条碱基互补配对的反向平行长链形成双螺旋结构，碱基的排列顺序编码了遗传信息 3.1.3 概述DNA分子通过半保留方式进行复制 选择性必修 5.1.2 阐明DNA重组技术的实现需要利用限制性内切核酸酶、DNA连接酶和载体三种基本工具
研究结果	• "DNA复制末端缺陷"造成端粒缩短，从而导致细胞衰老 • 端粒短重复序列与端粒结合蛋白一起构成了特殊的"帽子"结构，作用是保持染色体的完整性和控制细胞分裂周期 • 端粒酶可以利用RNA模板去延长DNA末端的端粒序列 • 恶性肿瘤细胞具有高活性的端粒酶	必修 2.3 细胞会经历生长、增殖、分化、衰老和死亡等生命历程 3.1.3 概述DNA分子通过半保留方式进行复制 3.3.3 描述细胞在某些化学物质、射线以及病毒的作用下，基因突变概率可能提高，而某些基因突变能导致细胞分裂失控，甚至发生癌变 3.3.5 举例说明染色体结构和数量的变异都可能导致生物性状的改变甚至死亡

素养教学建议1

DNA测序技术的发展【科学探究 社会责任】

20世纪70年代以前，DNA测序技术还很不成熟，布莱克本基于不多的测序实验报道，结合自己的研究课题，通过一系列技术的借鉴组合，完成了四膜虫端粒DNA序列的测序。早期DNA测序技术的主要思路是通过DNA体外扩增技术，限制性内切酶等核酸酶将DNA酶解成小片段，接下来通过层析和电泳技术（双向电泳技术）对这些片段进行分离与分析，最后通过每个片段之间的重叠区域推出DNA序列。

一代测序也称桑格测序。当DNA模板、引物及脱氧核苷三磷酸（dNTP）存在时，在合适的条件下，DNA聚合酶能够催化DNA链的合成，但在该体系中掺入微量的双脱氧核苷酸（ddNTP，其C3位上连的是脱氧后的羟基，不能与下一个dNTP连接），可以终止部分DNA链的延伸，产生不同长度的片段。如果用放射性同位素或其他方式标记ddNTP，经过几十个循环后，将得到长短不一且长度相差一个碱基的DNA产物，将所得产物分四个泳道进行聚丙烯酰胺凝胶电泳，根据四种碱基的条带位置反向推出DNA序列。

教师可以DNA测序技术的历史发展为素材，主要集中于基于双脱氧终止法发展而来的第一代到第三代测序技术，引导学生认识到生物技术发展对科学发展和医疗诊断发展的重要意义，借此培养学生的科学思维和社会责任素养。

素养教学建议2

端粒酶的结构【科学思维　科学探究】

端粒及端粒酶的研究历程丰富，研究意义重大。高中生在学习生物学知识过程中往往会对自己所学知识的来源与发展历程很感兴趣，但由于一个知识点的积累与发展会涉及很多内容，以及受教学课时的限制，高中生对所学知识形成的来龙去脉得不到充分认识。教师可以根据实际的教学情况，充分挖掘端粒和端粒酶的研究历程，特别是在端粒酶的结构及工作机制上，选取合适的素材，创设微课，不仅能拓展学生的视野，同时还能培养他们的科学思维和科学探究素养。

微课设计

设计一

DNA测序技术的发展

设计意图：DNA测序技术在现代生命科学发展中起着不可替代的重要作用，从早期测序技术到目前的第一、二、三代测序技术，近几十年来发展迅速、意义重大。DNA测序技术的发展进程，尤其是早期测序技术的历史背景、工作原理，是培养学生创新性思维的宝贵素材。科学技术发展需要一定的积淀，创新是引领发展的第一动力。

设计方案

教师讲述：人类基因组计划之所以能够完成，得益于DNA测序技术的不断发展。

回顾 DNA 测序技术的出现及工作原理意义重大。DNA 测序技术的发展历经早期测序技术到第一、二、三代测序技术。

> **材料呈现**

材料一

20 世纪 50 年代初期，桑格完成了人类史上第一个蛋白质测序工作，即胰岛素的测序工作。他把胰岛素拆成两条链，每条链裂解成多个片段，先测每一个片段，然后通过重叠区域将它们拼接成一条完整的链。20 世纪 60 年代，通过类似于蛋白质测序的处理方式解决了 RNA 测序问题：首先通过酶切等方式将 RNA 切成不同的片段，接着通过层析和电泳技术对这些片段进行双向分离、分析；再次通过 RNA 外切酶及电泳技术对每个片段进行序列测定，最后通过每个片段之间的重叠连续的区域将它们连接成完整的 RNA 序列。

20 世纪 70 年代以前，DNA 测序技术还很不成熟，布莱克本基于不多的测序实验报道，结合自己的研究课题，通过一系列技术的借鉴组合，完成了四膜虫端粒 DNA 序列的测序。早期 DNA 测序技术的主要思路是通过 DNA 体外扩增技术，限制性内切酶等核酸酶将 DNA 酶解成小片段，接下来通过层析和电泳技术（双向电泳技术）对这些片段进行分离与分析，最后通过每个片段之间的重叠区域推出 DNA 序列。此为第一代测序技术。

问题设计：针对大分子物质序列的测定，蛋白质测序和 RNA 测序技术对促进和推动 DNA 测序技术的发展有什么启发？

教师引导学生分析：测序的核心思想都是对较长的序列进行测序，都是先将其切成彼此重叠的小片段，通过一定的方法测定小片段的序列，最后通过每个片段之间的重叠推导出长片段的序列。

教师讲述：早期的测序技术最大的短板是操作起来烦琐，速度缓慢，例如第一个测序的 RNA 序列，即丙氨酸 tRNA，对于其 1 g 纯净的样本，需要 5 人 3 年才能确定其 76 个核苷酸。下面是一段新材料，呈现一种不同于材料一中的测序技术。

> **材料呈现**

材料二

1977 年，桑格发明第一代测序技术，原理是双脱氧终止法。其反应体系包含带测序的单链 DNA 的模板、引物、四种 dNTP（其中一种用放射性同位素标记）和 DNA 聚合酶。共分为四组，每组按一定比例加入一种底物类似物 2′，3′- 双脱氧核苷三磷酸（ddATP、ddGTP、ddCTP、ddTTP），其五碳糖 3′ 碳原子位上连接的是脱氧后的羟基，这样 DNA 分子在延长时就不能形成 3′，5′- 磷酸二酯键。它们能随机掺入合成的 DNA 链，一旦掺入后 DNA 合成立即终止。于是各种不同大小片段的末端核苷酸必定为这种核苷酸，片段长度也就代表相应核苷酸的位置。将各组样品同时进行含变性剂（8 mol/L 尿素）的聚丙烯酰胺电泳，从放射自显影的图谱上就可以直接读出 DNA 的核苷酸序列。

问题设计：材料一和材料二运用了哪些技术？

教师引导学生分析：DNA 双脱氧终止法测序技术涉及 DNA 体外扩增技术、同位素标记技术、聚丙烯酰胺电泳技术。从放射自显影的图谱上就可以直接读出 DNA 的核苷酸序列，该技术能够大大提高 DNA 测序效率。

材料呈现

材料三

从 1977 年桑格发明第一代测序技术开始，到第二代、第三代测序技术，测序技术飞速发展。正是由于测序技术的发展，科学家们陆续完成人类、水稻等诸多物种的全基因组测序，并且目前能够做到个人基因组的测序。DNA 测序技术在临床应用也很广泛，例如肿瘤分子诊断，遗传疾病的检测，癌症发生、发展机制的研究，等等。科学技术的发展，实实在在促进人类健康医疗事业的发展，造福于人类。

问题设计：根据 DNA 测序技术在现实生活、生产中的应用实例，结合当下，请举例说明技术创新的应用对人类社会发展的重要作用。

教师引导学生分析：新型冠状病毒变异迅速，通过 DNA 测序技术能够快速鉴定出不同的毒株类型，分析出其 DNA 序列及相应的蛋白质序列，这对新型冠状病毒的预防与治疗具有重大意义。

教师指导学生小结：科学技术的发展需要积累与突破，科技的进步对人类社会的发展具有不可替代的积极作用，尤其是原始科技创新，意义更加重大。创新是引领发展的第一动力，这就要求我们努力学习知识文化，积极培养自己的创新意识，争取为社会的发展贡献更大的力量。

【评析】

评析人：刘越

DNA 测序在教材中几乎没有涉及，也是很多教师教学中的一个知识困惑。此微课设计用了三个材料呈现 DNA 测序技术的发展，重在向学生呈现基础知识与创新思维在科研领域的应用，这个微课设计将科研成果和现实生活联系起来，体现科学造福于人类的价值追求，更是科学教育很好的微课范例。

设计二

端粒酶的结构及工作机制的简单介绍

设计意图：端粒及端粒酶的研究历程丰富，意义重大。学生已经在高中生物必修 1 学过"蛋白质是生命活动的主要承担者"基本概念，必修 2 学过"DNA 分子上的遗传信息通过 RNA 指导蛋白质的合成"；结合端粒酶的结构特征，能够让学生更加深刻地理解"蛋白质是生命活动的主要承担者"基本概念。

设计方案

教师讲述：端粒酶是一种由蛋白质与 RNA 形成的复合体——核糖核蛋白复合体，

像生物学家一样思考

属于反转录酶，该酶能够解决线性 DNA 分子"末端复制问题"；工作机制是以其自身 RNA 序列为模板合成端粒重复序列，填补线性 DNA 分子复制过程中因 RNA 引物被移除后在染色体 DNA 末端留下的空缺。

材料呈现

材料一 端粒酶的工作机制

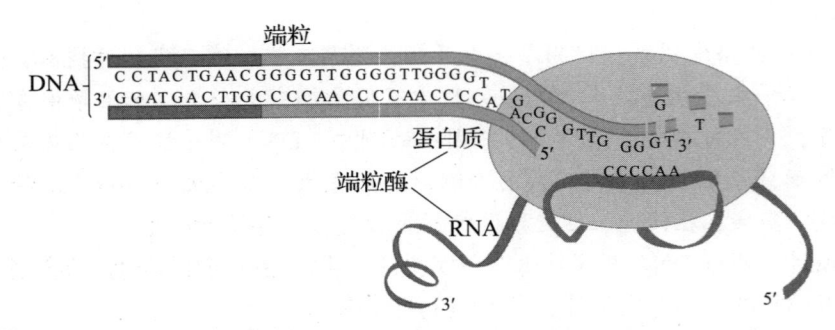

问题设计： 观察端粒酶在染色体 DNA 末端的结构示意图，描述其延长端粒序列的工作机制。

教师引导学生分析： 端粒酶能够以其自身的 RNA 序列为模板，该 RNA 序列正好和四膜虫的端粒 DNA 序列互补，以 dNTPs 为原料，通过逆转录催化合成染色体末端 DNA 反义链 5′ 端 DNA 片段或外加重复单位，维持或加长端粒序列的长度。

教师讲述： 下面我们看两则新材料，看能不能突破你们的认知。

材料呈现

材料二

非编码 RNA 是指不编码蛋白质的 RNA。大量研究数据表明，高等生物虽然高达 50% 以上的 DNA 转录为 RNA，但其中绝大多数为非编码 RNA。甚至有科学家预言非编码 RNA 在某些生命活动过程中，其重要作用不亚于蛋白质。由于人类对整个非编码 RNA 的世界了解很少，目前科学家的主要任务是发现更多的非编码 RNA 及其生物功能。毫无疑问，如果想了解非编码 RNA 的生物功能，就需要认识清楚在特定的时间内，各种类型的细胞所拥有的蛋白质和非编码 RNA 的功能以及它们之间、它们和 DNA 之间的相互联系。这一研究才刚刚开始，预测远比基因组计划复杂。因此，彻底弄清非编码 RNA 参与下的调控网络，将是揭示生命奥秘的又一大历史突破。

材料三

人类基因组 DNA 核苷酸序列中约 93% 能被转录为 RNA，其中仅从进化上看，核糖体最初完全由 rRNA 构建，后来才逐渐有一些蛋白质加入。

问题设计： 读完上面两个材料，你有什么感想？

教师引导学生分析： 真正地去理解基因的遗传效应有哪些，不只有传统上强调的蛋白质部分，RNA 部分的功能正在随着科学发现而拓展，丰富和发展了遗传信息的中心法则，在生命起源问题上可以提出最初的生命形式是 RNA 的观点。

教师指导学生小结：端粒酶在人类探索端粒过程中必然会被发现，端粒酶的工作机制是端粒学说的重要组成部分。端粒酶结构及工作机制在分子水平上的透彻研究，拓展了人类的认知视野，丰富了RNA在生命活动中起作用的形式，为端粒相关医疗技术的发展打下了坚实的基础。

【评析】

评析人：孙小兵

本课例从端粒酶的结构及工作机制入手，通过多种学习活动、多个材料，层层深入地构建了RNA世界的概念。案例目标设计具体合理，教学过程思路清晰，注重概念的形成过程，学生参与度高，充分体现了新课标的教学理念。

1. 从中度微观入手，体现学科知识逻辑与学生认知逻辑的统一。

引导学生从观察端粒酶的结构开始，启发学生思考端粒酶与细胞增殖的关系，遵循了中度微观和高度微观的逻辑顺序。一方面激发学生学习兴趣，另一方面有助于学生对生命观念中结构功能观的理解，将其从细胞水平提升到分子水平。通过材料一端粒酶的工作机制，为学生在学习过程中再现了端粒延长的真实情境，进而深入本质，建立物理模型，培养学生的科学思维，达成学科核心素养的培养目标。

2. 多讲多做多思，注重生命观念和科学思维的培养。

通过对材料二和材料三的深度思考，学生认识到细胞中具有多种不同结构和功能的RNA；认识到在生命的进化过程中，RNA占据了十分特殊的位置，在地球上曾经存在一个RNA世界。RNA既充当遗传物质，又行使酶的催化功能，它的产生先于蛋白质和DNA。通过教师引导，学生以科学思维思考，认识到随着生命的进化，生物体内代谢的复杂化，基于蛋白质的生物催化剂逐步取代不能满足生命更高要求的核酶，学生进一步深入可联想到原始翻译系统出现和逆转录酶出现，使学生充分了解进化的概念。

习题设计

习题1：

如同许多工作一样，科学发展同样需要科学家之间的交流与合作。在端粒的研究中，两位诺贝尔奖获得者杰克·绍斯塔克和伊丽莎白·布莱克本就进行了密切的合作，收获了重要的科研成果。布莱克本提供克隆的四膜虫的端粒DNA序列，绍斯塔克负责把该端粒DNA片段连接到人工线性化酵母质粒上，再导入酵母细胞。结果显示，线性化的质粒不但不被降解，而且能在细胞内很好地复制，从而成功地合成了人工染色体。限制性内切酶是一种核酸内切酶，可识别并切割DNA分子上特定的核苷酸碱基序列。

像生物学家一样思考

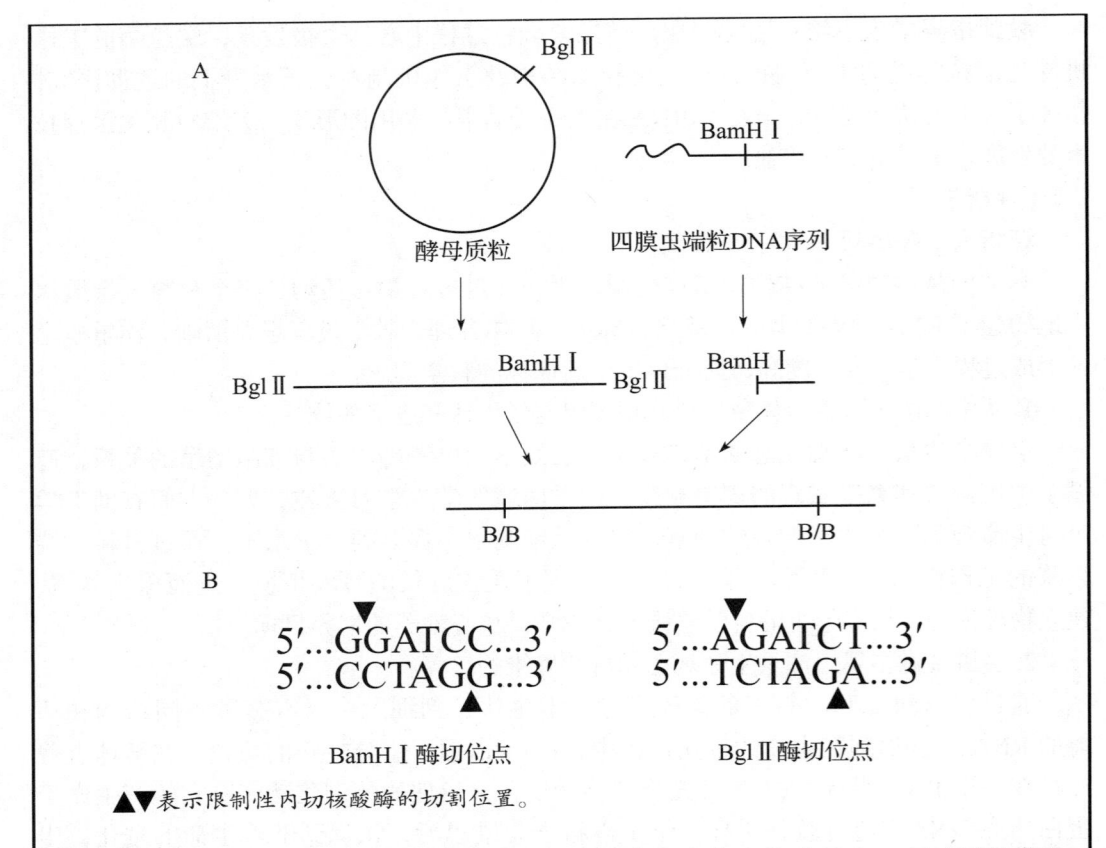

```
                    BglⅡ
         A
                                    BamHⅠ
                                ∿∿∿∿∿∿∿

            酵母质粒              四膜虫端粒DNA序列
              ↓                       ↓
   BglⅡ————————BamHⅠ    BglⅡ————BamHⅠ
                    ↘           ↙
                ————————————————————
                  B/B            B/B

    B
         ▼                          ▼
    5′...GGATCC...3′           5′...AGATCT...3′
    5′...CCTAGG...3′           5′...TCTAGA...3′
         ▲                          ▲

     BamHⅠ酶切位点              BglⅡ酶切位点
```

▲▼表示限制性内切核酸酶的切割位置。

请解释这两个不同的限制性内切核酸酶切得的片段为什么能连接在一起（可以借助画图作答）。

（1）结合提供的实验流程图，描述实验流程。

（2）端粒具有什么功能？

（3）如何看待题目中所提及的线性化酵母质粒两端加上四膜虫的端粒就是成功地合成了人工染色体的表述？你赞同吗？或者有什么补充？

必备知识	重组 DNA 技术；端粒学说；染色体的组成
参考答案	（1）两种限制性内切酶所产生的黏性末端相同，碱基互补配对。限制酶酶切，片段的连接，注射进酵母细胞，观察该染色体的生命行为。 （2）端粒保护染色体。 （3）端粒的组成包括 DNA 和相关结合蛋白；染色体可以稳定遗传。
命题立意	本题以酵母线性化载体两端连接四膜虫端粒 DNA 序列的细节研究流程为基本情境。 （1）考查重组 DNA 技术、端粒学说、染色体结构等知识内容。 （2）引导学生认识端粒的客观存在及物质基础；引导学生描述实验流

命题立意	程；引导学生结合细胞衰老原因——端粒学说，分析端粒的基本作用；进一步结合实验原始材料，引导学生思考染色体的概念。本题目要结合必修1细胞衰老学说、染色体概念与选择性必修3重组DNA技术多个知识内容，对学生的生命观念、科学探究和科学思维考查水平较高。 （3）立足于对文献实验部分环节的分析与评判，展现学生科学思维的核心素养。
素养水平	（1）生命观念水平三 （2）科学探究水平二 （3）生命观念水平二

习题2：

端粒酶主要由RNA和蛋白质组成。功能是用它自身携带的RNA作为模板，以dNTP为原料，合成延长链5′端DNA片段或外加重复单位（如下图所示）；端粒酶沿着新合成的DNA单链滑动，重复工作。延长了的单链以自身作为模板，由DNA聚合酶合成其互补链。

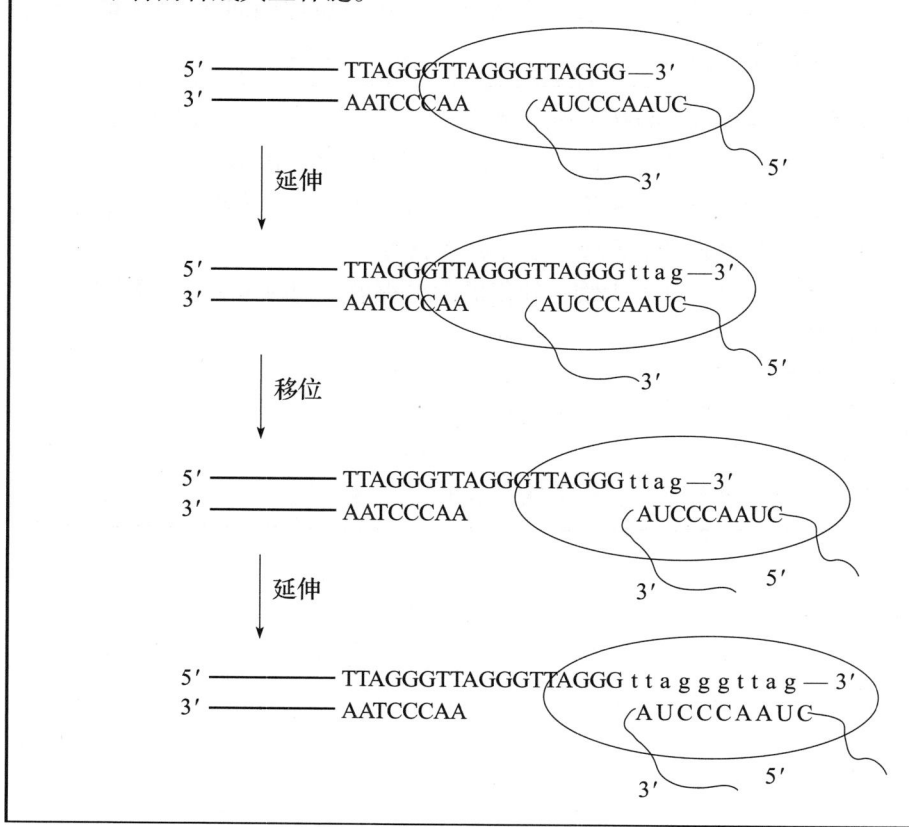

```
5′——TTAGGGTTAGGGTTAGGG—3′
3′——AATCCCAA   AUCCCAAUC
                    3′  5′
         ↓ 延伸
5′——TTAGGGTTAGGGTTAGGGttag—3′
3′——AATCCCAA   AUCCCAAUC
                    3′  5′
         ↓ 移位
5′——TTAGGGTTAGGGTTAGGGttag—3′
3′——AATCCCAA        AUCCCAAUC
                         3′  5′
         ↓ 延伸
5′——TTAGGGTTAGGGTTAGGGttagggttag—3′
3′——AATCCCAA        AUCCCAAUC
                         3′  5′
```

像生物学家一样思考

（1）端粒酶以 RNA 为模板合成 DNA，这一过程是中心法则中的什么过程？哪部分片段充当该过程的引物？

（2）请描述题目中"延长了的单链以自身作为模板，由 DNA 聚合酶合成其互补链"这一过程（包括引物、原料、酶等）。

（3）端粒酶、核糖体的组成都含有蛋白质和 RNA，并且它们的 RNA 往往具有复杂的空间结构，核糖体 RNA 在遗传信息翻译的过程中具有什么功能？对于这类同时含有蛋白质和核酸的生物大分子，请给出科学的评论。

必备知识	中心法则；DNA 复制；PCR 技术
参考答案	（1）逆转录；以端粒 DNA 单链末端为引物。 （2）以延长了的单链作为模板，端粒 RNA 作为引物，dNTPs 作为原料，在 DNA 聚合酶的作用下，合成其互补链，这样能够使新合成的端粒序列更加稳定。 （3）核糖体 RNA（rRNA）分子是核糖体的结构成分，核糖体 RNA 的特征是具有相当复杂的二级结构，具有识别信使 RNA 和转移 RNA 的特异性结合区；蛋白质是生命活动的主要承担者，非编码 RNA 也具有重要的生物学功能，在生命形成过程中，更加倾向于 RNA 的出现早于蛋白质。
命题立意	本题命题围绕端粒酶的工作机制。 （1）考查中心法则、DNA 复制、PCR 技术等知识内容。 （2）引导学生根据已经提供的材料和所学知识，描述相关生命活动机制，考查学生的科学思维水平和表达能力。 （3）考查学生对基本生物学知识的掌握程度，同时考查他们初步归纳和推理等科学思维能力。
素养水平	（1）生命观念水平二；生命观念水平三 （2）科学思维水平三 （3）生命观念水平二；科学探究水平三

学术情境主题 12

细胞自噬

裴涧雯

• 学术导引 •

生物体中的细胞，除了从外界环境中获取合成物质所需的原料，还可通过自噬过程为细胞提供维持生命所需的基本成分。

对细胞自噬的研究最早要追溯到 1955 年克里斯汀·德·迪夫（Christian de Duve）在大鼠肝脏细胞中发现溶酶体（lysosome），即为一个内部呈酸性、含有多种水解酶的单层膜细胞器。之后，陆续有多位科学家利用电子显微镜在其他类型的细胞中观察到溶酶体的存在。1956 年，诺维科夫（Novikoff）等人发现了一种新的内含线粒体、内质网和核糖体等细胞器的不规则膜结构[1]，由特殊的化学药物处理或提供压力环境诱导其产生。1962 年，阿什福德（Ashfold）等发文报道了胰高血糖素处理可增加溶酶体中的胞质成分。于是，科学家们推测细胞中存在一种反应能够将"大型货物"运输到溶酶体中使其降解。1963 年，克里斯汀·德·迪夫将该过程命名为细胞自噬（autophagy），表明其作用是通过降解细胞内的生物大分子和受损细胞器，回收利用营养物质供细胞维持生命活动。后续在动物多种器官和组织细胞中观察到的自噬现象表明，该过程中最重要的环节是将待降解胞质成分集中起来形成一个新结构，即自噬小体。其中涉及连续的膜变化：首先胞质中出现一些小的膜结构，之后延伸形成一个杯状结构，接下来把胞质成分纳入其中封装起来，就得到了含双层膜的自噬小体。它会很快与溶酶体融合为自噬溶酶体，原来的双层膜转为单层膜（外层与溶酶体膜融合），后续这层膜及其中的胞质成分被水解酶降解，降解产物如氨基酸、脂质等会被重新运回细胞质中合成大分子物质或供能。

科学家们也陆续发现了一些自噬的抑制剂，并证明细胞自噬对于维持胞内细胞器数量、在恶劣环境下存活至关重要。但在很长一段时间内，关于细胞自噬的研究都是使用电子显微镜观察形态学上的变化，而对于更深层次的问题，譬如自噬小体或自噬溶酶体膜表面是否存在特殊的标志物可帮助快速确定结构，如何对自噬进行定量分析，

---

[1] Novikoff A B. Electron microscopy of lysosome-rich fractions from rat liver [J]. *The journal of cell biology*, 1956, 2(4): 179-184.

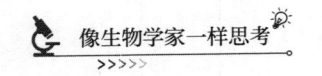

细胞自噬过程的分子调控机制又是怎样的，就必须建立一个更简单实用的观察研究系统。

众多科学家纷纷围绕上述重要问题展开研究。其中，20世纪70年代，大隅良典（Yoshinori Ohsumi）从美国回到东京大学，开始从事酿酒酵母液泡内蛋白质具体降解机制的研究。液泡是酵母内一个酸性且含多种水解酶的细胞器，可等同于哺乳动物细胞内的溶酶体。受限于酵母细胞本身的体积太小，且自噬小体的形成和维持时间极短，液泡内的水解更是一个快速的过程，大隅良典很难通过当时的显微技术证实自噬机制同样存在于酵母液泡内。基于此问题，他突破性地推断：假如自噬溶酶体中的降解过程能被阻断，那么自噬小体将会大量堆积在酵母液泡中，自噬现象就有可能被观察到。

大隅良典第一篇重要文献的思路即首先构建蛋白酶缺失的酵母突变株，之后采用经典的饥饿途径诱导细胞自噬发生，观察细胞内的变化（已知酵母细胞营养缺乏后，发生自噬的过程中蛋白质降解需要液泡内多种蛋白酶参与，那按推测缺乏这些酶的突变酵母细胞在自噬过程中，液泡内的细胞组分不会被降解而是堆积在空泡内）。他们把在完全培养基中正常生长的突变体细胞转入缺乏氮源的培养基SD-N中，发现这些细胞停止生长，且在1小时后可在液泡内观察到一些小球体，随着时间延长，小球体数量增加，3小时后可看到液泡内几乎充满了这些小球，且液泡体积随之变大（图12-1）。

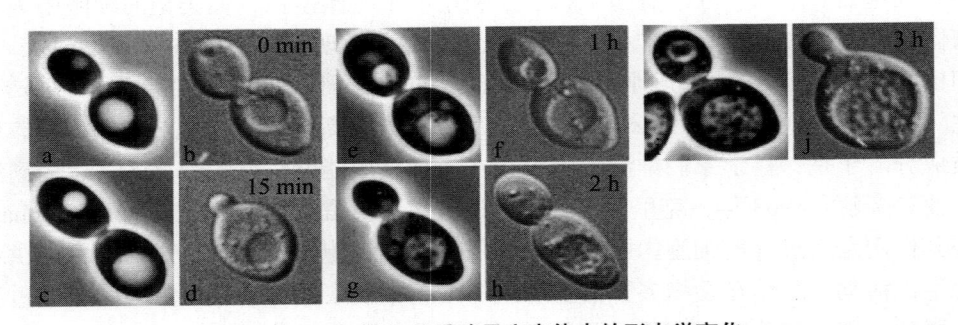

图12-1 饥饿处理后酵母突变体内的形态学变化

资料来源：Takeshige K, Baba M, Tsuboi S, Noda T, Ohsumi Y. Autophagy in yeast demonstrated with proteinase-deficient mutants and conditions for its induction [J]. *The journal of cell biology*, 1992, 119(2): 301-311.

除了氮源外，他们还尝试了缺乏某些特定氨基酸的培养基和缺乏碳源的培养基，都有观察到类似现象，说明液泡内小球体的聚集是细胞应对生长条件变化的普遍反应。接着他们用电镜详细观察了这些突变体细胞内液泡的具体形态（图12-2），从图12-2a可以看到所有细胞液泡内都有小球体聚集。图12-2b显示这些小球体的膜比细胞内其他结构的膜更薄。他们还发现，这些小球体的内容物和胞质成分从形态上难以区分，而且也有核糖体存在，因此他们推测这些球体是细胞自噬后形成的，即为自噬小体（autophagic body，图中标注为灰色圆形的AB）。

之后他们通过不同方法进一步鉴定小球内的成分，发现相较未经饥饿处理的细胞（图12-3a，不含自噬小体），饥饿处理30分钟（图12-3b）、3小时（图12-3c）的细胞液泡内有自噬小体，并可在其中观察到粗面内质网。处理 8 小时的细胞内的自噬小体中则观察到线粒体（图 12 - 3d）。处理后的细胞自噬小体内基本都还有脂质颗粒、糖原颗粒等。DAPI 染色后用荧光显微镜可观察到点状线粒体（图 12 - 4 中的单箭头），说明饥饿处理后线粒体会被隔离至自噬小体内待降解。至此，大隅良典成功证明酵母细胞中同样存在自噬现象，并建立起一套行之有效的观察方法。

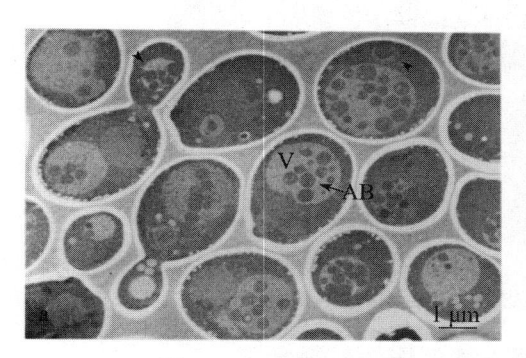

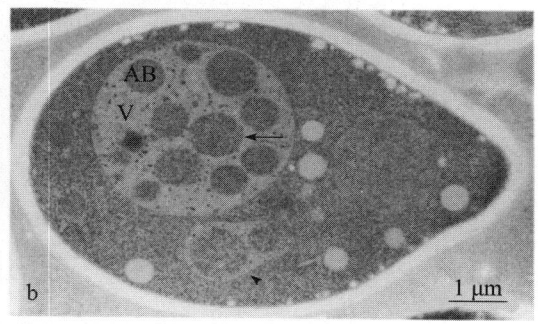

图 12 - 2　饥饿处理后酵母突变体液泡内的具体形态（冷冻电镜观察图像）

资料来源：Takeshige K, Baba M, Tsuboi S, Noda T, Ohsumi Y. Autophagy in yeast demonstrated with proteinase-deficient mutants and conditions for its induction [J]. *The journal of cell biology*, 1992, 119(2): 301-311.

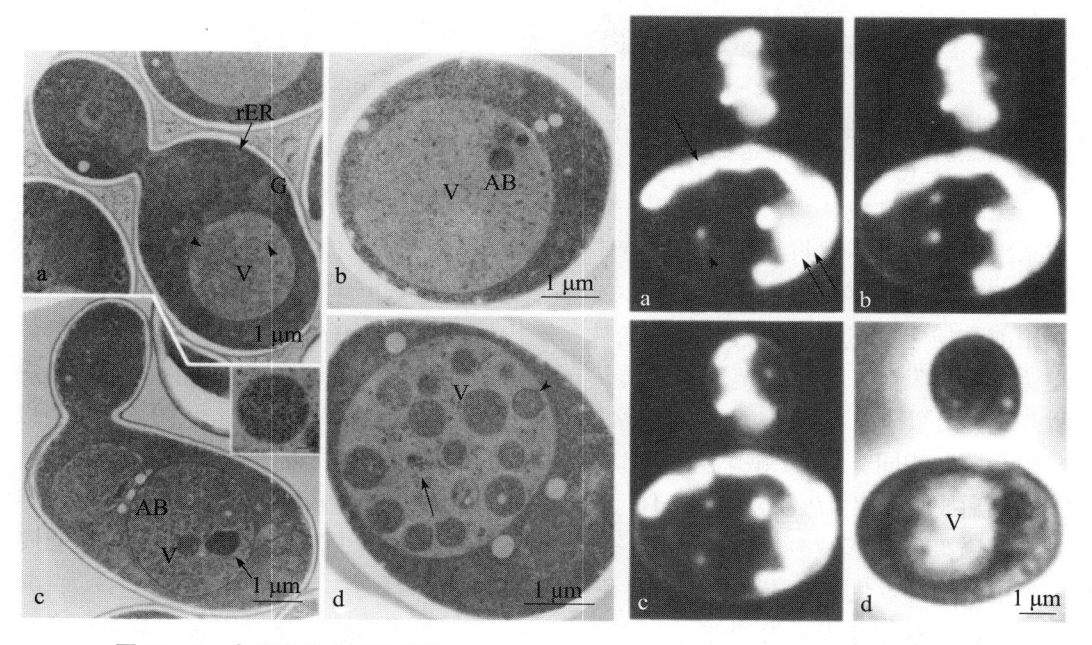

图 12 - 3　自噬小体内容物观察

资料来源：Takeshige K, Baba M, Tsuboi S, Noda T, Ohsumi Y. Autophagy in yeast demonstrated with proteinase-deficient mutants and conditions for its induction [J]. *The journal of cell biology*, 1992, 119(2): 301-311.

图 12 - 4　自噬小体中的线粒体

资料来源：Takeshige K, Baba M, Tsuboi S, Noda T, Ohsumi Y. Autophagy in yeast demonstrated with proteinase-deficient mutants and conditions for its induction [J]. *The journal of cell biology*, 1992, 119(2): 301-311.

后续他们将酵母的液泡分离出来对其中的水解酶进行了细致的研究，发现 *PRB1* 基因缺失造成的 PRB 酶缺乏会导致自噬小体聚集（图 12-5）；若仅用 PRB 酶抑制剂处理，细胞中也会有自噬小体出现（图 12-6a），移去抑制剂后自噬小体消失（图 12-6b），这些结果表明 PRB1 基因会参与自噬小体内容物降解，同时开启了基因层面对细胞自噬过程的研究。

酵母菌品系	基因型			自噬小体聚集情况
	PEP4	PRB1	PRC1	
KTY1-3A	−	+	+	聚集
KTY1-3B	−	−	+	聚集
KTY1-3C	+	−	+	聚集
KTY1-3D	+	+	+	不聚集
YW-12	+	+	−	不聚集

图 12-5　筛选发现 PRB1 基因缺失会导致自噬小体聚集

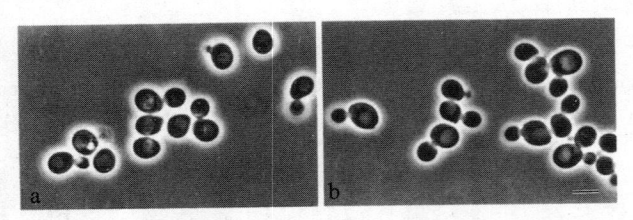

图 12-6　PRB 酶活性被抑制会导致自噬小体聚集

资料来源：Takeshige K, Baba M, Tsuboi S, Noda T, Ohsumi Y. Autophagy in yeast demonstrated with proteinase-deficient mutants and conditions for its induction [J]. *The journal of cell biology*, 1992, 119(2): 301-311.

当时大隅良典认为，自噬过程一定是由一系列相关基因调控的，如果其中某一关键基因发生突变，就将导致自噬过程不能顺利进行，那么在酵母突变株中研究者们将在饥饿条件下观察不到或观察到远少于非突变株的自噬小体。基于此猜想，他们继续利用前文描述的蛋白酶缺失酵母突变株，进行随机诱发突变处理，随后同样用饥饿处理诱导自噬发生。经过大范围的遗传筛选，在酵母自噬现象被发现一年内，他们就揭示并克隆出了第一个调控酵母自噬的关键基因[①]，并将其命名为 APG1。从图 12-7 可以看到与预期相同，APG1 缺陷会导致饥饿处理后自噬小体无法形成。图 12-8 比较了饥饿处理后野生型（APG1）和突变体（apg1-1）细胞中蛋白质降解情况，可看到突变体中蛋白质降解显著减少，结合图 12-7 能得出结论：自噬小体的形成是酵母细胞自噬过程中液泡内发生蛋白质降解的必要条件。

另外，他们还发现突变体细胞活性显著下降，说明抑制自噬过程会影响饥饿条件下的细胞生存（图 12-9）。除了 APG1 之外，他们进一步筛选得到的另外 15 个 apg 突变体在饥饿处理后也都表现出蛋白降解减少的现象（图 12-10），说明这些基因都有参与自噬过程。大隅良典课题组之后的研究集中在克隆并阐明各 APG 基因（后续更名为

---

① Thumm M, Egner R, Koch B, Schlumpberger M, Straub M, Veenhuis M, et al. Isolation of autophagocytosis mutants of saccharomyces cerevisiae [J]. *Febs Letters*, 1994, 349(2): 275-280.

ATG 基因）在自噬过程中的作用，陆续发现 Atg12-Atg5 系统[①]、Atg8-PE 磷脂化系统、膜形成复合物等。此外，课题组成员水岛昇（Noboru Mizushima）鉴定出与酵母基因高度同源的人源 *ATG5/12* 基因，且作用与酵母中类似，暗示细胞自噬过程的高度保守性。有科学家则发现了与 *ATG8* 同源的人类基因 *LC3*，并发现其表达产物 LC3-Ⅱ 蛋白定位于自噬小体膜表面，其表达量与自噬小体数量相关，据此提出了如今被广泛使用的基于 LC3-Ⅱ 含量变化的经典自噬水平检测手段。

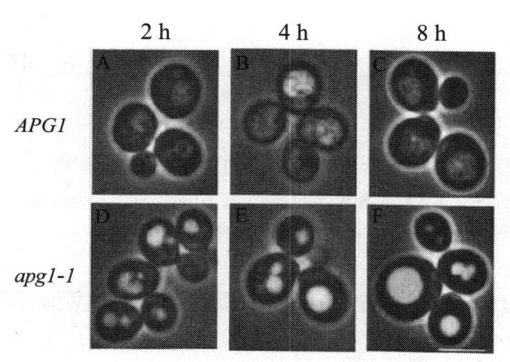

图 12-7　*APG* 和突变体 *apg1-1* 自噬小体无法形成

资料来源：Thumm M, Egner R, Koch B, Schlumpberger M, Straub M, Veenhuis M, et al. Isolation of autophagocytosis mutants of saccharomyces cerevisiae［J］. *Febs letters*, 1994，349(2): 275-280.

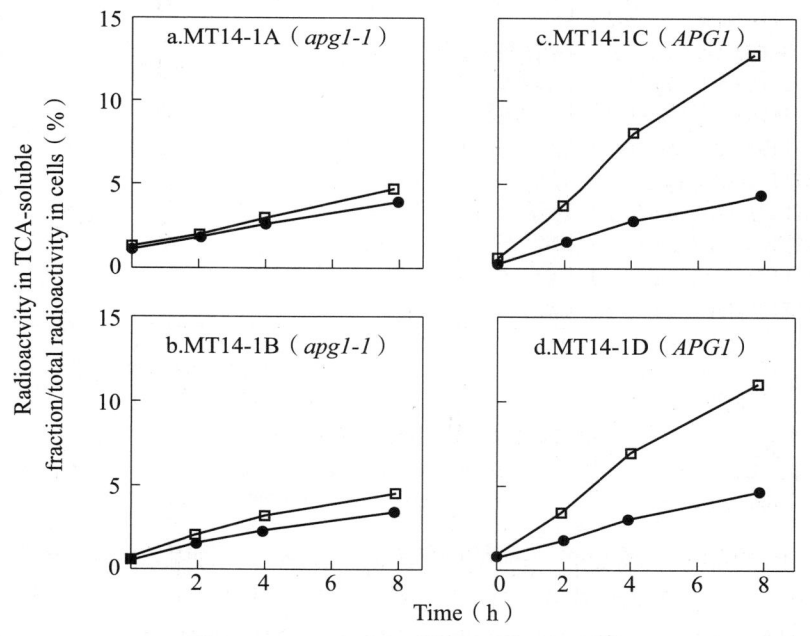

图 12-8　*APG* 突变对蛋白质降解的影响

资料来源：Thumm M, Egner R, Koch B, Schlumpberger M, Straub M, Veenhuis M, et al. Isolation of autophagocytosis mutants of saccharomyces cerevisiae［J］. *Febs letters*, 1994，349(2): 275-280.

---

① Mizushima N, Noda T, Yoshimori T, Tanaka Y, Ohsumi Y. A protein conjugation system essential for autophagy［J］. *Nature*, 1998，395(6700): 395-398.

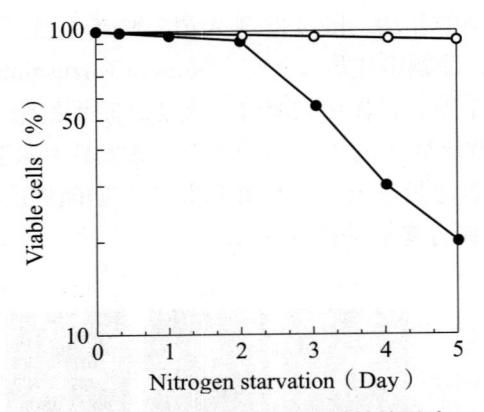

图 12-9　*APG* 突变对细胞活性的影响

资料来源：Thumm M, Egner R, Koch B, Schlumpberger M, Straub M, Veenhuis M, et al. Isolation of autophagocytosis mutants of saccharomyces cerevisiae [J]. *Febs letters*, 1994, 349(2): 275-280.

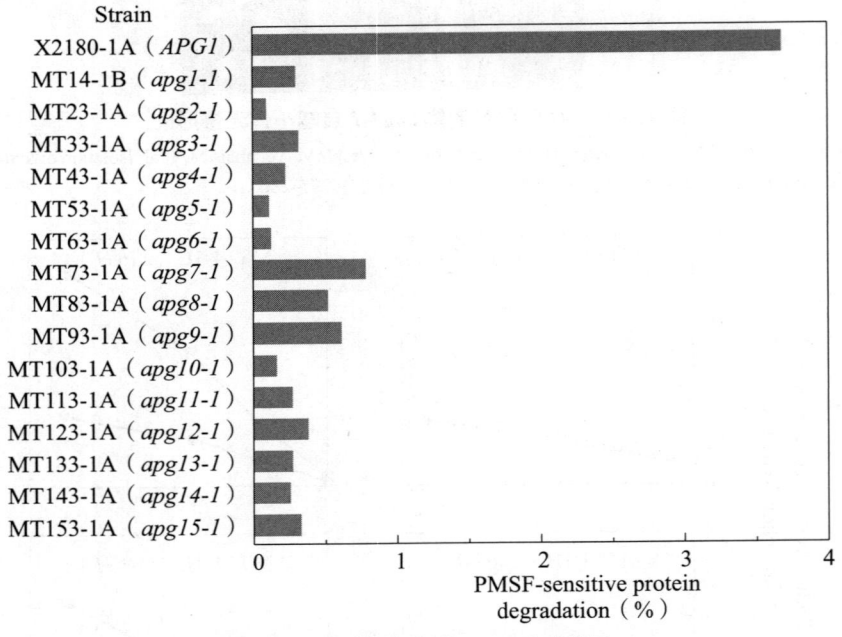

图 12-10　筛选发现 *APG* 系列基因

资料来源：Thumm M, Egner R, Koch B, Schlumpberger M, Straub M, Veenhuis M, et al. Isolation of autophagocytosis mutants of saccharomyces cerevisiae [J]. *Febs letters*, 1994, 349(2): 275-280.

因其在酿酒酵母中展开的一系列研究突破性地揭示了细胞自噬的分子机制（其研究过程见图 12-11），大隅良典在 2016 年获得了诺贝尔生理学或医学奖，他的研究成果在将整个领域的研究推向更深层次的同时，也为更好地理解感染性疾病、神经性疾病和癌症等的发生奠定了基础。如今，细胞自噬依然是生命科学研究的热门领域，尽管对于自噬的发生过程及调控机理已有深入的认识，但是以其为基础的疾病治疗方式探索还需要更多的科学家的努力，相信在不久的将来，细胞自噬的理论性研究能够成功转化为临床应用真正造福人类。

酵母细胞中的自噬现象

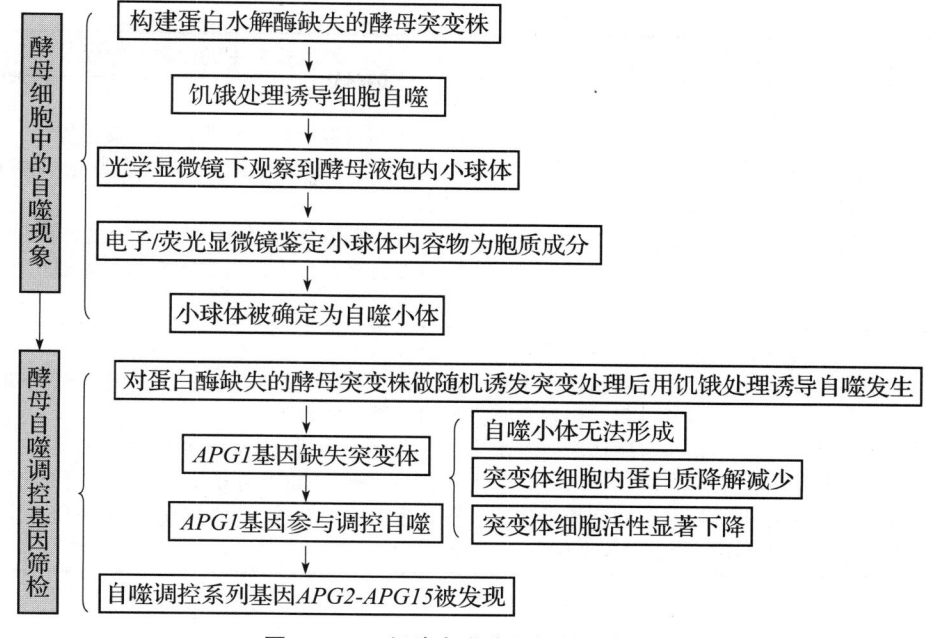

- 构建蛋白水解酶缺失的酵母突变株
- 饥饿处理诱导细胞自噬
- 光学显微镜下观察到酵母液泡内小球体
- 电子/荧光显微镜鉴定小球体内容物为胞质成分
- 小球体被确定为自噬小体

酵母自噬调控基因筛检

- 对蛋白酶缺失的酵母突变株做随机诱发突变处理后用饥饿处理诱导自噬发生
- APG1基因缺失突变体
  - 自噬小体无法形成
  - 突变体细胞内蛋白质降解减少
  - 突变体细胞活性显著下降
- APG1基因参与调控自噬
- 自噬调控系列基因APG2-APG15被发现

图 12-11　细胞自噬分子机制研究过程

素养教学建议

细胞自噬系列研究揭示了在不利环境下细胞也可以回收利用自身成分维持生存，且与细胞其他的生命活动类似，多种基因会参与调控自噬的各个阶段，保证其顺利进行。因此，人教版和沪科版教材在细胞生命历程等章节中以补充材料的形式介绍了细胞自噬的概念、过程及作用（人教版必修1，沪科版必修1）。而在北师大版教材中，主要围绕细胞自噬的研究过程，结合科技文献原始材料设计问题情境引导学生分析自噬小体形成的意义、理解自噬的作用（北师大版必修1）。

"细胞自噬"与高中生物学概念联系紧密（见表12-1），可为更好地理解细胞结构与功能、生物膜系统和细胞生命历程等生物学主干知识，提升学科核心素养提供良好素材。

表 12-1　"细胞自噬"与高中生物学概念的联系

内容			课程标准中的生物学概念
研究过程	研究步骤	关键实验方法	必修 1.2　细胞各部分结构既分工又合作，共同执行细胞的各项生命活动 　1.2.2　阐明细胞内具有多个相对独立的结构，担负着物质运输、合成与分解等生命活动 　1.2.4　举例说明细胞各部分结构之间相互联系、协调一致，共同执行细胞的各项生命活动
	（1）酵母细胞中自噬现象的发现	• 细胞自噬诱导 • 电子/荧光显微镜观察	

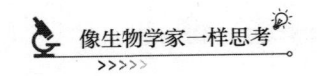

续表

	内容	课程标准中的生物学概念
研究过程	（2）酵母细胞中自噬调控基因的鉴定 • 正向遗传突变筛选 • 酶活性检测 • 细胞活性检测	必修 2.3 细胞会经历衰老和死亡等生命进程 3.1 亲代传递给子代的遗传信息主要编码在DNA上 　3.1.4 概述DNA分子上的遗传信息通过RNA指导蛋白质的合成，生物的性状主要通过蛋白质表现
研究结果	• 细胞自噬在真核生物中普遍存在，降解细胞内生物大分子和受损细胞器产生生物小分子被重新利用的过程，包括自噬小体形成、自噬小体与溶酶体融合、溶酶体降解胞质成分等步骤 • 细胞自噬是在一系列基因的调控下完成的，相关基因在不同物种中高度保守	必修 1.2 细胞各部分结构既分工又合作，共同执行细胞的各项生命活动 2.3 细胞会经历衰老和死亡等生命进程 　3.1.4 概述DNA分子上的遗传信息通过RNA指导蛋白质的合成，生物的性状主要通过蛋白质表现

素养教学建议1

常规实验方法带来的突破性成果：自噬调控基因发现【生命观念　科学探究】

大隅良典在酵母细胞中观察到自噬现象之前，细胞自噬领域的研究陷入瓶颈已久，主要因为无法通过电子显微镜的静态观察深入认识自噬的分子机制。他阻断溶酶体降解自噬小体的天才想法首先使得长时间观察自噬小体成为可能，在此基础上进行的经典的大规模正向遗传学筛选在当时尽管颇不受认同，但最终由此筛选到了一系列对自噬小体形成及酵母细胞存活有影响的基因，即其最早报道的15个自噬调控基因。由此可见，正确的实验思路、有效的实验方法、持之以恒的实践探索，是促进研究成功的关键因素。以此素材为例，可使学生形成对优秀实验设计的直观认识，启发他们在科学探究过程中更加注重合理可行地设计研究实验方案或工程学实践方案，并付诸行动。

素养教学建议2

细胞自噬与生物膜【生命观念　科学思维】

目前，已经阐明的细胞自噬信号通路表明，细胞自噬主要包括三个步骤[①]：起始：饥饿、缺血、氧化应激、蛋白质聚集等压力信号会激活ULK1蛋白复合物，其中关键蛋白即ULK1的激活会活化PI3KC3复合物，从而促进内质网结构上PI3P的产生。自噬小体形成：PI3P可募集多种自噬相关蛋白（ATG蛋白），同时高尔基体、质膜、线粒体膜、囊泡膜等参与自噬小体膜结构的延伸。成熟的自噬小体为双层膜结构，

---

① Dikic I, Elazar Z. Mechanism and medical implications of mammalian autophagy [J]. *Nature reviews molecular cell biology*, 2018, 19(6): 349-364.

ATG 蛋白都被去除；与溶酶体融合：成熟的自噬小体最终与溶酶体融合，其中的酸性水解酶会降解自噬小体中的成分，将营养成分重新释放回胞质供细胞再次利用。可见多种具膜细胞器会通过贡献膜成分参与到自噬小体的形成，其与溶酶体的融合则充分体现了生物膜结构的流动性。以细胞自噬的过程为素材设计问题情境，能够串联起生物膜系统的相关知识点，从而更有效地引导学生分析理解细胞内部结构之间的联系及功能。

素养教学建议 3

细胞自噬研究对疾病治疗的启示【生命观念　社会责任】

随着对自噬领域研究的不断深入，研究者们逐渐认识到自噬与衰老、疾病的发生发展及多种生命现象息息相关。美国西南医学中心的蓓丝·莱敏（Beth Levine）揭示了自噬基因 *beclin1* 的缺失将导致人类乳腺癌等肿瘤的发生，第一个开创性地将自噬机制引入具体疾病。此外，线粒体功能障碍被认为是帕金森病的重要致病机制之一，多种帕金森致病基因编码的蛋白参与调控清除线粒体的自噬过程。Ⅱ型糖尿病多由肥胖、高热量饮食、活动不足导致的糖代谢失衡所致，与胰岛素抵抗、高胰岛素血症密切相关。而有研究结果显示，胰岛素抵抗状态能够激活自噬过程，因此其可作为一种保护机制，清除因胰岛素抵抗产生的过多蛋白质及损伤细胞器；若自噬被阻断，则会导致细胞死亡，加重疾病症状。以上研究成果表明，研发靶向不同疾病中自噬功能障碍的药物可能在疾病治疗中发挥积极作用。利用该素材创设情境将课本知识与实际生活问题相联系，可帮助学生认识到细胞自噬正常进行对于保证身体健康状态至关重要，引导他们制订并践行健康生活计划。

微课设计

明日科学家——细胞自噬分子机制探索

设计意图： 作为一项获得诺贝尔奖的研究工作，细胞自噬分子机制的发现为整个领域的发展起到了巨大的推动作用，具有里程碑的意义。学生通过课本知识的学习不难理解自噬的过程，以及自噬在维持机体正常生命活动中发挥的作用。但是科学家是如何得出这些结论的？真实的科学研究是如何展开的？通过回溯相关发现历程，带领学生逐步分析。本设计给出细胞自噬分子机制研究过程中的一些关键发现，引导学生据此自主设计实验思路探索自噬过程，认识课本背后的知识，并通过亲身体验感受科学探究的乐趣。

设计方案

教师讲述： 溶酶体是一种具单层膜的细胞器，内部存储有多种酸性水解酶，能分解衰老损伤的细胞器、吞噬并杀死侵入细胞的病毒或病菌，因此被称为细胞内的"消

像生物学家一样思考

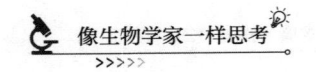

化车间"。科学家是在 1955 年才通过电子显微镜观察到这一结构，之后围绕它展开了一系列的研究，其中对内容物的分析使得科学家发现细胞质内的成分会出现在溶酶体中，由此建立了"细胞自噬"的概念，并拉开相关研究的序幕。

材料呈现

材料一

科学家观察到细胞中存在一个包含两个线粒体的双层膜结构——自噬小体，该结构可出现在含有酸性水解酶的溶酶体中。

材料二

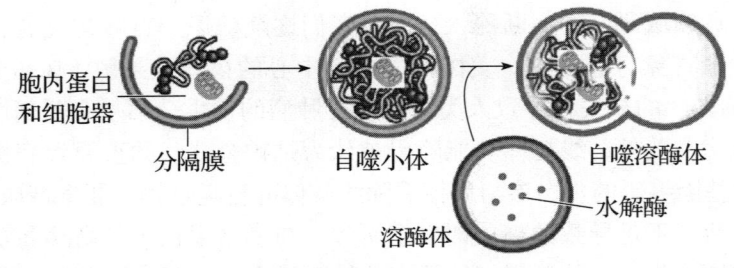

胞内蛋白和细胞器 分隔膜 → 自噬小体 → 自噬溶酶体 溶酶体 水解酶

问题设计：分析上述材料，总结细胞自噬的过程，其中关键步骤是什么？

教师引导学生分析：细胞自噬的过程包括自噬小体形成、自噬小体与溶酶体融合、内容物被溶酶体水解三个主要环节，关键步骤是包裹细胞内容物的自噬小体的形成。（补充：自噬小体是一个暂时性的结构，形成后在细胞内仅存在不到十分钟）

材料呈现

材料三

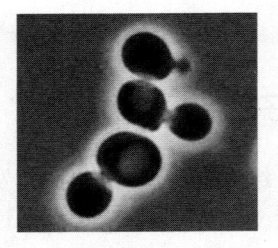

饥饿条件下酵母细胞形态

资料来源：TakeshTakeshige K, Baba M, Tsuboi S, Noda T, Ohsumi Y. Autophagy in yeast demonstrated with proteinase-deficient mutants and conditions for its induction [J]. *The journal of cell biology*, 1992, 119(2): 301-311.

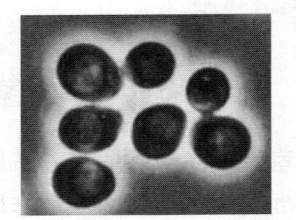

同条件下一种酵母突变体（溶酶体中水解酶功能被抑制）细胞形态

资料来源：TakeshTakeshige K, Baba M, Tsuboi S, Noda T, Ohsumi Y. Autophagy in yeast demonstrated with proteinase-deficient mutants and conditions for its induction [J], *The journal of cell biology*, 1992, 119(2): 301-311.

问题设计：科学家在溶酶体中观察到自噬小体是什么状态？如何设计实验能长时间看到完整的自噬小体？

教师引导学生分析：自噬小体与溶酶体融合后，其单层膜很快就被水解酶分解，内容物四散在溶酶体中，因而镜下可观察到降解程度不同的多种形态自噬小体。若抑制、阻断水解酶的功能，则自噬小体无法被降解，使其能较长时间存留在溶酶体中。

> **材料呈现**

材料四

图 A 表示酵母细胞内有自噬小体聚集，图 B 为一种酵母突变株，在经过与 A 相同的处理后没有自噬小体形成。

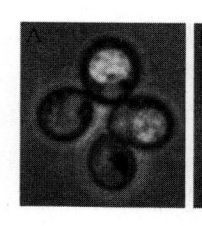

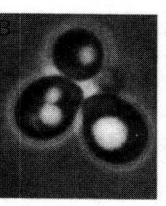

资料来源：Thumm M, Egner R, Koch B, Schlumpberger M, Straub M, Veenhuis M, et al. Isolation of autophagocytosis mutants of saccharomyces cerevisiae [J]. *Febs letters*, 1994, 349(2): 275-280.

问题设计：自噬的过程及关键结构明确之后，新的问题出现了，那就是这一过程是如何实现的？有哪些因子参与其中？如何设计实验筛选相关因子？

教师引导学生分析：生命活动的主要执行者是蛋白质，对于自噬过程也不例外。其实施过程中也一定离不开各种酶、结构蛋白等的作用。而蛋白质又是由基因指导合成的，因此可以推测自噬过程受一系列基因的调控。要确定有哪些基因参与，可以通过诱发随机的基因突变，选出自噬过程受影响的突变体，再去分析这些突变体中变化的基因，即可筛检出自噬相关基因。

教师指导学生小结：通过这次理论研究可以发现，对某一生理过程背后调控机制的探索，需在对已有认识的认真分析基础上，大胆合理推测可能机制，提出假设后设计严谨的实验计划，在充足的实验证据支持下验证假说得出结论。科学研究的挑战与乐趣就体现在一次次的设想与论证中。而高中阶段无论是在小课题研究，还是在日常解题中，都可以利用类似的思路来分析和解决问题。

【评析】

评析人：郭峰

本微课探究细胞自噬分子机制，我们现在知道细胞自噬控制着许多重要的生理功能，涉及细胞部件的降解和回收利用。细胞自噬能快速提供燃料供应能量，或者提供材料来更新细胞部件，因此在细胞面对饥饿或其他种类的应激时，它发挥着不可或缺的作用。在遭受感染之后，细胞自噬能消灭入侵细胞内的细菌和活病毒。自噬对胚胎发育和细胞分化也有贡献。细胞还能利用自噬来消灭受损的蛋白质和细胞器，这个"质检"过程对于抵抗衰老带来的负面影响有举足轻重的意义。基于此，本微课设计从科学史的角度带领学生科学探究，大胆假设，小心求证。

1. 所选材料丰富、合理。

四个材料，五张图片，学生仔细观察，提升了学生的参与度，图片的顺序是自噬

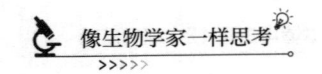

现象到自噬过程，接着到自噬突变体，最后到有无自噬小体的对照图片，逐步引导学生思考，引人入胜。

2. 充分发挥学生的主体作用。

自噬的分子机制，涉及结构与功能的关系，教师设计了一系列学生的活动：学生自主观察图片、总结自噬过程、想象科学家会观察到什么样的状态、大胆假设并交流、设计实验验证假设，充分发挥了学生的主体作用，培养了学生的科学思维能力。

3. 以问题为导向，促进核心素养的培养。

根据科学家发现自噬过程及机理的发现史，提供丰富的素材，先从发现自噬现象入手，归纳总结自噬过程，接着联系相关溶酶体的知识，反过来思考破坏掉溶酶体又会怎样，最后筛选出突变体，观察验证。在充满悬念的真实情境中用问题巧妙引导学生的高阶思维，而不是堆砌材料。最大的亮点是让学生自己做出假设，并设计实验验证。通过这些活动，促使生命观念、科学思维、科学探究等核心素养的培养，解决了自噬的机理就能更好地筛选药物，运用到实际生活中，无形中加强学生的社会责任感。

本节课通过理论研究，让学生体验了科学研究的乐趣与挑战，会更加熟练应用到日常生活中。

▶ 习题设计 ◀

习题1：

细胞自噬过程中，包裹细胞内容物具双层膜的自噬小体会与溶酶体融合，在其中酸性水解酶作用下分解胞内成分后，可转运回细胞质中被再次利用。据此，下列说法中错误的是（　　）。
A. 内质网和高尔基体会参与溶酶体的形成
B. 溶酶体与自噬小体的融合体现了膜的流动性
C. 胞内蛋白质在溶酶体中被降解后产生的氨基酸重新回到细胞质中不需要消耗能量
D. 营养缺乏条件下，溶酶体内水解酶功能受损可能导致细胞死亡

必备知识	细胞自噬过程及作用；溶酶体的结构与功能；生物膜特点；跨膜运输
参考答案	C
命题立意	本题以细胞自噬基本过程为情境。 （1）考查学生对细胞自噬作用的理解； （2）结合细胞器结构与功能、生物膜系统等知识点，引导学生分析自噬过程中各个细胞器之间的联系，对学生的科学思维和生命观念考查水平较高。
素养水平	生命观念水平三；科学思维水平三

习题 2：

帕金森病是一种老年人群中常见的神经退行性疾病，细胞内线粒体受损或功能障碍、错误折叠蛋白质的积累被认为是导致该病发生的机制之一。据此，下列说法中正确的是（　　）。
A. 线粒体功能障碍导致其分解葡萄糖速率下降
B. 损伤线粒体被溶酶体分解清除不属于细胞自噬
C. 细胞内蛋白质的折叠加工与内质网有关
D. 可使用药物增强细胞自噬以治疗帕金森病

必备知识	各种细胞器的作用；细胞自噬过程及作用
参考答案	D
命题立意	本题以帕金森病致病机制为情境。 （1）考查学生对相关细胞器功能的理解； （2）选项设置引导学生结合题干信息思考该病发生与细胞自噬的联系，进而大胆设想以自噬为靶点治疗帕金森病的思路，初步尝试以解决现实生活问题为目的的科学探究。
素养水平	（1）生命观念水平二 （2）科学思维水平三 （3）科学探究水平三 （4）社会责任水平二

学术情境主题 13

细胞凋亡研究

裴涧雯

● 学术导引 ●

地球上的生命体一般都要经历生、老、病、死的历程。这一自然规律也同样适用于细胞。细胞可以通过有丝分裂增殖，并因基因的选择性表达向不同方向分化，最终会被自身"清除"，即发生细胞死亡。1986 年，科学家已在鱼类神经元的发育过程中观察到细胞凋亡现象。1973 年，有科学家提出了细胞凋亡（apoptosis）的概念[1]。"apoptosis"原是希腊单词，本义是秋天树叶飘落凋零的现象，以此用来表示细胞死亡的状态。尽管细胞凋亡这一概念很早就被接受，但其具体的分子调控机制、在生物生长发育过程中的作用则在多位科学家长达 30 年的研究中才陆续被揭示。2002 年的诺贝尔生理学或医学奖授予了美国加州伯克利大学分子科学研究所的悉尼·布伦纳（Sydney Brenner）、英国剑桥大学桑格研究中心的约翰·苏尔斯顿（John E. Sulston）以及美国麻省理工学院的罗伯特·霍维茨（H. Robert Horvitz），以表彰他们在器官发育的基因调控和细胞的程序化死亡（即细胞凋亡）研究领域所做的重要贡献。

DNA 双螺旋结构的发现揭开了分子生物学研究的序幕，布伦纳早期的研究工作主要是与克里克合作，陆续发文阐述了信使 RNA、遗传三联体密码及终止密码子的作用。至此，布伦纳认为分子生物学的核心问题已得到解决。接下来，他尝试去研究更为复杂的生命现象：在多细胞高等生物中发生的细胞分化和器官发育，基因如何调控这些过程？又是如何指挥这些不同种类的细胞构建在一起组成一个完整有序的生物体？为了解释上述问题，布伦纳开始着手研究基因对神经系统分化发育的调节以及对生物行为的控制。在实验对象选择上，他期望找到一种具有以下特点的生物：能够在实验室快速大量繁殖；具有简单而完整的神经系统（神经细胞少）；身体足够小从而方便显微镜下观察；最好有雌雄同体以方便遗传学研究。彼时，有学者已从土壤中分离出秀丽隐杆线虫（C. elegans）。该线虫从受精卵发育为成体会经历胚胎发育及胚后发育两个阶段，在琼脂糖培养基上用大肠杆菌喂养即可使其大量生长繁殖，总体生活周期

---

[1] Kerr J F R, Wyllie A H, Currie A R. Apoptosis: a basic biological phenomenon with wideranging implications in tissue kinetics [J]. *British journal of cancer*, 1972, 26(4): 239-257.

仅 3.5 天；自然存在的秀丽隐杆线虫有自体受精的雌雄同体和雄性体两种形态，前者细胞核内染色体组成分别为 5 对常染色体和 1 对性染色体 XX，后者则少一条 X 染色体，每个雌雄同体可自交产生 200～300 个后代，由雄性体提供配子进行杂交。秀丽隐杆线虫成虫体长 1～2 mm，且全身透明，可直接在微分干涉相差显微镜（DIC）下观察到身体里的每个细胞。可以说，这一生物的所有特点完美契合了布伦纳对于实验生物的要求，因此他获得了秀丽隐杆线虫并开始自己的研究。

布伦纳第一阶段的实验是在英国剑桥大学医学研究委员会分子生物学实验室（MRC）完成的，主要目的是确定秀丽隐杆线虫各个基因的功能及位置以绘制基因组图谱。因此，1967 年，布伦纳开始了秀丽隐杆线虫的正向遗传突变筛选。主要实验方法是：首先通过 EMS（乙基甲烷磺酸盐）诱变，在雌雄同体的 F_2 代获得与形态和行为有关的突变体，如短胖（图 13-1b）、短身（图 13-1c）及长身（图 13-1d）突变体；之后用这些突变体进行一系列杂交实验以确定每个表型相关基因在染色体上的位置，期间他通过让突变体与野生型雄虫回交，用实验验证了孟德尔分离定律；最后用两点／三点测交法确定每条染色体上各个基因的位置关系。

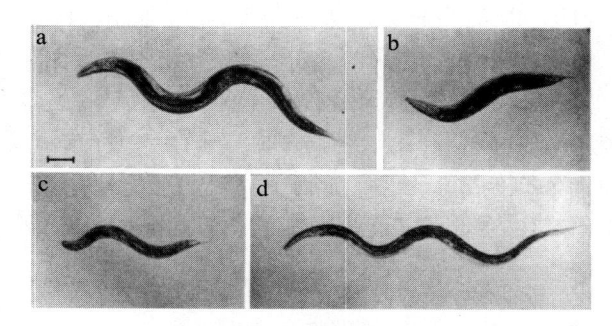

图 13-1　秀丽隐杆线虫雌雄同体经 EMS 诱变后产生的突变体
资料来源：Brenner S. The genetics of caenorhabditis elegans [J]. *Genetics*, 1974, 77.

经过多年的研究，布伦纳于 1974 年在《遗传学》杂志（*Genetics*）上发表了长文章，系统地描述了秀丽隐杆线虫的遗传组成。该文章报告了 300 个突变体，涉及 97 个基因，这些基因分布在 6 对染色体上。除了揭示线虫的基因组图谱，布伦纳还在文章中详细介绍了线虫的培育及观察方法，以及遗传学操作包括遗传互补、图谱定位等方法，为秀丽隐杆线虫成为研究遗传和发育的模式动物奠定了坚实的基础。同年，布伦纳还与苏尔斯顿共同完成了对秀丽隐杆线虫 DNA 的测定。在此之后，布伦纳回归到探索基因对线虫神经系统发育的调控机制，经过与约翰·怀特（John White）多年的合作研究，他们确立了线虫的神经元组成以及神经元之间的联系。

可以看到，布伦纳的研究与细胞凋亡联系并不大，然而"无心插柳柳成荫"，他所选择的秀丽隐杆线虫这一模式生物为之后的科学家研究细胞凋亡提供了绝佳材料。

苏尔斯顿作为博士后研究员于 1969 年加入布伦纳在剑桥的 MRC 实验室，初期帮助布伦纳进行秀丽隐杆线虫神经系统发育的研究，之后转向研究线虫的细胞谱系。他主要使用当时布伦纳实验室先进的微分干涉相差显微镜观察秀丽隐杆线虫的雌雄同体

像生物学家一样思考

从受精卵成虫的全发育过程，追踪其中每个细胞的来源去向，先后绘制了秀丽隐杆线虫胚后发育阶段、胚胎发育阶段的细胞谱系图[①]。鉴于要研究线虫各个时期的动态变化过程，就不能用常规的制片方法将其处死固定后观察，而活力状态的线虫又会四处游走给准确观察带来麻烦。因此苏尔斯顿对制片方法做了一些改进：他先将一层薄而平整的琼脂糖涂在载玻片上，将幼虫置于其上，随后将大肠杆菌抹在盖玻片下面覆盖在载有培养基和幼虫的玻片上，这样幼虫仅能在载玻片和盖玻片间的狭小空间内自由蠕动，并能获得充足的食物以保持存活的状态，从而方便观察及作图。

苏尔斯顿对秀丽隐杆线虫雌雄同体生长发育全过程的观察显示，它从受精卵到完全发育成熟为成虫，共产生 1 090 个细胞，其中 131 个在发育的不同阶段发生程序性死亡而被清除，最终成体共有 959 个细胞。而产生的这 1 090 个细胞及凋亡的 131 个细胞是完全固定的，也就是说每个细胞的命运在发育之初就已被完全确定，按照既定程序有条不紊地进行。例如，在胚胎发育阶段，受精卵（zygote）第一次卵裂便是不对称的（图 13 - 2），产生一个前端的 AB 细胞和一个后端的 P_1 细胞。之后 AB 细胞分裂产生 ABa 和 ABp 细胞，P_1 细胞分裂产生 P_2 和 EMS 细胞（图中未标出）。EMS 细胞分裂成 E 细胞和 MS 细胞。P_2 细胞分裂产生 C 细胞和 P_3 细胞。P_3 细胞则继续分裂产生 D 细胞和 P_4 细胞。至此，在受精后前四次分裂中产生的 6 个细胞（AB、MS、E、C、D 和 P_4）已为幼虫的 6 个主要的细胞系统提供了前体，且已建立了幼虫的前后轴和背腹轴。后续 AB 细胞会继续分裂分化最终发育成皮下组织、神经元和一部分肌肉，MS 细胞发育成肌肉、腺体和体腔细胞，E 细胞发育成肠，C、D 细胞发育成各种不同的组织，而 P_4 最终发育成生殖细胞。这些细胞的发育模式对于任何一条线虫来说都是如此。

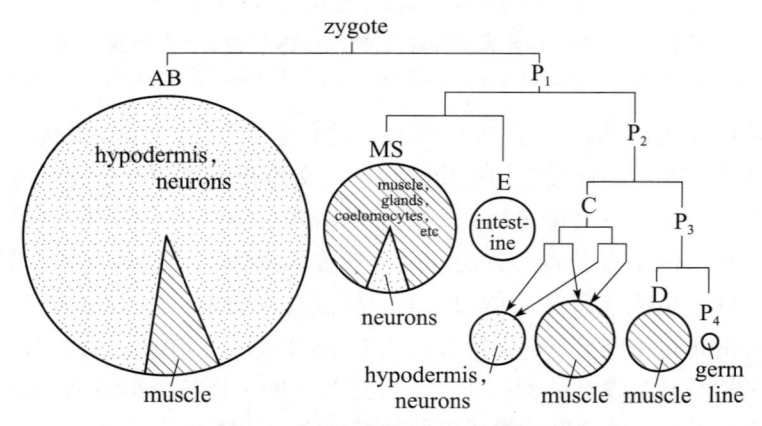

图 13 - 2　秀丽隐杆线虫细胞谱系简图

资料来源：Sulston J E, Schierenberg E, White J G, Thomson J N. The embryonic cell lineage of the nematode caenorhabditis elegans [J]. *Developmental biology*, 1983, 100(1): 64-119.

[①] Sulston J E, Horvitz H R. Post-embryonic cell lineages of the nematode, caenorhabditis elegans [J]. *Developmental biology*, 1977, 56(1): 110-156; Sulston J E, Schierenberg E, White J G, Thomson J N. The embryonic cell lineage of the nematode caenorhabditis elegans [J]. *Developmental biology*, 1983, 100(1): 64-119.

在发育过程中，苏尔斯顿发现有些细胞会发生凋亡，于是记录下了镜下观察到的凋亡过程并详细描述了凋亡细胞的形态变化（图13-3）：凋亡开始时细胞的折光性略有增加，随着时间推移会呈现类似扁纽扣样的形态（28 min），之后折光性又逐渐减弱直到整个细胞皱缩消失，整个过程在40 min左右完成。他还发现在上述6个细胞后续的分裂分化过程中都存在细胞凋亡现象，以ABa细胞分裂产生的ABalaa细胞为例，它继续经过多次分裂分化最终会产生17个细胞，参与环神经节的构成，过程中有13个细胞凋亡（图13-4标记"×"的细胞）；而对ABalap细胞来讲，最终产生24个细胞构成环神经节，有11个细胞凋亡。

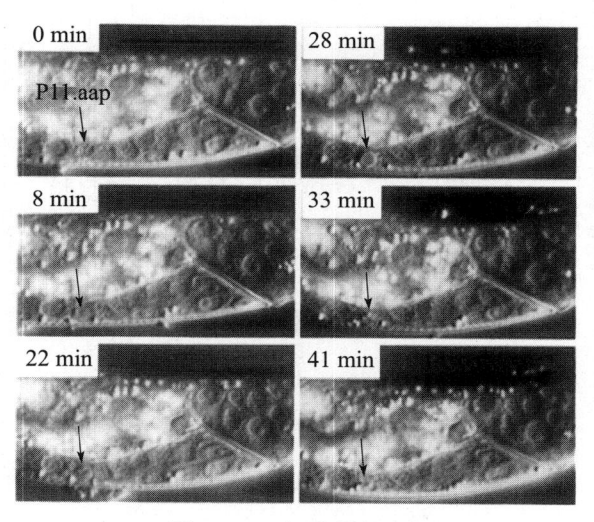

图13-3 细胞凋亡过程

资料来源：Sulston J E, Schierenberg E, White J G, Thomson J N. The embryonic cell lineage of the nematode caenorhabditis elegans［J］. *Developmental biology*, 1983, 100(1): 64-119.

除了揭示线虫发育过程中普遍存在细胞凋亡的现象，苏尔斯顿还鉴定出一个与凋亡有关的基因 *nuc-1*。他们发现 *nuc-1* 的缺失会导致凋亡细胞核内DNA持续存在而不被清除，指出该基因与凋亡过程中DNA的降解有关。苏尔斯顿对秀丽隐杆线虫发育过程中131个凋亡细胞以及 *nuc-1* 基因功能的确认，为细胞凋亡分子机制的研究拉开序幕。

罗伯特·霍维茨在哈佛大学获得博士学位后，于1974年加入布伦纳的MRC实验室，并在1977年与苏尔斯顿合作完成了秀丽隐杆线虫胚后发育的细胞谱系的绘制工作。一年后他回到美国麻省理工学院，开始以秀丽隐杆线虫发育过程中发生程序性死亡的131个细胞为对象研究细胞凋亡发生的分子机制。当时，其他科学家报道了 *ced-1* 与 *ced-2* 基因功能缺失突变的细胞发生凋亡后可长时间存在而不被吞噬清除，如此就方便观察记录凋亡细胞的位置、数目。在这一重大发现基础上，霍维茨以 *ced-1* 和 *ced-2* 突变体为对象，筛选与凋亡调控有关的基因。

图 13-4　ABa 细胞谱系（部分）

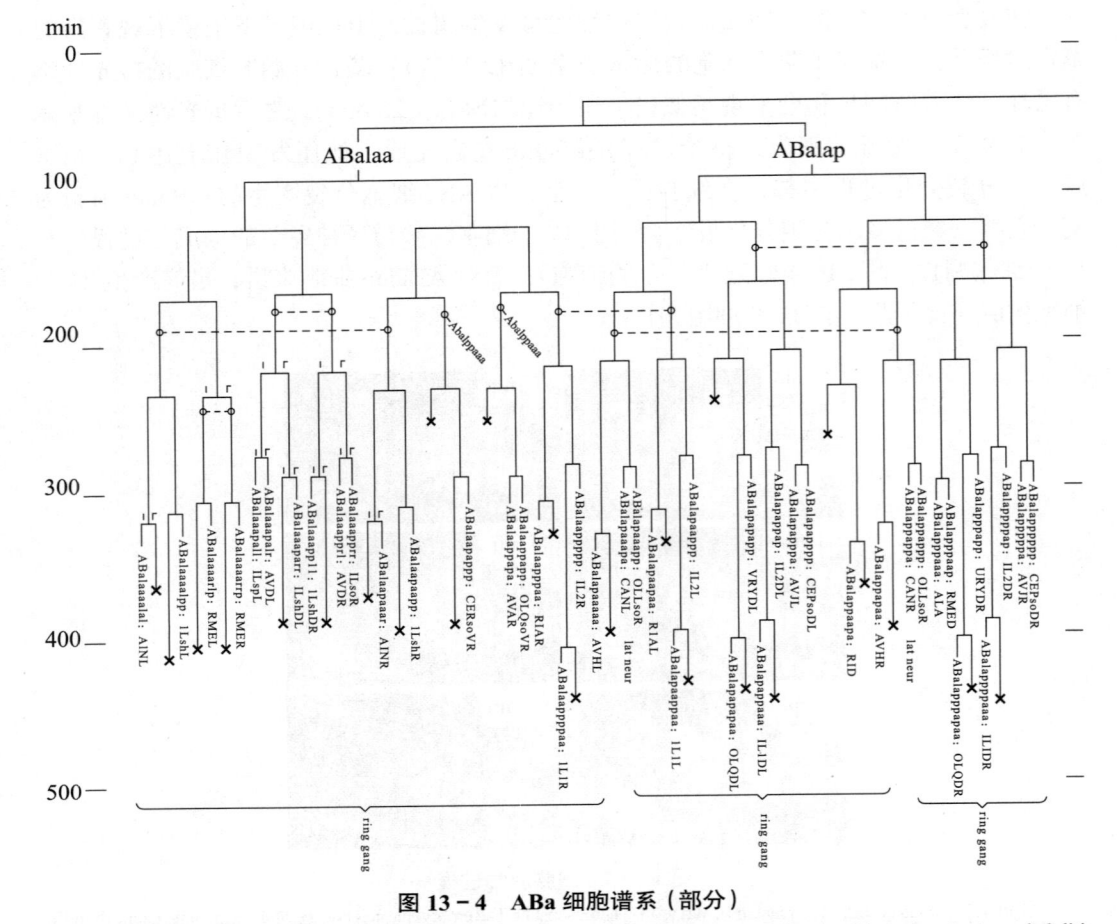

资料来源：Sulston J E, Schierenberg E, White J G, Thomson J N. The embryonic cell lineage of the nematode caenorhabditis elegans [J]. *Developmental biology*, 1983, 100(1): 64-119.

  1986 年，霍维茨发现了两个与凋亡有关的基因 *ced-3* 和 *ced-4*[①]。实验结果表明，*ced-3* 功能缺失突变会使得秀丽隐杆线虫在腹神经线、侧皮下组织、后颈、咽部等部位出现细胞数目增多的现象，*ced-4* 功能缺失突变也会导致咽部位置细胞增多，而这些增多的细胞数量和位置与应发生凋亡的细胞完全对应（图 13-5、图 13-6），说明在胚胎和胚后发育过程中，*ced-3* 或 *ced-4* 的功能缺失突变会使得线虫多处部位本应正常凋亡的细胞不发生凋亡而存活下来，揭示 *ced-3/4* 会参与调控细胞凋亡。另外，"幸存"的细胞不再增殖但可分化，突变体线虫行为正常，说明凋亡的抑制不会影响线虫的正常生命活动。1992 年，霍维茨再次报道了秀丽隐杆线虫中另一个与细胞凋亡有关的基因 *ced-9*[②]，其功能增强会使线虫体内凋亡细胞数目减少，例如在其前 1/2 咽喉部位本应

[①] Ellis Hilary M, Horvitz Robert H. Genetic control of programmed cell death in the nematode c. elegans [J]. *Cell*, 1986, 44(6): 817-829.

[②] Hengartner M O, Ellis R E. Caenorhabditis elegans gene ced-9 protects cells from programmed cell death [J]. *Nature*, 1992, 356(6369): 494-494.

有49个细胞发生凋亡，*ced-9*功能增强突变体中仅可观察到13个；相反，*ced-9*缺失突变则使得一些本应正常存活的细胞不正常凋亡，如与线虫产卵有关的两个雌雄同体特异性神经元死亡，导致其发生产卵障碍。这些实验数据揭示*ced-9*可能与抑制凋亡有关。

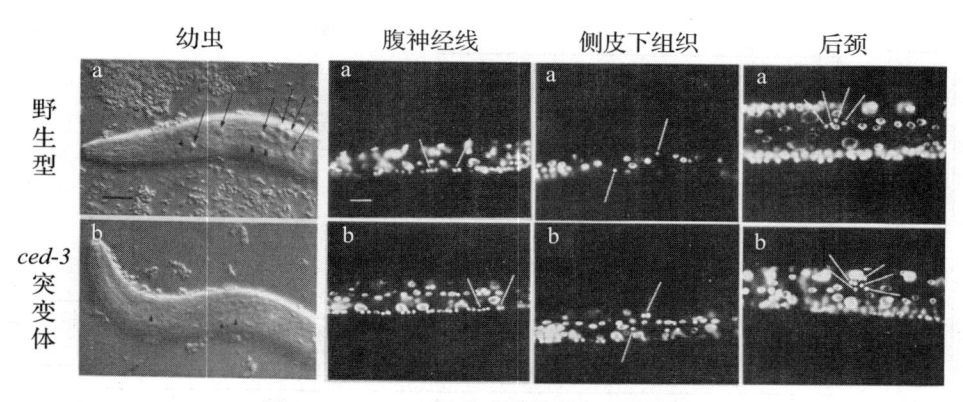

图 13-5 *ced-3*缺失突变体镜下观察表现

资料来源：Ellis Hilary M, Horvitz Robert H. Genetic control of programmed cell death in the nematode C. elegans [J]. *Cell*, 1986, 44(6): 817-829.

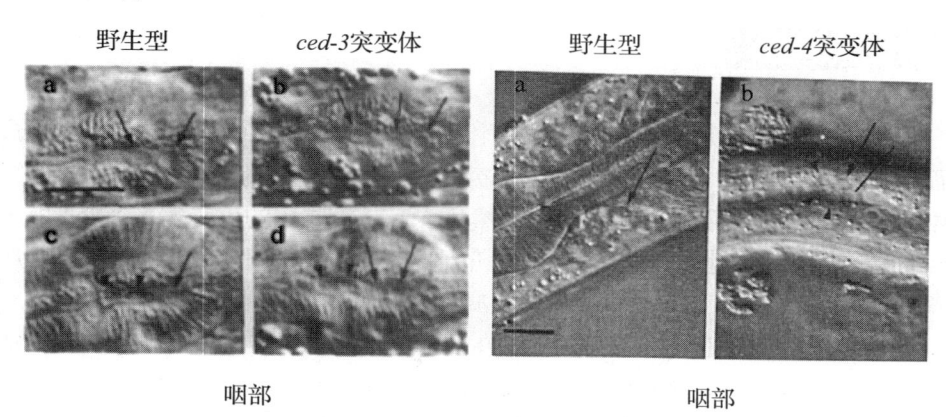

图 13-6 *ced-3/4*缺失突变体镜下观察表现

资料来源：Ellis Hilary M, Horvitz Robert H. Genetic control of programmed cell death in the nematode C. elegans [J]. *Cell*, 1986, 44(6): 817-829.

在上述对秀丽隐杆线虫中细胞凋亡分子机制的开创性研究工作之后，霍维茨又继续筛检与上述基因有同源性人源基因，并先后报道了与*ced-3*基因高度同源的*caspase-1*，与*ced-9*基因同源的*Bcl-2*。前者是后来在哺乳动物中发现的著名的凋亡执行蛋白家族——胱天蛋白酶（caspase）的成员，后者则是凋亡调节蛋白家族——Bcl-2蛋白质超家族的重要成员，同时也是关键的原癌基因。至此，霍维茨在麻省理工学院所做的关于细胞凋亡分子机制的研究工作（细胞凋亡研究过程见图13-7），使世界范围内有关凋亡机制及应用的研究进入了全面发展的阶段。

像生物学家一样思考

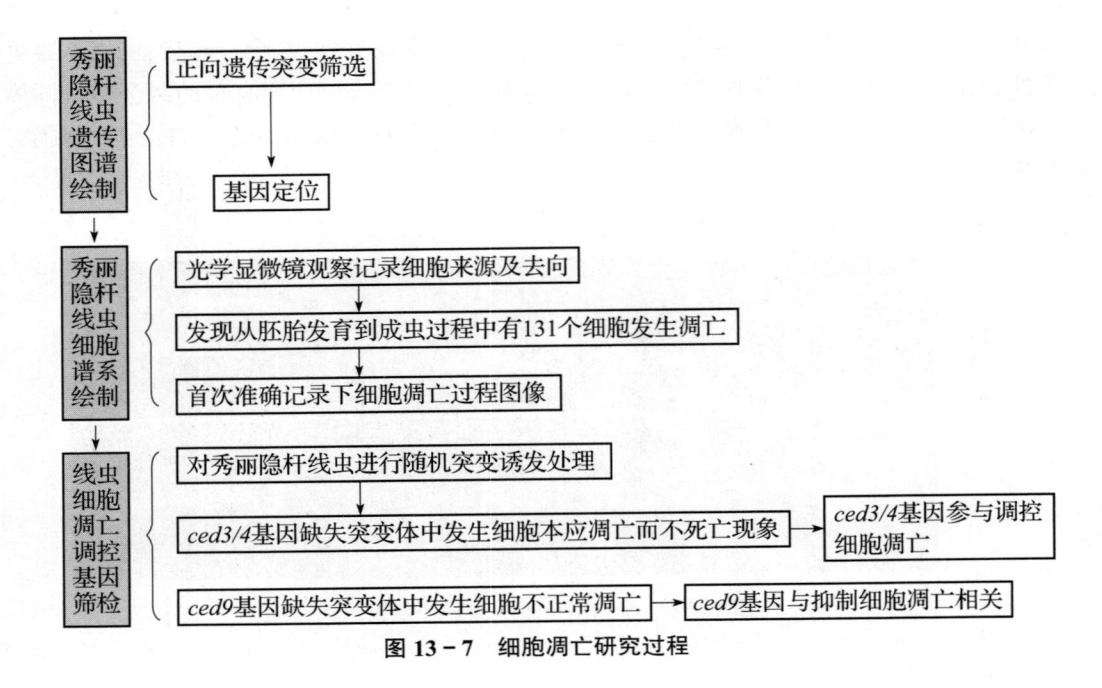

```
秀丽隐杆线虫遗传图谱绘制 ─┬─ 正向遗传突变筛选
                          │         ↓
                          └─── 基因定位
        ↓
秀丽隐杆线虫细胞谱系绘制 ─┬─ 光学显微镜观察记录细胞来源及去向
                          ├─ 发现从胚胎发育到成虫过程中有131个细胞发生凋亡
                          └─ 首次准确记录下细胞凋亡过程图像
        ↓
线虫细胞凋亡调控基因筛检 ─┬─ 对秀丽隐杆线虫进行随机突变诱发处理
                          ├─ ced3/4基因缺失突变体中发生细胞本应凋亡而不死亡现象 → ced3/4基因参与调控细胞凋亡
                          └─ ced9基因缺失突变体中发生细胞不正常凋亡 → ced9基因与抑制细胞凋亡相关
```

图 13-7　细胞凋亡研究过程

● 素养教学建议 ●

自发现细胞凋亡以来，众多科学家前仆后继历经数十年在其作用阐释、分子机制等方面展开研究，时至今日依然有层出不穷的新发现。对细胞凋亡的介绍在数个版本教材中都有呈现，重点强调它是细胞的自然死亡，是生物体的生长发育所必需的环节。而对于过程本身的复杂性，对凋亡机制的介绍寥寥。从内容上看，北师大版、沪科版教材均在正文部分以图文形式展示了细胞凋亡过程的形态学变化，相比人教版，介绍的知识更充实；从呈现方式上看，人教版在课外阅读栏目（必修1）简单介绍了细胞凋亡研究的重要发现及秀丽隐杆线虫在其中的贡献，可帮助学生了解真实的科学研究历程，在科研与课本知识间建立联系，激发学生科学探究的兴趣。

"细胞凋亡研究"与高中生物学概念的联系，见表13-1，可见此主题内容充分体现了课程标准必修课程中设定的生物学主干知识，是帮助学生提高核心素养的重要素材。

表 13-1　"细胞凋亡研究"与高中生物学概念的联系

内容			课程标准中的生物学概念
研究过程	研究步骤	关键实验方法	必修 3.1 亲代传递给子代的遗传信息主要编码在DNA上 　3.1.1 概述多数生物的基因是DNA分子的功能片段 3.2 有性生殖 3.3 由基因突变等引起的变异是可以遗传的 　3.3.1 碱基的替换、插入或缺失会引发基因中碱基序列的改变
	（1）秀丽隐杆线虫遗传学研究	• 正向遗传突变筛选 • 遗传互补实验 • 基因定位	

续表

内容		课程标准中的生物学概念
研究过程	（2）秀丽隐杆线虫胚胎和和胚后发育的细胞谱系绘制 • 显微镜的使用与制片	必修 2.3 细胞会经历生长、增殖、分化、衰老和死亡等生命进程 3.1 亲代传递给子代的遗传信息主要编码在 DNA 上 3.1.4 细胞分化的本质是基因选择性表达的结果

	（3）细胞凋亡相关基因筛检与功能确认
	• 正向遗传突变筛选
		必修
		2.3 细胞会经历生长、增殖、分化、衰老和死亡等生命进程
		    2.3.3 描述在正常情况下，细胞死亡是一种自然的生理过程
		3.1 亲代传递给子代的遗传信息主要编码在 DNA 上
		    3.1.1 概述多数生物的基因是 DNA 分子的功能片段
		    3.1.4 概述 DNA 分子上的遗传信息通过 RNA 指导蛋白质的合成，生物的性状主要通过蛋白质表现
		3.3 由基因突变等引起的变异是可以遗传的
		    3.3.1 碱基的替换、插入或缺失会引发基因中碱基序列的改变

研究结果	• 细胞凋亡是由基因所决定的细胞自动结束生命的过程，受到严格的由遗传机制决定的程序性调控	必修 2.3.3 描述在正常情况下，细胞死亡是一种自然的生理过程 3.1.4 概述 DNA 分子上的遗传信息通过 RNA 指导蛋白质的合成，生物的性状主要通过蛋白质表现

素养教学建议 1

实验选材创新推动细胞凋亡研究重要发现【生命观念　科学探究】

从前文的介绍不难发现，苏尔斯顿与霍维茨获得重要发现部分归功于秀丽隐杆线虫这一模式生物的使用。作为该领域的开山鼻祖，布伦纳会选用线虫，除了它符合实验目的对研究对象的各种要求外，也因为其他科学家已经成功分离线虫并能够制造突变体。可以说布伦纳是利用了当时最新的科学发现开始了自己的研究，并为后续以线虫为材料的研究奠定基础。苏尔斯顿也是运用当时观察细胞三维结构效果最好的微分干涉相差显微镜，结合新的制片方法，并持续不断地耐心观察记录，才成功绘制出线虫发育的细胞谱系图。可见两位科学家为了达到更好的研究效果，在实验对象、实验方法的选择上都极具开拓性。利用该素材创设情境可以让学生感受科学家勇于创新的精神，也可启发学生在科学探究过程中广泛搜集材料、拓宽思维、敢想敢做。

素养教学建议 2

遗传学实验在细胞凋亡研究中的应用【生命观念　科学思维】

布伦纳和霍维茨在研究过程中都用到正向遗传突变筛选，即诱发基因突变产生突变表型后确定相关基因。前者还用遗传互补实验来确定两个突变是否属于相同基因，并根据遗传学三大定律来确定基因位置。以上遗传学研究常用方法应用于细胞凋亡研究，帮助推动凋亡相关基因的发现与功能确认。利用该素材创设情境可加深学生对细胞凋亡是受基因调控的细胞程序化死亡这一核心概念的理解，并在遗传规律应用、基因突变、基因功能探究、细胞凋亡之间建立知识联系。也可使用该素材创设试题情境以培养学生的科学思维。

素养教学建议 3

细胞凋亡研究对疾病治疗的启示【生命观念　社会责任】

北师大版教材在正文部分对细胞凋亡研究的应用做了简要介绍。除了教材中提到的 *DCC* 基因外，霍维茨发现的 *Bcl-2* 基因如今也已被证明是一个重要的原癌基因，因此抑制该基因的功能可促进癌细胞凋亡。以 *Bcl-2* 基因为靶点的抗癌药物目前已有上市产品，用以治疗慢性淋巴细胞白血病、急性髓系白血病等。此外，有研究表明蛋白激酶 MST1 可促进神经细胞凋亡[①]，则可将其作为潜在药物设计靶标治疗以神经细胞凋亡为特征的老年痴呆病和帕金森病等神经退行性疾病。因此，细胞凋亡领域的研究发现，在多种疾病的治疗上表现出巨大的应用前景。学生可从该素材创设的情境中加深对细胞凋亡研究的理解，认识到科研成果落地可以真真切切为人类健康做贡献，引导学生关注前沿科技进展的应用，认同生物学科的社会责任。

微课设计

细胞凋亡研究的应用分析

设计意图：细胞凋亡一直是生命科学研究的热门领域之一，对其分子机制的研究从 20 世纪 90 年代持续至今，新发现不断涌现，帮助人们更准确地认识理解细胞死亡的过程。细胞凋亡研究的重要意义之一在于，可以为一些致病原因为细胞死亡或治疗方向为诱导细胞死亡的疾病提供基础研究层面的支持。细胞凋亡过程中的几个关键调控基因及其产物，早已被标为靶点开发相关药物。本设计的目的在于通过展示细胞凋亡与疾病发生的联系，引导学生分析如何将实验室中细胞凋亡的研究发现应用于疾病治疗，启发学生对于科研成果转化的思考，培养科学思维和社会责任素养。

设计方案

教师讲述：在生物体中，所有细胞最终的命运注定是走向死亡。其中，细胞凋亡是由一种基因所决定的细胞自动结束生命的过程，对于多细胞生物完成正常发育、维

[①] Xiao L, Chen D M, Hu P, et al. The c-abl-mst1 signaling pathway mediates oxidative stress-induced neuronal cell death [J]. *Journal of neuroscience*, 2011, 31(26): 9611-9619.

持内部环境稳定至关重要。异常的细胞凋亡或不凋亡都会影响相关细胞的生存状态，干扰机体生命活动的进行，导致疾病发生。因此，科学家们尝试以细胞凋亡为靶点，研发治疗相关疾病的药物。

> **材料呈现**

材料一

霍维茨课题组成员发现，人体内的 *Bcl-2* 基因缺失突变会导致细胞异常凋亡，暗示 *Bcl-2* 在细胞中会发挥抑制细胞凋亡的作用。

材料二

研究人员分析淋巴瘤患者染色体发现，*Bcl-2* 基因通过易位转移到免疫球蛋白重链基因的启动子后，使得 *Bcl-2* 基因高表达产生大量 Bcl-2 蛋白。

问题设计：分析 *Bcl-2* 基因在肿瘤发生中可能的作用，据此提供思路设计一款抗淋巴瘤药物。

教师引导学生分析：*Bcl-2* 是一种凋亡抑制因子，因此其在淋巴瘤患者细胞中的高表达会导致细胞无法发生凋亡，导致细胞癌变形成肿瘤细胞。可以设计化学药物或单克隆抗体特异性的物质与 Bcl-2 蛋白结合，阻断其抑制凋亡的作用，从而促进肿瘤细胞死亡。

> **材料呈现**

材料三

细胞凋亡的各种形态特征如细胞膜的变化、细胞核的变化、胞质向凋亡体的转移分配都依赖一类蛋白酶的水解作用，这类蛋白酶内部的活性位点是半胱氨酸，识别底物中的天冬氨酸并切断之后的序列，因此被称为胱天蛋白酶（caspase，即 cysteine aspartic-specific protease）。根据自身功能、底物识别、序列构造等特征，可将其分为诱发型胱天蛋白酶（initiator caspases）和效应型胱天蛋白酶（effector caspases）。两者的关系是：前者通过上游信号形成同源二聚体，使活性直接酶切后者，从而使后者产生活性，切割水解下游底物，最终导致细胞死亡。

材料四

研究表明，慢性神经元退行性疾病常伴有神经细胞凋亡，其病因往往是一种或数种基因突变的结果。这些基因变化通过改变基因产物的功能，对细胞产生损害。caspase 家族蛋白对肌萎缩侧索硬化、亨廷顿病、阿尔茨海默病和帕金森病等的产生有至关重要的作用。其中，阿尔茨海默病通常表现为患者大脑萎缩，脑功能退化，出现较为严重的认知障碍。细胞凋亡的变化规律与阿尔茨海默病的发生、发展及临床表现过程极为吻合，有理由认为阿尔茨海默病的发生、发展与 caspase-3 依赖性神经细胞凋亡之间有一定的关系。

问题设计：请提供一种可能缓解阿尔茨海默病发展的药物设计思路。

教师引导学生分析：阿尔茨海默病的发生与神经细胞异常凋亡密切相关，因此考虑可以通过抑制细胞凋亡使该病进展放缓，材料中提供的 caspase-3 可作为靶点，设计

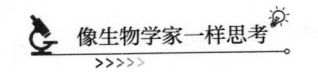

抑制剂阻断 caspase-3 水解下游底物从而减少细胞凋亡。

材料呈现

材料五

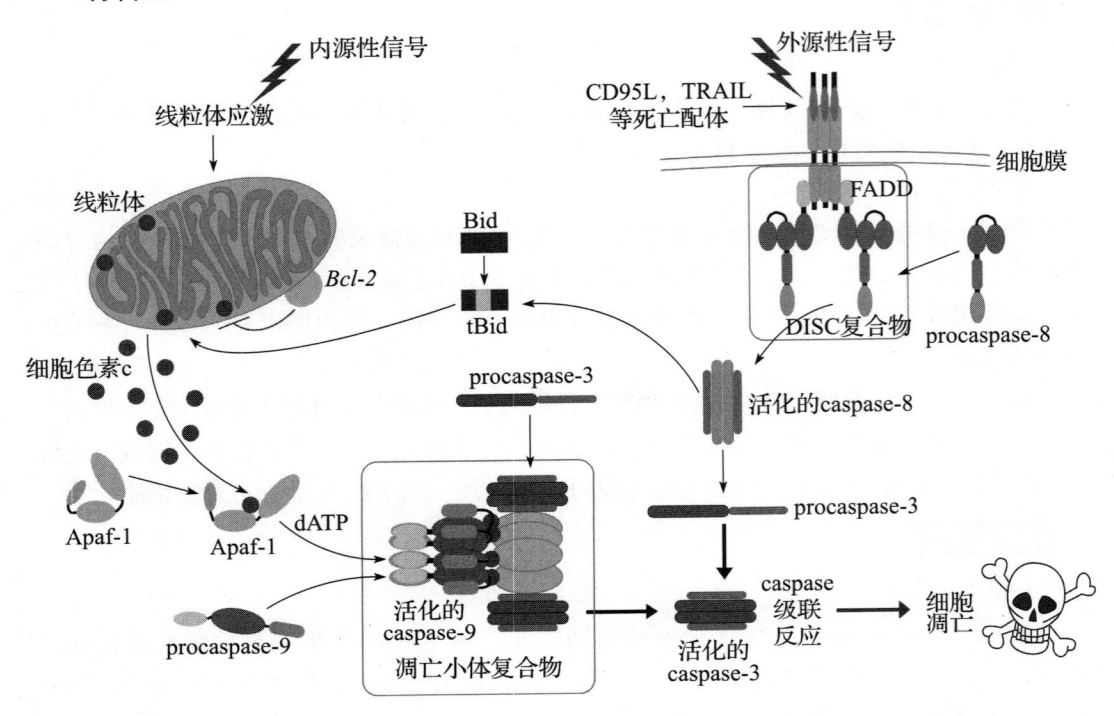

问题设计：材料五展示了调节细胞凋亡的信号通路，图中箭头表示促进，横杠表示抑制，据此分析可以有哪些因子作为靶点抑制/促进细胞凋亡？

教师引导学生分析：在内源性途径中，cytochrome C（细胞色素 C）、Apaf-1、caspase-9 均为促凋亡因子，可以通过促进/抑制其功能来促进/抑制细胞凋亡，Bcl-2 为凋亡抑制因子，则可用相反的措施来调整细胞凋亡水平；外源性途径中，caspase-8 促进凋亡，在未接受外界信号刺激时常与其抑制因子相结合以使细胞正常存活，也可通过调整 caspase-8 的活性影响凋亡水平；caspase-3 作为效应型胱天蛋白酶，是两种途径诱导凋亡的共同终点，也可作为抑制/促凋亡的靶点。

教师指导学生小结：多种严重影响人类健康的疾病的产生与细胞凋亡的失调密切相关，因此对细胞凋亡分子机制更深入、准确的认识有助于科学家了解清楚疾病发生发展的本质，也能够为治愈疾病提供新的思路和方向。由此可见，基础科学研究的蓬勃发展对于人类面临的现实生活问题的解决大有裨益，希望未来同学们也能投身其中，贡献自己的光和热。

【评析】

评析人：刘越

此微课紧扣细胞凋亡与疾病治疗，将细胞凋亡的分子机制分析与药物设计紧密结合。

1. 材料分析提升学生的科学素养。

提供相应的材料背景,将基因与抑制细胞凋亡相关联,让学生设计出抗肿瘤药物。一步步呈现材料串,让学生从中提取关键信息,形成逻辑思维,促进学生思维发展。

2. 巧设问题情境,读图分析设计药物。

将包含符号与文字说明的调控图作为新情境,让学生生成缓解疾病的药物设计方案,从而深化对细胞凋亡调控的理解,不断挖掘其中蕴含的科学思维与科学方法,提升科学素养。

习题设计

习题 1:

20 世纪 60 年代,生物学家悉尼·布伦纳选择秀丽隐杆线虫(2n=12)作为研究材料,该线虫具有体长约 1 mm、胚胎发育只有 15 h 和繁殖能力强等特点,其杂交方式如下表所示。回答下列问题:

自体受精	雌雄同体(10+XX)	产生卵细胞及精子进行自体受精
杂交受精	雌雄同体(10+XX)× 雄性(10+XO)	极少数个体减数分裂异常,性染色体(X 染色体)只有一条且表现为雄性;雄性个体存在时,雌雄同体接受雄性个体的精子进行杂交而不进行自体受精

(1)若要测定秀丽隐杆线虫基因组的全部 DNA 序列,应检测_____条染色体。
(2)秀丽隐杆线虫作为遗传学研究的模式生物,其优点和果蝇相同的是_____
_____(答出两点)。
(3)已知秀丽隐杆线虫的短身和长身由一对基因(D、d)控制,布伦纳用化学试剂对短身线虫进行诱变处理,得到了突变体长身雌雄同体 A。
①为了通过一次杂交实验确定这对基因位于常染色体还是性染色体上,请选择上述群体中的线虫设计杂交实验,写出亲本杂交组合:_____。
②若已确定该对基因位于常染色体上,布伦纳用同样方法进行诱变处理得到了另一只突变体长身雌雄同体 B,为探究雌雄同体 A 和 B 的突变是否发生在同一个基因上,请选择上述群体中的线虫设计杂交实验,并写出预期实验结果及结论。
实验设计思路:_____。
预期结果及结论:_____。

必备知识	孟德尔分离定律;孟德尔自由组合定律

参考答案	（1）6 （2）易饲养、繁殖快、子代多；具有多对易于区分的相对性状 （3）①突变体长身雌雄同体 A × 短身雄性体 ②让突变体长身雌雄同体 A 与短身雄性体杂交，取子代中的短身雄性体与长身雌雄同体 B 杂交，观察子代表现型及比例； 若子代中出现长身，说明 A 和 B 的突变发生于同一个基因；若子代全为短身，说明 A 和 B 的突变发生于不同基因
命题立意	本题在设计时，前两问的设置较为基础，选取科学史中的模式生物，并结合了课程内容中的果蝇等相关知识点进行考查。第（3）问则为具有难度递进式的设计，在线虫特殊繁殖方式的情景下，对布伦纳在研究过程中采用的"遗传互补实验"进行设问。虽然学生没有学过"遗传互补实验"，但是可以通过获取题干的信息和已掌握的遗传实验设计方法进行作答，在该过程中，充分考查了学生的科学思维和科学探究的核心素养水平。
素养水平	（1）生命观念水平三 （2）科学思维水平三 （3）科学探究水平三

习题 2：

科学家发现秀丽隐杆线虫的受精卵第一次卵裂可产生 AB 和 P_1 两个细胞，其中 AB 细胞三次分裂后产生的 ABalaa 细胞继续分裂最终得到的 17 个细胞，均在幼虫中发育为环神经节，该过程中有 13 个细胞死亡。据此分析，下列相关叙述正确的有（　　）。
①题干所述的细胞死亡均属于程序性的细胞坏死
②细胞凋亡是多细胞生物体完成正常发育所必需的
③AB 细胞与幼虫环神经节细胞中的 RNA 完全相同
④若 ABalaa 细胞核基因突变，13 个死亡细胞中都曾有该突变基因
A. 1 项　　　　B. 2 项　　　　C. 3 项　　　　D. 4 项

必备知识	细胞死亡的类型、区别及作用；细胞分化的本质；细胞分裂
参考答案	B

命题立意	线虫细胞谱系的建立过程较为复杂，超出学生的知识和能力范围，因此在命题时需要简化科学史的信息，尽可能贴近学生的认知。在选项设置上，用细胞凋亡做知识背景，结合了基因表达、细胞分裂等知识点，采用了选择题中的 K 型组合题（将备选项进行特定条件的组合），难度适中，可以充分考查学生运用生命观念、获取和分析信息的能力。
素养水平	生命观念水平二；科学思维水平三

习题 3：

不同物种同源基因的序列具有高度相似性，并往往在细胞内执行相同的功能。科学家最早在秀丽隐杆线虫中发现其 *CED-3* 基因表达的蛋白质参与细胞凋亡的过程，而 *CED-9* 基因表达的蛋白质会抑制凋亡的进行。之后在哺乳动物中鉴定出 *CED-3* 的同源基因 *caspase-1* 与 *CED-9* 的同源基因 *Bcl-2*。下列相关叙述错误的是（　　）。

A. *CED-9* 基因转录形成的 mRNA 通过核孔进入细胞质的核糖体中进行翻译
B. *CED-3* 基因缺失会导致线虫内细胞数量增加，而 *CED-9* 基因缺失结果相反
C. 若某药物能促进癌细胞内 *Bcl-2* 基因的表达，则该药物可用于癌症的治疗
D. *CED-3* 基因和 *Caspase-1* 基因转录得到的 mRNA 可能存在部分相同的序列

必备知识	细胞凋亡；基因表达过程；基因与性状
参考答案	C
命题立意	题目情境创设选取了科学家在线虫中探究细胞凋亡分子机制早期发现的两个关键基因，并引入同源基因这一新概念联系不同物种。选项中既考查细胞凋亡的概念及其内涵，又考查学生是否能基于信息进行分析和判断。该题阅读量适中，同时具备一定的理解难度，属于生物核心素养中生命观念、科学思维的考查范围。
素养水平	（1）生命观念水平二 （2）科学思维水平二 （3）科学探究水平二 （4）社会责任水平二

第二部分

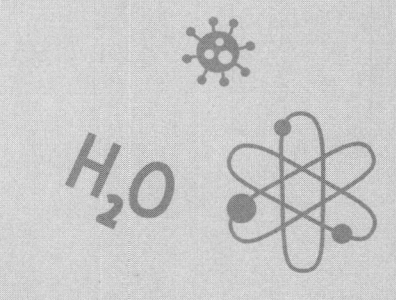

学术情境主题 14

肺炎链球菌转化

裴涧雯

• 学术导引 •

自古以来,人们就对生物的遗传这一自然界最常见的现象有所关注。"龙生九子,九子不同""种瓜得瓜,种豆得豆"等谚语反映出古人对遗传现象的观察及总结。然而,在很长一段时间内,没有人能够解释遗传的机制是什么,其中最基础的问题:遗传物质的本质是什么,则经历了漫长曲折的探索。

19世纪至20世纪初,多位科学家陆续发现了细胞核中存在核酸,化学组分的分析将其分为两类:胸腺核酸和酵母核酸,也就是现在的脱氧核糖核酸(DNA)和核糖核酸(RNA)。之后,美国科学家费伯斯·列文(Phoebus Levene)提出核酸的化学组成[1]:一分子碱基、一分子脱氧核糖或核糖相连组成一个核苷,再加上一分子磷酸,形成一个核苷酸;而构成核酸的基本单位是内部顺序固定的四核苷酸。这一假说认为核酸是简单的重复结构,因此无法承载多样性的遗传信息,就决定了核酸不可能作为遗传物质。相关研究人员转向对染色质另一组分蛋白质是否为遗传物质进行研究。可以说,"四核苷酸"假说的广泛认可导致了对遗传物质认识的长期停滞。

1928年,英国的一位医学官员格里菲斯(Griffith)发表论文,展示了小鼠体内的肺炎链球菌转化现象[2]。肺炎链球菌在人体内可导致大叶性肺炎,在小鼠体内可导致败血症。格里菲斯在体外培养S型肺炎链球菌(有荚膜、有致病性),发现少量突变R型(无荚膜、无致病性)菌产生。随后他将分离出的R型菌与已被加热杀死的S型菌混合后注入小鼠体内。鉴于两者都无致病性,按照常理小鼠在注射混合物后不应被感染。然而,小鼠患败血症死亡。在对死亡小鼠解剖后分析发现,小鼠体内有大量S型菌。格里菲斯推断是已被加热杀死的S型菌影响了活着的R型菌,使其重新产生荚膜恢复致病性。

究竟是什么物质造成这一转化的发生呢?该物质对于生命的意义如何?格里菲斯

---

[1] Levene P A, London E S. The structure of thymonucleic acid [J]. *Journal of biological chemistry*, 1929, (83): 793-802.

[2] Griffith F. The significance of pneumococcal types [J]. *Journal of hygiene* (*Lond*), 1928, 27(2): 113-159.

没有继续进行实验回答这些问题。而洛克菲勒研究所的艾弗里（Avery）领导组内成员开始了相关研究。首先，他们发现 S 型菌到 R 型菌的变异在自然状态下是可以反向进行的，即丢失荚膜的 R 型菌会因某些不明确的原因重新产生荚膜从而转变为 S 型菌。他们对多株 R 型菌筛选后发现其中一种突变体 R63A 菌不会发生上述转变，因此将其选为实验所用菌株。接下来，他们不论是将该菌株与已加热杀死的 S 型菌混合，还是将处理加热杀死的 S 型菌得到的细胞内容物加入 R63A 菌中，都可在培养基上观察到 S 型菌的菌落，表明转化现象在体外仍能发生。

艾弗里也尝试对提取物引起转化的效率进行了检测。他们用了一个巧妙的方法：在培养 R 型菌的培养液中加入抗 R 的兔血清，R 型菌后续会出现成团生长的现象，聚集在培养液底部，上清液澄清；若有转化发生，新生成的 S 型菌会弥散在上清液中，使其浑浊。据此，他们证明了极低浓度的提取物也可引起转化（表 14-1 所示）[①]。

表 14-1 不同浓度 S 型菌提取物的转化活性

有活性提取物		四次实验结果						
		第一次		第二次		第三次		第四次	
稀释倍数	实际加样量（μg）	弥散生长	菌型	弥散生长	菌型	弥散生长	菌型	弥散生长	菌型
10²	1.0	+	S	+	S	+	S	+	S
10²·⁵	0.3	+	S	+	S	+	S	+	S
10³	0.1	+	S	+	S	+	S	+	S
10³·⁵	0.03	+	S	+	S	+	S	+	S
10⁴	0.01	+	S	+	S	+	S	+	S
10⁴·⁵	0.003	−	R	+	S	−	R	+	S
10⁵	0.001	−	R	−	R	−	R	−	R
对照组	0	−	R	−	R	−	R	−	R

为了确定引起转化的物质本质，艾弗里等人采用排除法对细胞内容物的各个成分功能进行鉴定。他们将 S 型菌在 65 ℃下加热 30 分钟杀死，之后破碎细胞并离心，用去氧胆酸钠盐溶解上清液后制得细胞提取物。该提取物与各种脂酶、DNA 解聚酶混合后的转化活性如表 14-2 所示。这一结果显示只有当 DNA 被破坏时，转化现象才不会发生。提取物与胰蛋白酶、糜蛋白酶和核糖核酸酶混合后对转化没有影响的事实进一步证明该物质不是蛋白质或 RNA。上述结果综合暗示 DNA 是导致转化发生的物质。

[①] E. Chargaff, et al. The composition of the desoxypentose nucleic acids of thymus and spleen [J]. *Journal of biological chemistry*, 1949, 17(1): 405.

表 14-2 各种酶对转化活性的影响

酶的来源	酶的种类			
	磷酸酯酶	三丁酸甘油酯酶	DNA 水解酶	转化活性丧失
狗肠黏膜	+	+	+	+
兔骨	+	+	−	−
猪肾	+	−	−	−
自溶肺炎链球菌	−	+	+	+
普通犬、兔血清	+	+	+	+

之后他们通过各种方法鉴定处理后有转化活性的细胞提取物的化学本质，结果如下：处理后的液体在散射光下澄清无色，强直射光下可看出较为黏稠，搅拌会有丝状物缠绕在搅拌棒上；检测蛋白质的双缩脲试剂、米伦反应与该提取物均无阳性结果，而 DNA 检测反应出现强阳性；对提取物元素组成表明其中含有 C、H、O、N、P，且各种元素含量、N/P 含量之比均与 DNA 的性质相似，与含有少量蛋白质或脂质的 DNA 结果有较大的差异；提取物的分子量与其他科学家报道的 DNA 分子量接近；另外，浓度极低的菌蛋白和荚膜多糖在抗肺炎球菌兔血清的沉淀素试验中会出现强反应，而提取物即使在很高浓度下也只产生了微弱的反应。说明有转化活性的细胞提取物中含有极高纯度的 DNA。

在文章的结尾，艾弗里非常谨慎地下了结论："当然也有可能，这种物质的生物学活性并不是核酸的一种遗传特性，而是由于某些微量的其他物质所造成，这些微量物质可能吸附在它上面，或与它密切结合在一起，因此检测不出来。"显然，他引入了"辅助假设"。但仍对"DNA 是遗传物质"留下悬念。"如果目前研究的结果能得到证实，那么就必须认为核酸具有某种生物学的特异性，但这种特异性的化学基础到目前还未能搞清。"尽管如此，艾弗里的实验结果还是引发了巨大争论。直到"四核苷酸"假说被哥夫（Gofu）证实有误[1]，1952 年赫尔希（Hershey）和蔡斯（Zeiss）的噬菌体侵染实验结果发表之后[2]，DNA 是遗传物质的概念才被广泛接受。

素养教学建议

艾弗里通过肺炎链球菌体外转化实验首次证明了 DNA 是遗传物质，开启了后续几十年的核酸研究热潮，为一系列关于生命机制的研究开展奠定了基础。因此，各个版本的教材都有对该实验进行介绍，其中人教版教材在正文部分通过文字、图片详细展示了艾弗里的整个研究过程，内容与旧版相比有较大差别，对科学史的介绍更准确。

---

[1] E. Chargaff, et al. The composition of the desoxypentose nucleic acids of thymus and spleen [J]. *Journal of biological chemistry*, 1949, 17(1): 405.

[2] Hershey A D, Chase M. Independent functions of viral proteins and nucleic acid in growth of bacteriophage [J]. *Journal of general physiology*, 1952, 36(1): 39-56.

新北师大版和沪科版教材则相对简略，仅提供了一些阅读材料引导学生分析。

"肺炎链球菌转化实验"与高中生物学概念联系紧密（见表14-3），可为更好地理解DNA的功能、基因重组、基因工程等生物学主干知识，提升学科核心素养提供良好素材。

表14-3 "肺炎链球菌转化实验"与高中生物学概念的联系

内容		课程标准中的生物学概念
研究过程	研究步骤	关键实验方法	必修 3.1 亲代传递给子代的遗传信息主要编码在DNA上 3.1.1 概述多数生物的基因是DNA分子的功能片段，有些病毒的基因在RNA分子上 选修 5.1 基因工程是一种DNA重组技术 5.1.1 概述基因工程是在遗传学、微生物学、生物化学和分子生物学等学科基础上发展而来的 5.1.2 阐明DNA重组技术的实现需要利用限制性内切酶、DNA连接酶和载体三种基本工具
	（1）检测加热杀死SⅢ型菌提取物后的转化活性	• 微生物培养	
	（2）检测酶处理SⅢ型菌提取物后的转化活性	• 酶的提取 • "减法原理"	
	（3）鉴定提取物化学本质		
研究结果	• DNA是使无致病性的R型菌产生稳定遗传变化的物质		

素养教学建议1

勇敢实践，追求突破【科学思维 科学探究】

在证明DNA是遗传物质的整个历程中，有错误，有纠正，有突破。尽管当时学界的主流观点是蛋白质是遗传物质，艾弗里等人还是能够大胆质疑，严谨求证。为了揭示格里菲斯所发现的转化因子的本质，他们首先是将复杂、不清晰的体内实验尝试在体外进行重复。在体外观察转化现象后，采用"减法原理"，研究加热杀死的S型菌中各种物质单独的效应，获得DNA结构被破坏则无转化活性这一关键证据后，又继续对有转化活性的细胞提取物的化学本质进行鉴定，最终成功证明DNA的重要作用。教学过程中，教师可简要介绍这段科学史，引导学生明确实验方案的开展有赖于清晰合理、切实可行的研究思路；在科学研究过程中，需要详细周密的研究计划，更需要质疑批判的精神。在曲折中前进，在质疑中突破，才是科学探索永恒的曲调。

素养教学建议2

咬定"青山"不放松【生命观念 科学探究】

艾弗里在开始对肺炎链球菌的研究之前，是一位外科医生，继续往前追溯甚至会发现他在大学主修的是人文科学。过往的经历使得他在进入实验室后对致病菌的生化知识产生浓厚兴趣，因此在长达几十年的研究中他始终如一地以肺炎链球菌作为研究对象。这份坚持使得他在获悉格里菲斯的实验结果后能迅速地用同样的材料开展进一步探究，从而取得重要突破。证明DNA是遗传物质的开创性工作不仅启发了克里克（Crick）和沃森（Watson）关于DNA结构的研究，在实验过程中展现出了：1. DNA可以从一个生物个体转移至另一个生物个体（可以是不同物种的两个个体）；2. 人类可以在体外对 DNA 进行操作等，为 DNA 可转移、可操作提供了强有力的支撑。以今天的视角来看，这已为基因工程奠定了理论和技术基础。在选修课程基因工程的部分，教师可以此适当联系，有助于学生对课本主干知识形成整体性认识，加深理解。同时，也可以艾弗里的科研人生为素材创设情境，引导学生在科学研究中坚定理想，持之以恒。

• 微课设计 •

遗传物质是什么？

设计意图：对生物遗传物质的研究为分子生物学的发展奠定了基础，学生通过课本知识的学习不难理解其最终结论。但是科学家的完整探索过程是怎样的？其中是否有能够进一步激发学生探究热情的内容？这就需要回溯相关发现历程，带领学生逐步分析。本设计给出艾弗里肺炎链球菌转化现象研究的详细过程，引导学生据此逐步分析、推论，认识课本背后的知识，感受科学探究的乐趣。

设计方案

教师讲述：通过之前对格里菲斯实验的分析，大家已经知道肺炎双球菌中存在一种转化因子，使得细菌的特性发生可以稳定遗传给后代的变化。那这种转化因子的本质是什么呢？同时代的另一位科学家艾弗里，就针对这个问题开始了探索。

材料呈现

材料

为了明确加热杀死的 S 型菌体内转化因子是什么，艾弗里实验室开展了如下图所示的体外转化实验（对 S 型细菌加热杀死后得到细胞提取物）。

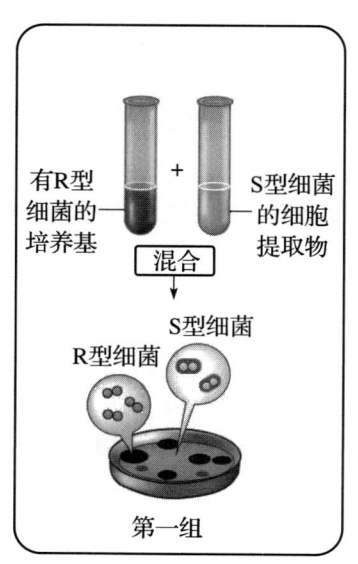

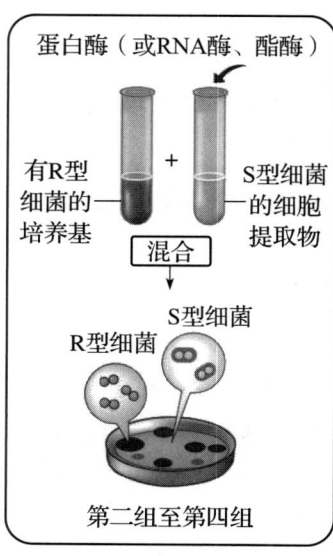

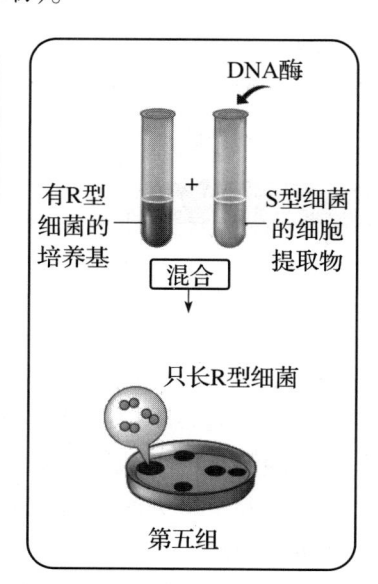

资料来源：朱正威，赵占良. 普通高中教科书生物必修 2 遗传与进化 [M]. 北京：人民教育出版社，2019：44.

像生物学家一样思考

问题设计：分析艾弗里的实验思路是什么。相较于格里菲斯的实验，上述设计有哪些优点？

教师引导学生分析：艾弗里对加热杀死的S型菌分别用蛋白酶、RNA酶、酯酶、DNA酶进行处理，从而使得相应的细胞提取物中分别缺少了蛋白质、RNA、荚膜多糖和DNA，这样就可以单独验证每种物质在转化中发挥的作用。在培养基上可通过观察细菌形态，更直接地判断是否发生了转化，以及发生转化的细菌的比例，帮助确定转化因子的本质。

问题设计：实验现象能够揭示的转化因子的本质是什么？

教师引导学生分析：前几个实验组均能够观察到R型菌到S型菌的转化，而加DNA酶处理使DNA缺失后无转化发生，说明转化因子是DNA。

问题设计：结合学过的DNA、蛋白质的理化性质，分析如何进一步确认转化因子的化学本质。

教师引导学生分析：蛋白质可用双缩脲试剂检测而DNA不可；蛋白质组成元素为C、H、O、N、S，DNA则含有C、H、O、N、P，因此可通过分析元素组成，确认细胞提取物中有转化活性物质的本质；此外，这两类物质在相同溶剂中溶解度差异、分子量差异也可作为鉴定依据。

教师指导学生小结：通过这次根据科学家真实研究历程的探索可以发现，对科学问题的解答需要大胆质疑、执着追求，设计严谨的实验计划，在充足的实验证据支持下得出结论。如此，才能得到对科学问题创新性、颠覆性、真正有意义的回答。长远看来，人们对世界的发现只有进行时，没有完成时。

【评析】

评析人：刘越

此微课设计内容是呈现艾弗里肺炎链球菌转化实验研究的详细过程。教师巧用一个个问题，引导学生发现问题，引领思维，突出重点，从科学实验的详细过程中，让学生发现实验的巧妙设计之处，产生对科学设计的赞叹；又通过对转化因子本质的提问，引导学生跨学科思考，鉴定及确认物质本质的方法有多种，将学生思路打开，授之以渔。

习题设计

习题1：

在对照实验中，控制自变量可以采用"加法原理"或"减法原理"，下列实验设计中采取了"加法原理"的是（　　）。
A. "比较H_2O_2在不同条件下的分解"实验中，实验组做滴加肝脏研磨液等处理
B. "验证光是光合作用的条件"实验中，对照组给予光照，实验组做黑暗处理
C. "艾弗里肺炎链球菌转化"实验中，几个实验组分别加蛋白酶、酯酶、RNA酶和DNA酶
D. "验证甲状腺激素作用"实验中，对照组不进行处理，实验组切除甲状腺

必备知识	课本基础实验的实验原理、方法;"加法原理""减法原理"的正确理解
参考答案	A
命题立意	本题以新人教版教材关于科学方法的新内容为对象,综合必修1、必修2、选择性必修1课本中的重要基础实验,引导学生分析相关实验中的自变量设置,考查学生对"加法原理""减法原理"的理解,对学生的科学思维和生命观念考查水平较高。
素养水平	生命观念水平三;科学思维水平三

习题2:

科学家将加热杀死的S型肺炎链球菌(S型细菌)与R型肺炎链球菌(R型细菌)混合后发现,R型细菌可转化为S型细菌。转化过程如下图所示(1~5表示依次经历的转化过程,A、B、C表示三种蛋白质),回答下列问题:

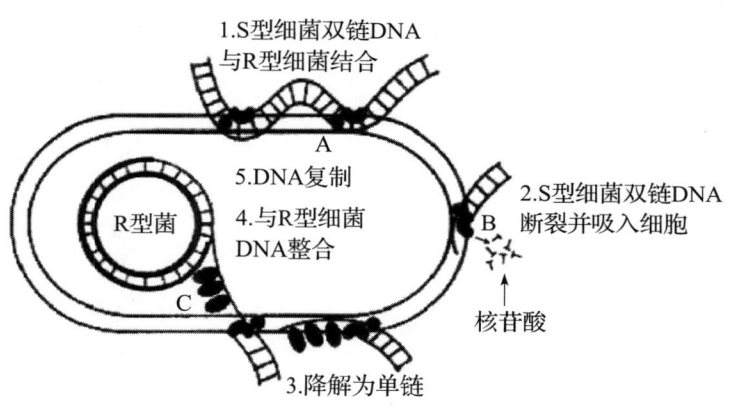

（图示：R型菌转化过程。1.S型细菌双链DNA与R型细菌结合（A）；2.S型细菌双链DNA断裂并吸入细胞（B，核苷酸）；3.降解为单链（C）；4.与R型细菌DNA整合；5.DNA复制）

（1）基因工程中常用的限制酶作用是＿＿＿＿＿＿＿＿＿＿＿＿＿＿＿＿＿,类似于图中蛋白质＿＿＿。

（2）过程3中需要用到的酶是＿＿＿,该酶作用后＿＿＿键发生断裂,导致DNA变为单链。

（3）过程5所需的原料由＿＿＿(填"R型菌"或"S型菌")提供。转化后培养基上生长的子代细菌是＿＿＿＿＿＿＿＿＿。

（4）请提供一种从分子水平鉴定S型菌DNA与R型菌发生整合的实验思路与结论。

必备知识	艾弗里肺炎链球菌转化实验;DNA复制过程;基因工程的基本操作、重要工具及其原理;DNA分子杂交技术

参考答案	（1）识别特定核苷酸序列并切开两个核苷酸之间的磷酸二酯键；B （2）解旋酶；氢 （3）R型菌；R型菌和S型菌 （4）将S型菌DNA制成带有放射性同位素标记（或荧光标记）的分子探针，与可能发生整合的R型菌DNA混合后观察有无杂交条带产生。若某些探针无杂交带，则未发生整合；所有探针均可产生杂交带，则发生整合
命题立意	本题通过艾弗里肺炎链球菌转化实验，（1）考查学生对实验结果的理解；（2）结合DNA复制、基因工程等关键概念，考查学生综合运用所学知识在新情境中的能力；（3）考查学生进行创新性实验设计的能力。整体来讲，对学生的科学思维和科学探究考查水平较高。
素养水平	（1）生命观念水平二 （2）科学思维水平三 （3）科学探究水平三

学术情境主题 15

生物信息学及其应用——水稻功能基因组

熊 全

• 学术导引 •

水稻是世界上重要的粮食作物，由于它是喜温作物，对于寒冷非常敏感，只能种植在某些气候区中。水稻在芽期、苗期和孕穗期均对低温比较敏感，人工驯化和选择粳稻等品种使得水稻可以在较低温区域种植，水稻品种对低温所表现出的抵抗性或忍耐性被称为耐冷性，然而目前对于这种耐冷性的遗传和分子基础仍不是很清楚。水稻的耐冷性由基因决定，随着水稻基因组测序计划的展开和深入，探索基因功能和调控机制的"功能基因组学"得到越来越多的重视。

1. 水稻功能基因组。

水稻的基因组相对较小，仅为 430 万个碱基对，遗传转化体系成熟，并且与其他禾本科植物基因组具有同线性和共线性，因此水稻也常作为作物分子遗传学及基因组研究的模式植物。1998 年，我国作为主要发起者和参与国参加了国际水稻基因组测序计划（International Rice Genome Sequencing Project，IRGSP），并于 2002 年率先完成了粳稻品种"日本晴"第 4 号染色体的精确测定和籼稻品种"93-11"的全基因组草图。2005 年，IRGSP 宣布"日本晴"的全基因组精确测序完成（图 15-1），全基因组序列的获得在给研究工作提供极大便利的同时，也给生命科学研究带来了巨大的挑战，其中最主要的挑战就是如何确定 DNA 序列的功能。"功能基因组学"的一个主要任务就是确定这些序列（包括编码区、调控因子和重复序列）的功能，并在此基础上揭示各种生命现象所涉及的基因及其表达调控的机理，最终阐明基因组的功能[①]。

早期功能基因组研究大体包括两部分内容：研究工具（即技术平台）的创建和重要功能基因发掘与功能鉴定。而当前功能基因组学研究已成为植物生命科学研究的核心领域之一，继完成水稻基因组精确测序后，我国也启动了水稻功能基因组研究（如"水稻 2020"研究计划），发掘和克隆了一批控制重要农艺性状的功能基因，阐明了水稻育种中的一些重大生物学问题，也为水稻品种改良和育种技术变革奠定了坚实基础。

---

① Guo X, Liu D, Chong K. Cold signaling in plants: insights into mechanisms and regulation [J]. *Journal of integrative plant biology*, 2018, 60(9): 745-756.

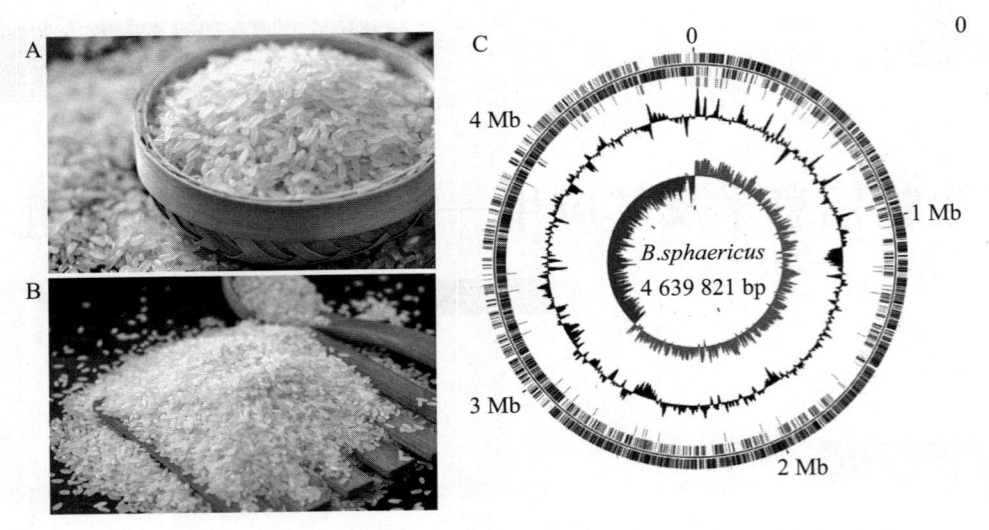

图 15-1 亚洲栽培稻（A：粳稻；B：籼稻）和水稻的全基因组序列图（C）

资料来源：Guo X, Liu D, Chong K. Cold signaling in plants: insights into mechanisms and regulation [J]. *Journal of integrative plant biology*, 2018, 60(9): 745-756.

2. 水稻数量性状基因座研究。

作物的许多重要农艺性状均为数量性状（如分蘖数、株高、穗粒数等），数量性状一般由多个基因（两个或两个以上）控制，无明显的主效基因，易受环境条件影响，并表现出较复杂的互作关系，而水稻的耐冷性就是一种数量性状。控制数量性状的基因在基因组中的位置称为数量性状基因座（quantitative trait locus，QTL），随着 DNA 分子标记技术的日趋成熟，水稻耐冷性相关的 QTL 研究逐渐深入，为解释耐冷性状的遗传机制、增强水稻的耐冷能力、促进水稻耐冷生物育种提供了依据，也降低了因冷害而造成的损失。目前报道的耐冷 QTL 染色体分布见表 15-1。

表 15-1 目前报道的耐冷 QTL 染色体分布

染色体	QTL 数目	所占比例（%）
1	4	10.81
2	2	5.41
3	3	8.11
4	6	16.21
5	1	2.70
6	4	10.81
7	3	8.11
8	5	13.51
9	1	2.70

续表

染色体	QTL 数目	所占比例（%）
10	2	5.41
11	3	8.11
12	3	8.11
合计	37	100

我国关于水稻耐冷性 QTL 定位的研究起步较晚，却取得了长足进步，如芽期、苗期以及孕穗开花期等不同时期耐冷性相关 QTL 定位研究的报道相继出现，为了解水稻耐冷遗传机制，开展分子标记辅助育种提供了证据。亚洲栽培稻（Oryza sativa）包括籼稻（O. sativa ssp. indica）和粳稻（O. sativa ssp. japonica）。其中，典型的粳稻品种可以生长在常年温度较低的地区，通常比籼稻品种具有更强的耐寒性。目前我国已有多项研究使用 QTL 遗传作图和全基因组关联分析（genome-wide association study，GWAS）等方法定位了一些与粳稻和籼稻的驯化、发育和耐冷特征相关的基因，例如 SH4 和 PROG1 等。

3. 水稻耐冷性的分子机制。

关于水稻耐冷性的分子机制方面的研究也说明，植物细胞对寒冷环境的适应可能是依赖于特定的分子细胞通路，比如 Ca^{2+} 介导的信号转导。Ca^{2+} 在植物生长和发育中起着很重要的调节作用，又是胞内的第二信使物质。细胞在长期进化过程中发展了一组调节细胞内 Ca^{2+} 浓度的精细机制来维持细胞 Ca^{2+} 电化学势稳定，称为钙稳态（Calcium homeostasis）。Ca^{2+} 行使功能是通过调控植物细胞内游离的 Ca^{2+} 浓度来实现的，而这种调控依赖于细胞钙稳态作用。寒冷环境会使细胞中游离的 Ca^{2+} 浓度迅速增加，从而调节携钙素（Calmodulin，CaM）及其他钙结合蛋白基因的表达，并影响耐冷性相关基因的表达。

2015 年 2 月，中科院植物学研究所、中国农业科学院等研究机构的研究人员鉴别出了赋予粳稻耐冷性的一个数量性状基因座——COLD1，这一研究成果在线发表在 Cell 杂志上[①]。在该研究中，研究人员通过基因的定点敲除和过表达等方法，证实了 COLD1jap 基因的过表达可以显著增强水稻耐冷性，而 COLD1jap 基因缺陷或下调的水稻品系则对寒冷非常敏感。

通过蛋白质互作和荧光 Ca^{2+} 测定等技术，研究人员确定了 COLD1 编码一个 G-蛋白（Guanine nucleotide-binding protein）信号调控因子，定位在细胞膜和内质网上，冷处理时，它与 G-蛋白 α 亚基互作激活了 Ca^{2+} 通道，由此感知低温并提高了 G-蛋白 GTP 酶（GTPase）活性，触发下游耐寒防御反应（图 15-2）。随后，通过生物信息

---

① Yun M, Da I X, Xu Y, Wei L, Zheng X, Zeng D, et al. COLD1 confers chilling tolerance in rice [J]. Cell. 2015, 160(160): 1209-1221.

学的手段，他们系统分析了 127 个水稻品种和野生稻 COLD1 基因序列后，进一步在 COLD1 中鉴别出了一个单核苷酸多态性（single nucleotide polymorphism，SNP）——SNP2，证实其起源于中国野生稻，是 COLD1 基因能够赋予粳稻耐冷性的主要原因。该研究结论证实了 COLD1 在植物适应性中发挥重要的作用，对于培育水稻耐冷抗寒新品种具有重要意义。

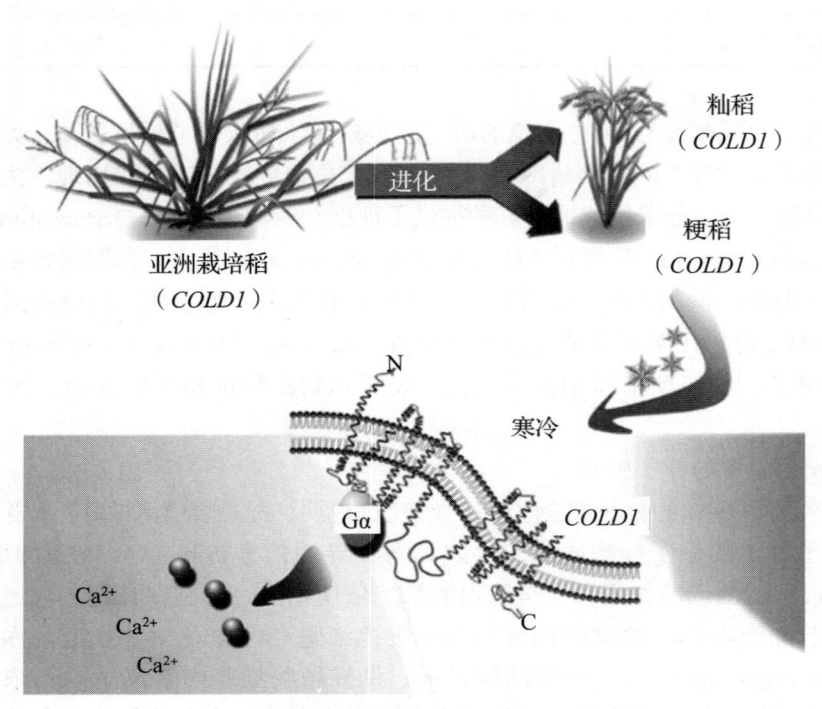

图 15-2 COLD1 基因赋予粳稻耐冷性的机制示意图

素养教学建议

"生物信息学及其应用——水稻功能基因组"这一主题与我国的粮食安全和民生福祉密切相关，其涉及的科学概念、探究方法和情感价值观在普通高中生物学教科书中以多元化的方式组织和呈现，比如：1."生物信息学及其应用"（人教版必修2）；2."基因与性状的关系"（人教版必修2）；3."杂交水稻与粮食生产"（人教版必修2科学家访谈部分）；4."适应是自然选择的结果"（人教版必修2）；5."主动运输"（人教版必修1）；6."粳稻品种对低温的耐受性"（人教版必修2）。同时，该主题所涉及的研究过程和方法还与高中生物学课程标准中的诸多生物学概念相对应（表15-2），是提升和展现学科核心素养的优质材料。

表15-2 "水稻功能基因组"与高中生物学概念的联系

内容		课程标准中的生物学概念
研究步骤	关键实验方法	
研究过程		

（1）水稻耐冷性的发现
（2）水稻耐冷性状的鉴定及基因定位
（3）基因工程原理——基因表达量的上调和下调
	• 文献调研
	• 作物测量与记录
	• 生物信息学分析
	• 数理统计
	• DNA序列分析技术
	• 核酸分子杂交技术
		必修
		3.3 基因突变、染色体变异和基因重组引起的变异是可以遗传的
		   3.3.2 碱基序列的改变可能导致相关蛋白质和细胞功能的改变，从而改变性状
		4.2 适应是自然选择的结果
		   4.2.1 某些可遗传变异将赋予个体在特定环境中的生存和繁殖优势
		   4.2.3 自然选择促进生物更好地适应特定环境
		选择性必修
		5.1 基因工程是一种重组DNA技术
		   5.1.3 基因工程的基本操作程序

（4）基因功能分析	• 单核苷酸多态性分析
	• 蛋白质互作定性分析
	• 荧光Ca^{2+}测定技术
		必修
		2.1 物质进出细胞的方式
		   2.1.1 细胞膜具有选择透过性
		   2.1.2 物质顺浓度梯度和逆浓度梯度进出细胞的方式
		   2.1.3 胞吞和胞吐
		3.1 遗传信息主要编码在DNA上
		   3.3.1 碱基的替换、插入或缺失会引发基因中碱基序列的改变

素养教学建议 1

水稻耐冷性的产生是自然选择的结果【科学探究　社会责任】

温度是影响水稻品种形成和地域分布的主要环境因子。亚洲栽培稻主要分为粳稻和籼稻，粳稻低温耐受性较强，主要分布于我国北部和东北部，而籼稻低温耐受性较弱，主要分布于我国华南和淮河以南的热带/亚热带地区。虽然起源于同一栽培稻品种，粳稻和籼稻却能适应各自不同的环境，其遗传位点上的差异也体现在基因表达下游的一系列分子基础和调控特征上。利用这一素材可以创设情境，加深学生对生物进化中"某些可遗传变异将赋予个体在特定环境中的生存和繁殖优势"和"自然选择促进生物更好地适应特定环境"这两个重要概念的理解，而且该情境可引导学生综合运用生物信息学和基因工程学的知识能力、提出科学问题、设计研究方案，从而训练科学探究核心素养。

作为一种重要的经济作物，水稻品种的产量、耐受性和分子遗传机制等相关研究直接关乎我国的粮食安全和民生福祉。以"杂交水稻之父"袁隆平为代表的一批批科研工作者前赴后继，扎根水稻育种的基础研究和开发应用，他们耐得住寂寞，守得住

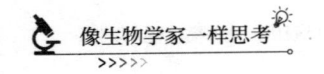

初心，为我国的水稻等作物的基础科研事业作出了不朽的贡献。因此，这一类素材还可引发学生对粮食安全这一民生议题的关注，培养社会责任核心素养，并增进对我国科技进步新成果的认识，学习科学家不忘初心、方得始终的精神，为祖国和人民的幸福而努力奋斗。

素养教学建议 2

耐冷基因的表达和调控可以赋予水稻抵御外界寒冷的优势性状【生命观念　科学思维】

正如"中心法则"中所展现的遗传信息传递的一般规律，基因可以通过转录和翻译指导蛋白质的合成，而蛋白质的复杂相互作用能调控生命体代谢、赋予生物多样的性状。在前面部分所介绍的研究中，水稻耐冷基因 COLD1 编码一个 G-蛋白信号调控因子，该因子可以通过蛋白互作激活细胞膜上的 Ca^{2+} 通道，影响相关酶的活性，并最终赋予粳稻抵御外界寒冷的优势性状。同样，酪氨酸酶能将人体皮肤、毛发处的酪氨酸转变为黑色素，编码酪氨酸酶的基因异常会导致白化病症状的出现，这两个实例都能说明基因可以通过直接或间接控制酶的合成或功能来控制代谢过程，进而控制生物体的性状。此外，基因还能通过控制蛋白质的结构直接控制生物体的性状。

因此，本素材能引导学生主动探究基因是如何通过转录表达为对应的结构或功能物质，并最终与个体表型相关联的。并且，植物耐寒性这一性状紧贴国家粮食安全、作物产量和学生日常生活等话题，本素材的运用能帮助学生培养珍惜粮食、尊重科学的人文观念，加深学生对农作物定向育种的理解和重视。

素养教学建议 3

耐冷基因对 Ca^{2+} 通道的影响涉及物质进出细胞的方式【生命观念　科学思维】

细胞质中 Ca^{2+} 浓度的瞬时增加一直被认为是植物响应低温胁迫的早期核心事件之一。在这项研究中，水稻耐冷基因 COLD1 编码一个 G-蛋白信号调控因子，该因子可以通过蛋白互作激活细胞膜上的 Ca^{2+} 通道，由此感知低温并提高相关酶的活性。钙离子通道的化学本质是一种镶嵌于细胞膜上的大分子蛋白复合体，其中间是高度选择性的亲水通道，允许适当电荷和适当大小的钙离子通过。Ca^{2+} 通道广泛分布于机体的脑、心脏、平滑肌以及内分泌细胞等组织中，钙离子通过钙离子通道在细胞膜内外以及细胞器和胞浆之间流动以满足机体各项生理功能的需要，其在基因表达、肌肉收缩和荷尔蒙的释放等生命活动中扮演着重要角色。此外，离子进出细胞这一知识点也在人教版选择性必修 1 "神经冲动的产生和传导"中得到了体现，与 Na^+ 和 K^+ 通道类似，Ca^{2+} 也是一种电压门控离子通道，其对于动作电位的产生和维持也起到一定作用。

综合利用这一素材可以创设情境，帮助学生深入理解物质尤其是离子进出细胞的方式，以及细胞可以通过选择性调节物质的进出从而调控细胞代谢和特征，促进学生对细胞膜"帮助细胞进行细胞间的信息交流"的探究和讨论。

• 微课设计 •

"禾下乘凉梦"

设计意图：水稻的相关研究直接关乎民生福祉和粮食安全，袁隆平院士曾如此描述"禾下乘凉梦"——"我梦见试验田的超级杂交稻长得比高粱还高，穗子有扫帚那么长，籽粒像花生米那么大，我和同事就坐在瀑布般的稻穗下乘凉"。其中，稻株的高度、穗子的长度和籽粒的大小都是科学家们所重点关注的性状，同样重要的还有水稻的耐冷性，只有克服了寒冷环境的不良影响，水稻的种植面积和产量才能更上一层楼。因此，本微课的设计目的在于通过展示水稻品种的地理分布特点，启发学生思考环境和适应的关系，并通过科学研究材料，引导学生由表（性状）及里（基因）地分析生物学问题，启发学生对于基因决定性状、结构决定功能的探讨，培养学生的科学思维和社会责任素养。

设计方案

教师讲述：众所周知，在我国北方地区，小麦是主要的经济作物，但在南方就变成了水稻。这一现象除了与文化影响和历史偏好相关外，也主要由气候环境因素（降雨量、温度等）所决定。而同为水稻，生长在东北黑土地的水稻品种与生长在海南热带季风气候中的水稻品种是否一样？水稻的品种受到诸多地理和气候因素的影响，这背后的生物学原理有哪些？

材料呈现

材料一

驯化后的亚洲栽培稻包括籼稻和粳稻，根据目前亚洲各地区栽培稻品种的地理分布可知，籼稻和粳稻的分布呈现一定程度的地理差异。

材料二

稻谷成分分析表明：籼稻的直链淀粉比例约为20%，属中黏性，外观细长、透明度低，生长期短，在无霜期长的地方一年可多次成熟，煮熟后米饭较干、松，通常用于萝卜糕、米粉、炒饭等；而粳稻的直链淀粉低于15%，生长期长，外观圆短、透明，一般用作食用米。

问题设计：结合以上两个材料分析籼稻和粳稻在南北分布上的差异及其可能的影响因素。

教师引导学生分析：籼稻起源于亚热带，常种植于热带和亚热带地区，因此广泛分布于我国南部，而粳稻主要种植于温带和寒带地区。导致这种现象出现的可能原因是：气温和降水差异、水稻成分组成、本身耐寒性方面的差异等。粳稻通常比籼稻品种具有更强的耐寒适应性。

像生物学家一样思考

材料呈现

材料三

通过生物信息学的比对和分析，科研人员发现籼稻93-11品种和粳稻NIP品种在 *COLD1* 基因上存在统计学上显著差异，科研人员定向培育了 *COLD1* 基因纯合突变后的籼稻品种，称为NIL4-6，三种水稻株在有无寒冷处理下的表现见下图。

资料来源：Yun M, Da I X, Xu Y, Wei L, Zheng X, Zeng D, et al. COLD1 confers chilling tolerance in rice[J]. *Cell*, 2015, 160(160): 1209-1221.

材料四

为了进一步探究 *COLD1* 基因是否是调控耐寒性这一数量性状的QTL（数量性状基因座），科研人员继续在粳稻品种Zhonghua10（简称"ZH10"）完成了 *COLD1* 基因的上调表达（简称"OE"，图中分别为OE6和OE12）和无意表达（简称"AL"，图中分别为AL8和AL16），实验结果见下图。

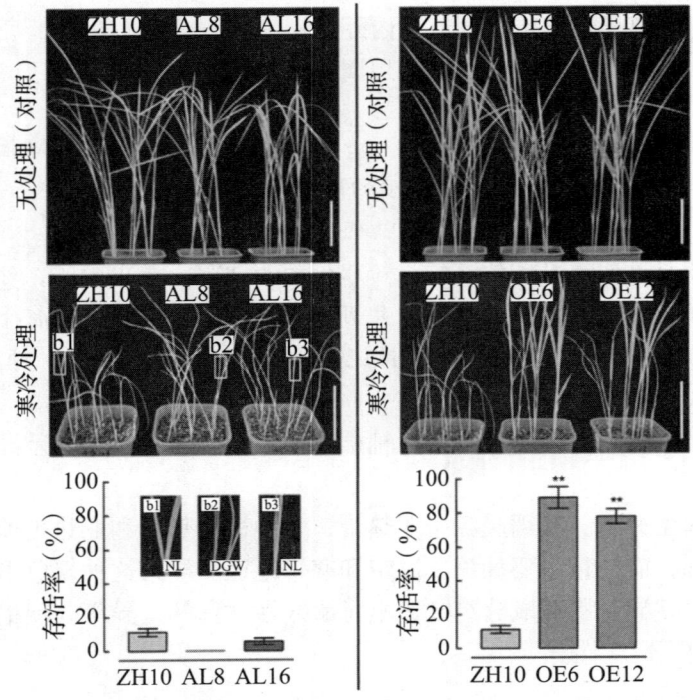

资料来源：Yun M, Da I X, Xu Y, Wei L, Zheng X, Zeng D, et al. COLD1 confers chilling tolerance in rice[J]. *Cell*, 2015, 160(160): 1209-1221.

问题设计：结合以上两个材料，请归纳总结一种研究基因功能的思路和方法，并从基因决定性状的角度提出可能的假设和下一步研究计划。

教师引导学生分析：基于上述研究过程，我们可以看到：科学家们首先通过观察生命现象（"不同水稻品种分布不同"），提出了科学问题和假设（"作物的耐寒性可能就是导致这种分布差异的原因之一"），接着对科学问题进行了深入探讨（"1. 通过生物信息学工具寻找差异的基因；2. 通过不同基因的作物对寒冷的反应验证前一步假设；3. 通过定量实验来探讨作用方向"），这就是一种从表象窥探实质的研究方法。下一步，科研人员可能会从分子机制的角度来探讨基因影响性状的深层次原因，推测可能是通过影响蛋白质结构或酶的功能来实现的。

材料呈现

材料五

通过蛋白质互作和荧光 Ca^{2+} 测定等技术，研究人员确定了 *COLD1* 编码一个 G-蛋白信号调控因子，该调控因子定位在细胞膜和内质网上，当作物遭受寒冷刺激时，它能与 G-蛋白 α 亚基互作激活了 Ca^{2+} 通道，提高了 G-蛋白 GTP 酶活性，触发下游耐寒防御反应。

问题设计：结合材料分析，钙离子进出细胞是通过什么结构实现的，细胞内外的钙离子浓度在耐寒性上表现出了何种作用，结合已经学习的知识分析，钙离子在生物个体的调节方面还可能具有哪些功能。

教师引导学生分析：钙离子进出细胞是通过钙离子通道蛋白实现的，是一种主动运输。细胞通过钙离子通道蛋白调节了内外的钙离子浓度稳态，而基因的改变会影响这个稳态过程中的相关酶活性或相关蛋白调控因子的结构，从而帮助细胞做出反应适应寒冷环境。结合以往知识，钙离子在基因表达调控、肌肉收缩和荷尔蒙的释放等生命活动中扮演着重要角色。

教师指导学生小结：基因能通过影响蛋白质结构或酶的活性来控制性状，因此，在日常生活中我们可以多观察、多思考，从"物竞天择，适者生存"的角度去分析生物的分布特征和多样表型，从基因和分子的层面去探究生命现象背后的本质和驱动力，以"结构决定功能"的生命科学观念来解释周围的生物现象，以"禾下乘凉梦"来激励自己，未来守得住初心、耐得住寂寞、受得了挫败，在自己喜欢的领域发光发热，努力做出自己的贡献。

【评析】

评析人：武叶青

本节课以袁隆平院士的"禾下乘凉梦"引入，有效激发学生的学习兴趣，以任务驱动的形式，巧妙设置问题组织教学，结合学生已有知识，采用分析、交流、归纳等形式完成教学，对培养学生的科学思维、科学探究能力以及社会责任素养都有重要意义。本节教学设计主要有以下特点。

1. 创设现实问题情景，激发探究欲望。

真实的学习过程应该是学习者从真实情景中获取知识并将所学知识应用于新情景

的过程。在现实问题情景下学习是本节课的一大亮点。本节课首先提出了"生长在东北黑土地的水稻品种与生长在海南热带季风气候中的水稻品种是否一样？水稻的品种受到诸多地理和气候因素的影响，这背后的生物学原理有哪些？"等现实问题，从而启发学生思考问题，促进新知的形成。

2. 教师的指导到位但不越位。

教师的作用是帮助学生体会经历知识的发现和建构过程，使学生成为学习的主体。在本节课中，教师创设学习情景，提供科学研究的事实性资料，设计问题串引导学生积极思考。例如，在分析不同基因的作物对寒冷的反应的试验资料时，引导学生提出进一步的假设——基因可能通过影响蛋白质结构或酶的功能来实现。学生在思考、讨论交流、建构模型等活动中发挥了主体地位。

3. 教学过程符合学生的认知规律，有效提升科学思维素养。

本节课教学思路既层次清晰，逻辑性强，符合学生的认知规律，又能准确抓住教学重点。先通过展示水稻品种的地理分布特点，启发学生思考生态地理适应性的问题，再进一步通过科学研究材料的列举，引导学生由表及里地分析生物学问题，这样的设计对培养学生的科学思维益处多多。

习题设计

习题 1：

> 我国大面积栽培的水稻有粳稻（主要种植在北方）和籼稻（主要种植在南方）两种。研究发现粳稻的 COLD1 基因通过一系列作用，增强了粳稻对低温的耐受性。深入分析发现粳稻和籼稻在 COLD1 基因中有 1 个脱氧核苷酸存在显著差异，从而导致相应的表达和翻译产物不同。
>
> （1）COLD1 基因上 1 个脱氧核苷酸的差异是由_____所导致的。基因的碱基序列的改变_____（一定/不一定）导致表达的蛋白质活性改变。
>
> （2）基因可以通过两种途径来控制生物体的性状，这两种途径分别是控制_____和控制_____。
>
> （3）"在常温下，生物膜呈液晶相，保持一定的流动性。当温度下降到临界温度时，生物膜易发生'膜脂相变'，从液晶相转为凝胶相。'膜脂相变'使生物膜上的酶系统破坏，酶活性下降，蛋白质变性，影响 ATP 酶活性、离子和溶质运输、能量转换及其他代谢过程等。"——《现代植物生理学》
>
> 基于以上材料，请归纳寒冷影响植物生理活动的两种方式：_____和_____。
>
> （4）低温会抑制脱落酸的合成，进而影响气孔的关闭。在低温的情况下，水分的吸收和传输都会_____，尽管供水减少，但气孔仍开放，植物继续通过_____失去水分并脱水。

必备知识	基因表达与性状的关系；细胞膜的结构和功能；植物的生命活动调节
参考答案	（1）基因突变；不一定 （2）酶的合成（或代谢过程）；蛋白质结构 （3）影响生物膜（细胞膜）的流动性；影响酶的活性 （4）减弱；蒸腾作用
命题立意	本题依托日常的生产生活实践，重视基础性。（1）（2）考查学生在实际问题中准确表述基础知识的能力；（3）引导学生从资料中归纳相关知识要点；（4）帮助学生拓宽视野，融合生物学知识，培养生物学思维。
素养水平	（1）生命观念水平二；科学思维水平一 （2）生命观念水平二；科学思维水平二 （3）生命观念水平二；科学探究水平二 （4）生命观念水平二

习题2：

材料1：
低温胁迫是影响水稻生长、发育和地理分布的重要环境限制因素之一。水稻在长期的进化过程中，形成了系统的主动应激和适应机制，以缓解和降低低温胁迫造成的伤害，细胞质中钙离子浓度的瞬时上升一直被认为是植物响应低温胁迫的早期核心事件之一。

材料2：
钙离子通道是一种可渗透钙离子的跨膜离子通道，该通道可以通过电压或配体结合进行门控，在可激发的细胞如神经元、肌肉和胶质细胞中，电压门控钙离子通道的开关是由膜电位控制的，在静息电位时该通道是闭合的，当膜去极化时，通道打开，使钙离子流入细胞。

（1）下列与生物进化相关的描述，正确的是（　　　）。
A. 进化总是由突变引起的　　　　　　B. 变异个体总是适应环境的
C. 进化改变的是个体而不是群体　　　D. 进化时基因频率总是变化的
（2）由材料可推断得知，钙离子通道对于钙离子具有_____，钙离子通过电压门控通道进入细胞的方式属于_____。
（3）在可激发的细胞如神经元、肌肉和胶质细胞中，兴奋以_____的形式传导，产生动作电位时，膜内发生的电位变化为_____，该过程称为_____，产生的原因是_____。

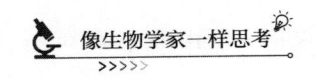

（4）科学研究发现，在心肌和血管壁平滑肌细胞膜上都有钙离子通道，细胞内钙离子浓度升高可以引起细胞收缩，使血管阻力增大，血压升高。目前已知有一种药物为二氢吡啶类钙离子通道阻滞剂，推测该药物最可能针对哪种疾病？_____。

必备知识	遗传与进化；物质进出细胞的方式；神经调节
参考答案	（1）D （2）选择通过性；协助扩散 （3）电信号；由负变正；去极化；Na^+内流 （4）高血压
命题立意	钙离子通道和细胞钙稳态的维持在生命活动的调节中扮演重要角色，但在高中生物的教材中较少提及，可能与其复杂多样的功能和形式有关。本题从水稻对低温的适应性入手，以钙离子通道的材料作为补充，综合考查学生对概念的理解和掌握，对生物学知识在医药领域的应用的思考和认识。
素养水平	（1）科学思维水平一 （2）科学思维水平二 （3）生命观念水平二 （4）科学探究水平三

习题3：

不同生物细胞的细胞膜都可以用"流动镶嵌模型"进行描述，也都具有与功能相适应的结构，并在不同时期和特定的生理状态下发生适应性的变化。随着细胞所处温度降低到一定的程度，细胞膜会发生相变，从流动的液晶态转变为固化的凝胶态。科学家发现细胞膜中脂肪酸链的不饱和程度越高，细胞膜的相变温度越低。下列相关叙述不正确的是（　　　）。
A. 细胞膜中的脂肪酸链主要位于磷脂分子中
B. 维持流动的液晶态是实现细胞膜功能的必要前提
C. 植物细胞的细胞膜中不饱和脂肪酸含量越高，耐寒性越强
D. 耐寒植物细胞膜中的脂肪酸饱和程度较高，且细胞膜的流动性也较高

必备知识	细胞膜的特点；流动镶嵌模型
参考答案	D

命题立意	本题从"结构决定功能"这一生物学基本观念入手,介绍了细胞膜的液晶态和凝胶态,提出了科学问题,考查学生对细胞膜及其组分的结构、功能和化学特性的认识和掌握,并将植物耐寒性作为落脚点,可以帮助学生更加了解对生物学与生活生产的紧密联系。
素养水平	生命观念水平二;科学思维水平一

学术情境主题 16

单细胞基因组测序与遗传病检测

许 轲

• 学术导引 •

健康对于人的全面发展至关重要。我国正构建全方位全周期的健康体系，全面推进健康中国建设。这其中，"加强孕前孕产期健康服务，提高出生人口质量"不可或缺。在胎儿出生前，产前诊断（prenatal diagnosis）利用多种方法确诊可能罹患遗传病的个体，能够有效地预防遗传病的产生和发展。相较于 B 超、生化检查等方式，遗传学检查在产前诊断中具有特殊的优势。根据获取胚胎遗传物质的方式，产前诊断分为有创产前检测和无创产前检测（non-invasive prenatal testing，NIPT）两类。羊膜穿刺、绒毛取样、脐带穿刺等有创产前检测对胎儿和母体具有损伤的风险。NIPT 就具有更重要的临床意义，更容易被接受。

1997 年，华人科学家卢煜明首次发现在孕妇的血液中存在来自胚胎的游离 DNA（cell-free fetal DNA，cffDNA）。抽取孕妇少量的血液即可获得 cffDNA。检测 cffDNA 能用于得知：胎儿性别（以降低性连锁遗传病的患病风险），胎儿染色体数目的变异，胎儿的某些单基因遗传缺陷等。这是 NIPT 领域里程碑式的工作，是产前诊断的一项关键进展。

但无论是有创还是无创产前检测，针对的都是孕妇子宫内已经着床的胚胎，这意味着一旦检测出胚胎患有严重的遗传病，孕妇可以选择终止妊娠，这无疑给孕妇及其家庭带来困扰。有没有方法在胚胎着床前就进行检测，进而既降低遗传病发生率又避免选择性流产呢？1968 年实现的哺乳动物体外受精技术为胚胎植入前遗传学诊断（pre-implantation genetic diagnosis，PGD）奠定了操作平台。英国剑桥大学的罗伯特·爱德华兹（Robert G. Edwards）凭借体外受精技术获得 2010 年诺贝尔生理学或医学奖。1989 年有研究则证明，对伴随次级卵母细胞的出现而形成的第一极体的剥离活检不会影响胚胎的存活，剥离活检少数卵裂期胚胎细胞或囊胚期滋养层细胞也不会影响胚胎的存活。这样，PGD 操作上的可行性进一步得到了证实。对剥离活检得到的细胞进行遗传学分析检测，挑选出正常的胚胎植入母体子宫。1990 年，首名利用 PGD 筛选的婴儿在英国顺利诞生。在这个例子中，从体外受精得到的囊胚中剥离细胞，进行了性别检测以筛选雌性胚胎，因为雄性胚胎会罹患伴 X 染色体隐性遗传病——肾上腺脑白质营养不良（adrenoleukodystrophy，ALD）。

PGD 将产前诊断的时间提前到胚胎植入以前，把人类遗传病的防控前移到胚胎的最早阶段，并且避免了传统产前诊断对孕妇造成的出血、感染、被迫引产，一定程度上避免了伦理争议，是产前诊断的重大突破。当然，产前诊断和包括体外受精在内的辅助生殖技术可能会引起更深远的伦理争议，但从保障健康和提高出生人口质量的角度出发，它得到了社会多数人的认可。

近年来 PGD 迎来新发展，进入单细胞全基因组筛查的新阶段。PGD 曾经是针对个别基因突变和个别家庭的，它花费高、耗时长、排队久、人工密集，更棘手的是会遗漏多种类型的突变。单细胞全基因组筛查正在突破这些局限，更加高效准确经济地进行遗传学诊断。北京大学的科研团队在 PGD 领域的基础研究和临床应用都做出了重要贡献。2014 年，由北京大学第三医院乔杰教授、北京大学生物动态光学成像中心（BIOPIC）的谢晓亮教授以及汤富酬教授团队合作，世界第一例和第二例经多次退火环状循环扩增技术（multiple annealing and looping-based amplification cycles，MALBAC）单细胞基因组测序进行遗传病筛查的试管婴儿在北京大学第三医院健康出生，这标志着我国的 PGD 已处于世界领先水平。首例 MALBAC 宝宝的父亲和第二例 MALBAC 宝宝的母亲患有严重的单基因显性遗传病，基于单细胞基因组测序技术的胚胎植入前遗传学诊断为这两个家庭送去了福音。

2019 年新人教版高中生物学教科书必修 2 第 3 章中以"单细胞基因组测序"为题，依托第二例 MALBAC 宝宝出生的实例，扼要介绍了对其母亲进行胚胎植入前基因诊断的流程，说明单细胞基因组测序在其中发挥的关键作用。该宝宝的母亲患有常染色体单基因显性遗传病，父方的等位基因正常，因而在自然生育条件下，这位母亲的孩子患病的可能性是 50%。为了获得健康的婴儿，对这位母亲进行产前诊断很有必要。

这个产前诊断的流程如下（图 16-1）：1. 从母体获取多个卵母细胞，分别与父亲的精子体外受精，得到一批受精卵供筛选。哺乳动物的卵母细胞在受精后才完成减数分裂从而产生第二极体，同一个卵母细胞产生的受精卵、第一极体、第二极体被透明带包裹在一起。2. 利用显微操作从透明带内分离出第一极体和第二极体，分别进行单细胞基因组测序。3. 对测序结果进行分析，基于减数分裂基因分离和重组的规律，推断相应的卵细胞中的基因组序列，筛选出不携带所关注致病基因的受精卵。后续的操作是将选出的受精卵在体外培养至一定阶段后植入母亲的子宫，进而获得健康的 MALBAC 宝宝。

之所以不直接对卵细胞进行测序，是因为单细胞测序必然会提取细胞核中的 DNA，即便获知某个卵细胞不含致病基因，该细胞已被破坏，无法用它获得试管婴儿。可见，由极体基因组信息推演相应卵细胞基因组信息是该产前诊断的关键决策，直接关系到诊断的成败。

像生物学家一样思考

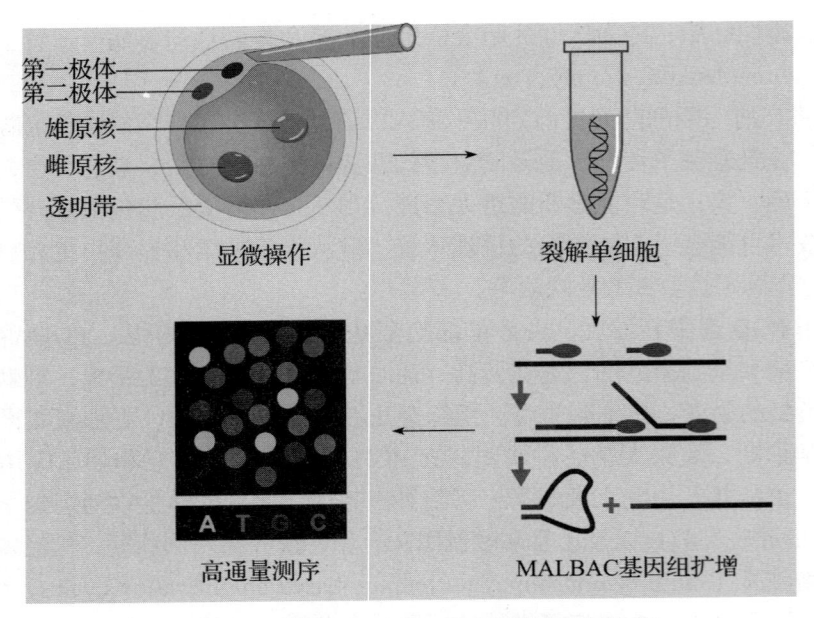

图 16-1　获得 MALBAC 宝宝的产前诊断流程

其实推演所依据的道理并不高深，推演运用的是基因分离定律：初级卵母细胞中的染色体已经经过一次复制，四分体上的等位基因含有 2 份来自父方的拷贝和 2 份来自母方的拷贝，减数分裂完成后形成的 4 个细胞各自只携带其中的某一份拷贝，所以如果知道其中 3 个细胞的等位基因情况自然可推断第 4 个细胞携带哪份拷贝。需要指出的是，减数分裂四分体时期，同源染色体上的等位基因随着偶然的非姐妹染色单体的交叉互换而发生交换，虽然导致染色单体上的基因之间重新组合，但并不影响等位基因彼此分离，所以不影响推断。

对于人卵母细胞的减数分裂，减数分裂 I 产生的第一极体往往不进行减数分裂 II，它含有两个基因组；第二极体是次级卵母细胞与精子接触后完成减数分裂 II 产生的，它含有一个基因组。对于某对等位基因 A 和 a：若第一极体的基因型为 Aa、第二极体的基因型为 a，则可推断相应卵子的基因型为 A；若第一极体的基因型为 AA、第二极体的基因型为 a，则可推断相应卵子的基因型为 a。以此类推，在整个染色体组上，可以在得知极体的基因组信息的情况下推断相应卵子的基因组信息（图 16-2）。有意思的是，每个初级卵母细胞外都有透明带包裹，减数分裂得到的两个极体和一个卵子被包裹在一起，这正好帮助研究者将极体与相应卵子一一对应，避免把多个初级卵母细胞的减数分裂相混淆。

第一极体与第二极体都是单细胞，单细胞基因组测序技术是进行遗传学诊断的"利器"。传统的基因组测序需要提取大量细胞的 DNA 作为样品，经过 DNA 扩增后用于测序，这并不适用于单细胞。MALBAC 宝宝的出生有赖于研究者在前期多年的技术研发和技术测试。2012 年，谢晓亮在美国哈佛大学的研究团队在国际著名学术期刊 *Science* 上发表论文，他们发明了 MALBAC 单细胞基因组扩增技术，并用于单个人类

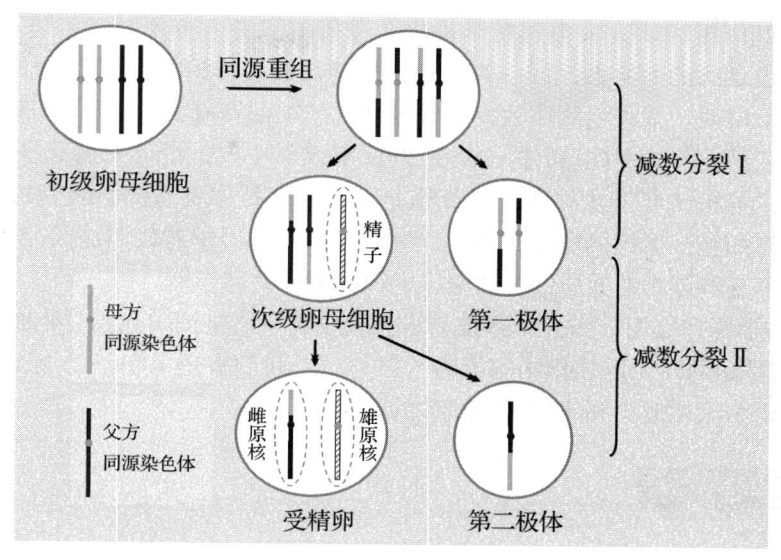

图 16-2　利用第一极体和第二极体的单细胞基因组测序推断卵子全基因组信息

癌细胞的全基因组检测，MALBAC 能均匀准确地从单细胞的痕量水平的基因组 DNA 中扩增出大量 DNA 用于测序分析。同年该期刊又发表了谢晓亮哈佛大学研究组与李瑞强北京大学研究组合作的论文，他们将 MALBAC 应用到单个精子的全基因组测序中，构建了当时交叉互换定位精度最高的个人遗传图谱。

2013 年 12 月，北京大学生物动态光学成像中心汤富酬研究组、谢晓亮研究组和北京大学第三医院乔杰研究组组成的研究团队将单细胞基因组测序应用到女性生殖细胞，在国际著名学术期刊 Cell 上发表论文[①]，该论文绘制了世界上首个人类女性个人遗传图谱，并利用极体的单细胞基因组信息推断卵子的基因组信息（本文将称其为"极体的单细胞基因组测序"文献）。国际著名学术期刊 Nature 对此研究做了专门报道，中央电视台《新闻联播》也做了题为"我国生殖生物学领域取得世界级成果：率先测出单个卵细胞基因组序列"的报道。"利用极体高通量测序结果精确推演出母源基因组信息"被评为"2014 年度中国科学十大进展"。一年后出生的第二例 MALBAC 宝宝正是此研究走向临床应用的成功实践。

单细胞基因组测序与产前诊断的结合推动了胚胎植入前遗传学诊断的进步，对人类生殖健康和遗传病预防发挥积极作用。单细胞基因组测序用于产前诊断既面向科技前沿又面向大众生命健康，是原创性引领性的科技攻关，也是研究与应用的融合。

2003 年，举世瞩目的跨国大科学工程"人类基因组计划"完成，斥资 30 亿美元，历时十余年。由于人类个体之间 DNA 序列的差异仅占基因组的 0.1%，所以该项目可以用来自个别个体的 DNA 序列反映全人类的基因组。但是考虑到人的基因组容量庞大，含有约 32 亿个碱基对，因而个体之间 DNA 序列的差异可达数百万个碱基对。可

---

① Hou Y, Fan W, Yan L, Li R, Lian Y, Huang J, Li J, Xu L, Tang F, Xie XS, Qiao J. Genome analyses of single human oocytes [J]. Cell, 2013, 155(7): 1492-1506.

见虽然人类基因组为研究人类遗传学提供了精确的参考，方便对遗传信息进行定位，但个体基因组之间的差异性比同一性在遗传病的研究和诊治中更有意义。2005 年，第二代测序技术出现，基因组测序效率大幅提高，成本逐渐降低。截至 2018 年估计已有约 150 万人完成了全基因组测序，而在 2003 年仅有 1 人，个体基因组正在"走进寻常百姓家"。自 2011 年问世以来，单细胞基因组测序技术将基因组研究从个体推进到单个细胞。单细胞基因组测序用于产前诊断是进入后基因组时代精准医疗的生动写照。它在研究癌细胞群体中的异质性、法医鉴定等领域也大有作用。

"基因组学研究应用"作为"科技前沿领域攻关"已被列入我国"十四五"规划和 2035 年远景目标纲要，以强化国家战略科技力量。我们有理由相信，人类基因组学的研究和应用将为人类健康和发展做出更大的贡献。

素养教学建议

本主题主要对单细胞基因组测序与遗传病检测做了介绍，其与高中生物学概念的联系见表 16-1。

表 16-1 "单细胞基因组测序与遗传病检测"与高中生物学概念的联系

内容			课程标准中的生物学概念
研究过程	研究步骤	关键实验方法	

	（1）招募捐献者，获得卵母细胞
	（2）分离单个极体和雌雄原核
		显微操作；
		体外受精
			选择性必修
			4.3 对动物早期胚胎或配子进行显微操作和处理以获得目标个体
			  4.3.1 简述胚胎形成经过了受精及早期发育等过程
			  4.3.2 简述胚胎工程包括体外受精、胚胎移植和胚胎分割等技术

	（3）单细胞基因组扩增 （4）高通量测序	MALBAC； 第二代测序	选择性必修 5.1 基因工程是一种重组 DNA 技术
	（5）捐献者杂合 SNP 的调用，卵母细胞 SNP 基因型的确定	相关算法	必修 3.3 由基因突变、染色体变异和基因重组引起的变异是可以遗传的 3.3.1 概述碱基的替换、插入或缺失会引发基因中碱基序列的改变
	（6）杂合子 SNP 的单体型分型，交叉互换位点的推断	相关算法	必修 3.2 有性生殖中基因的分离和重组导致双亲后代的基因组合有多种可能
	（7）从极体的基因组序列推断卵母细胞的基因组序列	数据分析	必修 3.2 有性生殖中基因的分离和重组导致双亲后代的基因组合有多种可能
	（8）卵细胞的非整倍性检测	数据分析	必修 3.3.5 举例说明染色体结构和数量的变异都可能导致生物性状的改变甚至死亡

续表

	内容	课程标准中的生物学概念
研究结果	• 通过对极体、卵细胞的单细胞基因组测序，基于获得的 SNP 信息，构建供体的全基因组，并获得卵母细胞的交叉互换图谱 • 通过极体的基因组信息能精准推断相应卵母细胞的非整倍性以及与疾病相关的等位基因	必修 3.3.6　举例说明人类遗传病是可以检测和预防的

资料来源：Hou Y, Fan W, Yan L, Li R, Lian Y, Huang J, Li J, Xu L, Tang F, Xie X S, Qiao J. Genome analyses of single human oocytes［J］. *Cell*, 2013, 155(7): 1492-1506.

"单细胞基因组测序用于产前诊断"，更详细地说是利用 MALBAC 基因组扩增技术进行单细胞测序实现胚胎植入前遗传学诊断，相关内容在人教版必修 2 第 3 章"基因的本质"的章末阅读栏目"生物科技进展"中呈现。该阅读栏目的作用包括：1. 在学习"基因通常是有遗传效应的 DNA 片段"这一核心知识后，引导学生初步认识基因碱基序列的改变可导致遗传病；2. 使学生了解新的基因组测序技术已经可以获取单个细胞的基因组信息，从而防治遗传病；3. 用生动实例彰显我国生物科技新突破，发挥学科育人功能。

这个阅读栏目在教材中起到承前启后的作用。它与第 2 章"减数分裂和受精作用"相互联系，教材在第 2 章专门介绍了人类辅助生殖技术，这正是胚胎植入前遗传学诊断的操作基础。它又与第 5 章中"基因突变""人类遗传病""遗传病的检测和预防"等概念相呼应，在教材中明确叙述了产前诊断、基因检测等概念，胚胎植入前遗传学诊断就是一种新兴的依靠基因检测的产前诊断。

结合表 16-1 可见，"极体的单细胞基因组测序"在研究过程和研究结果中不仅涉及必修 2"遗传与进化"相关的诸多核心概念，还与"生物技术与工程"中的胚胎工程、基因工程有紧密联系。因此，可发掘提炼不少发展生物学科核心素养的精良素材，并且具有真实性、综合性、创新性，指向"科学—技术—社会"的密切互动。

素养教学建议 1

单细胞 MALBAC 基因组扩增是 PCR 技术的改进【科学探究　科学思维】

MALBAC 技术的全称为多次退火环状循环扩增技术，是目前世界上最先进的全基因组扩增技术之一。传统的聚合酶链式反应（PCR）DNA 扩增技术虽然能实现 DNA 在短时间的大量扩增从而用于测序，但是面对单细胞的基因组却暴露出缺点。它不能完整均匀地将整个基因组进行扩增，随着扩增轮数的增加，基因组不同区域扩增产物在数量上的小差异被指数级地放大。扩增结束时，有些区域的扩增产物很多，有些区域则几乎没有扩增产物。在样品仅为单个细胞时，这种不均匀性导致无法获得单细胞的全基因组序列。MALBAC 技术能克服传统 PCR 技术对基因组不均匀地扩增，有利于从单个细胞极少量的基因组 DNA 中均匀地扩增得到大量 DNA，有助于得到高覆盖度的基因组信息。

学生在选择性必修3中会详细学习利用PCR扩增目的基因的原理和反应流程。新教材还安排了实验课让学生有机会动手操作PCR仪并对扩增产物进行电泳鉴定，这体现出PCR技术在"生物技术与工程"模块里的重要地位。在学生熟悉PCR扩增原理的前提下，教师可以将MALBAC扩增与PCR扩增反应流程进行对比展示，引导学生分析MALBAC扩增技术的原理，比较两种DNA扩增技术的区别，体会技术手段的改进对达成实验目的的关键作用，深化对DNA复制原理的理解，提升学生的科学思维和科学探究素养。

素养教学建议2

根据基本遗传学规律由海量测序结果构建完整基因组【科学思维　生命观念】

基因组扩增得到大量DNA片段后，对它们进行测序，得到的是海量的长短不一的序列信息，有的序列还含有相互重合的信息。把这些信息前后延续地拼接成染色体上的线性序列并不容易，涉及不少生物信息学方法。这其中就包括单体型分型（haplotyping，又名单倍型分型）。

什么是单体型（haplotype，又名单倍型）呢？对于二倍体，等位基因在同源染色体上成对存在，每条染色体上组合有多个线性排列的非等位基因。减数分裂过程中会发生同源染色体之间的交叉互换，使得基因重组，所以一条染色体上的非等位基因间的组合关系会发生改变。简单来讲，单倍型是指一对同源染色体的某一条上的基因所构成的组合，单体型分型就是确定单倍型，即确定非等位基因在一条染色体上的组合方式。比如位于一对同源染色体上的非等位基因A/a和B/b，A与B有可能在同一条染色体上，相应的a与b就在另一条染色体上，而A与b也有可能在同一条染色体上，相应的a与B就在另一条染色体上，单体型分型就是确定究竟是哪一种情况。

上述定义便于理解，但并不准确。染色体上的DNA大部分并不是基因，以人类基因组为例，外显子的序列仅占约1%，基因外序列占了75%。由于突变的随机性，同源染色体上DNA组序列之间的差异远不仅仅限于基因区域，同源染色体的DNA序列因而呈现出多态性（图16-3）。DNA指纹技术（人教版必修2）正是基于这种多态性来精准识别不同个体。DNA多态性大多不具有遗传效应，不影响表型，但是它们也像基因一样在减数分裂过程中发生分离和组合。因为从本质上看，减数分裂是同源染色体的分离、交叉互换和非同源染色体的自由组合，位于同源染色体上的DNA序列不论是不是基因都服从相同的规律。那么既然线性排列的基因可以作为染色体不同区段的标记，DNA序列的多态性也一样可以。只不过基因的多态性可通过控制表型而直接体现，一般DNA序列的多态性要通过测序或其他分子生物学检测才能得知。可见，同源染色体上DNA序列的多态性能够作为遗传标记（genetic marker），用来示踪染色体、染色体片段以及与其邻近的基因。

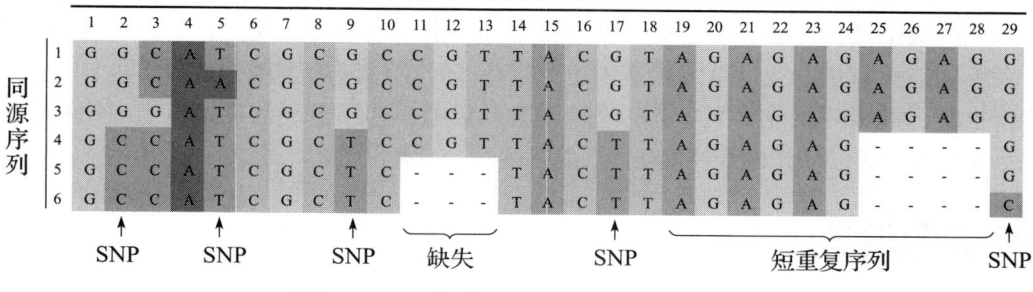

学术情境主题 16 单细胞基因组测序与遗传病检测

图 16 – 3 同源染色体 DNA 序列的多态性

所以，单体型的完整定义是：同源染色体中的某一条染色体上的基因或遗传标记所构成的组合。相应的，单体型分型的定义是"研究确定染色体上一些基因或遗传标记的单体型"[《遗传学名词 2006》（第 2 版），全国科学技术名词审定委员会]。面对单细胞基因组测序得到的序列信息，单体型分型就是把同源染色体上成对的遗传标记分配到两条染色体上，确定遗传标记在父源和母源染色体上的组合方式。

DNA 序列的多态性有多种类型（图 16 – 3），有单个碱基替换造成的差异，还包括短串联重复序列（STR）重复次数的差异等，它们都可以作为遗传标记。那么单细胞基因组的测序要对哪类遗传标记进行单体型分型呢？DNA 序列的多态性中最简单、最常见、最丰富、在基因组分布最广泛的就是单核苷酸多态性（single nucleotide polymorphism，SNP）。SNP 是同一物种不同个体基因组 DNA 的等位序列上单个核苷酸存在差异的现象。人基因组上平均约每 1 000 个核苷酸就出现 1 个 SNP。对于人的二倍体细胞，同源染色体上相同位点的 SNP 显然只出现两种情况，要么彼此相同（纯合 SNP），要么彼此不同（杂合 SNP）。SNP 作为遗传标记能比较完整而且均匀地覆盖全基因组，是单体型分型中常用的遗传标记。

"极体的单细胞基因组测序"研究正是选用人类基因组里数十万个在单个捐献者中杂合的 SNP，利用来自同一捐献者的多个单倍的第二极体的基因组序列，进行单体型分型。单体型分型后，就得知了该捐献者卵原细胞中成对的同源染色体各自的完整序列，进而就能与该捐献者多个极体的染色体组 DNA 序列进行比较，从而推断同源染色体非姐妹染色单体间发生交叉互换的精确位点和相应频率，为认识人卵母细胞减数分裂提供宝贵的基础资料。教师可利用此研究过程，以示例的形式引导学生自主分析推断捐献者的单倍型，加深学生对基因分离和自由组合本质的理解，使学生深刻认识"基因位于染色体上"的内涵，体会基因组上非基因区域中也存在大量可用于遗传标记的碱基序列的差异，拓展对基因突变的认识，更好地树立遗传与变异辩证统一的生命观念。

▶ 素养教学建议 3

利用遗传推断进行无创的遗传病筛查【科学思维 社会责任】

人类遗传病和产前诊断的内容出现在多个版本的新版高中生物学必修 2 教材中。单细胞基因组测序用于产前诊断的研究不是一般的产前诊断，是新兴的胚胎植入前遗

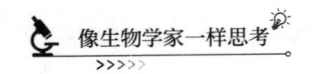

传学诊断，具有无创性、早期性，对进行诊断的女性伤害较小并且依赖辅助生殖技术。教师可以提供资料，引导学生对产前诊断不同手段之间进行客观比较，分析各个手段的利弊和应用前景。通过单细胞基因组测序用于产前诊断的实例，引导学生自主进行遗传推断，模拟对遗传病准妈妈的遗传咨询和诊断，在贴近生活的情境中运用科学思维，深化对遗传学知识的应用能力。

微课设计

设计一

单细胞的基因组扩增

设计意图： 技术随着实践的需要而不断推进，为了获知单细胞的全基因组信息，科学家研发了单细胞基因组扩增技术。本微课从学生熟悉的基因工程中的聚合酶链式反应（PCR）切入，以表格填空和设问的方式引导学生深刻认识 DNA 扩增的原理和流程。接着衍生延展，介绍 DNA 扩增在基因组测序中的运用，把"随机引物"作为新旧知识的交点，使学生切实理解如何扩增全基因组的序列。然后以科学家在论文中的原文原句为材料，启发学生对比得出单细胞基因组研究的重要意义和技术困难。接着把单细胞基因组扩增的流程图作为思考的对象，以一连串逐步深入的问题为线索，引导学生在交流讨论中解决疑惑，把 PCR 的相关知识迁移到新技术新问题中。学生以自主思考的方式体会单细胞基因组扩增在设计上的精妙，真切认可该技术的发展意义，培养科学精神和科学探究素养。本微课使得跨学科知识充分交融、视野开阔，情境过渡由浅入深、真实自然，对学生的信息获取能力、实践操作能力和思维认知能力均进行强有力的提升训练。本微课好似一场智慧探险，有效提升学生的自主思考能力。

设计方案

教师讲述： 基因工程的基本操作程序包含四个步骤，其中的第一步是目的基因的筛选与获取，现在常用的快速扩增目的基因的方法是聚合酶链式反应，简称 PCR，PCR 能特异性地获取和扩增出大量 DNA 片段。

材料呈现

材料一　PCR 反应体系的配方

配料	体积（μL）
10 倍浓度的扩增缓冲液	5
20 mmol/L 的 4 种脱氧核苷酸的等量混合液	1
20 μmol/L 的引物 I	2.5

续表

配料	体积（μL）
20 μmol/L 的引物 II	2.5
H₂O	A
1 U/μL 的 Taq DNA 聚合酶	2
B	7
总体积	50

问题设计：配方表中的 A 和 B 各填什么？

教师引导学生分析：由于反应体系的总体积为 50 μL，根据计算可知 A 为 30 μL。PCR 需要 DNA 复制的模板，所以 B 填模板 DNA。PCR 实际上是在体外提供 DNA 半保留复制的各种组分和反应条件，进行 DNA 大量复制的技术。

> 材料呈现

材料二　PCR 仪的参数设置

循环程序	变性	C	D
预变性	94 ℃，5 min	/	/
30 次	94 ℃，30 s	55 ℃，30 s	E 72 ℃，1 min
最后 1 次	94 ℃，1 min	55 ℃，30 s	72 ℃，1 min

问题设计：参数设置表中的 C 和 D 各填什么？E 中的参数设置有何要求？1 min 的时长能改动吗？

教师引导学生分析：PCR 需要经过多次循环，利用 DNA 热变性的原理，通过调节温度来控制 DNA 双链的解聚与结合。PCR 仪实际上是一台能自动调节温度和相应时长的仪器。对于每一次循环来说，分为变性、复性和延伸三步，所以 C 处填"复性"，D 处填"延伸"。所谓变性，是 DNA 双链受热变性后解为单链；复性是降低温度后，单链引物与单链 DNA 模板通过碱基的互补配对而结合；延伸是在 DNA 聚合酶适宜的温度下根据碱基互补配对原则把游离的脱氧核苷酸加到引物的 3′ 端，从而合成新的 DNA 链。可见 E 处的条件应当是 Taq DNA 聚合酶发挥作用，适宜的温度和合成目的 DNA 片段所需的适当的延伸时间。延伸时间根据酶工作的延伸速率和目的 DNA 片段的长度调整。若已知使用的 DNA 聚合酶延伸速率为 1 kb/min，扩增 1.5 kb 的 DNA 片段就需要 90 s 而不是 1 min。

问题设计：材料一和材料二涉及的 Taq DNA 聚合酶是大肠杆菌用于 DNA 复制的酶吗？你这样认为的原因是什么？

教师引导学生分析：Taq DNA 聚合酶不是大肠杆菌的 DNA 聚合酶。大肠杆菌的生存环境往往是动物肠道，长时间的进化使得它的 DNA 聚合酶的最适宜温度与动物体温相适应。在 PCR 高达 30 轮的循环中，DNA 聚合酶要经历多次九十多度的高温，大肠杆菌的 DNA 聚合酶会不可逆地变性失活，无法扩增 DNA。事实上，*Taq* DNA 聚合酶具有很好的耐热性。科学家钱嘉韵于学生时期在美国导师的指导下，于 1973 年首次从生活在热泉中的嗜热菌（*Thermus aquaticus*）中分离出耐高温的 DNA 聚合酶。*Taq* 就是该嗜热菌名字的缩写。

问题设计：假设 PCR 反应充分进行、原料充足，双链 DNA 模板经过 30 次循环后数量增大多少倍？

教师引导学生分析：分析 PCR 反应的过程，多次循环使得扩增产物指数级的增长。理论上，30 次循环后得到的双链 DNA 可达初始含量的 2^{30}（约 11 亿）倍。

材料呈现

材料三

人类基因组含有约 32 亿个碱基对。为了尽可能完整地得知某人的基因组的全部序列，需要对基因组扩增之后再进行测序。前期的操作流程如下：首先收集该个体的上千个组织细胞；然后将细胞裂解，提取出基因组 DNA；接着以它们为模板，用随机引物进行 PCR；扩增反应完成后，对产物进行纯化，去除模板和 DNA 聚合酶等杂质，以备后续的 DNA 测序工作。

材料四

单分子或单细胞的研究能揭示隐藏在批量测量背后的行为。人类的一个细胞中，遗传信息被编码在 46 条染色体上。染色体上的变异，比如单核苷酸变异和拷贝数变异，是进化、癌症等生物过程的驱动力。这些动态的变异体现在一个细胞群体的基因组异质性当中，所以迫切需要在单个细胞的层面描绘基因组。单细胞基因组分析在可获得细胞数稀少的情形下也十分必要，比如产前检测的样品、循环系统中的肿瘤细胞以及法医样本等。

二代测序技术的飞速发展驱动了一些单细胞全基因组测序的研究报告。为了产生测序所需的足够数量的 DNA，这些研究依靠了单细胞的全基因组扩增。但是，全基因组扩增方法普遍有偏差，导致了基因组的低覆盖程度。由于随机引物指数级的扩增，基于 PCR 的全基因组扩增会依赖于序列的偏差。

资料来源：Zong C, Lu S, Chapman A R, Xie X S. Genome-wide detection of single-nucleotide and copy-number variations of a single human cell ［J］. *Science*, 2012, 338(6114): 1622-1626.

问题设计：材料三和材料四都提到了"随机引物"，随机引物是指人工合成的由 6~10 个各种随机排列的核苷酸组成的引物，请分析为何随机引物能用于基因组的扩增。

教师引导学生分析：PCR 产物的特异性取决于扩增引物能特异性地与模板的特定序列互补配对。但是基因组的容量巨大，为了尽可能完整地扩增出全基因组，就要反其道而行之，使用一定长度的随机引物。比如长度为 8 的随机引物共有 4^8 即 65 536 种，假设四种碱基在基因组的约 32 亿个碱基对中随机排列，那么 1 种随机引物平均每隔 4.9 万个碱基对就能与基因组相结合，不同随机引物之间的距离就更小了。以随机引物对基因组 DNA 进行 PCR，理论上能扩增出长度不等、覆盖全基因组区域的不同片段。

问题设计：比较材料三和材料四，相比于传统的基因组测序，单细胞基因组测序有什么价值和困难？

教师引导学生分析：传统的基因组测序需要大量细胞作为样品，对于样品量稀少的情况，单细胞基因组测序具有不可或缺的意义。而且单细胞基因组测序能展现细胞群体中的差异性，在进化、癌症的研究中发挥作用。不论是传统的基因组测序还是单细胞基因组测序，都需要先对样品的 DNA 进行扩增。但是对于单细胞，DNA 模板的量极少，PCR 容易造成基因组不均匀地扩增，有的区域甚至不能被有效地扩增，从而导致无法获得全基因组的信息，这是单细胞基因组测序的技术瓶颈。

> 材料呈现

材料五　MALBAC 基因组扩增技术流程图

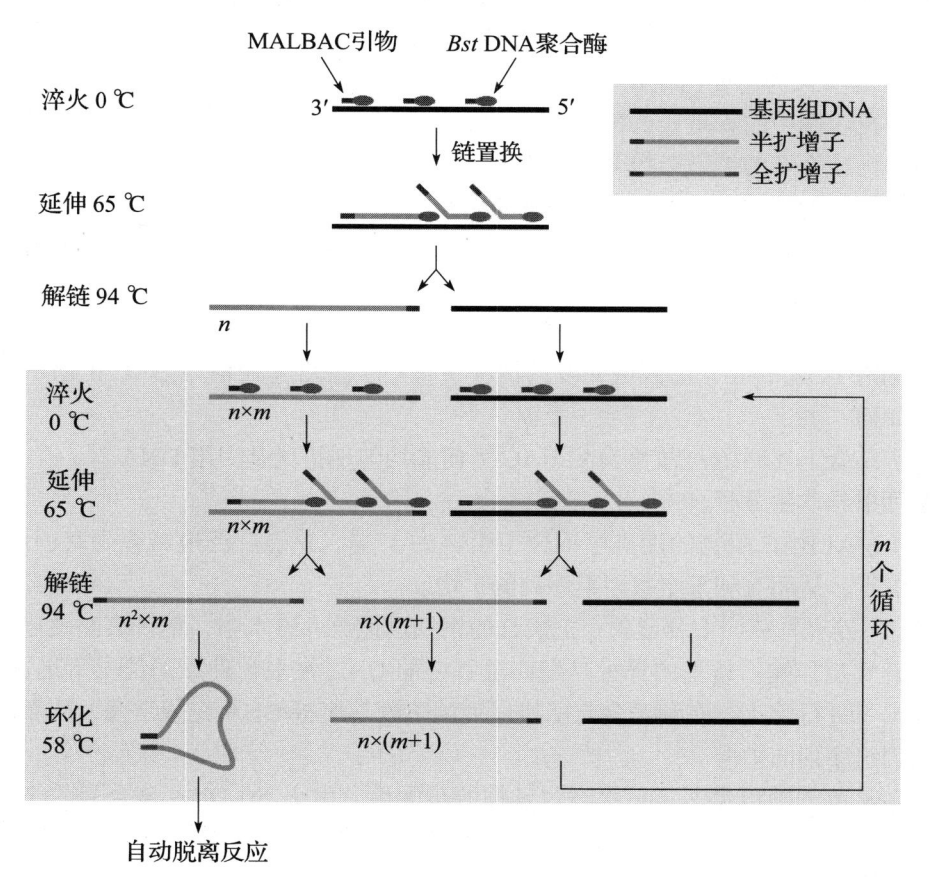

注：图中的粗线条均为 DNA 单链。

材料六

Bst DNA 聚合酶是一种源自嗜热脂肪芽孢杆菌（*Bacillus stearothermophilus*）的具有

链置换活性的 DNA 聚合酶，最适宜温度为 65 ℃，在 85 ℃时就不可逆地失活了。链置换活性是指当酶在沿着 5′向 3′方向合成子链的途中，遇到母链与其他单链结合成双链从而被"阻挡"的时候，会解开阻挡的双链并继续以母链合成子链，相当于用新合成的子链置换了双链中母链的互补链。

材料七

MALBAC 引物经过特殊的设计，引物有多种，每个引物含有 35 个碱基。沿着引物 5′到 3′的方向，是 27 个通用碱基和 8 个随机碱基。所以每种 MALBAC 引物的通用碱基序列都一样，随机碱基序列则有差异。

教师讲述：正是由于单细胞基因组测序具有重大作用，科学家们突破难关，发明了一种叫做 MALBAC 的基因组扩增技术，成功从单细胞中均匀完整地扩增出基因组 DNA，通过测序获得了覆盖基因组高达 93% 区域的序列信息。MALBAC 基因组扩增的流程图见材料五。其中的"扩增子"就是反应获得的单链核苷酸产物。

问题设计：仔细分析材料五，结合材料六和材料七，小组讨论下面几个问题：

（1）MALBAC 引物的 8 个随机碱基序列有何作用？

（2）"淬火"为何要选在 0 ℃进行？

（3）流程图中的 n 是什么含义？

（4）为什么有的扩增产物会"环化"？

（5）环化的扩增产物为何会自动脱离循环？

（6）如果扩增产物都无法环化，一段基因组 DNA 的扩增反应进行 m 次循环会得到多少产物？

（7）基因组的不同区域与引物结合的能力总有差异，不可能都一样，请计算如果 $m=20$，在甲区域 $n=10$，乙区域 $n=9$ 的情况下，甲、乙两区域 MALBAC 扩增产物的量的比例如何？

（8）结合上述问题，思考 MALBAC 为何能均匀地扩增基因组 DNA。

教师引导学生分析：

（1）MALBAC 引物的随机序列位于引物的 3′端，它能广泛地结合到基因组 DNA 的多个位点，从而有利于全基因组序列的扩增。

（2）"淬火"一词十分形象：把烧红的钢铁迅速放入冷水中，钢铁表面硬化伴随水汽升腾，呲呲作响；这里的淬火是把高温解链的 DNA 在引物存在的情况下迅速冷却。选在 0 ℃下进行淬火，有利于含有随机序列的引物与模板 DNA 充分结合，从而也有利于全基因组序列的扩增。

（3）从流程图可见，当每次经过延伸的步骤后，由于 Bst DNA 聚合酶的作用，新合成出 n 条子链。所以 n 表示在一定的条件和延伸时间下，从每段基因组序列合成出的子链数量。

（4）结合流程图和材料七的描述，可知当前一轮循环产生的子链作为模板进入下一轮循环后，一部分会合成出子链（全扩增子），一端代表的是引物序列，而另一端正好是合成的与引物互补配对序列。这样在从解链到环化的降温过程中，单链的全扩增子自身的头尾能互补配对从而环化。

（5）从流程图可见，并不需要人为地把全扩增子从一轮循环的产物中挑选出来从而脱离反应体系。全扩增子在环化温度下已经自发形成环状的结构，从环化温度降低到下一轮循环的淬火温度后，更有利于环状结构的稳定，引物难以与其结合，自然不会被当作模板，从而自动脱离循环。

（6）从流程图上可见，对于一段基因组的单链 DNA，经过一次循环，$m=1$，共得到 n^2+2n+1 即 $(n+1)^2$ 条产物。进入下一轮循环后，$m=2$，所有产物都不会环化，由 n 的定义可知，新合成 $n(n+1)^2$ 条子链，再加上作为模板的 $(n+1)^2$ 条链，共有 $(n+1)^3$ 条产物。以此类推，进行 m 次循环后共得到 $(n+1)^{m+1}$ 条产物。严格地讲，一开始的单链 DNA 来自基因组，不算扩增合成的产物，故认为产物数量为 $(n+1)^{m+1}-1$ 更合适。但 n 或 m 的值不小时，少一个几乎没有差别。

（7）从流程图上直接可见，MALBAC 在 m 次循环后的总产物（含初始模板）的量为 $mn^2+(m+1)n+1$，所以分别代入数据可得甲区域产物数为 2 211，乙区域产物数为 1 810，二者的比值约为 1.22。对于不同区段，n 总会有差异。进一步分析可知，当 m 较大时，产物的比值几乎与 m 无关，而是与 n 的比值的平方接近。

（8）基于对前几个问题的思考，本问题将迎刃而解。如果复制产物都不环化，全都进入下一轮循环，根据问题（6）的结果，两个区段扩增产物的比值在 m 轮循环结束后为 $\left(\dfrac{n_1+1}{n_2+1}\right)^{m+1}$，$n_1$ 和 n_2 表示两个区段在一次延伸过程中各自新合成的子链数。可见产物量的差异随着扩增轮数的增多指数级地增长。如果按照上一问的数据，$n_1=10$，$n_2=9$，20 轮扩增后的不同区段产物的比值竟然高达 6.7。可见，相比于传统扩增手段，MALBAC 对于基因组不同区域的扩增产量更为均匀，不同区域的扩增差异不会随着扩增轮数的增加而指数级地增长，有利于接近等量地扩增出全基因组的序列。MALBAC 克服了样品含量极低的困难，保障了从单细胞中获得高质量的全基因组序列。

问题设计：相比于 PCR 使用的 *Taq* DNA 聚合酶，MALBAC 技术在使用 *Bst* DNA 聚合酶上有什么需要注意的地方？

教师引导学生分析：由材料六可知，*Bst* DNA 聚合酶在 85 ℃时就不可逆地失活了，在 MALBAC 每轮解链的 94 ℃高温下都使得 *Bst* DNA 聚合酶失效，所以每轮循环都要额外补充 *Bst* DNA 聚合酶。在 PCR 过程中，由于 *Taq* DNA 聚合酶有良好的耐热性，不需要在多次循环中添加 DNA 聚合酶。

教师指导学生小结：MALBAC 基因组扩增与 PCR 有相似之处，也有不少差异。科学家发明 MALBAC 技术的初衷是突破 PCR 的技术瓶颈，更完整地扩增含量微乎其微的单个细胞的基因组，以便于获得单细胞的基因组信息，进而揭示传统多细胞基因组研究无法触及的奥秘。MALBAC 基因组扩增可用于产前诊断，阻断遗传病向子代的传递，世界上首例 MALBAC 宝宝于 2014 年在北京大学第三医院健康出生。科学技术造福人类！

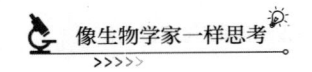

【评析】

评析人：武叶青

本节课的内容微观抽象，对学生来说难于理解。教师在教学中创设了一系列环环相扣的问题情境，有效引导学生运用已有知识进行合理推理和分析，最终获得真知。本节课设计具有以下特点：

1. 依据认知规律，设计有效的教学活动。

教师将比较抽象、难懂的 DNA 扩增在基因组测序中的运用，以及单细胞基因组扩增的流程的内容，分解成一个个的教学活动，环环相扣，引导学生回顾—感知—理解—应用。例如通过填写表格，帮助学生回忆 DNA 扩增的原理和流程；"随机引物"的引入，使学生切实理解如何扩增全基因组的序列。最后以多个材料，启发学生对比了解单细胞基因组研究的重要意义。这样的教学安排使学生获得的知识有逻辑、有结构、有体系。

2. 问题设置逻辑清晰，引导学生深度学习和思考。

课程设计从学生熟悉的聚合酶链式反应（PCR）切入，以设问的方式引导学生深刻认识 DNA 扩增的原理和流程。然后再设置一系列问题引导学生进一步思考。例如，为何随机引物能用于基因组扩增？单细胞基因组测序有什么价值和困难？教师对于这些问题的深入分析，有效引导学生进行思考，并讨论 MALBAC 基因组扩增与 PCR 的相似和相异之处。本节课始终都在高水平的思维活动中进行，使学生的科学思维得到了发展。

设计二

单细胞基因组测序与产前诊断

设计意图：课程标准中明确要求"举例说明遗传病是可以检测和预防的"，本微课旨在构建生动情境，一步步架设思维阶梯，让学生主动实现这一要求。本微课首先以图文形式铺设背景知识，引导学生运用减数分裂的知识储备，做好铺垫。接着引导学生发现极体的基因组信息能用来推断卵子的基因组，然后在对密集问题的小组讨论中厘清背后的原理并加以运用。该过程中出现的陌生概念"等位碱基对"，是发展知识迁移和信息整合能力的有力抓手，有利于学生深刻认识基因与染色体的关系。本微课以人卵母细胞染色体交叉互换的真实数据为依托，深化学生对基因重组的理解。此微课好似把学生当作需要紧急上岗的遗传诊断医生，给予关键资料，激发关键思维，有利于提升核心素养。

设计方案

教师讲述：产前诊断是在胎儿出生之前，利用多种方法确诊可能患有遗传病的个体，从而有效预防遗传病。若要获取胚胎的遗传物质，传统的手段包括羊膜穿刺、绒毛取样、脐带穿刺等，这些方法可能给胎儿和母体造成损伤。有没有方法在受精卵植入母体子宫之前就可以对胚胎进行遗传筛查呢？

材料呈现

材料一

1989 年，科学家证明去除极体的人类受精卵并不影响其存活和发育。极体是卵母细胞减数分裂形成的。人的初级卵母细胞经过减数分裂Ⅰ产生一个第一极体，第一极体一般不进行减数分裂Ⅱ。受精过程中，精子与次级卵母细胞融合之后，次级卵母细胞完成减数分裂Ⅱ，从而产生一个第二极体。然后，卵细胞中的雄原核与雌原核彼此靠近，成为受精卵，继而开始第一次卵裂。受精卵和两个极体都被包裹在透明带中。

材料二

下图展示了利用显微操作将微型吸管穿过透明带，从体外受精的卵细胞周围分离极体。

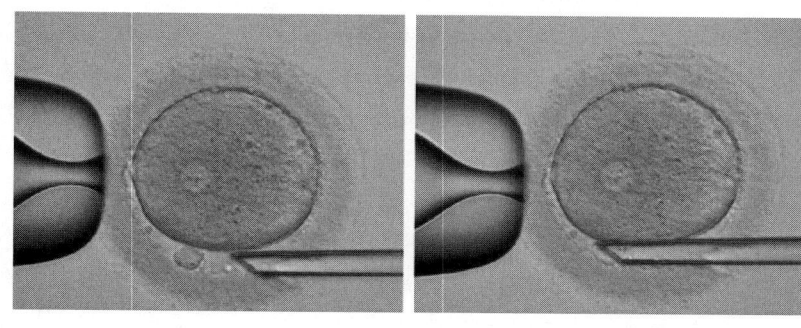

资料来源：Hou Y, Fan W, Yan L, Li R, Lian Y, Huang J, Li J, Xu L, Tang F, Xie X S, Qiao J. Genome analyses of single human oocytes [J]. *Cell*, 2013, 155(7): 1492-1506.

问题设计：假设一对夫妻有怀孕的打算，但是女方患有遗传病。他们计划利用体外受精的方法获得受精卵，然后挑选健康的胚胎植入子宫。能否分离受精卵中的雌原核用于遗传筛查？如果不能，还有什么办法筛选出健康的胚胎？

教师引导学生分析：结合材料一和材料二可知，不能将受精卵中的雌原核用于遗传筛查，否则受精卵受到破坏并失去母方的遗传物质，将无法分裂分化为胚胎。所以筛选健康胚胎可行的办法有两种：一种是将透明带中的极体分离出来，检测极体中的遗传物质；另一种是在受精卵进一步发育为多细胞胚胎之后，取个别胚胎细胞，进行遗传筛查。两种方法都需要确保分离细胞以后不影响胚胎的正常发育。

问题设计：对极体中的遗传物质进行检测，最全面且准确的方案是极体的基因组测序。第一极体和第二极体的基因组是否和对应的卵子中的基因组完全一致？

教师引导学生分析：不完全一致。每个个体同源染色体上的等位基因不可能都两两相同。减数分裂过程中同源染色体的非姐妹染色单体间交叉互换，导致一条染色体上的基因之间发生重组。更何况卵子有 23 条染色体，基因重组的情况多样，所以极体和卵子的基因组并不完全一致。

问题设计：既然第一极体和第二极体的基因组都与对应卵子的基因组不一致，得知极体的基因组还有什么意义？它们能不能用于筛选健康胚胎？

教师引导学生分析：虽然第一极体和第二极体的基因组都与卵子不一致，但是极体和与它们对应的卵子是由同一个初级卵母细胞在减数分裂过程中产生的。四分体时期同源染色体上的等位基因有两个来自父方的拷贝和两个来自母方的拷贝,根据基因分离定律,它们彼此分离进入不同的配子。对于人卵母细胞的减数分裂来说,等位基因两个进入第一极体、一个进入第二极体和另一个进入卵子。所以知道第一极体和第二极体等位基因的情况就可以依据分离定律推断相应卵子的等位基因情况。因此,得知极体的基因组情况对于推断相应卵子的基因组大有用处。

材料呈现

材料三

人类的每对同源染色体,一条来自父亲,另一条来自母亲。同源染色体上遍布着"等位碱基对"。比如对于同源染色体的相同位点,在来自父亲的染色体上是A-T碱基对,而在来自母亲的同源染色体上则是G-C碱基对。"等位碱基对"大多不在基因当中,不具有遗传学效应,但是它们却和基因一样在形成配子时彼此分离。基因在染色体上呈线性排列,碱基对也在染色体上呈线性排列。基因可以作为染色体不同区段的标记,"等位碱基对"也可以。

材料四

分离提取某女性甲的某个受精卵(代号O)中的雌原核和O周围的两个极体,分别进行单细胞基因组测序,第20号染色体的测序分析结果如下图所示。深色则表示该染色体区段是来自双亲的。放大的一段染色体旁的每个字母表示一个"等位碱基对",比如A表示A-T碱基对,G表示G-C碱基对,C表示C-G碱基对。

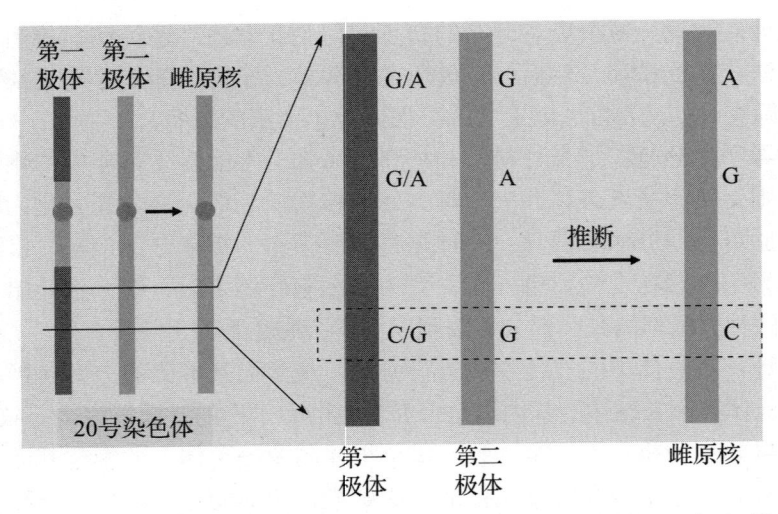

问题设计:结合材料三和材料四,以小组讨论的方式按顺序研讨下列问题:

(1)第一极体中为何会出现染色体区段标为深色的情况?

(2)如果深色区段出现在雌原核或第二极体,可能的原因是什么?

(3)图中虚线框里的G和C所标识的碱基对是一样的吗?请举例说明。

(4)图中"推断"的依据是什么?

(5)如果图中的虚线框所示的位点位于基因的编码区,并且该位点在人群中只有

G 和 C 两种形式，不出现 A 或 T，已知该位点为 C/C 或 G/C 的个体患有某种遗传病，那么可否将 O 植入子宫获得健康胎儿？

教师引导学生分析：（1）第一极体含有两套基因组，第二极体含有一套基因组，如果减数分裂Ⅰ发生同源染色体非姐妹染色单体间的交叉互换，则相应的染色体区段在第一极体中就是来自双亲的。

（2）第二极体和雌原核（卵子）通常只有一个基因组，没有同源染色体，某个染色体区段要么来自父方要么来自母方。若出现来自双亲的情况，则表示该区段重复出现，很有可能是染色体变异所致。

（3）"G"和"C"所标识的碱基对虽然都是 G 与 C 之间的互补配对，但是 DNA 是互补配对的两条单链，G 在正链 C 在负链与 G 在负链 C 在正链完全不同。举例来说，假设"G"和"C"是等位碱基对，位于同源染色体相同位点，那么 5′-AAGTT-3′ 与 5′-AACTT-3′ 并不是相同的 DNA 序列。

（4）根据材料三，"等位碱基对"也满足分离定律。以虚线框中的"等位碱基对"为例，减数分裂前染色体复制，G 和 C 各含有两个拷贝，减数分裂完成后，如果 1 个 G 与 1 个 C 都进入第一极体，而 1 个 G 进入第二极体，那么雌原核中推断是 C（不考虑基因突变）。

（5）由于该位点为 C/C 或 G/C 的个体都患有遗传病，且不出现 A 或 T，可知该位点为 G/G 时才健康。已经推断出雌原核中的该位点为 C，所以不论精子在该位点是 C 还是 G，合子均会患病，所以 O 不能用于孕育。

> **材料呈现**

材料五

科学家还同时获得了受精卵 O 的其他染色体信息，见下图（图示的颜色与材料四含义一致）。

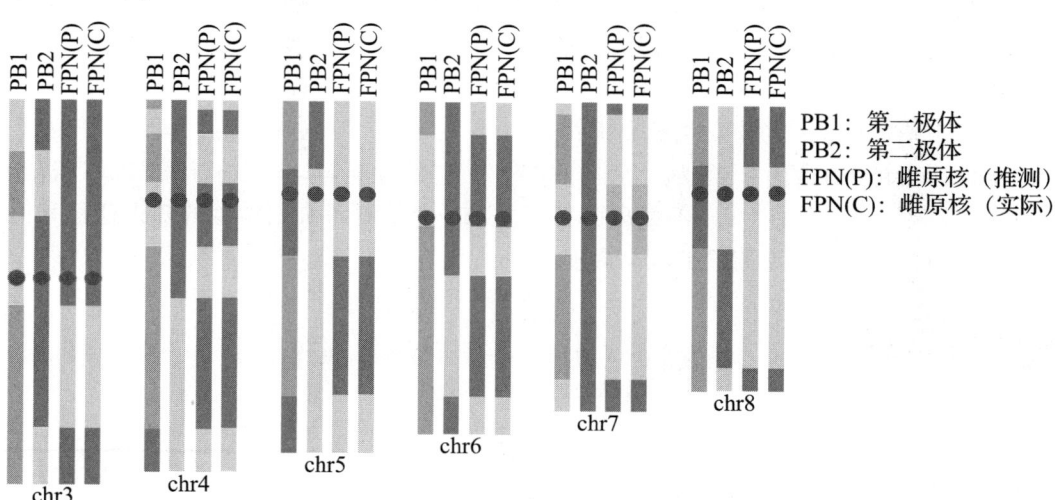

PB1：第一极体
PB2：第二极体
FPN(P)：雌原核（推测）
FPN(C)：雌原核（实际）

资料来源：Hou Y, Fan W, Yan L, Li R, Lian Y, Huang J, Li J, Xu L, Tang F, Xie X S, Qiao J. Genome analyses of single human oocytes [J]. Cell, 2013, 155(7): 1492-1506.

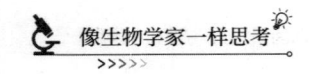

问题设计：根据材料五，你认为同源染色体的交叉互换在卵子形成中有什么特点？交叉互换有何积极意义？

教师引导学生分析：由材料五可见，一个卵母细胞形成的卵子，基本每条染色体上都曾发生交叉互换；四分体染色单体之间交叉互换的次数往往不止一次。如果实验结果具有一般性，则可知人的卵母细胞减数分裂时，同源染色体上的非等位基因之间的基因重组频繁。这有利于形成新的基因组合，增加卵子的基因型种类，为子代的进化和适应提供丰富的原材料。

教师指导学生小结：通过极体的基因组就可以推演出相应卵子的基因组，这样产前诊断的时间提前到了受精卵的阶段。这种在胚胎植入子宫之前的遗传学检测，一方面减少了穿刺等手段对母体和胎儿的创伤，另一方面又能精准高效地降低下一代患遗传病的风险。我们体会到进行遗传病筛查要充分运用基本的遗传学规律，感受到遗传学思维的魅力。但不能忘记的是，完整精确地得到单个细胞的基因组信息在十余年前还被认为遥不可及，单细胞基因组扩增和测序技术的突破才使得这一切变为现实。

【评析】

评析人：刘越

1. 此微课设计围绕重要概念，考查基础知识。

此微课设计涉及多个基础知识，减数分裂、同源染色体分离、交叉互换、非同源染色体自由组合，基因与染色体的关系、基因重组。材料的呈现、教师的引导，层层递进，巧妙创设，培养学生的科学思维。

2. 用生动的情境呈现材料，图文结合呈现清晰。

让学生站在遗传诊断医生的视角来帮助患者解决问题。从寻找替代传统遗传筛查方法入手，既不破坏卵细胞的遗传物质和结构，又能挑选出健康的卵细胞，从而实现体外受精。这样的情境激发出学生学知识用知识的紧迫感、现实感和成就感。图文结合的方式把新情境和学生已学知识清晰地呈现并联系在一起，更能有利于学生科学思维的培养。

3. 呈现陌生概念，考查学生核心素养。

本微课设计中的陌生概念为"等位碱基对"，它是考查学生核心素养和知识迁移能力的重要路径，看似陌生实则不偏离已有能力水平，能够考查出学生的知识迁移和信息整合能力，这是对核心素养的较高要求。

习题设计

习题1：

科学家已经可以对人类单个细胞中的基因组进行测序。单细胞基因组测序技术为了解人类生殖细胞中的基因重组现象提供了新方法。

（1）除了基因自由组合导致的基因重组以外，在减数分裂_____（填"Ⅰ"或"Ⅱ"）时期发生的_____也会导致基因重组。

（2）对某成年男性的一个初级精母细胞完成减数分裂后形成的4个精子进行单细胞基因组测序，第3号染色体在4个精子中可能会出现以下情形：

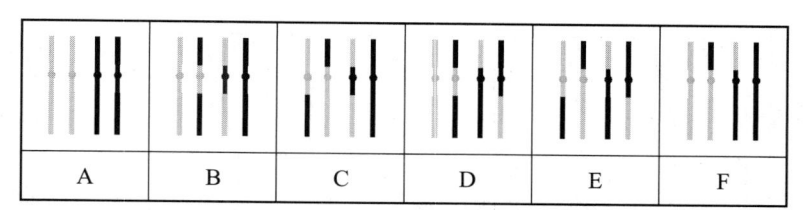

A	B	C	D	E	F

减数分裂过程中，发生过一次及以上的染色体交叉互换的情形是_____（填字母），发生过两次及以上的染色体交叉互换的情形是_____（填字母）。

（3）女性的卵原细胞经过_____成为初级卵母细胞，减数分裂Ⅰ结束时形成一个次级卵母细胞和一个第一极体，已知后者不会完成减数分裂Ⅱ，但是次级卵母细胞受精后会完成减数分裂Ⅱ从而产生一个第二极体。据此并结合下表信息，将表中的空格补充完整：

减数分裂Ⅰ中期	第一极体	第二极体	第一极体	第二极体	第一极体	第二极体	第一极体	第二极体
	情况甲		情况乙		情况丙		情况丁	

（4）着丝粒分裂后，每个第一极体含有_____条3号染色体；如果对某个初级卵母细胞产生的第一极体和第二极体的3号染色体测序得出了下图的结果，请推断该初级卵母细胞交叉互换的情形为_____（填字母）

第一极体	第二极体	第一极体	卵子	第一极体	卵子	第一极体	卵子	第一极体	卵子
测序结果		A		B		C		D	

（注意：测序结果中的条纹部分表示染色体的该区域测得了来自该女性的双亲的同源染色体DNA序列）

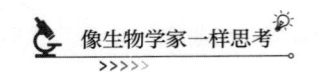

必备知识	减数分裂；基因重组；同源染色体
参考答案	（1）Ⅰ；同源染色体非姐妹染色单体间的交叉互换 （2）BCDEF；BCDE （3）染色体复制； | 减数分裂Ⅰ中期	第一极体	第二极体	第一极体	第二极体	第一极体	第二极体	第一极体	第二极体
---	---	---	---	---	---	---	---	---
	情况甲		情况乙		情况丙		情况丁		 （4）2；C或D
命题立意	本题依托单细胞测序，深入考查对精子和卵子减数分裂过程的对比理解，解题的核心是四分体时期交叉互换的结果分析。本题层层深入，调动科学思维和信息处理能力，引导学生认识到真实情况下交叉互换的复杂性，体会基因重组的意义，深化对同源染色体和有性生殖的认知。
素养水平	（1）生命观念水平二 （2）生命观念水平二；科学思维水平三 （3）生命观念水平二；科学探究水平三 （4）科学思维水平四

习题 2：

在对某女性个体的多个第二极体的单细胞基因组测序中，科学家获得了3号染色体的测序结果如下图，图中字母代表相应位点的DNA正链的碱基，数字代表对应第二极体的编号。

（1）第二极体含有_____个染色体组，每个第二极体通常_____（含有/不含）同源染色体，等位基因的分离_____（会/不会）发生在减数分裂Ⅱ。

（2）图中标出的碱基不一定位于基因中，理由是_____。

（3）DNA测序之前要进行DNA扩增，获得测序结果后将多个DNA片段的序列拼接起来才能得到图中每条染色体DNA的完整序列。基于此，请思考为何不能直接获得染色体DNA的全长序列。_____。

（4）交叉互换只会偶尔在同源染色体上发生，基于图中的结果推断该女性的卵原细胞中一对3号染色体的情况，画在箭头右边的染色体上，发生3号染色体交叉互换的第二极体是#_____（填数字）。

必备知识	减数分裂；基因重组；基因工程；基因的本质
参考答案	（1）1；不含；会 （2）染色体上的DNA并不都是基因 （3）DNA扩增出的片段长度有限，不可能覆盖一条染色体的全长 （4）见下图；5 推断→ T　C A　G C　A G　A T　G
命题立意	本题是一个单体型分型的简化，引导学生以减数分裂染色体的规律推断单体型。第（1）问涉及染色体组、极体、同源染色体等相关概念的考查，引导学生注意发生交叉互换后的染色体在减数分裂Ⅱ也会出现等位基因的分离；第（2）问在情境中考查基因的本质、基因和染色体的关系；第（3）问立足科学探究，引导学生设身处地地思考基因组测序的技术流程；第（4）问需要调用科学思维，分析推断同源染色体上基因相互组合的情况。
素养水平	（1）生命观念水平三 （2）生命观念水平三；科学思维水平二 （3）科学探究水平三 （4）科学思维水平三

学术情境主题 17

无细胞蛋白表达系统与第一个遗传密码子的破译

刘 武

● 学术导引 ●

遗传密码的破译是生物学史上一个伟大的里程碑，第一个遗传密码子的破译工作是由马歇尔·尼伦伯格（Marshall Nirenberg）和海因里希·马太（Heinrich Matthaei）完成的。认真研读他们的原始科研论文，从中挖掘出适合高中生物学教学的学术情境素材，具有重要的意义。

1953 年，詹姆斯·沃森（James Watson）和弗朗西斯·克里克（Francis Crick）正式提出具有划时代意义的 DNA 分子双螺旋结构模型，标志着生物学研究进入分子水平。结合 DNA 分子的结构特征，沃森和克里克思考 DNA 分子结构与功能的联系；同年，他们提出"遗传信息"的概念，该概念一经提出就产生广泛的影响，但由于当时缺乏相关的实验数据，并不清楚"遗传信息"的物质基础是什么。早在 1935 年，生物体内最常见的 20 种氨基酸已全部被发现。1954 年，伽莫夫（George Gamow）根据数学计算，推测 DNA 链相连的 3 个核苷酸（三联体）对应编码一种氨基酸，经排列组合 DNA 分子中的 4 种脱氧核苷酸共可以排列组合出 4^3 种不同的三联体密码子。1954 年，沃森提出，DNA 必须先将信息传递给一种 RNA，才能指导合成蛋白质。受到沃森和越来越多的实验证据的启发，克里克逐步形成概念：RNA 是 DNA 和蛋白质之间重要的中间体。1956 年，科学界已经发现遗传信息的四种传递方式，即 DNA 到 DNA（DNA 的自我复制），DNA 到 RNA（蛋白质合成的第一步），RNA 到 DNA（蛋白质合成的第二步），RNA 到 RNA（RNA 病毒的自我复制）。克里克经过多年的思考，据此提出著名的遗传学"中心法则"学说，当时版本的主要内容为遗传信息从 DNA 传递给 RNA（转录），再从 RNA 传递给蛋白质（翻译），包括 DNA 的自我复制，并指出"信息一旦传递给了蛋白质就不能再传出"。值得一提的是，"中心法则"中的 RNA 最开始被认为是核糖体 RNA，并非后来被发现的信使 RNA。随着相关实验数据的积累，克里克于 1957 年首次提出"遗传信息"的定义，简单表述为：DNA 分子上"确定的脱氧核苷酸序列"，强调了 DNA 分子上脱氧核苷酸序列与蛋白质氨基酸序列之间存在对应关系,从理论上指出遗传密码的客观存在。遗传密码的破译逐步成为当时最热最亟待解决的科学问题,吸引了一大批科学家投入其中。

1961 年,克里克和布伦纳等科学家通过 T4 噬菌体实验第一次验证密码子由 3 个核苷酸序列(碱基)组成,但不能推断出各种氨基酸对应的密码子序列。同年 12 月,克里克在 Nature 杂志上发表论文总结道:遗传密码由三联体碱基构成,每个三联体依次排列、不重叠,遗传密码从 DNA 分子上的固定起始位点开始读取,并且同一种氨基酸可以对应多种三联体密码子 [①]。

64 种密码子如何对应到 20 种氨基酸呢?这个问题在不经意间由尼伦伯格和他的学生马太找到了解决办法。尼伦伯格采用刚刚出现的无细胞蛋白表达系统技术,来研究 DNA 或 RNA 片段在蛋白质合成中的作用,一年半后马太加入他的实验室。无细胞蛋白表达系统技术在当时刚刚出现,他们裂解大肠杆菌,加入 DNA 酶处理,通过差速离心法获取细胞抽提物,在试管内通过改变细胞抽提物的成分来探讨相关改变对基因表达——蛋白质表达的影响。1961 年,二人在该大肠杆菌无细胞蛋白表达系统中,在一支加有多聚尿嘧啶核苷酸(UUUUUU…)的试管中,加入用 ^{14}C 标记的苯丙氨酸后能够产生多肽链,而加入用 ^{14}C 标记的其他 19 种氨基酸不能产生多肽链。随后他们通过多种方式证明该多肽链为多聚苯丙氨酸。进一步的实验发现,在无细胞蛋白表达系统中多聚尿嘧啶核苷酸、核糖体、ATP 和 ATP 合成系统对多聚苯丙氨酸的合成必不可少;RNA 酶的加入可以抑制多聚苯丙氨酸的合成,DNA 酶的加入不影响多聚苯丙氨酸的合成。当年 5 月,尼伦伯格和马太将他们的研究成果发表在《生物化学和生物物理研究通讯》杂志上,论文并未提及多聚尿嘧啶核苷酸可能携带编码苯丙氨酸的遗传密码子这一最重要的发现。幸运的是,同年尼伦伯格参加了第五届国际生物化学大会,报告了他们的研究工作,其实验结论的价值被克里克等科学家重新发现。克里克结合自己的工作推断三联体"UUU"就是编码苯丙氨酸的密码子。第一个密码子以这种传奇的方式宣告破解。在克里克的启发下,尼伦伯格扩大团队,很快破译了更多遗传密码。到 1966 年,经过一批科学家的努力,包括 3 个不编码任何氨基酸的终止密码子在内的所有密码子相继得到破解。1968 年,尼伦伯格与另外两位科学家因为"破解遗传密码及其在蛋白质合成上的作用",共同获得了当年的诺贝尔奖生理学或医学奖。

当时人们已经知道遗传信息从 DNA 传递给 RNA(转录),再从 RNA 传递给蛋白质(翻译),但并不清楚这个中间的信使 RNA 是什么,科学家们曾一度倾向认为它为核糖体 RNA。而尼伦伯格和马太的实验结果也部分支持或否定核糖体 RNA 是信使 RNA。

尼伦伯格团队发现在无细胞蛋白表达系统中,加入提取的大肠杆菌可溶性 RNA 可

---

① Crick F H C, Barnett L, Brenner S, Watts-Tobin R J [J]. General nature of the genetic code for proteins [J]. *Nature*, 1961, 192(4809): 1227-1232.

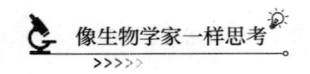

以促进氨基酸（放射性同位素标记）掺入新合成的蛋白质中。实验是这样开展的：在含有完整核糖体的 1 mL 反应体系中，添加大肠杆菌可溶性 RNA，35℃下孵育 20 分钟；实验结果显示（图 17-1），0～1 mg 的可溶性 RNA 加入量可以促进缬氨酸掺入新合成的蛋白质中（根据产物多肽的放射性计数来定量），1 mg/mL 的可溶性 RNA 为其饱和浓度。他们也发现在可溶性 RNA 存在条件下，大肠杆菌核糖体 RNA 能促进氨基酸掺入蛋白质中。实验结果显示，在含有处理过的核糖体（只含有核糖体蛋白部分）、1.0 mg/mL 大肠杆菌可溶性 RNA 的 1 毫升反应体系中，当使用低浓度（0～1.2 mg/mL）的核糖体 RNA 时，核糖体 RNA 浓度与新合成掺入用 ^{14}C 标记缬氨酸的蛋白质之间呈线性关系（这里推测大肠杆菌核糖体在提取的过程中结构被破坏，核糖体 RNA 的加入使其得到正确组装，并恢复活性）。

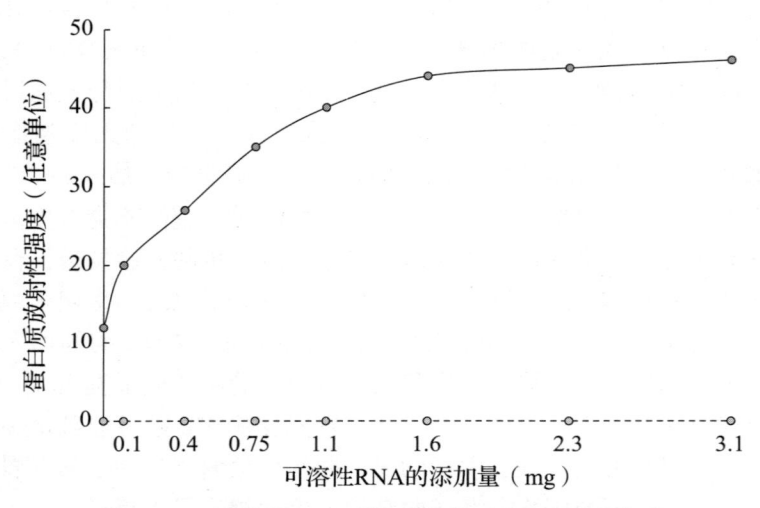

图 17-1　可溶性 RNA 的加入能够促进蛋白质的合成

进一步的实验结果表明（图 17-2），在低浓度的核糖体 RNA 下，放射性标记氨基酸掺入蛋白质的最大量与添加的核糖体 RNA 的量成正比，表明核糖体 RNA 在蛋白质表达过程中起到化学计量作用而不是催化作用。也有实验结果表明核糖体 RNA 的添加增加了其他 6 种测试氨基酸掺入表达的蛋白质中。

尼伦伯格认为核糖体 RNA 中的大部分 RNA 作为模板可能是无活性的，因为烟草花叶病毒 RNA 刺激氨基酸掺入新合成多肽链的活性是等量大肠杆菌核糖体 RNA 的 20 倍（实验结果见表 17-1）。在论文讨论部分，作者表示：尽管总 RNA（包括核糖体 RNA 和后来发现的信使 RNA）中的至少一部分被认为是蛋白质合成的模板，科研界称该模板为信使 RNA，核糖体 RNA 的功能在当时仍然是一个谜。

文献中最重要的发现是在无细胞蛋白合成系统中，多聚尿嘧啶核苷酸的加入导致了多聚苯丙氨酸的合成（见表 17-2 和图 17-3），该合成过程需要核糖体和大肠杆菌裂解物 100 000×g 离心后的上清液，合成过程受嘌呤霉素或氯霉素的抑制。因此，尼伦伯格团队提出多聚尿嘧啶核苷酸似乎起到信使 RNA 的作用，指导多聚苯丙氨酸的合成；一个或多个尿嘧啶核苷酸残基似乎是苯丙氨酸的遗传密码子，编码类型尚未确定。

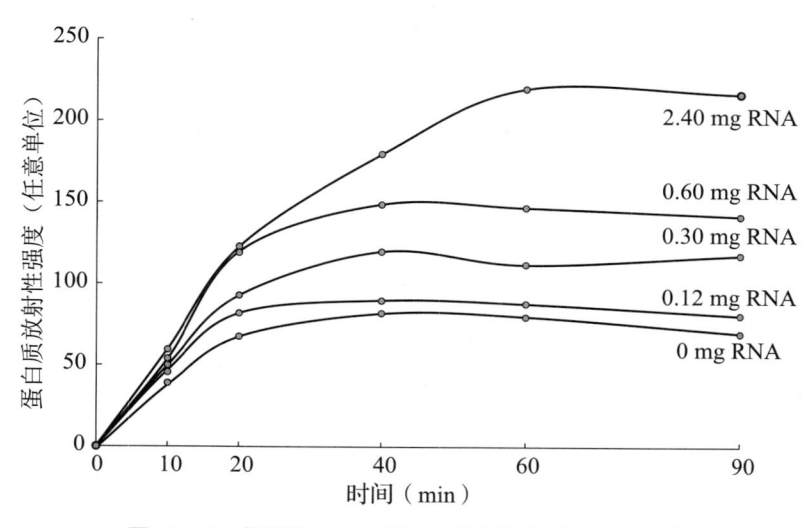

图 17-2 核糖体 RNA 的加入能够促进蛋白质的合成

表 17-1 不同来源的 RNA 刺激氨基酸掺入新合成蛋白质的程度

RNA 的来源	新合成多蛋白质的放射性相对强度
无	42
0.5 mg 大肠杆菌核糖体 RNA	75
0.5 mg 酵母核糖体 RNA	430
0.5 mg 烟草花叶病毒 RNA	872
0.5 mg 埃利希腹水瘤微粒体 RNA	65

表 17-2 多聚尿嘧啶核苷酸的加入导致了多聚苯丙氨酸的合成

多聚核苷酸种类	新合成多蛋白质的放射性相对强度
无	44
多聚尿嘧啶核苷酸	39 800
多聚腺嘌呤核苷酸	50
多聚胞嘧啶核苷酸	38
多聚腺嘌呤—尿嘧啶核苷酸	53
多聚尿嘧啶核苷酸 + 多聚腺嘌呤核苷酸	60

马歇尔·尼伦伯格和海因里希·马太通过无细胞蛋白表达系统技术破译了第一个遗传密码子，是生物学发展过程中一项十分重大的突破，并为其他遗传密码的破译提供了重要思路。遗传密码的破译极大地促进了现代分子生物学的发展与应用。

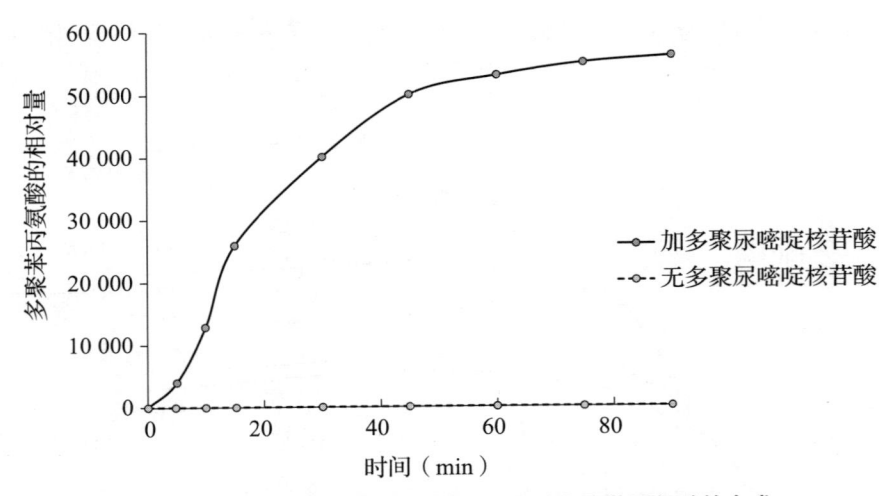

图 17-3　多聚尿嘧啶核苷酸的加入导致多聚苯丙氨酸的合成

素养教学建议

2019年人教版生物教材必修2第4章第1节部分对遗传密码的破译进行了详细的梳理，虽然篇幅有限，依然能够让读者从中强烈地感受到科学探索实验的巧妙构思，感受到科学家们对实验数据的科学分析和严谨推理，感受到遗传密码破译的重要意义。2019年北师大版普通高中生物学必修2第2章第2节部分以材料分析的形式介绍包括第一个密码子破译在内的遗传密码破译的历史过程。

结合《普通高中生物学课程标准》，分析"遗传密码的破译"与高中生物学概念的联系，可以精炼出提升学科核心素养的若干素材，较全面地联系到课程标准在教材中的若干重要概念（见表17-3）。

表 17-3　"遗传密码的破译"与高中生物学概念的联系

	内容		课程标准中的生物学概念
	重要研究步骤	关键实验方法	
研究过程	（1）无细胞蛋白合成系统的建立 （2）核糖体RNA在无细胞蛋白合成系统中所起作用的探究 （3）无细胞蛋白合成系统中，多聚尿嘧啶核苷酸的加入导致多聚苯丙氨酸肽链的表达	• 分离细胞器的方法——差速离心法 • 放射性同位素标记氨基酸的使用 • RNA的提取 • ATP合成系统的建立 • 多聚苯丙氨酸肽链的鉴定	必修 1.2.4　举例说明细胞各部分结构之间相互联系，协调一致，共同执行细胞的各项生命活动 2.2.2　解释ATP是驱动细胞生命活动的直接能源物质 必修 3.1.1　概述多数生物的基因是DNA分子的功能片段，有些病毒的基因在RNA分子上

续表

	内容	课程标准中的生物学概念
研究结果	• 多聚尿嘧啶核苷酸似乎起到合成模板或信使RNA的作用 • 一个或多个尿苷酸残基似乎是苯丙氨酸对应的密码子	必修 3.1.4 概述DNA分子上的遗传信息通过RNA指导蛋白质的合成，细胞分化的本质是基因选择性表达的结果，生物的性状主要通过蛋白质表现

素养教学建议 1

使用差速离心技术对细胞组分进行分离，建立无细胞蛋白表达系统【生命观念 科学探究】

第一个密码子的破译，正是得益于无细胞蛋白表达系统的使用。科学家将对数期生长的大肠杆菌破碎后，进行差速离心，通过逐渐提高离心速度来分离不同大小的细胞器，可以获得含有核糖体等蛋白质合成必需组分的上清液，并且对这些组分进行改变，来探究核酸指导蛋白质合成的规律。

人教版高中生物学新教材在第3章第2节中正式讲述细胞器之前，有介绍分离细胞器的方法——差速离心法。教师可以借助无细胞蛋白表达系统的建立过程与成功使用，引导学生更加具体地学习差速离心这一科学方法，更加深刻地理解"细胞各部分结构之间相互联系，协调一致，共同执行细胞的各项生命活动""遗传信息通过RNA指导蛋白质的合成"等高中生物学的重要概念，培养学生的学科核心素养。

素养教学建议 2

基于巧妙的实验设计、可信的实验数据和对数据的严谨分析推理，第一个遗传密码子得到破译【科学思维】

在加有含有核糖体和苯丙氨酸的无细胞蛋白合成系统中，人工合成多聚尿嘧啶核苷酸的加入导致了多肽链产物的大量合成（见表17-2和图17-3），作者通过一系列实验证明：同样的反应体系中，其他种类的多聚核苷酸的加入并不能引起多肽链产物的大量合成；多肽链产物的合成需要核糖体和大肠杆菌裂解物 $100\,000\times g$ 离心后的上清液（即S100）以及ATP；其他氨基酸不能替代苯丙氨酸促进多肽链的合成。并且尼伦伯格团队通过当时已知的方法，鉴定该多肽链为多聚苯丙氨酸。基于这一系列的实验数据，作者推导出一个或多个尿嘧啶核苷酸残基似乎是苯丙氨酸的遗传密码，聚尿嘧啶核苷酸似乎起到信使RNA的作用。

教师可以适当借用遗传密码子破译过程的原始数据、表格，带领学生重温当时的实验设计思路，进行合理地推理，培养学生实验设计、数据分析的能力，进而提高学生的学科素养。

像生物学家一样思考

素养教学建议 3

遗传密码的破译是众多科学家不断努力的成果【科学探究　社会责任】

早在 1935 年，组成生物体的蛋白质最常见的 20 种氨基酸已全部被发现。DNA 分子由四种脱氧核苷酸组成。1954 年，伽莫夫（George Gamow）根据数学计算，推测 DNA 链相连的 3 个核苷酸（三联体）编码一种氨基酸，4 个碱基组成三联体密码，经排列组合可产生 64 种不同的三联体密码子。64 是能满足于编码 20 种氨基酸的最小数。1961 年，克里克和布伦纳等科学家通过 T4 噬菌体实验，研究其中某个基因的碱基的增加或减少对其编码的蛋白质的影响，第一次证明密码子由三个碱基组成，即遗传密码是由三联体碱基构成，但不能推断出氨基酸对应的密码子序列。1961 年，尼伦伯格用人工合成的多聚尿嘧啶核苷酸，在体外无细胞蛋白质合成体系中，合成了一条多肽链，其氨基酸残基全部是苯丙氨酸；结合克里克的三联体密码子结论，证明 UUU 是苯丙氨酸的密码子，第一个密码子得到破译；接着尼伦伯格用同样的方法破译了 AAA 是赖氨酸的密码子，CCC 是脯氨酸的密码子。1963 年，施派尔（Speyer）和奥乔亚（Ochoa）等科学家利用两个碱基的共聚物破译遗传密码，破译了部分密码子。1964 年，尼伦伯格和莱德（Leder）利用特异氨基酸 -tRNA（aa-tRNA）与核糖体 – 三核苷酸序列的结合实验，又破译了部分遗传密码子。同年，西村（Nishimura）、琼斯（Jones）和科拉纳（Khorana）等人用重复共聚物（repeating copolymers）破译密码，直至 1965 年所有氨基酸的密码子得到破译。

教师可以适当选取遗传密码破译过程中的理论推导或经典实验，转变为课堂教学可以利用的素材，培养学生的科学探究和社会责任学科素养。

微课设计

设计一

差速离心技术的应用

设计意图：差速离心技术是生物学科学研究经典的实验技术，该技术应用十分广泛。常用在生物活性物质的分离，例如各种亚细胞组分的分离（细胞核、叶绿体、线粒体、核糖体、细胞质基质等细胞部分），以及核酸和蛋白质等生物大分子的分离。人教版高中生物教材必修 1 在细胞器一节对该技术有专门的介绍。第一个遗传密码的破译是建立在无细胞蛋白表达系统上，而无细胞蛋白表达系统的建立基于差速离心技术对细胞组分的分离与提取。教师可以通过该具体的科研活动案例，带领同学们更加具体和深刻地学习差速离心技术的应用。

设计方案

教师讲述：差速离心技术是在生物学科学研究中经典的实验技术，该技术应用十分广泛，常用在生物活性物质的分离。第一个遗传密码的破译利用的是无细胞蛋白合成系统技术，而无细胞蛋白表达体系的建立是基于差速离心技术对细胞组分的分离与提取。

> **材料呈现**

材料一 差速离心法分离样品的原理

样品中各组分密度和形状的差异决定它们各自在一定离心条件下，经过多次离心，离心速度逐步加大，通过逐步提高离心力的方式将不同的微粒依次沉降，从而实现离心分离。操作过程中一般是在离心后把上清液与沉淀分开，上清液提高转速继续离心，分离出第二步沉淀，如此多次提高转速，逐步分离出所需要的物质。

材料二 无细胞蛋白合成系统的建立

尼伦伯格收获对数生长期早期的大肠杆菌细胞，首先对收获的细胞进行离心方式的洗涤，随后加入 2 倍于细胞重量的氧化铝，研磨破碎细胞，5 ℃下研磨 5 分钟。接着向细胞研磨所得的匀浆液中加入细胞湿重的两到三倍的标准缓冲液（0.01 M Tris，pH 7.8；0.01 M 乙酸镁；0.06 M KCl 和 0.006 M 巯基乙醇），20 000×g 离心 20 分钟，能够去除氧化铝、大的细胞碎片及完整的细胞。将上一步离心所得的上清液转移至新的离心管，30 000×g 继续离心 30 分钟，去除更细小的碎片；所得的上清液，记为 S-30。取部分 S-30 继续离心，105 000×g 离心 2 小时，去除核糖体，上清轻轻吸出，记为 S-100。将 S-100、S-30 通过添加一些必要的物质，可以作为无细胞蛋白合成系统的基础。

细胞蛋白合成系统的优势是具有完整的蛋白质折叠、修饰系统和接近真实的蛋白质定位环境，能够较大概率地表达出具有天然构象和正常功能的蛋白质；无细胞蛋白合成系统可用于难表达的水溶性蛋白和膜蛋白的表达，比如对细胞有毒性的蛋白；无细胞蛋白表达系统表达出的蛋白被细胞内水解酶水解的概率更小，且更加容易被纯化。目前无细胞蛋白合成系统主要有大肠杆菌裂解液、兔网织红细胞裂解液、小麦胚芽提取物、酵母提取物 4 种体系。

问题设计：读完上面两个材料，请你谈谈第一个遗传密码子破译所用的无细胞蛋白合成系统的有效成分，并且结合所掌握的生物学知识尝试分析原核细胞无细胞蛋白合成系统与真核细胞无细胞蛋白合成系统的异同，以及无细胞蛋白合成系统的优势。

教师引导学生分析：结合细胞的结构组分和差速离心技术，分析 S-100、S-30 中所含的物质成分和结构成分。结合原核细胞和真核细胞在结构特点、蛋白表达方式及蛋白表达后的加工途径，具体分析原核与真核细胞无细胞蛋白合成系统的异同以及无细胞蛋白合成系统的优势。

教师指导学生小结：S-100、S-30 都含有细胞质基质部分，包括已经转录出的信使 RNA 分子，S-100 和 S-30 的差异在于 S-30 还含有核糖体。真核细胞相对于原核细胞能表达出结构更为复杂、修饰程度更高的蛋白质，与真核细胞中内质网、高尔基和相关特异分子伴侣的存在密切相关。

【评析】

评析人：郭峰

本节设计是差速离心技术的应用。结合人教版教材关于"细胞器"和"遗传密码的破译"两部分内容，讨论如何运用离心技术达到分析组分的目的。本节设计的主要特点如下：

1. 知识铺垫合理。

首先介绍差速离心分离技术的原理，然后运用这一原理分析原核和真核生物无细胞蛋白合成系统的异同，结合学生原有的知识，一步步提高思维深度，达到深度学习的目的。

2. 科学史运用合理。

在教学设计中，基于离心原理和科学史的资料分析，让学生像科学家一样经历科学探究和科学思维的过程，在此基础上弄清原核和真核生物结构上的区别，调动学生学习的主动性，使科学思维、科学探究素养自然达成。

设计二

第一个遗传密码子得到破译

设计意图： 第一个遗传密码子得到破译得益于大肠杆菌无细胞蛋白合成系统的应用。尼伦伯格团队精心设计实验，通过严格的变量控制，设计出严谨的实验方案，通过对实验结果的认真分析，最终突破认知，解决重要的科学问题。教师可带领学生分析文献中的相关数据和表格，引导学生深刻认识控制单一变量原则在具体科研活动中的应用，同时让他们认识到科学认知突破过程的艰辛与严谨。

设计方案

教师讲述： 尼伦伯格团队通过大肠杆菌体无细胞蛋白合成系统破解了第一个遗传密码子，其实验方案设计严谨，通过单一变量的控制，层层推进，最终破译了第一个遗传密码子。我们今天分析尼伦伯格团队破译第一个遗传密码子的大致过程，领会科学家如何一步步得到确切的科学结论。

材料呈现

材料一 在无细胞蛋白合成系统中，多聚尿苷酸链促进苯丙氨酸加入合成的多肽链

无细胞蛋白合成系统的成功应用，对于第一个遗传密码子的成功破译起着极其重要的作用。尼伦伯格团队发现，在无细胞蛋白合成系统中加入人工合成多聚尿苷酸链，蛋白质产物的放射性大大增强（图17-3）。进一步的实验表明（表17-2），在无细胞蛋白合成系统中，其他种类人工合成多聚核苷酸链并不能促进苯丙氨酸加入合成的多肽链中；苯丙氨酸的多聚尿嘧啶核苷酸依赖性掺入蛋白产物，需要核糖体、S-100、ATP和ATP生成系统；进一步的实验表明，多聚尿苷酸链的加入只能促进苯丙氨酸加入合成的多肽链中，不能促进其他种类的氨基酸掺入蛋白产物。

问题设计： 读完材料一，请你回答图17-3和表17-2中实验的自变量分别是什

么，各自对应的因变量又是什么，图17-3和表17-2的数据能够得到什么结论。

教师引导学生分析：图17-3中的自变量是"是否在反应体系中加入多聚尿嘧啶核苷酸"，对应的因变量为多聚苯丙氨酸的产量；表17-2中的自变量为在反应体系中加入不同种类的多聚核苷酸（包括未加任何种类多聚核苷酸的对照），对应的因变量为新合成蛋白的多少（根据产物蛋白质的放射性判断）。图17-3和表17-2的数据能够得出多聚尿嘧啶核苷酸的加入导致多聚苯丙氨酸的合成，其他种类的多聚核苷酸的加入不能导致多聚苯丙氨酸的合成。

材料二　多聚尿苷酸链指导合成的多肽产物被证明为多聚苯丙氨酸

尼伦伯格团队又对多聚尿苷酸链指导下合成的多肽产物进行了分析，证明该产物为多聚苯丙氨酸。当时有实验数据表明，与许多其他多肽不同，多聚苯丙氨酸在100 ℃，6 mol/L 盐酸条件下能够稳定存在8小时；但在120～130 ℃，12 mol/L 盐酸条件下孵育48小时后，能被完全水解。且多聚苯丙氨酸不溶于大多数溶剂，但可溶于含有33%（质量比）的HBr的冰醋酸。从而证明多聚尿苷酸链在无细胞蛋白质合成体系中指导合成的多肽产物为多聚苯丙氨酸。

问题设计：材料二讲述了尼伦伯格团队参考当时已发表的文献，证明多聚尿苷酸链指导合成的多肽产物为多聚苯丙氨酸，他们借鉴的是什么类型的实验方法？你还能提出什么方法来证明多聚尿苷酸链指导合成的多肽产物为多聚苯丙氨酸？参考当时已发表的文献解决科研问题，这对你有什么启发？

教师引导学生分析：尼伦伯格团队借鉴的是化学分析的方法，依据多肽产物所表现出的性质，与已有的报道数据相比较，证明多聚尿苷酸链指导合成的多肽产物为多聚苯丙氨酸。鉴定一条多肽链的氨基酸序列可以将多肽切割后，进行电泳结果分析。

教师指导学生小结：加入多聚尿嘧啶核苷酸（自变量），蛋白质合成体系合成产物的放射性（因变量）大大增强（图17-3），其他种类多聚核苷酸（自变量）并不能促进苯丙氨酸掺入（自变量）合成的多肽链中（表17-2）。根据已有的实验报道数据、方法，通过一定的物理、化学方法分析多肽链产物的性质，进一步证明多聚尿苷酸指导下合成的多肽产物为多聚苯丙氨酸。可以应用蛋白质质谱或肽链测序等方法进一步证实该多肽产物为多聚苯丙氨酸。科研活动中需要大量调研专业文献，进行针对性的参考。

【评析】

评析人：刘越

此微课内容源自第一个遗传密码得到破译的背景资料，主要呈现的是完整的实验设计，以及科学家如何通过控制变量来实施严谨的实验方案，得到科学的实验结果，让学生领略真实的科学实验和如何理性分析实验结果和数据，让学生能在真实的科学家所做的实验当中，领略到控制单一变量对实验的重要作用。

材料二是呈现如何确定产物的化学本质。通过水解条件和相溶性等信息来确认多肽产物的化学本质，开拓了学生的知识视野。

结合材料一中的图表，认真分析控制变量及其对应的结果，辨析其中的关系，能够根据实验数据推导出相关结论。结合材料二的描述，引导学生大胆作答。

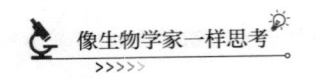

• 习题设计 •

习题 1：

研究细胞器及其他细胞结构的活性需要运用差速离心技术。在这项技术中，细胞首先被冰浴过的、与细胞等渗的、加有蛋白酶抑制剂的缓冲液均质化破碎（在搅拌器中研磨），然后放入离心管中进行离心，使得细胞器及其他细胞结构沉淀到离心管的底部。细胞器（或细胞结构）越大，沉积越快。通过不断提高离心速度，细胞器及其他细胞结构可以根据大小彼此分离。用这种方法处理一些肝组织以分离核糖体、细胞核和线粒体。离心机依次以 $1\,000\times g$、$10\,000\times g$ 或 $100\,000\times g$ 的转速进行离心（"g"是重力）。请回答下列问题：

（1）在这三种不同（$1\,000\times g$、$10\,000\times g$ 和 $100\,000\times g$）离心力下获得的沉淀物中，分别对应下列哪种细胞器或细胞结构？（　　　）

A. 核糖体　　　　　　　B. 细胞核　　　　　　　C. 线粒体

（2）肝组织细胞含有大量溶酶体。请分析为什么不能应用差速离心技术来研究线粒体。

（3）试分析细胞为什么要在冰浴过的、与细胞等渗的、加有蛋白酶抑制剂的缓冲液中均质化破碎。

必备知识	相关细胞器和细胞核的结构特点；差速离心技术
参考答案	（1）BCA （2）溶酶体的大小与线粒体相近。 （3）冰浴缓冲液可以降低细胞裂解液的基本代谢活动；缓冲液有相对稳定的 pH 值，能够减少细胞裂解液中酶的失活；等渗条件可以防止细胞器（结构）由于吸水或失水而遭到结构破坏；蛋白酶抑制剂可以抑制细胞破碎过程中部分溶酶体破裂释放出的蛋白水解酶的活性，对细胞裂解物起到保护作用。（冰浴、缓冲液、等渗条件和蛋白酶抑制剂正确分析出其中三项的作用，即为全对）
命题立意	本题以差速离心对细胞器的分离为基本情境。 （1）考查差速离心法分离细胞器与细胞结构及常见细胞器与细胞核的相对大小等知识内容； （2）引导学生认识到溶酶体与线粒体在大小上的相似性，进而让同学们认识到科学研究的实际过程往往不像教材上提及的那么简单； （3）引导学生结合所学知识解释实验操作背后的原因，提高学生综合应用知识的能力。 本题目聚焦于差速离心法及细胞结构的内容，结合差速离心法考查学生对细胞结构知识内容的掌握与理解，同时通过实验设计背后原因的分析，考查学生对细胞结构的深刻理解与掌握。

素养水平	（1）生命观念水平二 （2）科学探究水平二 （3）科学思维水平二

习题 2：

在去除了 DNA、mRNA 和核糖体的大肠杆菌细胞提取液中，加入大肠杆菌核糖体、人工合成多聚尿嘧啶核苷酸、苯丙氨酸、ATP 及 ATP 合成系统，能够在试管内合成多聚苯丙氨酸。
（1）该大肠杆菌细胞提取液中的什么成分是合成多聚苯丙氨酸所必需的？
（2）人工合成多聚尿嘧啶核苷酸在蛋白质合成过程中所起到的作用是什么？
（3）请回答大肠杆菌核糖体的结构特点与功能。
（4）请回答该体外蛋白质合成系统为什么要加入 ATP 及 ATP 合成系统。

必备知识	相关细胞器和细胞核的结构特点；差速离心技术
参考答案	（1）转运 RNA（tRNA 或苯丙氨酸 tRNA） （2）翻译的模板或 mRNA （3）由蛋白质和核糖体（r）RNA 组装而成；分为大小两个亚基；与真核细胞相比形状较小；是原核细胞唯一拥有的细胞器；核糖体是"生产蛋白质的机器"。（结构特点方面回答出两点即可） （4）该系统天然的 ATP 合成系统遭到破坏；蛋白质的翻译过程需要消耗 ATP。
命题立意	本题以大肠杆菌无细胞蛋白合成系统的具体应用为基本情境。 （1）考查遗传信息翻译过程中的相关知识； （2）考查核糖体结构与功能相关知识； （3）引导学生结合所学知识思考 ATP 在生物活动中起重要作用的具体形式。 本题目聚焦于细胞器核糖体和原核细胞特征及遗传信息的翻译等相关知识，以体外蛋白质合成系统为背景，考查学生对知识的理解与掌握。
素养水平	（1）生命观念水平二 （2）科学探究水平二 （3）科学思维水平三 （4）科学探究水平三

学术情境主题 18

囊性纤维化病与 CFTR 基因

赵 耀

• 学术导引 •

在中世纪的欧洲，有一个传说：一个婴儿出生时，如果轻吻其额头感觉很咸，那么这个婴儿就是受到诅咒的，将很快死去。这个传说并非空穴来风，而是确实有这种现象，但一直到了 1938 年，这种情况才被当成一种独立的病看待。美国病理医生多萝西·安德森（Dorothy Andersen）在解剖一些死于营养不良的儿童尸体时，发现有些儿童的胰腺存在很多胰管扩张呈囊状和广泛的纤维化现象，在文章中称其为"胰腺囊性纤维化"，该病的名称"囊性纤维化（CF）"由此得来。

囊性纤维化是一种遗传性外分泌腺疾病，是一种严重的隐性基因遗传病，主要影响胃肠道和呼吸系统，通常具有慢性梗阻性肺部病变、胰腺外分泌功能不良和汗液电解质异常升高的特征。

在人教版高中生物学教材中，提到了囊性纤维化及其病因，但介绍都较为简略。必修 1 中提到：囊性纤维病发生的一种主要原因是，患者肺部支气管上皮表面转运氯离子的载体蛋白功能发生异常，导致患者支气管中黏液增多，造成细菌感染。必修 2 提到：大约 70% 的囊性纤维化患者中，编码 CFTR 蛋白（一种转运蛋白）的基因缺失了 3 个碱基，导致 CFTR 蛋白在第 508 位缺少苯丙氨酸，其空间结构发生变化，使 CFTR 转运氯离子的功能出现异常。其中，CFTR 是一种独特的氯离子通道，对跨上皮的盐类运输、液体流动和离子浓度调节等都起着重要的作用。那么，CFTR 基因及其突变类型是如何被发现的？ CFTR 是如何被确定为氯离子选择性通道的呢？

1987 年，加拿大籍华裔、世界著名分子遗传学家徐立之等将囊性纤维化致病基因定位于人类的第 7 号染色体长臂上。他发现了首个与囊性纤维化连锁的 DNA 标记，在人类第 7 号染色体长臂上找到了有关基因，成功地将导致囊性纤维化的致病基因分离出来，并发现了该基因最重要的突变。该基因则被命名为囊性纤维化跨膜调节蛋白（cystic fibrosis transmembrane regulator，CFTR）基因。1989 年，里奥丹（Riordan）等首次克隆出 CFTR 基因①；1991 年，CFTR 被确定为氯离子选择性通道，科学家从此开始了对 CFTR 作为氯离子通道的系统研究。CFTR 基因全长 250 kb，包含 27 个外显子，成熟的 mRNA 长度为 6 129 个碱基（bp），其中 4 443 bp 为可编码序列，成熟的糖蛋白全长 1 480 个氨基酸残基②。

CFTR 氯离子通道是 ABC 转运蛋白超家族中的一员。CFTR 的蛋白结构包含 5 个结构域（图 18-1），其中有 2 个跨膜结构域 MSD1 和 MSD2、2 个核苷酸结合结构域 NBD1 和 NBD2、1 个调节结构域 R③。其中，MSD1 和 MSD2 共同构成了对氯离子具有选择性的通道，通道最狭窄的部位直径不足 0.6 nm，在正常情况下，被调节结构域 R 阻断；当胞内氯离子浓度升高激活了 cAMP 依赖的蛋白激酶，最终可使通道打开。此外，CFTR 的门控性主要由两个 NBD 来调节，每一个 NBD 结构域都含有 ATP 结合位点，同时具有 ATP 酶活性，可以通过水解 ATP 的方式来驱动通道的打开。

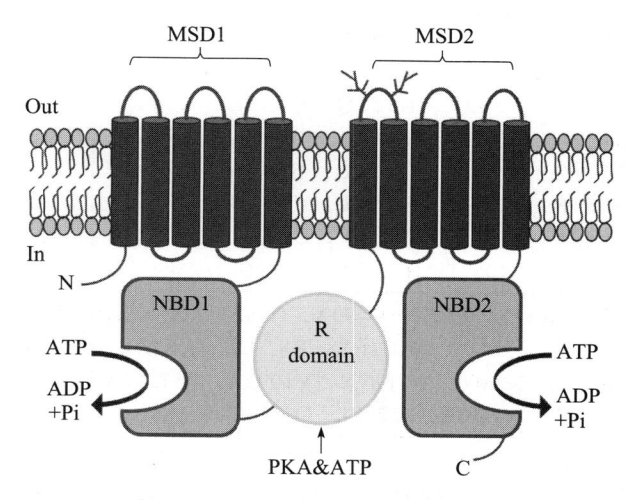

图 18-1 氯离子通道的结构模型

那么，CFTR 基因究竟如何与囊性纤维化联系在一起呢？1991 年，有科学家发现了 CFTR 的一种常见突变——第 508 位苯丙氨酸缺失（ΔF508-CFTR），引起蛋白质异常折叠，内质网相关的泛素连接酶复合体可以有效识别 ΔF508-CFTR，从而将其降解，因此 ΔF508-CFTR 无法到达细胞膜形成氯离子通道，即使少量到达细胞膜也无法有效打开通道。研究人员通过探究正常蛋白和突变蛋白的离子通道开放和关闭的动力学，发现 ΔF508-CFTR 的关闭时间比正常 CFTR 要长得多，导致通道开放的概率大大降低。这些因素导致 CFTR 的 ΔF508 突变会造成严重的氯离子运输障碍。

---

① Riordan J R, Rommens J M, Kerem B, et al. Identification of the cystic fibrosis gene: cloning and characterization of complementary DNA［J］. Science, 1989, 245(4922): 1066-1073.

② Anderson M P, Gregory R J, Thompson S, et al. Demonstration that CFTR is a chloride channel by alteration of its anion selectivity［J］. Science, 1991, 253(5016): 202-205.

③ Sheppard D N, Welsh M J. Structure and function of the CFTR chloride channel.［J］. Physiological reviews, 1999, 79(1): S23-S25.

除了 ΔF508 突变，引起 CFTR 结构变异的突变种类繁多，至今已在 CFTR 相关疾病患者中检测发现千余种突变，主要有氨基酸删除、碱基点突变而造成错义突变（氨基酸代替）、无义突变（翻译提前终止）、移码突变（插入或删除 1～2 个碱基）、大片段删除引起的蛋白质产物异常等，CFTR 常见的突变类型归纳如表 18-1 所示。其中，上述的 ΔF508 突变最为常见，大约占所有突变的 70%。多种与人类 CF 症状或发病机理类似的转 ΔF508-CFTR 基因模型和 ΔF508-CFTR 基因敲除模型已成功建立（如猪、雪貂、小鼠和细胞系等），以用作 CF 诊断、治疗和药物研发。

表 18-1　CFTR 常见的突变类型

突变类型	突变位置	备注
氨基酸删除	delta-F508，delta-I507	字母代表氨基酸缩写，数字代表氨基酸位置
氨基酸代替（错义突变）	G85E，G91R，E92K，Y109C，D110H，R117H，L206W，F311L，R334W，T338I，R347P，R347L，A349V，R352Q，Q359K，A445E，G458V，M470V，G480C，S492F，I506V，F509C，V520F，Q524H，S549N，S549R，G551S，A559T，R560T，Y563N，G576A，D648V，S912L，H949Y，L997F，L1065P，R1066H，A1067T，H1085R，T1220I，G1249E 等	前面为正常氨基酸缩写，中间数字为突变氨基酸位置，后面为突变后的氨基酸
蛋白质合成提前终止（无义突变）	E7X，W57X，E92X，Q493X，G542X，Q552X，R553X，K710X，K716X，E827X，W846X，R851X，Q890X，W1089X，Y1092X，R1158X，R1162X，W1204X，S1255X，Q1313X 等	前面为正常氨基酸缩写，中间数字为突变氨基酸位置，X 代表终止
移码突变	556delA，557delT，936delTA，1078delT，1154insTC，1213delT，1215delG，1609delCA，2307insA，2423delG，2566insAT，2869insG，3293delA，3622insT，3659delC 等	数字代表碱基位置，ins 表示插入，del 表示删除，后面的字母代表插入或删除的碱基
内含子碱基突变影响外显子拼接	第 3、10、12、13、16、19、20 个内含子发生 G-A 突变	

氯离子转运异常如何导致囊性纤维化这种疾病呢？呼吸道表面附有黏液纤毛清除系统，其中的黏液层和浆液层合称为呼吸道表面液体（ASL）。ASL 是抵抗病原体入侵机体的第一道防线，是呼吸道免疫防御的重要环节。但 CF 患者的一个典型特征就是呼吸道上覆黏稠、增厚的黏液，且不能被黏液纤毛清除系统清除，导致包括铜绿假胞杆菌在内的少数机会性细菌对气道的定植和感染，并能引起炎症反应进一步损伤气管结构，最终发展为不可逆的支气管扩张。

呼吸道上皮的 CFTR 和上皮钠通道（ENaC）可通过控制水、盐跨膜转运来调节 ASL 的成分、厚度及黏液，生理状况下，CFTR 氯离子通道被激活后，氯离子与 ATP 从胞内排出到呼吸道管腔，为水分子的流出提供了渗透动力。但 CF 患者异常的 CFTR

不能正常分泌氯离子和 ATP，导致氯离子在细胞内积累。在 CFTR 缺陷的情况下，呼吸道上皮 ENaC 通道功能增强，通过 ENaC 吸收钠离子增加，黏液中过多的钠离子转移进细胞，破坏了细胞的电解质平衡，水分从黏液中转移进细胞和血液中去，使黏液丢失水分而变得稠厚。

中世纪欧洲"新生儿汗液较咸"的传说与囊性纤维化有什么关系呢？汗液内氯化钠含量增加是囊性纤维化的典型特征之一。正常情况下，汗腺分泌汗液后经由导管排泄到皮肤表面，汗液中的部分离子（如氯离子、钠离子）可由导管重吸收。CF 患者汗腺导管细胞上氯离子通道蛋白（CFTR）功能异常，汗液中氯离子重吸收明显减少，钠离子也不能经相应通道正常内流，汗液中氯离子、钠离子浓度明显升高。

CF 的治疗目前主要是针对临床表现和并发症，并且主要是针对患者呼吸系统疾病，如防止呼吸道感染，减少肺部黏液的分泌液量和黏稠度，改善呼吸，维持足够的营养。也可针对 ΔF508 的突变设计治疗方案，如某些药物可保护 ΔF508 突变携带者的 CFTR 蛋白免遭降解，或帮助 CFTR 蛋白通道打开的时间更久，以使盐分和水分更好地进出细胞。可以从根本上解决问题的治疗方案是基因疗法，用正常 CFTR 基因代替突变的 CFTR。Kalydeco（Ivacaftor）是全球首个 CF 靶向治疗药物，适用于拥有部分 CFTR 基因突变的患者。但对于 CF 基因疗法仍然需要更有效的载体将 cDNA 注入呼吸道细胞，这是一个至关重要的挑战。

素养教学建议

"囊性纤维化病与 CFTR 基因"是一个基因突变导致疾病的典型案例，在数个版本的普通高中生物学教科书中均被多次选用，呈现多元化的呈现方式。从学科知识上看，它主要用以说明：1. "细胞膜的主动运输"（人教版必修 1）；2. "基因表达产物与性状的关系"（人教版必修 2）。通过分析囊性纤维化与 CFTR 基因的相关研究进展与高中生物学概念的联系（表 18-2），可见囊性纤维化病的相关科技文献可以综合又深刻地体现生物学主干知识，在生物学的核心素养教学中起到很好的材料辅助作用。

表 18-2 "囊性纤维化病与 CFTR 基因"与高中生物学概念的联系

内容		课程标准中的生物学概念
研究内容	• CFTR 的染色体定位和蛋白质结构 • CFTR 作为氯离子通道蛋白的转运机制	必修 1.1 细胞由多种多样的分子组成 1.1.6 细胞的功能主要由蛋白质完成 2.1 物质通过被动运输、主动运输等方式进出细胞，以维持细胞的正常代谢活动 2.1.1 质膜具有选择透过性 2.1.2 举例说明有些物质逆浓度梯度进出细胞，需要能量和载体蛋白 3.1 亲代传递给子代的遗传信息主要编码在 DNA 分子上 3.1.1 多数生物的基因是 DNA 分子的功能片段

续表

内容	课程标准中的生物学概念

研究内容	· 与囊性纤维化相关的CFTR突变类型	必修
		3.1 遗传信息控制生物性状，并代代相传
		    3.1.4 生物性状主要通过蛋白质表现
		3.3 由基因突变等引起的变异是可以遗传的
		    3.3.1 碱基的替换、插入或缺失会引发基因中碱基序列的改变
		    3.3.2 基因中碱基序列的改变有可能导致所编码蛋白质及相应细胞功能发生变化

	· 氯离子转运异常导致囊性纤维化的病理	选修
		1.5 免疫系统的功能
		    1.5.2 人体的免疫系统有三道防线
		    1.5.4 免疫功能异常可能引发疾病

素养教学建议 1

CFTR 是氯离子跨膜转运的通道蛋白【生命观念　科学思维】

CFTR 是一种 cAMP/PKA 依赖的上皮氯离子通道，允许氯离子顺电化学梯度跨膜转运。当胞内氯离子浓度升高，激活 cAMP 依赖的蛋白激酶最终可使通道打开，胞外的氯离子浓度升高也可以促使通道打开。CFTR 氯离子通道的结构如图 18-2A 所示，其控制氯离子转运的过程如图 18-2B 所示，该通道开放的基本步骤是：R 结构域必须先由 cAMP 介导的 PKA 磷酸化；ATP 与两个 NBD 结合，改变 CFTR 立体构象，NBD1 和 NBD2 形成紧密结合的二聚体，使 CFTR 氯离子通道开放，氯离子外流；结合于 NBD2 的 ATP 水解，ATP 的水解和水解产物 Pi 的丧失使相对稳定的开路状态变得不稳定。随后，紧密结合的二聚体界面被破坏，通道关闭。

通过对 CFTR 蛋白结构的了解和观察，可以让学生从结果和功能相对应的视角，解释蛋白质分子参与组成细胞的结构，是生命活动的主要承担者。此外，教学中通过创设囊性纤维化的情境，让学生掌握"有些物质逆浓度梯度进出细胞，需要能量和载体蛋白"的概念，进而形成"物质通过被动运输、主动运输的方式进出细胞，以维持

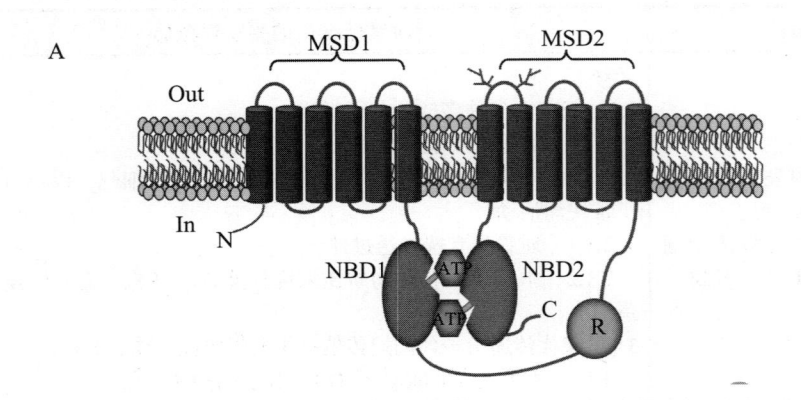

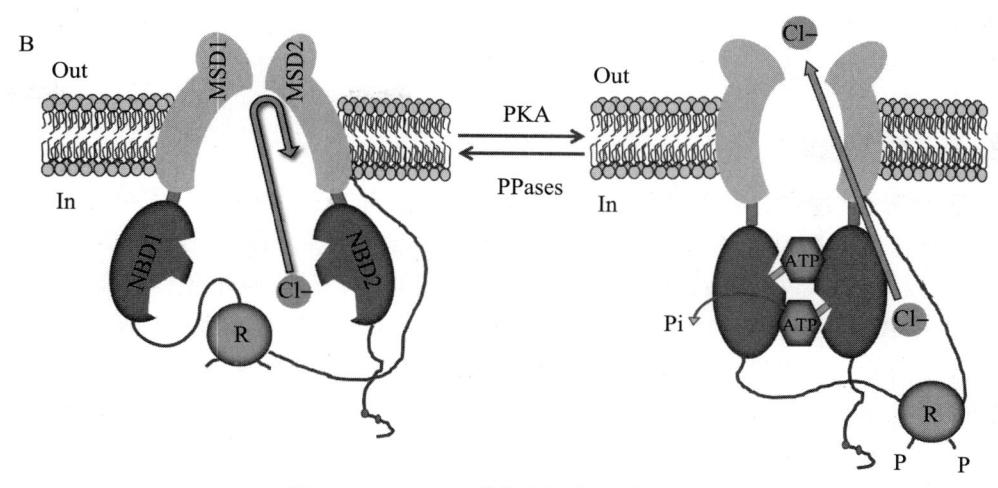

图 18-2　CFTR 结构与氯离子转运过程

细胞的正常代谢活动"这一重要概念。学生通过这一实例，可以认识到生命活动的复杂性等特点，发展模型与建模、归纳与概括、分析与综合等科学思维能力，提升对于生命本质的认识，讨论社会公共健康议题，增强社会责任意识。

素养教学建议 2

多种类型的基因突变导致 CFTR 结构异常【生命观念　科学思维】

CFTR 基因突变是引起囊性纤维化（CF）临床症状的分子基础。目前已报道超过 1 900 种基因突变，常见的类型有氨基酸删除（ΔF508、ΔI507 等）、氨基酸代换（错义突变）、翻译提前终止（无义突变）、插入或删除 1～2 个碱基而引起的移码突变，此外还有内含子碱基突变影响外显子拼接而翻译出缺陷的蛋白质。上述突变最常见的是 CFTR 第 508 位苯丙氨酸缺失（ΔF508-CFTR），引起蛋白质异常折叠，内质网相关的泛素连接酶复合体可以有效地识别 ΔF508-CFTR，从而将其降解。因此 ΔF508-CFTR 无法到达细胞膜形成氯离子通道，即使少量到达细胞膜也无法有效打开通道，从而造成氯离子运输严重障碍。这种突变引起的后果最为严重，约占所有突变的 70%，是 CFTR 基因突变的主要类型。多种与人类 CF 症状或发病机理类似的转 ΔF508-CFTR 基因模型和 ΔF508-CFTR 基因敲除模型已成功建立（如猪、雪貂、小鼠和细胞系等），以用作 CF 诊断、治疗和药物研发。

通过对囊性纤维化的分析，揭示了基因可以通过控制蛋白质的结构来控制生物体的性状，并概述出生物体的性状虽然在形式上千差万别，但本质上都与蛋白质有关。用实例引导学习，学生可以自然地从基因表达的层面对遗传现象做出合理的解释，进一步认同生命是物质、能量和信息的统一体，提升对生命本质的理解。基因突变是遗传中的错误现象，这种错误带来的后果有时是灾难性的，甚至导致生物体死亡，囊性纤维化涉及的上千种突变可以让学生认识到基因突变的随机性，对基因突变类型有更深刻的理解。这一实例从分子水平和基因水平阐述了基因突变的本质特征。这一从宏观认识（疾病）到微观分析（分子水平和基因水平）的过程，是一种科学的思维过程。

素养教学建议 3

囊性纤维化患者的病情发展常与肺部感染和炎症有关【生命观念　科学思维】

呼吸道表面附有黏液纤毛清除系统，其中黏液层和浆液层合称为呼吸道表面液体（ASL）。ASL 是抵抗病原体侵入机体的第一道防线，是呼吸道免疫防御的重要环节。CF 患者的一个典型特征就是呼吸道上覆黏稠、增厚的黏液，黏液不能被黏液纤毛清除系统清除，最终导致包括铜绿假单胞菌在内的少数机会性细菌对气道的定植和感染，同时机体产生特异性的抗体，抗体和细菌结合后使大量的中性粒细胞聚集于病变部位，释放大量的蛋白酶，引起免疫介导的病变部位的炎症反应，但失衡的免疫调节无法清除外在感染，反而通过多种机制进一步损伤气管结构，最终发展为不可逆的支气管扩张。

利用囊性纤维化患者病情发展的实例，可以引导学生学习免疫系统的三道防线的内涵和特点，建构免疫系统组成的模型，进而理解其三大功能。此外，CF 患者免疫介导的病变部位发生炎症反应，失衡的免疫调节无法清除外在感染，可以使学生辩证地认识免疫系统的功能，培养学生的批判性思维，更深入地理解"稳态与平衡"的生命观念。

微课设计

设计一

囊性纤维化与基因突变

设计意图：学生已经学习了基因的遗传规律、基因的本质、基因的表达等内容，基因突变这一部分既是对前面所学的内容合乎逻辑的延续和拓展，又是学习后面诱变育种和现代生物进化理论的重要基础。学生之前学习的"生物遗传"都是围绕着基因结构的稳定性展开的，而"基因突变"是从基因复制时出现的不稳定性入手。针对这一"不变"到"变"的转折点，本设计运用囊性纤维化基因突变的例子，通过模型与建模、合作探究、综合应用以前所学知识的基础上来帮助学生更深刻地理解生物的变异。

设计方案

教师讲述：我们已经知道生物体的性状是由基因控制的。那么，基因是如何控制生物性状的呢？课本向我们展示了"囊性纤维化"的实例，并总结出：基因能通过控制蛋白质的结构直接控制生物体的性状。接下来，我们就一起来了解囊性纤维化的临床表现、典型特征、致病原因、基因变异的种类等问题，去探索更加神秘有趣的基因突变的世界。

材料呈现

材料一

囊性纤维化患者的临床表现：呼吸系统主要表现为反复支气管感染和气道阻塞症状，早期可有轻度咳嗽，伴发肺炎、肺不张后咳嗽加剧，黏痰不易咳出，呼吸急促。出现缺氧和二氧化碳潴留症状时，气急加剧，紫绀，最后导致呼吸衰竭和肺源性心脏病。不同病期可在X射线上表现为两肺支气管纹理增深或分散的圈形、小片状模糊炎症影，也可呈局限性萎陷、支气管扩张、肺脓肿及肺源性心脏病的征象（见下图）。

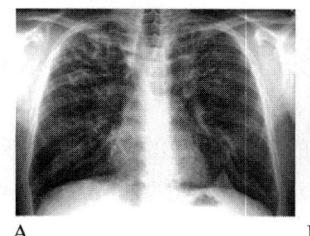

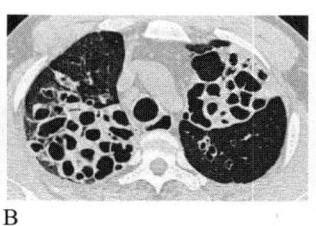

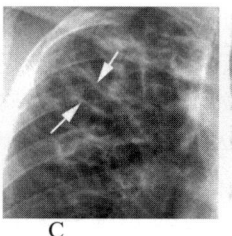

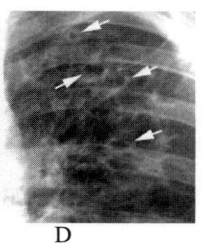

A　　　　　　　B　　　　　　　C　　　　　　　D

资料来源：医脉通．一文总结囊性纤维化的肺部影像学特征［EB/OL］．(2021-01-25)［2023-07-23］https://case.medlive.cn/all/info-progress/show-175755_145.html．

材料二

汗液内氯化钠含量增加是囊性纤维化的典型特征之一。正常情况下，汗腺分泌汗液后经由导管排泄到皮肤表面，汗液中的部分离子（如氯离子、钠离子）可由导管重吸收。CF患者汗腺导管细胞上氯离子通道蛋白（CFTR）功能异常，汗液中氯离子重吸收明显减少，钠离子也不能经相应通道正常内流，汗液中氯离子、钠离子浓度明显升高。

材料三

CFTR第508位苯丙氨酸缺失（ΔF508-CFTR），引起蛋白质异常折叠，内质网相关的泛素连接酶复合体可以有效地识别ΔF508-CFTR，从而将其降解。因此ΔF508-CFTR无法到达细胞膜形成氯离子通道，即使少量到达细胞膜也无法有效打开通道，从而造成氯离子运输严重障碍。

问题设计：假如你是临床医生，要追踪病因，根据已有的知识，下一步该检查什么？CFTR功能异常的根本原因是什么？

教师引导学生分析：蛋白质是生命活动的主要承担者。通过材料二可知，CFTR蛋白功能异常，导致其无法正常转运氯离子，最终造成严重疾病。作为临床医生要追踪病因，应对其氨基酸序列分析，向学生展示材料三，并设置问题串：为什么苯丙氨酸会缺失？根本原因是什么？氨基酸由什么直接决定？密码子又由什么决定？DNA如何控制蛋白质合成？学生回忆基因表达的相关内容，引出对其DNA进行分析，最终得出结论：囊性纤维化是由基因突变引起的疾病，引出基因突变的概念。从宏观到微观引导学生分析病因，引入主题的同时，以问题串的形式帮助学生回忆基因表达的相关内容，为下面构建模型提供知识的"支架"。

像生物学家一样思考

> **材料呈现**

材料四

下图为正常基因的平面模型，不同字母的夹子代表不同碱基。

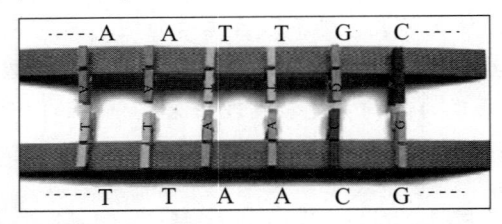

问题设计：正常基因的平面模型中，如果发生了基因突变，会变成怎样呢？DNA 分子中任何碱基对的变化，都能导致基因结构发生变化吗？

教师引导学生分析：让学生小组合作，尝试制作突变后的基因片段的平面结构模型，并进行展示，学生们相互补充和完善、归纳总结出碱基对的变化类型：增添、缺失和替换。然后，让学生进行思维辨析：DNA 分子中任何碱基对的变化，都能导致基因结构发生变化吗？基因突变是否会改变基因的数量和位置呢？由此引申出基因突变概念的内涵和外延。

> **材料呈现**

材料五

迄今为止，发现的 CF 基因突变已达千余种。除 ΔF508 及另外十余种较为常见的突变外，其余均为罕见突变或仅见于个别病例。已发现突变类型主要可分为以下几种（如下表）：(1) 密码子缺失：最常见的为 ΔF508，即由于第 10 个外显子 3 个碱基对缺失，使肽链第 508 位上的苯丙氨酸缺失。这一突变约占突变染色体的 70%；(2) 错义突变：除 ΔF508 外，此为最常见的突变类型和为数最多者，约占其他突变的一半以上；(3) 移码突变：多为 1 或 2 个碱基对的缺失或插入；(4) 无义突变：多由一个碱基改变造成新的终止密码子而使肽链缩短；(5) 剪接位点突变：多位于内含子和外显子交界处；(6) 非编码区突变：突变位于基因调控区域，该突变已被证实可导致基因转录水平的降低，并可出现临床症状。

CFTR 常见的突变类型

突变类型	突变位置	备注
氨基酸删除	delta-F508，delta-I507	字母代表氨基酸缩写，数字代表氨基酸位置
氨基酸代替（错义突变）	G85E，G91R，E92K，Y109C，D110H，R117H，L206W，F311L，R334W，T338I，R347P，R347L，A349V，R352Q，Q359K，A445E，G458V，M470V，G480C，S492F，I506V，F509C，V520F，Q524H，S549N，S549R，G551S，A559T，R560T，Y563N，G576A，D648V，S912L，H949Y，L997F，L1065P，R1066H，A1067T，H1085R，T1220I，G1249E 等	前面为正常氨基酸缩写，中间数字为突变氨基酸位置，后面为突变后的氨基酸

续表

突变类型	突变位置	备注
蛋白质合成提前终止（无义突变）	E7X, W57X, E92X, Q493X, G542X, Q552X, R553X, K710X, K716X, E827X, W846X, R851X, Q890X, W1089X, Y1092X, R1158X, R1162X, W1204X, S1255X, Q1313X 等	前面为正常氨基酸缩写，中间数字为突变氨基酸位置，X 代表终止
移码突变	556delA, 557delT, 936delTA, 1078delT, 1154insTC, 1213delT, 1215delG, 1609delCA, 2307insA, 2423delG, 2566insAT, 2869insG, 3293delA, 3622insT, 3659delC 等	数字代表碱基位置，ins 表示插入，del 表示删除，后面的字母代表插入或删除的碱基
内含子碱基突变影响外显子拼接	第 3、10、12、13、16、19、20 个内含子发生 G-A 突变	

材料六

根据突变对 CFTR 合成及生理功能的影响，突变可分为 5 大类。第 1 类是导致 CFTR 蛋白合成完全缺如的突变，主要包括各种无义突变、移码突变及剪切位点突变等；第 2 类突变影响 CFTR 的翻译过程，使蛋白质不能正常地折叠及成熟，大多数的 CF 突变，包括 ΔF508 均属此类；第 3 类突变使 CFTR 被激活后不能正常开启，丧失离子通道功能；第 4 类突变通过改变通道的传导性或对离子的选择性来影响氯离子的转运；第 5 类突变通过阻碍 mRNA 合成使具有正常功能的 CFTR 蛋白质减少。通常前三类突变会引起比较严重的表现型，而后两类突变导致的表现型则比较温和，并与其氯离子通道的功能状态有关。

问题设计：材料五展示了不同类型的基因突变，这些突变中碱基的变化对生物性状的影响相同吗？结合材料六，进一步让学生进行思维辨析：(1) 不考虑终止密码子，你认为哪种突变对生物性状影响最小？为什么？(2) 基因突变后，生物性状一定改变吗？为什么？

教师引导学生分析：材料五中提及的多种类型的基因突变，对生物性状的影响有强有弱。比如材料六中提及的突变对 CFTR 合成及生理功能的影响，有的突变类型使得蛋白质合成完全缺如，有的突变使蛋白质能正常合成，但不能正常折叠和成熟。发生碱基对的替换、3 个碱基对缺失等突变事件，可能会使蛋白质的结构和功能出现严重异常，但密码子的简并性也可能会"容忍"某些突变类型的发生，使生物性状不发生改变；若出现移码突变或无义突变，会带来蛋白质无法正常合成等更为严重的后果。

材料呈现

材料七

囊性纤维化是白种人中最常见的导致寿命缩短的遗传性疾病之一，是常染色体隐性遗传，白种人中基因携带者占 3%。

CF 的治疗目前主要是针对临床表现和并发症，并且主要是针对患者呼吸系统疾病，如防止呼吸道感染，减少肺部黏液的分泌液量和黏稠度，改善呼吸，维持足够的营养。也可针对ΔF508del的突变设计治疗方案，如某些药物可保护ΔF508del突变携带者的CFTR蛋白免遭降解，或帮助CFTR蛋白通道打开的时间更久，以使盐分和水分更好地进出细胞。Kalydeco（Ivacaftor）是全球首个CF靶向治疗药物，适用于拥有10个CFTR基因突变之一的患者。可以从根本上解决问题的治疗方案是基因疗法，用正常CFTR基因代替突变的CFTR。但对于CF基因疗法仍然需要更有效的载体将cDNA注入呼吸道细胞，这是一个至关重要的挑战。

问题设计：作为隐性遗传病，CFTR预防和治疗的有效措施有哪些？

教师引导学生分析：CFTR在白种人中发病率较高，不但给患者个人带来痛苦，而且给家庭和社会造成了负担。可以通过遗传咨询、产前诊断、基因检测等手段，对遗传病进行检测和预防。针对CFTR的治疗，可分成"对症治疗"和"对因治疗"，其中基因治疗是一种可以从根本上解决问题的治疗方案。基因治疗是指用正常基因取代或修补患者细胞中有缺陷的基因，从而达到治疗的目的。经过几十年的发展，基因治疗的研究已经取得不少进展，但有些遗传病的基因疗法还有漫长的研究之路要走，即使已经上市的药物，在临床上也可能存在稳定性和安全性等问题。

教师指导学生小结：囊性纤维化是白种人常见的基因遗传病，目前已发现的CF基因突变类型多达千余种，其中最常见的是第508位苯丙氨酸缺失（ΔF508-CFTR）。不同类型的基因突变对生物性状的影响有强有弱，如ΔF508-CFTR会引起蛋白质异常折叠，相应的蛋白无法到达细胞膜形成氯离子通道，从而造成严重的氯离子运输障碍。基因治疗是一种可以从根本上解决此类疾病的治疗方案，但目前仍有漫长的研发之路要走。你愿意投身到新药研发的科学工作者的行列中来吗？

【评析】

评析人：孙小兵

本课例从医学实例入手，引导学生层层深入地建构基因突变的概念，认识基因突变的本质、类型和结果。教学内容安排合理，教学过程实施有序，教学目标具体明确。

1. 教学内容符合学生认知规律。

本课例非常好地利用了文献资源，紧紧围绕概念四要素（概念名称、概念内涵、概念例证和概念属性）来设计组织教学。通过"实例—建构概念—实例—丰富概念—总结归纳—应用概念"的设计流程，让学生在学习、认知、阅读和交流的过程中，层层深入，逐步递进，非常好地掌握本课例所学内容，在头脑中留下清晰明了的印迹。

2. 利用代表性事实为学生建构概念提供支撑。

课程突出表现在利用有代表性的囊性纤维病帮助学生建构基因突变概念并深入理解概念，七则材料，从头至尾，首尾呼应，一以贯之。材料一、二、三让学生从囊性纤维病的临床表现、典型特征、致病原因、基因变异的种类等问题展开分析，得出概念；材料四、五、六加入碱基对增添、缺失和改变，加入错义突变、无义突变、移码突变等内容，让学生深入了解基因突变概念的内涵和外延；材料七进一步分析囊性纤维病的治疗手段，让学生体会基因治疗的方法，增强学生的社会责任感。整个设计环环相扣，非常好地利用囊性纤维病这一具体实例达成教学目标。

3. 注重知识联系，帮助学生建构知识体系。

基因突变是非常重要的生物学概念，本课例中，教师在建构概念时有意识地引导学生联系前面章节所学内容，如蛋白质是性状的体现者，DNA 的基本结构等，通过基因突变的概念与所列事实结合，加强学生的网络化知识建构。

设计二

改变命运的蛋白

设计意图： 囊性纤维化这一实例在人教版必修 1 教材的"主动运输与胞吞胞吐"这一节中呈现。本设计向学生展示了 CFTR 蛋白的结构、氯离子通过 CFTR 跨膜的过程、CFTR 功能异常与囊性纤维化的联系以及囊性纤维化的治疗方式，帮助学生更全面深刻地认识"物质如何进出细胞，以维持细胞代谢以及个体生命活动的正常进行"，促进"结构与功能观""物质与能量观"等生命观念形成。此外，本设计与人体健康密切相关，让学生从医生角度审视患者病症，并提出建设性意见，以培养其生涯规划意识。

设计方案

教师讲述： 我们已经知道蛋白质是生命活动的主要承担者，那么细胞膜上的蛋白质有什么特殊的结构，如何承担生命活动的过程呢？当蛋白质结构异常，会出现什么严重后果呢？课本向我们展示了"囊性纤维化"的实例，接下来，我们就一起来了解囊性纤维化的患病原因，去探索更加神秘有趣的蛋白质的世界。

材料呈现

材料一

囊性纤维化跨膜传导调节因子（cystic fibrosistransmembrane conductance regulator，CFTR）是一种依赖 cAMP-ATP 门控性氯离子通道，表达于气道、消化道和生殖道等多部位上皮细胞的顶部质膜中，是液体分泌和细胞外碱化所需的氯化物和碳酸氢盐通道。

材料二

如下图所示，CFTR 的蛋白结构包含 5 个结构域，其中有 2 个跨膜结构域 MSD1 和 MSD2、2 个核苷酸结合结构域 NBD1 和 NBD2、1 个调节结构域 R。其中，MSD1 和 MSD2 共同构成了对氯离子具有选择性的通道，通道最狭窄的部位直径不足 0.6 nm，在正常情况下，被调节结构域 R 阻断；当胞内氯离子浓度升高激活了 cAMP 依赖的蛋白激酶，最终可使通道打开。

问题设计： 我们都知道，蛋白质是生命活动的主要承担者。那 CFTR 蛋白是如何承担生命活动的过程的？除此之外，蛋白质还有哪些生理功能？

教师引导学生分析： 通过材料一和材料二可知，CFTR 作为氯离子通道蛋白，可以通过改变蛋白质空间结构来调控氯离子进出细胞。运输功能是蛋白质的主要生理功能之一，除此之外，蛋白质还具有参与组成细胞结构、催化、信息传递、防御等重要功

像生物学家一样思考

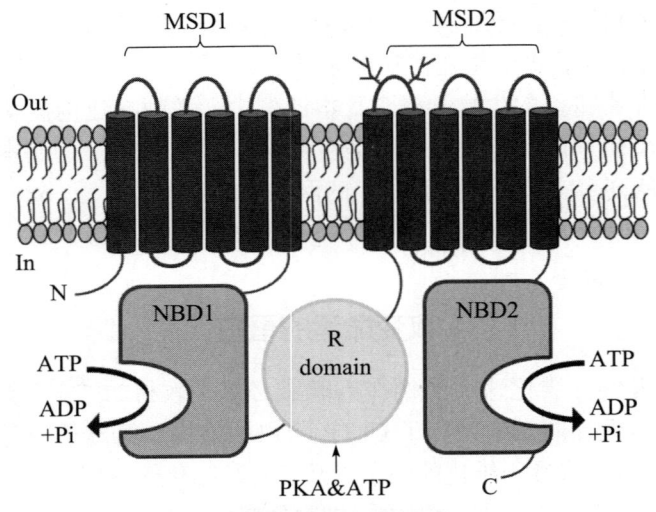

```
        MSD1              MSD2
Out  ┌────────┐       ┌────────┐
     │████████│       │████████│
     │████████│ 膜     │████████│
In   └────────┘       └────────┘
      N    ┌─────┐  ┌─────┐  ┌─────┐
           │NBD1 │  │  R  │  │NBD2 │
     ATP → │     │  │domain│  │     │← ATP
     ADP   │     │  │     │  │     │  ADP
     +Pi   └─────┘  └─────┘  └─────┘  +Pi
                      ↑           C
                   PKA&ATP
```

氯离子通道的结构模型

能。可以说，细胞的各项生命活动都离不开蛋白质。每一种蛋白质分子都有与它所承担功能相适应的独特结构，如材料二所示，CFTR 的蛋白结构包含 5 个结构域，这种"闸门"一样的蛋白结构与氯离子的运输功能相适应。

材料呈现

材料三

CFTR 允许氯离子逆电化学梯度跨膜转运。当胞内氯离子浓度升高，激活 cAMP 依赖的蛋白激酶最终可使通道打开，胞外的氯离子浓度升高也可以促使通道打开。CFTR 氯离子通道开放的基本步骤是：R 结构域必须先由 cAMP 介导的 PKA 磷酸化；ATP 与两个 NBD 结合，改变 CFTR 立体构象，NBD1 和 NBD2 形成紧密结合的二聚体，使 CFTR 氯离子通道开放，氯离子外流；结合于 NBD2 的 ATP 水解，ATP 的水解和水解产物 Pi 的丧失使相对稳定的开路状态变得不稳定。随后，紧密结合的二聚体界面被破坏，通道关闭。

问题设计：类比我们之前学过的 O_2、H_2O 等物质进出细胞的方式与氯离子通过 CFTR 出胞的方式，两类跨膜运输方式在运输方向和运输条件上有何异同？CFTR 对物质的运输表现出什么特点？体现了细胞膜什么功能特性？

教师引导学生分析：O_2、H_2O 以被动运输进出细胞，过程是顺浓度梯度、不耗能；而氯离子通过 CFTR 出胞的方式可以逆浓度梯度，需要载体蛋白的协助，过程消耗能量，这种运输方式称为主动运输。当氯离子与 CFTR 结合后，在细胞内化学反应释放的能量推动下，CFTR 空间结构发生变化，就将它所结合的氯离子从细胞膜的一侧转运到另一侧并释放出来，CFTR 随后恢复原状，又可以去转运下一个氯离子。一种转运蛋白往往只适合转运特定的物质，因此，细胞膜上转运蛋白的种类和数量，或转运蛋白空间结构的变化，对许多物质的跨膜运输起着决定性的作用，这也是细胞膜具有选择透过性的结构基础。

材料呈现

材料四

囊性纤维化患者异常的CFTR不能正常分泌氯离子和ATP，导致氯离子在细胞内积累。在CFTR缺陷的情况下，呼吸道上皮ENaC通道功能增强，通过ENaC吸收钠离子增加，黏液中过多的钠离子转移进细胞，破坏了细胞的电解质平衡，水分从黏液中转移进细胞和血液中去，使黏液丢失水分而变得稠厚。这一现象主要是由于基因突变引起蛋白质结构和功能异常，变异后的CFTR易被降解，无法到达细胞膜形成氯离子通道；即使少量到达细胞膜也无法有效打开通道，从而造成严重的氯离子运输障碍（见下图）。

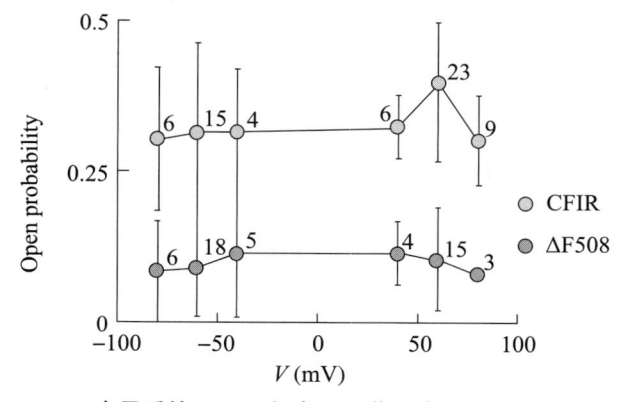

变异后的CFTR氯离子通道开放概率降低

材料五

呼吸道表面附有黏液纤毛清除系统，主要由纤毛细胞、黏液层、浆液层、杯状细胞与浆液细胞组成，其中黏液层和浆液层合称为呼吸道表面液体（ASL）。CF患者的一个典型特征就是呼吸道上覆黏稠、增厚的黏液，黏液不能被黏液纤毛清除系统清除，最终导致包括铜绿假单胞菌在内的少数机会性细菌对气道的定植和感染。

材料六

CF的治疗目前主要是针对临床表现和并发症，并且主要是针对患者呼吸系统疾病，如防止呼吸道感染，减少肺部黏液的分泌量和黏稠度，改善呼吸，维持足够的营养。随着对CF致病机理的认识，科学家正在针对有缺陷但功能没有完全丧失的CFTR进行离子通道激活剂的纠正实验，如某些药物可保护患者的CFTR蛋白免遭降解，或帮助CFTR蛋白通道打开的时间更久，以使盐分和水分更好地进出细胞。

问题设计：CFTR的变异给人体带来了哪些严重后果？从医生的角度，同学们能不能对囊性纤维化患者的治疗提供一些建议？

教师引导学生分析：CFTR载体蛋白功能发生异常，导致氯离子无法正常转运，使患者支气管中黏液增多，造成细菌感染。这一发现给囊性纤维化的治疗带来了新的希望。作为"医生"，我们可以针对患者的呼吸系统疾病和相应并发症进行治疗，减轻患者的临床症状；我们还可以针对"氯离子无法正常转运"这一机制进行对因治疗，比如给患者提供可保护CFTR蛋白免遭降解或帮助CFTR蛋白通道打开的时间更久的药物，从病理上来治疗疾病。

教师指导学生小结： 囊性纤维化是白种人常见的基因遗传病，与CFTR这一氯离子通道蛋白密切相关，CFTR可以通过改变蛋白质空间结构来调控氯离子进出细胞，这向我们展示了运输功能是蛋白质的主要生理功能之一。CFTR的蛋白结构包含若干个结构域，这种"闸门"一样的蛋白结构与氯离子的运输功能相适应。氯离子通过CFTR进出细胞的运输方式为主动运输，体现了细胞膜具有选择透过性的结构基础。囊性纤维化的患病机理的发现，给这一疾病的治疗带来了新的希望。

【评析】

评析人：郭峰

本节微课通过介绍囊性纤维病来学习蛋白质的功能，提升学生的生物学素养，特别是生命观念。具体特点如下：

1. 提供的材料环环相扣，引人入胜。

六个材料紧紧围绕"结构与功能相适应"来展开，让学生有兴趣了解发病的机理，并思考从哪方面达到治疗的目的，很好地落实了生命观念。

2. 创设真实情境，培养学生创新思维。

学源于思，思源于疑。科学创造，贵在质疑，而创新往往是从"质疑"开始的。本节课设计真实病例，引导学生质疑，激发学生的思维，通过小组的合作，让学生参与到学习过程中，落实知识的同时培养了学生创新思维能力。

• 习题设计 •

习题1：

囊性纤维化是一种遗传性疾病，主要影响胃肠道和呼吸系统等特征。囊性纤维化发生的一种主要原因是：患者肺部支气管上皮细胞表面转运氯离子的CFTR蛋白的功能发生异常，导致患者支气管中黏液增多，造成细菌感染。下图为正常人和囊性纤维化患者的氯离子跨膜运输示意图。

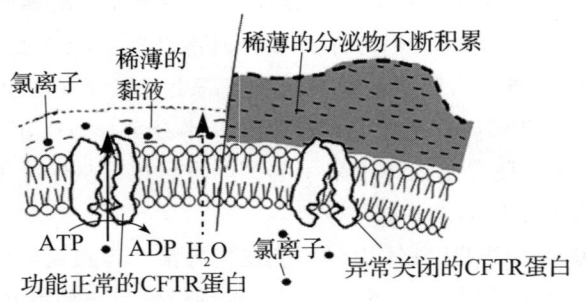

（1）研究图中所示的生理过程，一般采用的方法是_____，图中显示了细胞膜的_____模型。

（2）正常情况下，支气管上皮细胞在转运氯离子时，氯离子首先与CFTR蛋白结合，在细胞内化学反应释放的能量推动下，CFTR 蛋白的_____发生变化，从而将它所结合的氯离子转运到膜的另一侧。

（3）支气管上皮细胞运输氯离子的方式为_____，该过程中，CFTR 蛋白能催化_____的水解。随着氯离子在细胞外浓度逐渐升高，水分子向膜外扩散的速度_____，使覆盖于肺部细胞表面的黏液被稀释。

（4）正常的 CFTR 蛋白约由 1 500 个氨基酸组成，那么直接指导该蛋白质合成的模板至少由_____个核苷酸组成。

必备知识	物质跨膜运输方式；细胞膜的流动镶嵌模型；蛋白质结构与功能多样性
参考答案	（1）同位素标记法；流动镶嵌 （2）空间结构（构象） （3）主动运输；ATP；加快 （4）4 500
命题立意	本题依托真实的科研情境，重视基础性。考查细胞膜、物质跨膜运输以及蛋白质表达等内容，旨在使学生加深对所学知识的理解并把握知识间的内在联系。
素养水平	（1）生命观念水平一；科学思维水平一 （2）生命观念水平二；科学思维水平二 （3）生命观念水平三；科学探究水平二 （4）生命观念水平三

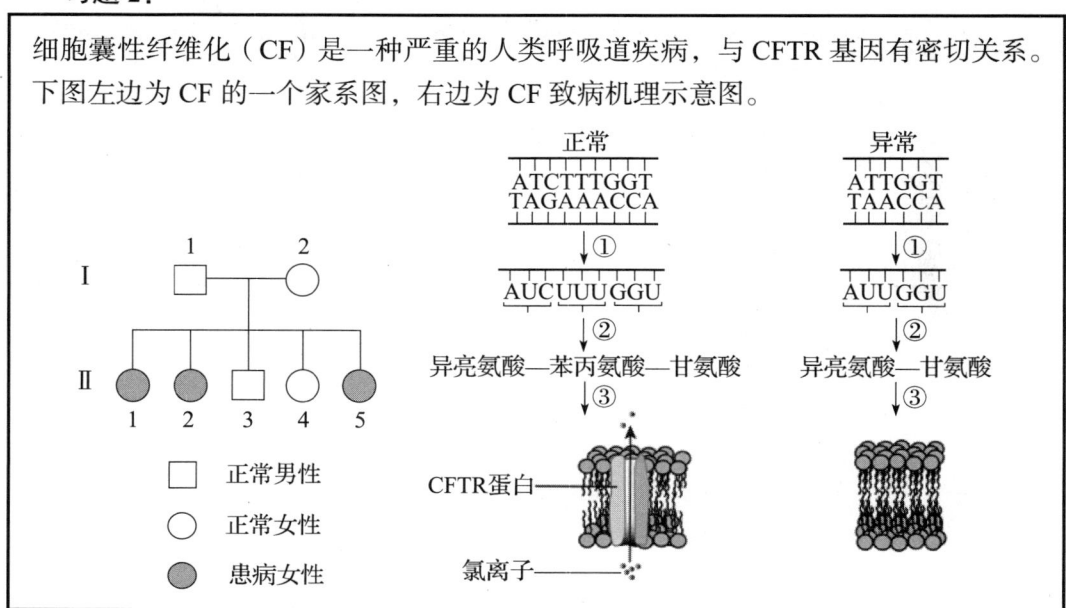

习题 2：

细胞囊性纤维化（CF）是一种严重的人类呼吸道疾病，与 CFTR 基因有密切关系。下图左边为 CF 的一个家系图，右边为 CF 致病机理示意图。

（1）依据CF的一个家系图可以初步判断CF的遗传方式为_____染色体上的_____性遗传。

（2）依据CF致病机理示意图分析，过程①②合称为_____。最终形成的CFTR蛋白缺少一个苯丙氨酸，导致其_____发生改变，无法定位在细胞膜上，影响了氯离子的转运。

（3）从该实例可以看出，基因控制生物体性状的方式为_____。目前已知的CFTR基因突变至少有2 000多种，且突变位点涵盖了CFTR的整个基因，说明基因突变具有_____、_____等特点。

（4）在欧洲高加索人群中，囊性纤维化发病率高达1/2 500。若当地一正常女性，其父母正常，但同胞姐姐患囊性纤维化，此女性和当地一正常男性结婚，所生孩子患囊性纤维化的概率为_____。为预防该病发生，该女性怀孕后应进行_____。

必备知识	孟德尔遗传定律；基因突变特点；基因控制性状的类型；基因概率的有关计算
参考答案	（1）常；隐 （2）基因表达；空间结构 （3）基因通过控制蛋白质结构直接控制生物性状；不定向性；随机性 （4）1/153；基因检测（基因诊断）
命题立意	本题考查基因控制性状的类型、基因突变特点、基因概率的有关计算和遗传病的检测和预防的相关知识，意在考查学生能从题图中提取有效信息，并结合这些信息，运用所学知识与观点，通过比较、分析与综合等方法对某些生物学问题进行解释、推理，做出合理判断或得出正确结论的能力。
素养水平	（1）生命观念水平一；科学思维水平一 （2）生命观念水平二；科学思维水平二 （3）生命观念水平二 （4）生命观念水平三；科学思维水平二

学术情境主题 19

小鼠黄灰毛色之谜——"可遗传"的表观遗传

尤 赫

· 学术导引 ·

黑色素与毛发颜色

相信不少读者朋友喜欢毛茸茸的小动物，比如猫、狗、兔子等。你肯定见过各种不同毛色的同种哺乳动物，那它们是如何形成各种颜色毛发的呢？为了回答这个问题，科学家们利用分子生物学和生物化学的手段，找到了许许多多控制毛发颜色的色素，其中起到关键作用的色素是黑色素（melanin），它决定了大部分哺乳动物皮肤和毛发的颜色[①]。截至目前，科学家发现了至少 5 种不同的黑色素，它们分别是真黑素（eumelanin）、褐黑素（pheomelanin）、神经黑素（neuromelanin）、异黑素（allomelanin）和脓红素（pyomelanin）。其中真黑素和褐黑素对于哺乳动物毛发的颜色起决定性作用，前者会使毛发呈黑灰色，后者使毛发呈黄褐色。这也就解释了为什么哺乳动物的毛色通常以黑灰和黄褐的色调为主。

黑色素是怎么样产生的呢？黑色素在皮肤或毛囊（hair follicle）中的黑色素细胞（melanocyte）中合成，我们以真黑素和褐黑素的合成为例进行介绍。因为皮肤是与空气直接接触的器官，皮肤细胞内的酪氨酸（tyrosine）会被缓慢氧化变成多巴（dopa）[②]，多巴进而被氧化成多巴醌（dopaquinone）；这一缓慢的过程也可以由酪氨酸酶（tyrosinase）催化完成。接着，伴随着一系列的氧化过程，最终形成真黑素，或和多个半胱氨酸（cysteine）发生缩合反应，形成褐黑素。

那么动物的黑色素细胞什么时候合成真黑素，表现为黑灰色的毛发；又什么时候合成褐黑素，表现为黄褐色的毛发呢？经过不断的探索，科学家发现控制动物毛发颜色的原因藏在基因当中。*Agouti* 基因[③]（简称 A 基因）正是决定黑色素合成方向的基因，

---

① Castle W E, Singleton W R. The palomino horse [J]. *Genetics*, 1961, 46(9): 1143-1150.
② 多巴是大脑中控制欲望的神经递质（neurotransmitter）或神经调质（neuromodulator）多巴胺的前体。
③ Agouti 原意是刺豚鼠，它毛发的颜色是黄褐色，所以 Agouti 就代指黄褐色毛发这一性状。

酪氨酸通过不断氧化合成真黑素，或在氧化的最后一步和半胱氨酸发生缩合形成褐黑素。

A 基因和它的多种等位基因

在皮肤细胞或者脑细胞中，A 基因可以表达一个含有 131 个氨基酸残基（residue）的蛋白质 AgRP（Agouti-Related Protein）。AgRP 是一种分泌蛋白，它可以激活毛囊细胞表面的受体 MC1R（Melanocortin 1 Receptor），进而引起酪氨酸在氧化的最后一步和半胱氨酸缩合成褐黑素，而褐黑素使动物的毛发呈现黄褐色或者橘黄色（图 19-1）。另外，值得一提的是：如果 AgRP 在脑中被分泌，可能会激活一些神经元表面的 MC4R（Melano-Cortin 4 Receptor）受体。携带有这种受体的神经元在下丘脑的摄食中心，MC4R 受体被激活以后，这些神经元会发出指令，让动物过度进食，进而导致肥胖。

因此，我们可以发现，A 基因表达水平越高，动物的毛色就会越发橘黄，动物的体型就会越发肥胖。这一点相信大家在日常生活里都有许多有趣的发现，比如橘猫通常是食量最大且最肥的品种之一。

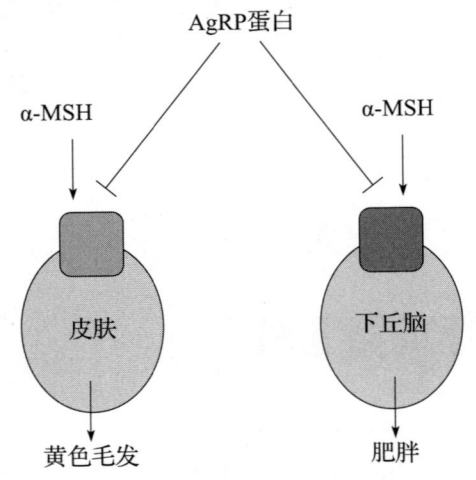

图 19-1 AgRP 蛋白对毛色和肥胖的调控示意图

既然都有 A 基因，那为什么有些哺乳动物不是黄或橙的毛色，而是黑或灰的毛色呢？A 基因是一个显性基因，那么必然会有它对应的隐性基因 a。确实如此，相比于 A 基因，它的隐性等位基因 a 会导致神经系统和中枢系统中 AgRP 蛋白的表达大幅减少。据此推测，基因型 aa 的个体的毛色为黑灰色，基因型 AA 的个体毛色为黄色。那么基因型 Aa 的个体呈现什么样的毛色呢？

20 世纪 50 年代以前，科学家就已经认识到，确实有一些基因型 Aa 的动物呈现完全的黄橘色，但 A 不总是对 a 具有完全显性（complete dominance）。也就是说，有另一些基因型 Aa 的动物会出现从黄橘色到灰黑色的过渡色。A 对 a 基因怎么可能既是完全显性，又是不完全显性的基因呢？西班牙动物学家米格尔·奥德里奥佐拉·皮埃塔斯（Miguel Odriozola Pietas）首先提出，其实 A 基因具有 4 个等位基因，按照从显性逐渐减弱的顺序排列为：A^+、A、A^t 和 a。至今，科学家至少发现了 17 个 A 基因的等位基因[①]。

现象：基因型为 $A^{vy}a$ 小鼠的毛色问题

在众多的 A 等位基因中，有一个等位基因 A^{vy} 十分奇怪。1994 年，斯坦福医学院的乔治瑞·巴斯（Gregory S. Barsh）教授和他当时的学生戴维·杜尔（David M. J. Duhl）在《自然·遗传学》杂志[②]报道发现基因型的 $A^{vy}a$ 的小鼠竟然具有各种不同的表现型，

[①] Duhl D M, Vrieling H, Miller K A, et al. Neomorphic agouti mutations in obese yellow mice [J]. *Nature genetics*, 1994, 8(1): 59-65.

[②] 《自然·遗传学》(*Nature Genetics*) 杂志是遗传学领域的顶级期刊。

有些是纯灰黑色，有些是纯黄色，有些是黄黑杂色[①]。根据经典遗传学，一个基因型对应一个表型。难道等位基因 A^{vy} 其实并不是"一种"等位基因，还包含很多种类的等位基因，所以才产生了各种各样的表型？乔治瑞·巴斯和合作者经过分子生物学上的反复确认，证实等位基因 A^{vy} 确实是唯一一种突变造成的。经过对 A^{vy} 的分子克隆，科学家发现该等位基因的形成是因为有一个 IAP 逆转座子插入 A 基因上游造成的。

这个同一种基因型"随机"具有不同表型的发现，引起了 20 世纪 90 年代科学界广泛的讨论。纵观人类科学史，当科学界出现不同声音，引发讨论、争论，进而出现各种观点的时候，往往意味着新的科学要诞生了。在环境条件一样的情况下，难道基因序列不能完全决定表型吗？IAP 逆转座子上发生了什么？还有什么其他因素能够决定表型，使得 $A^{vy}a$ 小鼠出现各种各样的表型呢？

探索：表观遗传修饰影响了等位基因 A^{vy} 的表达

如果读者朋友们学习过高中生物学，那么肯定知道表观遗传现象（epigenetic inheritance）：基因的序列保持不变，但表型发生变化的现象，而且这个变化是可遗传的。1999 年，悉尼大学生物化学系的艾玛·瓦特劳（Emma Whitelaw）教授和合作者最终发现，A^{vy} 基因上游 IAP 逆转座子附近 DNA 甲基化的差异，导致了 AgRP 蛋白的差异化表达，进而出现了不同个体的毛色不同[①]。

相信读者们知道，基因是一段具有遗传效应的 DNA 片段，分为编码蛋白质的编码区和与蛋白质表达调控相关的非编码区。IAP 逆转座子就在 A^{vy} 基因上游的非编码区，它可以和一些转录因子结合，对 A^{vy} 基因实施调控作用。如果 IAP 逆转座子这段 DNA 序列或在它附近的 DNA 出现甲基化，那么 A^{vy} 基因的表达将会下降。DNA 中最常见的甲基化是胞嘧啶甲基化，它发生在胞嘧啶的 5 号碳上，所以产物又称为 5-甲基胞嘧啶（5-methylcytosine）。IAP 逆转座子附近就会出现一些容易被甲基化的胞嘧啶（图 19-2）。艾玛·瓦特劳（Emma Vatlau）教授和合作者们利用一种分子生物学的手段，可以将 IAP 逆转座子附近有甲基化的那些位点区分出来。她们发现，$A^{vy}a$ 小鼠中表现型为黑灰色的个体，IAP 逆转座子附近有一个甲基化位点被甲基化，所以 AgRP 蛋白表达量低，造就了黑灰色的毛发；而 $A^{vy}a$ 小鼠中表现型为黄色的个体，该甲基化位点没有被甲基化，形成了黄色的毛发。

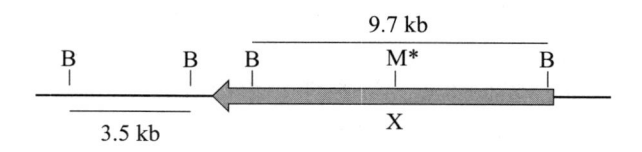

图 19-2 等位基因 A^{vy} 的基因上游序列

B 代表限制性内切酶 BamH I 的酶切位点，M 代表 Hap II 和 Msp I 的酶切位点。M^* 代表此酶切位点处的胞嘧啶被甲基化。

---

① Morgan H D, Sutherland H G, Martin D I, et al. Epigenetic inheritance at the agouti locus in the mouse [J]. *Nature genetics*, 1999, 23(3): 314-318.

意外收获：表观遗传修饰的可遗传性

艾玛·瓦特劳教授和合作者们发现 $A^{vy}a$ 小鼠甲基化水平决定毛色性状这一现象以后，又发现了一个更加有趣的现象：此甲基化水平和它决定的表型竟然可以遗传下去。这就形成了真正的表观遗传现象：碱基序列不变，但表型发生改变，并且这个改变还是可遗传的（详见微课设计二）。

她们在繁殖 $A^{vy}a$ 小鼠的过程中发现，雌性黄毛 $A^{vy}a$ 小鼠和 aa 雄性小鼠测交后得到的 $A^{vy}a$ 子代小鼠里，完全没有黑灰色的个体，而且纯黄色的个体占了多数。而雌性黑灰毛的 $A^{vy}a$ 小鼠，测交后得到的 $A^{vy}a$ 子代小鼠，黄色、黑灰色和杂色都有。根据前人的理论，几乎所有的甲基化修饰，都会在形成配子的时候消除掉。据此理论，黑灰毛的 $A^{vy}a$ 小鼠测交后得到的 $A^{vy}a$ 子代小鼠都应该是黄色。因此，这种甲基化修饰具有某种前人未知的可遗传特性。

当分析雄性 $A^{vy}a$ 小鼠的时候，她们发现测交后得到的 $A^{vy}a$ 子代小鼠中各种毛色的比例大概一致，和它们父亲的毛色没什么关系。因此可以提出这样的假说：这种"不容易被甲基化"的特征依赖于母系遗传，或者这是卵细胞中的甲基化"图谱"遗传的结果。

要验证此"可遗传的表观修饰"假说，关键在于排除其他导致该现象的可能，比如是不是因为雌性黄毛 $A^{vy}a$ 小鼠在怀孕期间，通过复杂的孕期生理代谢途径，而非可遗传因素，导致了出生的小鼠更加偏向黄色毛发？为了排除这种可能，艾玛·瓦特劳教授和合作者们进行了更进一步的实验：用体外受精的方式，将雌性黄毛 $A^{vy}a$ 小鼠的卵子和 aa 雄性小鼠的精子融合并在体外进行发育培养，培养好的胚胎移植入另外一个野生型雌性小鼠的子宫内。他们发现，在体外受精的条件下，得到的"试管小鼠"后代，与之前得到的结果几乎相同：完全没有黑灰色的个体，而且纯黄色的个体占了多数。因此关于小鼠毛色的"可遗传的表观修饰"假说就进一步得到了证实。

表观遗传的新时代：跨代表观遗传的机制研究

科学家在最初发现可以影响遗传物质表达的非遗传因素，即"表观遗传因子"时，便开始思考和猜测：这些所谓的"表观遗传因子"是不是真的可以完成遗传的使命？"表观遗传因子"在个体水平上，尤其是在发育过程中发挥的作用，已经被许多科学家发现、验证和解读，尤其在癌症领域，比如癌细胞发展方向，为人类的健康事业做出了巨大贡献。但是依然有一个关键问题横亘在几乎所有表观遗传学家的面前：如果"表观遗传因子"只是在个体水平上，仅受到环境作用而影响个体的发育，找不到可以跨代遗传的现象，那么，不如将"表观遗传因子"改成"表观发育因子"或"表观细胞因子"。

好在科学家经过不断地探索，逐步发现了"表观遗传因子"可跨代遗传的证据，比如我们讲述的小鼠毛色就是其中一例。过去不到 10 年的时间里，科学界逐步开始重视跨代表观遗传（transgenerational epigenetic inheritance，TEI），一个全新的领域呼之欲出。在这个过程中，提出跨代表观遗传的概念是充满艰辛的，其中表观遗传发育学家对其反应尤为激烈：在卵细胞或精子的形成过程中，几乎全部的 DNA 甲基化完全被擦除，那么表观遗传因子又如何隔代控制？

目前科学界已经开始认识到，一味回避坚固的经典生物学大厦上的"几朵乌云"并非长久之计，毕竟跨代表观遗传现象就在那里。科学界也逐步认识到，传统分子发育学家的观点可能未必完全正确：并非所有的DNA甲基化在形成成熟性细胞的过程中都被擦除。一些科学家尝试提出过一个猜想：遗留下来的很少一部分可能构成下一代个体DNA甲基化的"蓝图"。随着越来越多的跨代表观遗传现象被发现，其背后的生物学原理依然未知，科学家们也努力提出了许许多多丰富的新理论，大多过于复杂。真正揭示跨代表观遗传科学普遍原理和规律的任务需要得到传承。

我们回顾科学史，可以十分深刻地理解到，正是因为"迈克尔逊——莫雷实验结果和以太漂移说的矛盾"以及"黑体辐射理论出现的紫外灾难"这两朵"乌云"的发现，迎来了近代物理学的黄金时代：其中一朵乌云带来了"量子力学"，另一朵乌云带来了"相对论"。如果人类当初将这两朵乌云贴上"负能量"的标签，恐怕就无法享受今天现代化的生活了。相信各位学生在今后的求学、工作、科学研究和人生道路上都会遇到各种各样的"乌云"，或许正视它们才是最佳策略，进而有机会开启一个全新的局面。

素养教学建议

小鼠黑黄毛色之谜的解答，证实了表观遗传因子的可遗传性，完善了表观遗传的基本定义，开启了表观遗传研究的新局面。从高中生物学的学科知识上，它主要用以佐证表观遗传的概念，并结合"基因的表达"这一分子生物学重要部分，使学生从表观遗传的角度出发，更加深入地理解遗传物质和遗传本质之间的关系，这一实例和表观遗传概念，在新课标新版本的高中生物学教材的多个版本中均有涉及。

人教版以"思考讨论"形式呈现了小鼠毛色的表观遗传，并据此总结出了表观遗传的确切定义（人教版必修2）；沪科版略显保守，主要从传统的分子发育生物学出发，介绍了环境对表观遗传因子的影响，并未通过实例给出表观遗传的定义（沪科版必修1）；北师大版通过给出小鼠毛色的研究，让学生寻找证据，自主探索表观遗传的内涵，并特别强调了"……这种DNA甲基化对基因表达的影响还可以传递给后代"，突出了表观遗传的"可遗传"特征。从学科素养来看，表观遗传"可遗传"性的发现历史和实验研究，对学生认识科学研究的基本方法、提升科学研究的思维能力有很大帮助。表观遗传观念在科学界中的发展和再探讨，也可以帮助学生形成正确的科学哲学观念，即科学发展的动态性。由此类推，在唯物辩证法的哲学层面，也可推动学生对"发展的观点"有更加深入的理解。最后从社会责任观念来说，表观遗传未解决的奥秘，也可以激发学生对于重大科学问题的评价和判断，并有望形成投身科学的信念。"小鼠黄灰毛色之谜"与高中课程标准概念的联系见表19-1。

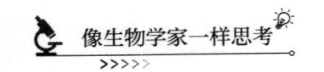

表 19-1 "小鼠黄灰毛色之谜"与高中课程标准概念的联系

内容		课程标准中的概念
研究历程	关键实验方法	
研究过程		必修 1.1　细胞由多种多样的分子组成 3.1　亲代传递给子代的遗传信息主要编码在DNA分子上 　3.1.1　多数生物的基因是DNA分子的功能片段 　3.1.4　DNA分子上的遗传信息通过RNA指导蛋白质的合成 　3.1.5　某些基因中碱基序列不变但表型改变的表观遗传现象 3.3　基因重组引起的变异是可遗传的 　3.3.2　基因中碱基序列的改变有可能导致它所编码的蛋白质发生变化 选择性必修 模块三　生物技术与工程 4.3　对动物早期胚胎或配子进行显微操作和处理以获得目标个体 5.1　基因工程是一种重组DNA技术
研究过程	（1）黑色素与毛发颜色问题的提出和在生物化学上的解释 （2）控制毛发颜色的 Agouti 基因和它的多种等位基因的发现 （3）基因型的 $A^{vy}a$ 小鼠的毛色问题的发现和分子机制解释 （4）表观遗传修饰影响了等位基因 A^{vy} 的表达的探索 （5）表观遗传修饰的可遗传性的证据发现和未来的机制探究	• 代谢产物的生化分析 • 小鼠经典遗传学：杂交、测交、回交 • 分子生物学的基因克隆和序列功能研究 • DNA 甲基化的鉴定 • 体外受精和体外胚胎培养技术 • 表观组学的化学和计算工具	
研究结果	• 小鼠黑黄毛色之谜的解答，证实了表观遗传因子的可遗传性，完善了表观遗传的基本定义，更开启了表观遗传研究的新局面	必修 　3.1.5　某些基因中碱基序列不变但表型改变的表观遗传现象

素养教学建议 1

基因型的 $A^{vy}a$ 小鼠的毛色问题的发现【生命观念　科学思维】

许多可爱的小动物具备不同的毛色是在生活中容易被观察的现象。由此生活现象可以引导学生对其背后的科学原理产生兴趣，培养学生的生命观念。通过给出对小鼠 Agouti 基因的介绍材料（详见微课设计一），创设一个讨论的课堂情景，引导学生探讨 Agouti 基因如何决定小鼠的黄灰毛色，锻炼学生的科学归纳思维。也可通过练习生物学已经学过的基因和遗传的相关内容，给出相应有关 Agouti 基因的等位基因的 A^{vy} 的材料（详见微课设计一），引导学生思考，发现材料与所学知识的差异性，引导学生提出科学问题，进而更加深刻地理解表观遗传概念。

素养教学建议 2

由小鼠黄灰毛色发现的可以遗传的 DNA 甲基化模式【科学思维　科学探究】

可以由等位基因 A^{vy} 的基因表达模型出发，调取学生有关基因和基因表达的科学知识，充分理解表达模型，提升学生的知识应用能力，夯实科学探究的基础。另外，也可以从小鼠黄灰毛色可隔代遗传的表观遗传现象出发，将遗传谱系图展示给学生，让学生根据文献中的数据，思考和总结科学结论，培养科学思维（详见微课设计二）。最后，通过学生对科学现象的解读，提出契合"可以遗传的 DNA 甲基化模式"相关的问题串，逐步引导学生对表观遗传背后机制的思考。

素养教学建议 3

表观遗传修饰的可遗传性的证据发现和未来的机制探究【社会责任　哲学启蒙】

可以从科学哲学发展的角度，适当结合科学哲学的一般发展规律，设置讨论的课堂情景，将课堂交给学生，讨论跨代表观遗传证据的发现对生命科学带来的短期和长期影响。在讨论过程中，建议充分参考高中思想政治选择性必修 3 中"运用辩证思维方法"相关内容，体会认识科学发展的历程。在课堂讨论过程中，可以充分调取物理学发展史中的相似例子（见学术导引最后一部分），立足唯物辩证观，分析其中的异同，以及相应的结果影响。特别要注意的是，按照发现学习和建构学习原则，教师在课堂之前应落实唯物辩证观念，不应预设绝对观点，在讨论的过程中增强学生对科学研究的社会责任感，并根据上述方式，完成相应的哲学启蒙。

微课设计

设计一

黄灰毛色的基因控制

设计意图：教师通过介绍 *Agouti* 基因对毛色性状的控制，引导学生总结出 *Agouti* 基因调控小鼠的黄灰毛色的过程。通过给出有关 *Agouti* 基因的等位基因 A^{vy} 的材料，使学生在充分体会表观遗传因子影响基因表达概念的同时，思考 DNA 甲基化影响基因表达的方式和过程，探讨等位基因 A^{vy} 的甲基化如何影响黄灰毛色性状，充分锻炼学生的科学思维和逻辑推导能力。通过向学生展示真实的探究甲基化的研究结果，可以利用小组合作的方式，使得学生深入理解检测甲基化的分子生物学工具，理解技术对科学进步的意义。本微课旨在创设真实的科学研究情景，通过锻炼学生"学以致用"的能力，在科学思维、逻辑推导、总结归纳和合作探讨四个方面，提升学生的生物学素养和对科学研究的理解。

设计方案

教师讲述：在日常生活中，同学们一定见过不同毛色的小动物，其中常见的就是黑灰色、黄色以及两者的杂色。同学们有没有对不同毛色的形成产生过好奇心呢？我们以小鼠为例，目前科学家已经发现，控制小鼠黄灰毛色基因主要是 *Agouti* 基因。请大家阅读材料一，结合生物教材必修2中学到的知识，探讨Agouti基因是如何通过基因的表达来控制黄灰毛色的。

📋 材料呈现

材料一　Agouti基因对小鼠毛色的控制

在皮肤细胞或者脑细胞中，Agouti基因可以表达一个含有131个氨基酸残基的蛋白质AgRP。AgRP是一种分泌蛋白，它可以激活毛囊细胞表面的MC1R受体，通过复杂的细胞代谢过程，最终催化由酪氨酸氧化得到的真黑素（真黑素导致毛发为黑灰色）和半胱氨酸缩合成褐黑素（褐黑素使动物的毛发呈现黄褐色或者橘黄色）。如果AgRP在脑中分泌，有可能会激活一些神经元表面的MC4R受体，诱发这些神经元兴奋，导致动物过度进食，进而导致肥胖。

问题设计：请以小组合作的方式，探讨Agouti基因是如何通过基因的表达来控制黄灰毛色的，并绘制相应的模型图做出解释。已知Agouti基因的表达量在大脑和皮肤细胞中有相同趋势，请根据生活经验提出假说，阐述哺乳动物毛色和肥胖之间的关系。

教师引导学生分析：请同学们首先分小组讨论并解决第一个问题，请根据材料和所学的内容，将大致的过程讨论清楚，各小组合作画出模式图后，请跟大家分享。（注意：教师应立足科学性、逻辑性、可读性、简洁度四个方面对学生的模式图进行评价，可以适当鼓励美术功底较强的学生，但不应以"画得漂不漂亮、色彩好不好看、纸张质量好不好、篇幅长不长……"等作为评价标准，应帮助学生树立正确的科学探究价值观。）

接下来请同学们思考与讨论第二个问题，可以充分结合生活中的观察，得出可靠的结论。现在，同学们对小鼠毛色和Agouti基因已经有了一定的了解。不过科学家在实验观察中发现，其实很多小鼠的毛色并不是纯黄或者纯黑灰的，而是在黄和黑灰之间的杂色，那么杂色又是怎么出现的呢？这就需要同学们对Agouti基因有更深的理解了，请各位同学阅读和分析材料二和材料三。

📋 材料呈现

材料二　Agouti基因的等位基因1

Agouti基因有显隐性之分，A是显性基因，a是隐性基因。基因型aa的个体的毛色为黑灰色，基因型AA的个体毛色为黄色。但基因型Aa的动物不总是呈现完全的黄橘色，有时也会产生过渡色或黑灰色。A对a基因怎么可能既是完全显性，又是不完全显性的基因呢？西班牙动物学家米格尔·奥德里奥佐拉·皮埃塔斯首先提出，其实A基因具有4个等位基因，按照从显性逐渐减弱的顺序排列为：A+，A，A^t和a。至今，科学家至少发现了17个A基因的等位基因。

材料三　Agouti基因的等位基因2

在众多的A基因的等位基因中，有一个等位基因A^{vy}十分奇怪。科学家发现基因型A^{vy}a的小鼠竟然具有各种不同的表现型，有些是纯黑灰色、有些是纯黄色、有些是黄黑杂色。根据经典遗传学，一个基因型对应一个表型。难道等位基因 A^{vy} 其实并不是"一种"等位基因，还包含很多种类的等位基因，所以才产生了各种各样的表型？乔治瑞·巴斯和合作者经过分子生物学上的反复确认，证实等位基因 A^{vy} 确实是唯一一种突变造成的，即在等位基因 A^{vy} 的上游非编码区插入了一段特殊的 DNA 序列。而这段序列附近 DNA 甲基化的差异，导致了 AgRP 蛋白的差异化表达，进而出现了不同个体的毛色不同。

问题设计：结合所学的遗传学部分和材料二，请推断"完全显性"和"不完全显性"的概念。结合所学过的有关 DNA 和基因的相关知识，思考如何用分子生物学的手段确定一种等位基因。试想在分子生物学发展以前，遗传学家如何用遗传的手段确定一种等位基因？基因型 $A^{vy}a$ 的小鼠具有各种不同的表现型的原因是什么？
开放性问题：请小组讨论如何证明序列附近 DNA 甲基化导致 AgRP 蛋白的差异化表达。

教师引导学生分析：请同学们通过阅读材料一，推断"完全显性"和"不完全显性"的概念。我们曾经学过显性基因的概念，其实根据显性的程度，我们还可以将显性基因再分类。那么什么是显性的程度呢？相信同学们通过对材料一的思考，已经有了自己的认识，请同学们分享。（此部分分享和讨论旨在使学生体验建构性学习过程。设计的目标是让学生从"概念—解释—做题"的传统学习模式转向"发现新概念—产生新问题—回到科学发现中体会—建构自己的理解"的模式。通过不给出准确定义，让学生自己建构理解的方式有助于学生思维逻辑过程的训练，并产生获得感和对学科的兴趣。教师在引导学生分析的过程中，要发挥科学价值观和逻辑方法的评价作用，应注意立足点，对于有个性理解的孩子应该辩证地评价并鼓励，对于有独到理解的孩子应该持表扬态度，而不应该直接给出确定的定义和答案。）

接下来，请同学们继续思考如何用分子生物学的手段确定一种等位基因。通过结合 DNA 和基因的相关知识，相信同学们已经有答案了。如果 DNA 序列完全相同，那么就可以确定一种等位基因。但没有分子生物学的工具，遗传学家是如何判断的呢？通过讨论，我们得知遗传学家在确定等位基因的时候，主要通过此等位基因和其他等位基因的杂交实验，通过表型判断相对显隐性来确定。通过杂交实验，如果出现表型分离，那么说明肯定有多种等位基因。接下来，请各位同学思考并讨论，基因型的 $A^{vy}a$ 的小鼠具有各种不同的表现型的原因是什么。

最后，请小组讨论如何证明序列附近 DNA 甲基化导致 AgRP 蛋白的差异化表达。（该问题的讨论是开放式的，有多种方法均可以证明 DNA 甲基化影响蛋白表达，比如可以用干扰甲基化形成的酶的活性，加入更多的甲基化，等等。可能学生有更好的想法，教师应该予以鼓励并帮助完善。）

教师指导学生小结：本节课以黄灰毛色的基因控制为主题，引导学生发现科学规律，体会 *Agouti* 基因功能的发现过程，思考甲基化如何影响等位基因的表达，期望引导学生对待科学的正确观念，训练学生的逻辑思维。

【评析】

评析人：郭峰

本节微课是黄灰毛色的基因控制设计，在学生已有知识的基础上，逐步引导，层层深入，达到培养科学思维的教学目的，具体特点如下：

1. 充分发挥学生主体作用，通过问题设计让学生思维灵活起来。

根据材料一，探讨 *Agouti* 基因是如何通过基因的表达来控制黄灰毛色的，并绘制相应的模型图做出解释。让学生提炼材料内容，用通俗易懂的图形模式表达出来，考验学生综合运用能力。接着让学生提出假说，阐述哺乳动物毛色和肥胖之间的关系，引导学生发散思维。

2. 设疑合理，激发学生进一步探究。

根据材料二的内容，让学生像科学家一样思考，先设问"完全显性"和"不完全显性"，再过渡到如何确定等位基因，最后提出甲基化问题，引导学生发现科学规律。

3. 评价合理，重视对思维过程进行评价。

对学生绘制的模式图，立足科学性、逻辑性、可读性、简洁度四个维度；对于有个性理解的孩子辩证地评价并鼓励，对于有独到理解的孩子持表扬态度，而不给出确定的定义和答案。教师鼓励学生大胆提出疑问，学生提出一个问题，比回答一个问题更为重要。

总之，本微课创设真实的科学研究情景，锻炼学生提出问题、解决问题的能力，在科学思维、逻辑推导、总结归纳和合作探讨四个方面，提升学生的生物学素养和对科学研究的理解。

设计二

跨代表观遗传现象实例

设计意图：教师通过介绍有关小鼠黄灰毛色跨代遗传现象的实例，引导学生理解表观遗传概念中在个体水平上可遗传的特征，并通过研读相关科研文献中的数据，培养学生理解数据、发现规律、总结规律的能力。通过引导学生对跨代表观遗传现象原理进行思考，激发学生对前沿科学的兴趣。对于有科学研究志向的学生，本情景的创设是一个很好的培养他们社会责任感的机会，引导学生为生物学的发展和人类的健康做出重要贡献。本微课旨在创设真实的科学研究情景，在科学思维和逻辑推导方面，提升学生的生物学素养和对科学研究的理解。

设计方案

教师讲述：表观遗传是指生物体基因的碱基序列保持不变，但基因表达和表型发生可遗传变化的现象。那么在个体水平上，科学家有没有发现表观遗传的修饰可以引起可遗传变化的现象呢？答案是肯定的。1999 年，艾玛·瓦特劳教授和合作者们发现了一个有趣的现象：我们在前面部分学到的等位基因 A^{vy} 上游附近的 DNA 甲基化水平导致的黄灰毛色表型差异，可以遗传下去。那么请大家分析阅读材料一和材料二，看艾玛·瓦特劳教授是如何利用实验说明该现象的。

> **材料呈现**

材料一　有关黄灰毛色性状表观遗传的发现

艾玛·瓦特劳教授和合作者们发现：雌性黄毛 $A^{vy}a$ 小鼠和 aa 雄性小鼠测交后得到的 $A^{vy}a$ 子代小鼠里，完全没有黑灰色的个体，而且纯黄色的个体占了多数；雌性黑灰毛色的 $A^{vy}a$ 小鼠，测交后得到的 $A^{vy}a$ 子代小鼠中，黄色、黑灰色和杂色都有。她们也发现无论是何种颜色的雄性 $A^{vy}a$ 小鼠与 aa 小鼠测交后得到的 $A^{vy}a$ 子代小鼠中各种毛色的比例大概一致，和它们父亲的毛色没什么关系。

材料二　不同表现型的雌雄性 $A^{vy}a$ 小鼠测交后子一代（F_1）的表型比例

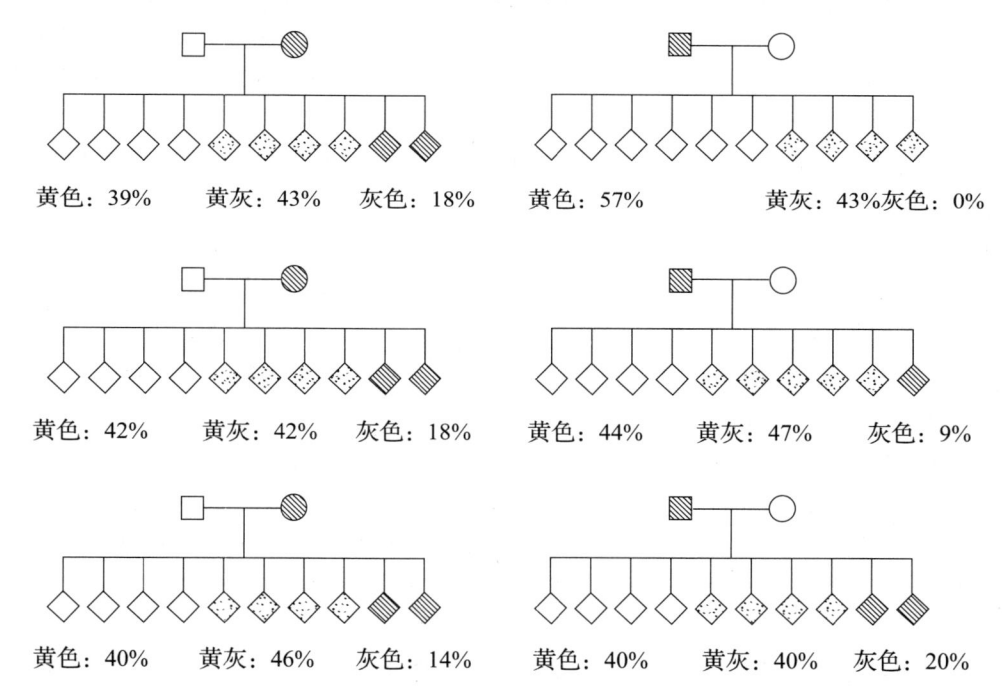

黄色：39%　黄灰：43%　灰色：18%　　黄色：57%　黄灰：43% 灰色：0%

黄色：42%　黄灰：42%　灰色：18%　　黄色：44%　黄灰：47%　灰色：9%

黄色：40%　黄灰：46%　灰色：14%　　黄色：40%　黄灰：40%　灰色：20%

如图所示，正方形代表雄性小鼠，圆形代表雌性小鼠。内部的填充方式代表小鼠的毛色性状：空白填充代表纯黄色的毛发，条纹填充代表偏纯黑灰色的毛发，斑点填充代表黄灰杂色。

问题设计：通过阅读和分析材料一与材料二，请以小组讨论的方式，探讨艾玛·瓦特劳教授和合作者们发现的现象如何说明了表观遗传的修饰可以引起可遗传变化这一现象。根据材料二提供的现象，尝试自己提出解释此现象的假说。根据你提出的假说，请课后自由畅想可以如何设计实验验证。

教师引导学生分析：首先，我们通过小组讨论的方式，探讨第一个问题。（给学生探讨和总结的时间，可派小组代表总结发言，该问题比较容易，答案详见"学术导引"部分。）

通过各个小组的总结发言，相信各位同学对此实验现象有了更加深入的理解，现在请思考第二个问题。在思考第二个问题期间，注意不要讨论，尽可能得出自己的假说。（第二个问题是本情景主题中最难的问题，它不仅要求学生理解科学实验，还要求学生具备完善的提出假说的能力。在真实的科学研究中，提出假说的能力是关键的且可以通过后天训练获得的能力之一。对于这个问题，可以多留给学生一些时间独立思考，培养学生独立思考的意识和能力。学生可能会提出非常优秀的假说，经历过科学训练的教师应给予指导，在指导过程中可以引入一些哲学观点供学生参考。这里给出一个假说作为例子：这种"不容易被甲基化"的特征是依赖于母系遗传的，或者是卵细胞中的甲基化"图谱"遗传的结果。）

同学们都提出了非常优秀的假说，各位同学可以课后思考，如何用合适的科学方法和实验验证假说。这是今天留给大家的小作业。（开放性问题。学生可能不会用专业的生物学手段来验证假说，但经过思考的学生，会根据自己的假说设计出理论上相当严谨的实验，教师应该从设计实验的一般原则和灵巧程度等方面来评价学生的作业，注意不应从技术使用是否正确的层面来评价学生，培养学生的探究能力。）

教师讲述：各位同学通过对现象的分析、探讨和提出假说，相信对于跨代的表观遗传有了更加深刻的理解。现在请同学们在小组内展开讨论，材料一和材料二中的现象真的是跨代的表观遗传现象吗？有没有可能有其他解释？请进入头脑风暴游戏：利用批判性思维，找出其他解释，反驳该现象是跨代的表观遗传。

头脑风暴游戏：每小组6~8个人，组成圆桌会议，自由讨论，讨论出数量尽量多的其他解释。讨论可持续10分钟左右。讨论结束后，小组内成员投票，选出最有可能的其他解释，并针对此种解释，设计实验验证或排除。

这里提供一个可能的其他解释：也有可能是雌性 $A^{vy}a$ 黄色小鼠在怀孕的过程中，通过母体和胎儿的连接，而非表观遗传现象，将黄色性状传递给了子代小鼠。实验验证：通过体外受精和体外胚胎培养的方式，将雌性 $A^{vy}a$ 黄色小鼠的卵细胞取出，在体外进行测交，将受精卵放置于隐性雌性小鼠子宫内发育，观察后代的表型变化。

教师指导学生小结：本节课以跨代表观遗传现象实例为主题，通过原始文献中数据的研读，在头脑风暴中使学生体会科学探究的过程，引导学生热爱科学，培养学生的逻辑思维。

【评析】

评析人：孙小兵

表观遗传学研究在不断发展，表观遗传的现象和概念也在不断更新，本课例当中，教师教学过程流畅，设计符合学生认知规律，教学目标明确。主要特征如下：

1. 将教材内容与原始文献结合，提升学生学科素养。

本课例中，教师从1999年艾玛·瓦特劳教授和合作者们发现的等位基因 A^{vy} 上游附近的DNA甲基化水平导致小鼠黄灰毛色表型差异遗传现象入手，通过两则材料，再现了原始实验，丰富了学习资源，拓宽了学生的视野，激发了学生主动学习的兴趣。

在学生阅读的基础上，通过一系列问题串，尝试让学生分析并解释表现遗传现象，提出相应假说并设计实验验证假说。原始文献的呈现、假说的提出和实验的设计，极大提升了学生的科学探究能力。本课例最后的头脑风暴环节，更是点睛之笔，开放式的课堂，培养了学生的科学思维，也让他们客观地评价基因和性状的关系，认识和认同生命的复杂性，强化了生命观念。

2. 透过现象分析本质，建立表观遗传概念。

本课例围绕有关小鼠黄灰毛色性状表观遗传的发现和不同表现型的雌雄性 A^{vy} 小鼠测交后 F_1 的表型比例这两则材料设计活动，引导学生对现象进行分析、探讨和提出假说，让学生对跨代的表观遗传有了更加深刻的理解。本课例中的一系列活动，使学生动脑和动手相结合，在调动学生学习积极性的基础上，帮助学生深刻地认识表观遗传具体实例，建立起表观遗传的概念。

● 习题设计 ●

Msp Ⅰ 和 Hap Ⅱ 是两种异源同工限制性内切酶，它们来源不同却可以识别相同的 DNA 序列，如下图：

$$5'...CCGG...3'$$
$$3'...GGCC...5'$$

Hap Ⅱ 有一个不同于 Msp Ⅰ 的特征，即 Hap Ⅱ 无法切开有甲基化修饰的胞嘧啶处的 DNA 双链。根据此特征，可以寻找 DNA 序列中的甲基化位点。A^{vy} 是一个根据其上游 DNA 序列甲基化情况控制小鼠黄灰毛色的等位基因，科学家想探究此甲基化在 DNA 上的位置。当此位点被甲基化时，基因型 $A^{vy}a$ 小鼠表现为黑灰色；而未被甲基化时，基因型 $A^{vy}a$ 小鼠表现为黄色。已知等位基因 A^{vy} 与隐性基因 a 相比，在其上游插入了一段 X 序列（如图）。科学家利用不同的限制性内切酶消化灰毛 aa 小鼠、黄毛 $A^{vy}a$ 小鼠和灰毛 $A^{vy}a$ 小鼠的此基因上游片段后得到结果（如图）。

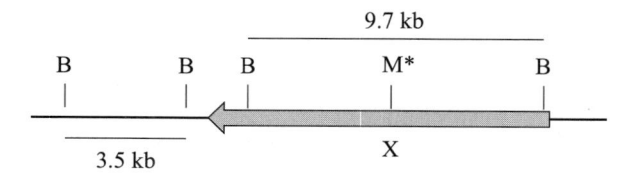

等位基因 A^{vy} 的基因上游序列。B 代表限制性内切酶 BamH Ⅰ 的酶切位点，M 代表 Hap Ⅱ 和 Msp Ⅰ 的酶切位点。M* 代表此酶切位点（Y 位点）处的胞嘧啶被甲基化

表型	灰色	灰色	黄色
基因型	aa	A^vy/a	A^vy/a
酶1		BamHl	BamHl	BamHl
酶2	- M H	- M H	- M H

9.7 kb

3.5 kb

不同的限制性内切酶消化灰毛 aa 小鼠、黄毛 A^{vy}a 小鼠和灰毛 A^{vy}a 小鼠的此基因上游片段后得到结果

请根据材料回答下列问题：

（1）Hap Ⅱ 和 Msp Ⅰ 识别双链 DNA 的特定序列后，使每一条链中特定部位的_____断开，形成_____末端。

（2）根据图中的电泳结果，推断哪一种表型和基因型的小鼠 Y 位点被甲基化？_____。

（3）图中设置的对照组是哪一种基因型的小鼠？_____。

（4）如图所示的实验中加入 BamH Ⅰ 消化 DNA 的目的是_____。

必备知识	DNA 是主要的遗传物质；基因工程的应用；遗传学的一般规律
参考答案	（1）磷酸二酯键；黏性 （2）灰毛 A^{vy}a 小鼠 （3）aa 小鼠 （4）使基因组降解成特定的片段组合，有利于后续通过 Hap Ⅱ 和 Msp Ⅰ 两种异源同工限制性内切酶，以电泳的方式研究甲基化位点（开放式答案，言之有理即可）
命题立意	本题以探究 DNA 分子上的甲基化修饰为基本情景。 （1）考查学生对基因工程应用的能力，以及相对应的遗传学和分子生物学基础知识； （2）引导学生对基因工程方法和系统观念认知，理解科学实验的设计方法； （3）立足于课程标准中对基因表达过程的要求，联系教材和材料，考查学生的综合判断能力。
素养水平	（1）生命观念水平二 （2）生命观念水平三；科学思维水平三 （3）科学探究水平三 （4）科学思维水平三

学术情境主题 20

水稻 *Ghd7* 基因编码的蛋白质影响多个性状

朱 颖

学术导引

水稻是我国最主要的粮食作物之一，我国有 60% 以上人口以稻米为主食，是世界上最大的稻米生产国和消费国。水稻产量的增加一般通过扩大耕地面积或提高水稻单产量实现，但受耕地面积和水资源限制，只能通过提高水稻单产量的方式实现水稻总产量增加，因此研究水稻高产的影响因素具有非常重要的意义。归功于三次重要的遗传育种突破，我国的粮食生产取得了举世瞩目的成就。

水稻遗传育种的第一次飞跃是 20 世纪 60 年代开始的矮化育种，水稻地方品种基本是高秆类型，耐肥力差，容易倒伏。半矮秆基因的应用和矮秆品种的培育使得水稻同时具备抗倒伏和耐肥特性，使水稻单产量得到了大幅提升，矮化育种也因此被称为农业上的第一次"绿色革命"。实际上矮秆品种单株产量略微下降，但是由于其能够大量密集种植和抗倒伏，群体产量大幅提升；与此同时，矮秆品种的耐肥能力强，氮素吸收利用效率低，大量氮肥的施用在提高产量的同时使土壤和环境受到破坏。

水稻遗传育种的第二次飞跃是 20 世纪 70 年代以袁隆平先生为代表的我国科学家成功实现了杂交水稻三系配套，杂交水稻技术的突破又把水稻产量推向一个更高的水平[1]。杂种优势是指一个物种的不同品种或者物种间的杂交后代的生物量、发育速度和产量的表型值优于两个亲本的现象。1970 年，袁隆平先生和他的助手在海南三亚发现了野生水稻不育株"野败"，为杂交水稻雄性不育系的选育打开了突破口。1973 年 10 月，在苏州召开的水稻科研会议上，袁隆平先生发表了《利用"野败"选育"三系"进展》的论文，标志着中国籼型杂交水稻三系（不育系、保持系和恢复系）配育成功。三系杂交水稻平均产量比一般普通良种增产 20% 左右。

水稻遗传育种的第三次飞跃以理想株型塑造为主要技术路线，以绿色超级稻育种"少打农药、少施化肥、节水抗旱、优质高产"为目标，为绿色革命准备基因资源，选育高产优质健康的新品种，实现第二次绿色革命。

---

[1] 郭韬, 余泓, 邱杰, 李家洋, 韩斌, 林鸿宣. 中国水稻遗传学研究进展与分子设计育种 [J]. 中国科学：生命科学, 2019, 49(10): 1185-1212.

1998年，我国作为主要发起国之一参与了"国际水稻基因组测序计划"，绘制了水稻遗传图和物理图，测定和注释了基因组序列[①]。水稻全基因组测序工作的完成标志着水稻基因组的研究迈入功能基因组研究时代，利用基因组序列信息，在组学水平上揭示基因对应的功能，最终实现对水稻生长发育的精细调控。

数量性状基因座（quantitative trait locus，QTL）是指控制数量性状的基因在基因组中的位置。一般使用遗传标记对QTL进行定位，如果遗传的分子标记覆盖整个基因组，当分子标记与控制特定性状的基因连锁时，通过数量性状QTL与分子标记之间的关联分析，可以确定控制各数量性状的基因在染色体上的位置以及其遗传学效应。简而言之，通过寻找遗传标记与研究感兴趣的数量性状QTL之间的连锁关系，将QTL定位到位于同一条染色体的遗传标记旁，并且根据重组率可以大致计算出QTL与遗传标记之间的距离，实现QTL在染色体上的定位。QTL的定位一般分为分离世代群体建立、遗传标记检测、数量性状测定和统计分析等环节，其中分析标记基因型值和数量性状表型值之间是否存在关联，发现QTL并估算QTL的遗传效应是QTL定位的关键。近年来，随着测序技术的成熟以及分子标记的开发，QTL定位的应用十分广泛。我国科学家们充分利用各类资源，定位了影响水稻产量、品质、育性、抽穗期、生物胁迫与非生物胁迫等方面相关的主效基因，为水稻育种提供了重要的背景资料。

之前的研究表明，影响水稻株高和抽穗期基因的QTL位于水稻第7号染色体上的两个分子标记C1023和R1440之间[②]。"水稻 *Ghd7* 基因编码的蛋白质影响多个性状"科研文献基于此，通过图位克隆（map-based cloning）的方法，进一步精确定位同时控制水稻每穗粒数、株高和抽穗期3个性状的主效QTL位点 *Ghd7* 基因，该基因属于 *CCT* 基因家族。

图位克隆是1986年由剑桥大学的艾伦·库尔森（Alan Coulson）提出的[③]，属于基因克隆中的正向遗传学途径，用该方法分离基因依据功能基因在基因组中都有相对稳定的基因座，在利用分子标记技术对目的基因进行精确定位的基础上，用与目的基因紧密连锁的分子标记筛选DNA文库，从而构建目的基因区域的物理图谱，再利用此物理图谱通过染色体步移逐步逼近目的基因或通过染色体着陆的方法最终克隆目的基因，并且通过遗传转化实验确定所研究的目的基因的功能。图位克隆不需要预知基因的DNA序列，也不需要预知其表达产物的有关信息，完全依赖于所分析的位点与已知分子标记的连锁关系来确定所感兴趣的表型对应的遗传基础。随着模式植物例如拟南芥和水稻全基因组测序的完成，各种分子标记技术的快速发展促进了高密度分子标记连锁图谱的建立和各种数据库的完善。图位克隆技术也越来越成熟，成为分离生物基

---

① Sasaki T. The rice genome project in Japan [J]. *Proceedings of the national academy of sciences of the United States of America*, 1998, 95: 2027-2028.
② 徐才国，华金平，谈移芳，孙新立. 水稻株高和抽穗期基因的定位和分离 [J]. 植物学报，2001, (07): 721-726.
③ Coulson A, Sulston J, Brenner S and Karn J. Toward a physical map of the genome of the nematode caenorhabditis elegans [J]. *Proceedings of the national academy of sciences of the United States of America*, 1986, 83(20): 7821-7825.

因的一种常规方法。

图位克隆的具体步骤如图20-1所示。图位克隆是一种从表型到基因的克隆方法，其前提是要有一个具有显著性状的突变体，需要弄清楚的是哪个基因的突变导致了性状的改变。一旦得到了感兴趣的突变体，将其与对应的野生型杂交，得到分离群体（在亲本的选择上要充分考虑分子标记的多态性）。根据子一代（F_1）的表型判断突变基因的遗传特性（显性或隐性），在子二代（F_2）分离群体中，带有隐性基因的纯合子很容易根据表型进行判断，而显性基因的纯合子需要根据其子代分离情况来判断。用均匀覆盖整个基因组的分子标记作图，任何一个标记如果与突变性状连锁，也就是所有或者大多数纯合子植株都含有这个标记，则可以把突变体基因大概确定在该标记附近，这就是"初步定位"。目的基因被"初步定位"后，要在这个连锁标记附近选择

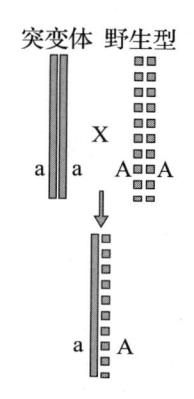

1. 构建遗传图谱群体

将突变体植株与另外一个生态型植株杂交（选择高度纯合、遗传差异大、DNA多态性丰富的亲本——实现基因精细定位的重要前提）

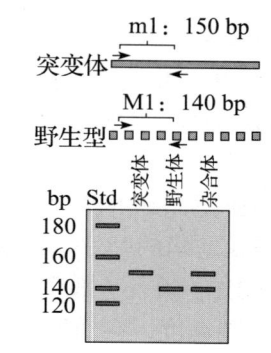

分子标记（Markers）

以分子标记的其中一种SSLP（简单序列长度多态性）为例进行说明：不同遗传背景的分子标记扩增长度不同

2. 突变基因的粗定位和精细定位

根据表型特征，从F_2中找到纯合体，提取DNA，进行基因型分析。粗定位用均匀分布于染色体上的分子标记，确定突变体基因和哪个或者哪几个标记连锁。将距离突变体基因最近的两个分子标记（如图M5/M6）作为两侧连锁标记用于下一步的精细定位

进一步扩大分离群体，在这对连锁标记中间选择更多与突变更紧密连锁的分子标记，缩小突变基因所在的区间（如图M12/M13）

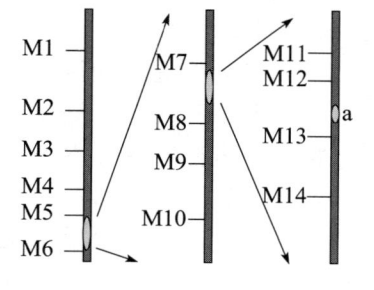

3. 测序确定候选基因和遗传互补实验

当用分子标记将突变目的基因的范围缩小到40 kb左右时，可以用测序的方法结合生物数据信息库确定有效范围内潜在的候选基因
遗传互补实验：将候选基因DNA片段转入突变体内，观察突变体表型是否恢复正常或者发生预期的表型变化，功能互补实验是最直接、最终鉴定基因的方法

图 20-1 图位克隆的步骤

更多标记，同时扩大分离群体并用它们进行基因的"精细定位"。在这一阶段必须选择大量的群体，因为根据遗传学原理，距离越近的两个位点发生重组的概率越低。当把目的基因确定在一个较小的区域后，可以用测序的方法并结合该生物数据信息库，高效快速地找到突变位点对应的候选基因。目前水稻基因组测序已经完成，并且有很多研究小组对其序列进行了注释，因此在将基因被定位到较小的区间范围内之后，根据序列注释，很容易找到候选基因。找到候选基因后需要进行一系列分析以确定目标基因。"精确定位"后需要检查 cDNA 是否与目标基因共分离，检查 cDNA 时空表达特点是否与表型一致，最直接、最重要的鉴定基因的实验是遗传互补实验，即用含有目的基因的片段转入突变体中，观察突变体表型是否能恢复正常或发生预期的表型变化。

模式植物拟南芥的基因功能得到了广泛的研究，水稻中已经克隆的基因一般都可以在拟南芥中找到其同源或者进化上相近的基因，并且行使相似的功能。将水稻的基因转化拟南芥，可以互补拟南芥的类似基因的突变，反之亦然。这样通过对其他物种中已经克隆的基因的深入研究，结合定位信息，可以提高基因克隆的成功率。

确定图位克隆成功即得到感兴趣的基因后，对基因编码的蛋白质进行序列和功能上的分析，GHD7 主要分布在幼嫩的叶片、顶端分生组织、二次枝梗分化原基和成熟叶片的维管束韧皮部。从 GHD7 的表达部位的显微结构来看，细胞的数目明显增多，推测 GHD7 加速了细胞的分裂速度，在幼穗发育中，分化出了更多的二次枝梗，成为 GHD7 提高穗粒数的一个解剖学基础，同时茎秆发育的增粗也更有利于整个植株保持较好的株型，有利于稳产。

Ghd7 是受光周期调控的基因，mRNA 呈昼夜节律性表达，短日照下表达受到抑制；长日照下，*Ghd7* 表达，并且抑制 *Hd3a* 和 *Ehd1* 的表达，在拟南芥中找不到与之对应的控制开花的途径，因此很有可能是水稻所特有的调控开花的途径。

通过序列分析发现，*Ghd7* 属于 CCT 基因家族，在植物中 CCT 类基因是一类快速进化的基因。从基因的进化关系来看，*Ghd7* 跟其他基因的分化距离较远。

通过对分布在亚洲的 19 个品种的 *Ghd7* 等位基因的测序结果比对发现，*Ghd7* 各种等位基因编码的蛋白共有 5 种基因型：1.具有较强功能的等位基因的基因型，含有这种等位基因的品种多分布在我国南方热带、亚热带的水稻生产区，生长时间长；2.等位基因功能减弱，含有这种等位基因的品种多分布于我国华北及其同纬度的地区；3.等位基因发生了终止突变，基因完全失去了功能，分布在我国北方的黑龙江省，夏季较短，水稻生育期也与当地气候相适应；4.功能很强的基因型，只在特青的品种中发现，分布的地理区域与第一种类似；5.完全缺失，含有这种基因型的品种分布在我国的双季稻区的早稻品种。以上的发现说明 *Ghd7* 不同的基因型与水稻品种区域分布相关。

大多数研究认为，粮食作物的产量由微效多基因控制，每个基因的功能都较小，产量的提高需要鉴定分离很多这样的基因，然后将这些有贡献的基因聚合在一起来提高产量，在实际操作中会遇到很多技术难题。而在 Ghd7 基因的研究过程中发现，单基因就可以提高 50% 的产量，同时影响株高、抽穗期、茎秆、每穗颖花数等多个性状，这一点与其他的 QTL 明显不同。Ghd7 更加类似于控制质量性状的主效基因，同时 Ghd7 也是水稻中首次发现的控制产量的一因多效基因，对分子育种起到较好的推进作用，也为阐明高产品种的作用机理提供有益的探索。

"水稻 Ghd7 基因编码的蛋白质影响多个性状"科研文献从性状表型出发，克隆感兴趣的性状表型对应的基因，然后对该基因编码的蛋白质功能进行了详尽的探究，是非常完整的科学研究过程，体现了严谨的科学思维和很好的科学探究精神，对学生养成科学态度和科学精神都有很大的帮助。

水稻 Ghd7 基因的成功克隆，大大增进了对复杂数量性状的遗传和分子基础的认识，在学术研究上，也为传统遗传学中罕有的一因多效提供了很好的例证。Ghd7 基因的成功分离，说明对于诸如产量这样复杂的数量性状也可同质量性状一样，通过生物技术进行改良。由于指向性明确，Ghd7 基因的成功分离也可大大缩短高产水稻品种的筛选时间，由以往的 10 年左右，缩短到 5 年。

素养教学建议

"水稻中 Ghd7 基因编码的蛋白质影响多个性状"这一内容出自人教版教材必修 2 第 4 章第 2 节关于"基因表达与性状的关系"的内容"一个基因也可以影响多个性状。例如我国科学家研究发现水稻中的 Ghd7 基因编码的蛋白质不仅参与了开花的调控，而且对水稻的生长、发育和产量都有重要作用"。这项科学成果的研究对象是重要的粮食作物水稻，与人教版教材必修 2 中科学家访谈"毕生追求的'禾下乘凉梦'——与袁隆平院士一席谈"的内容相呼应，我国科学家在水稻育种方面的贡献提升了民族自豪感，拉近了学生与生物科学的距离，极大地激发了学生的学习热情。从学科知识上看，"水稻中 Ghd7 基因编码的蛋白质影响多个性状"这一研究过程是非常严谨且完整的，从前人研究的遗留问题出发，通过杂交技术得到遗传材料后进行的表型研究，体现基因片段与遗传性状之间的关系（人教版必修 2 "基因在染色体上"）。为了进一步得到控制这些性状的具体基因，通过基因定位（gene mapping）技术（人教版必修 2 教师教学用书）精确定位基因在染色体上的位置。确定单基因 Ghd7 影响水稻的株高、抽穗期和每穗粒数等与产量相关的性状，进一步研究 GHD7 蛋白序列特征，体现了基因指导蛋白质的合成（人教版必修 2 "基因指导蛋白质的合成"）。最终发现，Ghd7 基因与水稻品种的生态地理适应性的密切关系揭示了进化中自然选择促进生物更好地适应特定的生存环境（人教版必修 2 "自然选择与适应的形成"）。热带、亚热带地区的高产品种含有较强功能的 Ghd7 等位基因的基因型，生长时间长；在我国华北及同纬度的地区，由于单个碱基的替换导致单个氨基酸的替换，等位基因的功能减弱；而分布在夏季短的我国北方的黑龙江省的水稻品种，等位基因发生了终止突变，基因完全失去了功能，使得这些品种的水稻在生长期较短的高纬度地区

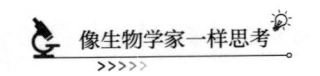

种植（人教版必修 2 "基因的突变"），说明 Ghd7 不同的基因型与水稻品种区域分布相关。

分析"水稻 Ghd7 基因编码的蛋白质影响多个性状"与高中生物学课程标准中的生物学概念的联系（见表 20-1），可知关于水稻 Ghd7 基因编码的蛋白质影响多个性状的相关科研文献，在内容上与人教版必修 2 中遗传信息控制生物性状并代代相传的内容有很强的相关性，对学生建立生命的信息观大有裨益。在实验过程中运用到基因工程相关的实验方法与技术与人教版选择性必修中生物技术与工程中的基因工程密切相关，体现了科学思维与科学探究的学科素养，最终得到研究结果能够激发学生推广应用科技成果和投身于科技创新的热情，提升其让科技造福于人类的社会责任感。

表 20-1　"水稻 Ghd7 基因编码的蛋白质影响多个性状"与高中生物学概念的联系

内容			课程标准中的生物学概念
研究过程	研究步骤	关键实验方法	
	（1）验证 20 世纪 90 年代中期的实验结果：在水稻第 7 条染色体着丝粒区附近定位了一个具有多效性的 QTL（数量性状基因座）	• 基因片段与性状之间的关系：水稻不同株系之间的杂交获得遗传材料	必修 概念 3　遗传信息控制生物性状并代代相传 3.1　遗传信息主要编码在 DNA 分子上 　3.1.1　基因是 DNA 分子的功能片段 　3.1.2　碱基的排列顺序编码了遗传信息 　3.1.3　DNA 分子通过半保留的方式进行复制
	（2）利用图位克隆技术分离到了决定株高、抽穗期和每穗粒数三个特征的单基因 Ghd7	• 图位克隆技术确定基因在染色体上的位置（测序技术的应用）	3.2　有性生殖 　3.2.3　有性生殖中基因的分离和自由组合使得子代的基因型和表型有多种可能，并可由此预测子代的遗传性状 3.3　由基因突变、染色体变异和基因重新引起的变异是可以遗传的 　3.3.2　基因中碱基序列的改变有可能导致它所编码的蛋白质及其相应的细胞功能发生变化 　3.3.4　有性生殖的生物在减数分裂过程中，染色体所发生的自由组合和交叉互换，会导致控制不同性状的基因重组，从而使子代出现变异
	（3）GHD7 蛋白特征分析：氨基酸序列组成、结构域分析、特殊序列分析（核定位）	• GHD7 蛋白序列特征分析：氨基酸序列、结构域比对、特殊序列分析 • GHD7 蛋白的亚细胞定位	3.1　遗传信息主要编码在 DNA 分子上 　3.1.4　DNA 分子上的遗传信息通过 RNA 指导蛋白质的合成，生物的性状主要通过蛋白质表现

续表

	内容	课程标准中的生物学概念

研究过程	（4）*Ghd7* 基因的表达模式分析
	• PCR 聚合酶链反应
	• RNA 原位杂交
	• 荧光蛋白转基因技术
	• 基因工程
	• RACE：cDNA 末端快速克隆
		3.1 遗传信息主要编码在 DNA 分子上
		  3.1.1 基因是 DNA 分子的功能片段
		  3.1.2 碱基的排列顺序编码了遗传信息
		  3.1.3 DNA 分子通过半保留的方式进行复制

	（5）*Ghd7* 基因参与光周期调控通路 • RT-PCR（反转录聚合酶链反应）	
	（6）*Ghd7* 基因与水稻品种的生态地理适应性的密切关系探究：热带、亚热带地区的高产品种、杂交稻、野生稻都含有野生型 *Ghd7* 等位基因，而该基因功能的丧失或突变，则允许水稻在生长期较短的高纬度地区种植 • PSORT 序列分析	必修 概念4 生物的多样性和适应性是进化的结果 4.2 适应是自然选择的结果 4.2.3 自然选择促进生物更好地适应特定的生存环境 选择性必修 概念5 基因工程赋予生物新的遗传特性

研究结果	• 经过 10 多年的研究，首次发现并成功克隆到一个同时控制水稻株高、抽穗期和每穗粒数的基因，命名为 *Ghd7*
	• *Ghd7* 基因的成功分离说明像水稻产量这样复杂的数量性状也可同质量性状一样，通过生物技术进行改良
	• *Ghd7* 基因的成功分离大大缩短高产水稻品种的筛选时间
	• *Ghd7* 基因对提高产量和生态适应性的重要意义
	• 传统遗传学中罕见的一因多效的例证
		5.1 基因工程
		  5.1.1 基因工程是在遗传学、微生物学、生物化学和分子生物学等学科基础上发展而来的
		  5.1.2 DNA 重组技术的实现需要的三种基本工具
		  5.1.3 基因工程的基本操作步骤
		  5.1.4 基因工程在农牧业的广泛应用改善了人类的生活品质

素养教学建议 1

模式生物——粮食作物水稻【科学探究　社会责任】

生物学家通过对选定的生物物种进行科学研究，揭示某种具有普遍规律的生命现象，这种被选定的生物物种就是模式生物，常见的有：果蝇、线虫、斑马鱼、小鼠等。学生在学习人教版必修教材的过程中会接触到模式动物果蝇和小鼠，但是还未接触到代表性的模式植物，随着拟南芥、水稻基因组测序的完成和基因组信息库的建立以及各种研究工具的顺利开发,这两种模式植物在科学研究中的应用也越来越广泛。因此以这篇科学文献的研究对象为切入点,让学生初步了解模式植物水稻,利用模式植物的优势,理解与解释生物学相关的事件,形成科学的自然观和世界观,以此为对象来探究生命活动规律,解决实际的问题。

结合人教版教材必修2中科学家访谈"毕生追求的'禾下乘凉梦'——与袁隆平院士一席谈"中袁隆平院士的研究对象水稻,让学生能够以造福人类的态度和价值观,关注水稻产量的问题,积极运用生物学的知识与方法,科学而有效地参与讨论并且尝试去解决问题,逐步增强对相关问题的好奇心与求知欲。

素养教学建议 2

水稻中 $Ghd7$ 基因编码的蛋白质影响多个性状【生命观念 科学思维】

DNA上储存有遗传信息,基因通常是有遗传效应的DNA片段,基因通过指导蛋白质的合成,合成生命活动的主要承担者蛋白质,水稻第7号染色体上的 $Ghd7$ 基因控制GHD7蛋白的合成,含有CCT结构域的GHD7蛋白通过影响下游光周期的相关基因 $Ehd1$ 和 $Hd3a$ 的表达,形成"$Ghd7$-$Ehd1$-$Hd3a$"的光周期调控通路,从而影响抽穗时间。与模式植物拟南芥中同源基因进行比对,发现水稻中"$Ghd7$-$Ehd1$-$Hd3a$"的光周期调控通路在拟南芥中不存在,因此这条通路很可能是在进化过程中产生的分支。通过将水稻中 $Ghd7$ 基因编码的蛋白质影响多个性状科研文献引入教学,帮助学生理解基因表达与性状的关系,一个基因可以影响多个性状,水稻中 $Ghd7$ 基因编码的蛋白质不仅参与了开花的调控,而且对水稻的生长、发育和产量都有重要作用。结合基因指导蛋白质合成过程中的中心法则,引导学生建立生命的信息观,使学生形成生命是物质、能量和信息的统一体的观念。

基因、环境与性状之间存在复杂的关系:1. 基因通过控制酶的合成来控制代谢过程,进而控制生物体的性状(皱粒豌豆、毛发白化);2. 基因通过控制蛋白质的结构直接控制生物体的性状(囊性纤维化);3. 基因的选择性表达与细胞分化(鸡的不同细胞DNA与mRNA的检测);4. 表观遗传(柳穿鱼花的形态结构和小鼠毛色的遗传);5. 环境对性状的影响(水毛茛两种类型叶的形成);6. 多因一效(人的身高);7. 一因多效(水稻 $Ghd7$ 基因编码的蛋白质影响多个性状)。通过各种情境的创设,层层递进,引导学生归纳总结基因、性状、环境之间的复杂关系,认同生命的复杂性,并且在这个过程中锻炼学生的科学思维能力,提升多角度多因素分析复杂问题的能力。在实践中发现新的自然现象,如果没有已知的现成理论可以解释,可以基于积累的知识提出新的假设,再进一步设计严谨的实验来验证。

素养教学建议 3

$Ghd7$ 基因与水稻品种的生态地理适应性的密切关系探究【生命观念 科学探究】

野生型的 $Ghd7$ 等位基因可使水稻抽穗期大大延长,株高和每穗粒数显著增加。进一步分析不同纬度水稻品种中的 *Ghd7* 等位基因，发现该基因与水稻品种的生态地理适应性有密切关系。热带、亚热带地区的高产品种含有较强功能的 *Ghd7* 等位基因的基因型，使这些水稻品种充分利用光照和温度条件，大穗高产；在我国华北及同纬度的地区，由于单个碱基的替换导致单个氨基酸的替换，等位基因的功能减弱；而分布在夏季短的我国北方的黑龙江省的水稻品种，等位基因发生了终止突变，基因完全失去了功能，使得这些品种的水稻在生长期较短的高纬度地区种植，说明 *Ghd7* 不同的基因型与水稻品种区域分布相关。

Ghd7 基因的表达情况随地理纬度的分布变化能够帮助学生了解生物进化现象，进化导致适应和生物多样性的形成，说明自然选择促进生物更好地适应特定的生存环境。通过 *Ghd7* 基因与水稻品种的生态地理适应性的密切关系，引导学生进行比较、归纳和概括，用自己的理解来阐释实验得到的相关结果，培养学生坚持不懈和刻苦钻研的探索精神。

微课设计

设计一

水稻 *Ghd7* 基因编码的蛋白质影响多个性状的探究之路

设计意图：本设计通过丰富的材料帮助学生了解以模式生物水稻为对象进行基因与性状研究的科学思路。首先，通过展示高中教材中涉及的模式生物图片，引导学生思考在科学研究的过程中选择模式生物作为实验材料的优势，总结高中教材中涉及的模式生物的经典研究案例以及应用范围，培养学生的科学思维；然后，通过"杂交水稻之父"——袁隆平院士材料的呈现，展示我国杂交水稻研究的世界领先水平，激发学生的民族自豪感。进一步介绍科学家的研究过程、方法和成果，给予学生科学方法、科学态度和科学精神等多方面的启迪。最后，通过对水稻 *Ghd7* 这一基因编码的蛋白质影响多个性状典型案例的展示，说明基因与性状并不总是简单的一一对应关系，在某些情况下，一个基因编码的蛋白质可以影响多个性状。

设计方案

教师讲述：模式生物是研究特定生物学现象的实验模型，通过对这些模式生物的科学研究来揭示具有普遍规律的生命现象，也就是说研究模式生物得到的结论，通常可适用于同类的其他生物，有助于阐明生命的一般规律。请大家思考一下，在之前的生物学课程上，遇到过哪些模式生物？这些模式生物在研究上有什么优势？为什么在研究的过程中要选择这种实验材料呢？

像生物学家一样思考

> **材料呈现**

材料一

高中教材中涉及的模式生物主要有大肠杆菌、斑马鱼、果蝇、小鼠、拟南芥和水稻。

问题设计：请同学们以小组为单位，通过查阅课本和相关资料，完成以下表格，讨论结束后以小组为单位汇报。

模式生物	研究案例（简要）	优势	应用范围
大肠杆菌			
斑马鱼			
果蝇			
小鼠			
拟南芥			
水稻			

教师引导学生分析：对学生小组讨论得到的结论进行点评，予以鼓励和肯定。各个小组派代表介绍讨论的结果，引导学生进行归纳和总结，互相补充，最终归纳得到准确和完整的汇总表格。通过小组活动，让学生形成对模式生物的研究有利于揭示具有普遍规律的生命现象的生命观念。

> **材料呈现**

材料二 "杂交水稻之父"——袁隆平院士

杂交水稻是通过将遗传上有一定差异、优良性状互补的两个水稻品种杂交，获得的具有杂种优势的新品种。袁隆平院士是中国杂交水稻事业的开创者，穷尽一生的心血致力于杂交水稻研究，发明"三系法"籼型杂交水稻，成功研究出"二系法"杂交水稻，创建了超级杂交稻技术体系，使中国杂交水稻研究始终处于世界领先水平。

当问到成功的秘诀是什么时，袁隆平院士回答："我的体会就是'知识、汗水、灵感、机遇'这八个字。知识是创新的基础；汗水意味着任何一项成果都来自深入细致的实干和苦干；灵感是知识、经验、思索和孜孜以求综合在一起升华的产物，它往往在外来因素的刺激下突然产生；机遇看似偶然，但往往又是必然的，机遇总是给有准备的人。自然界的现象也是如此，偶然背后是必然。科学家的任务，就是要透过偶然性的表面现象，找出隐藏在它背后的自然规律。"

材料三 杂交水稻三系法和两系法

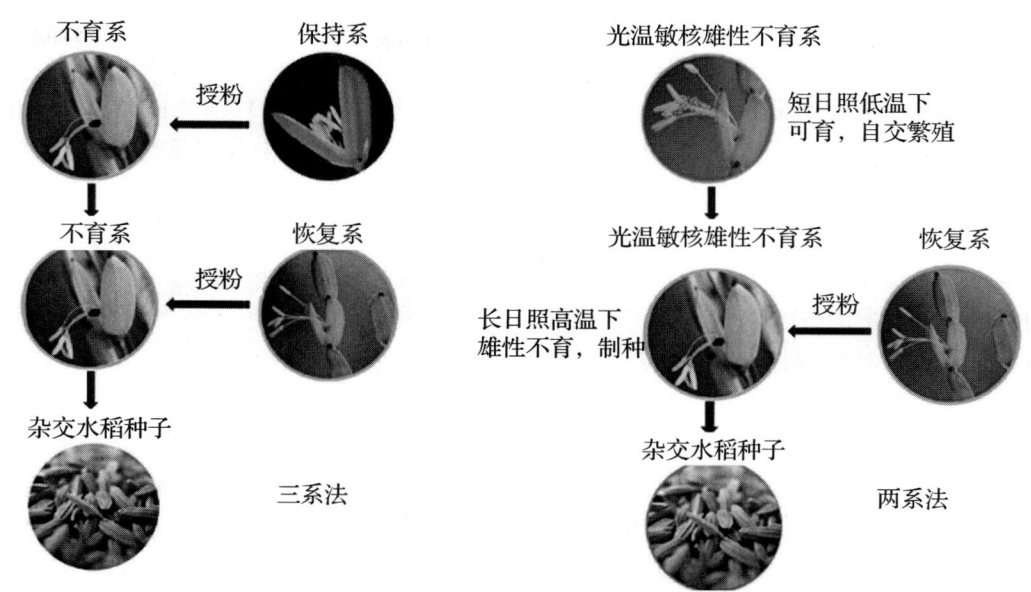

资料来源：何强，邓华凤，孙平勇，张武汉，舒服，邢俊杰，彭志荣. 杂交水稻［J］. 中国工程院院刊，2020，6(9): 967-973.

三系法是通过细胞核质互作雄性不育系、雄性不育保持系和雄性不育恢复系的"三系"配套实现杂种优势利用的方法。雄性不育系为生产大量杂交种子提供物质基础，保持系用于繁殖不育系，恢复系用于给不育系授粉来生产雄性恢复且有杂种优势的杂交水稻种子，如上图（左）所示。我国三系法杂交水稻于1973年成功实现"三系"配套，是水稻杂种优势利用的经典方法。"三系法籼型杂交水稻"于1981年获中国国家技术发明奖特等奖。

两系法是指只需不育系和恢复系进行杂种优势利用的方法，最为成功的方法首推光温敏型核雄性不育（photo-thermo sensitive genic male sterile，PTGMS）系。光温敏型核雄性不育系在长日照高温下表现雄性不育，在短日照低温下表现可育，在不育期内制种，在可育期内自交繁殖不育系，同时不需要保持系，如上图（右）所示。两系法杂交水稻是中国独创的农业科技成果，于1995年研究成功，种植面积占杂交水稻品种的50%以上。"两系法杂交水稻技术研究与应用"获2013年中国国家科学技术进步奖特等奖。

问题设计：杂交水稻之父——袁隆平院士为我国的杂交水稻事业做出了巨大的贡献，通过阅读材料二与材料三，请大家思考袁隆平院士成功的秘诀。如果你以后也要从事科学研究相关的工作，你能够从他身上学到什么？三系法水稻的原理是什么？与两系法水稻的区别在哪里？

教师引导学生分析：中国杂交水稻的成功，归功于像袁隆平院士这样一批优秀的中国科学家在研究的不同阶段敢于创新、善于创新、不断创新的精神，在知识的基础上，苦干和实干，透过表面的现象找出隐藏在它背后的自然规律。从最开始的三系法到二系法的发展，可以看出杂交水稻育种朝着应用方法由繁到简、效率越来越高、优势水平由品种间到亚种间，甚至远缘杂种优势越来越强的方向发展。基于材料三中关于三系法和两系法杂交水稻原理的介绍，请同学们思考再往后发展会不会是一系法杂交水稻育种？如果是你，该如何去设计实验呢？在这个过程中可能会遇到哪些问题呢？

教师引导学生分析：水稻是我国最主要的粮食作物之一，我国是世界上最大的稻米生产国和消费国，因此以水稻为模式生物来研究产量具有十分重要的农业生产意义。在适宜的生长环境中，水稻产量主要由每穗粒数、粒重和单株有效穗数决定。水稻产量性状高度复杂，由多个子性状决定。例如，每穗粒数主要由小穗结实率和穗型决定，其中穗型由分枝的数量、长度和小穗密度组成。此外，小穗内的小花数也是影响每穗粒数形成的一个重要因素。千粒重是决定产量的三要素之一，主要受粒型影响，粒型又取决于籽粒的长度、宽度及厚度三个子性状。每株有效穗数则取决于水稻的分蘖势力。水稻产量属于复杂的数量性状，受多基因协调控制，同时也会受环境因素影响。从水稻品种中挖掘与水稻产量或者产量相关子性状的相关基因，了解其遗传和分子机制，可为水稻产量性状改良提供新策略。近几十年来，通过数量性状基因座QTL作图已成功鉴定得到许多与水稻重要农艺性状相关的位点或候选基因。其中之一便是 *Ghd7*，*Ghd7* 基因导致表型上的性状特点引起了科研工作者的兴趣。

材料呈现

材料四

转入 *Ghd7* 株系的转基因植株与不含 *Ghd7* 株系野生型相比，转基因水稻品系的株高、每穗粒数以及抽穗期发生了显著的变化。

资料来源：Xue W, Xing Y, Weng X, et al. Natural variation in *Ghd7* is an important regulator of heading date and yield potential in rice [J]. *Nature genetics*, 2008, 40: 761-767.

由图可看出，左边为在野生型的基础上转入 *Ghd7* 的转基因株系（*Ghd7+*），右边为野生型（*Ghd7-*）。

性状	野生型（*Ghd7-*）	转基因株系（*Ghd7+*）
抽穗期（天）	59.8 ± 1.2	130.9 ± 1.5
每穗粒数（个）	65.0 ± 3.1	123.4 ± 3.8
株高（厘米）	71.6 ± 1.3	106.8 ± 0.9

问题设计：观察材料四的图片，比较野生型（不含 *Ghd7* 基因）与用转基因技术转入 *Ghd7* 基因的转基因株系，它们在株高、每穗粒数以及抽穗期上有什么显著差异？说明 *Ghd7* 基因具有怎样的功能？

教师引导学生分析：学生通过表型的观察得到结果。仅仅一个基因的变化对应多种性状的改变，因此基因与性状并不只是一一对应的关系，在某些情况下，一个基因可以影响多个性状，如水稻的 *Ghd7* 基因。

教师指导学生小结：模式生物是研究特定生物学现象的实验模型，通过对这些模式生物的科学研究来揭示具有普遍规律的生命现象，有助于阐明生命的一般规律。水稻是禾本科一年生粮食作物，二倍体，基因组较小且全部测序完成，容易培养。对水稻的研究具有极高的理论价值和经济价值。中国杂交水稻事业的开创者袁隆平院士，穷尽一生的心血致力于杂交水稻的研究，使中国杂交水稻研究始终处于世界领先水平。袁隆平院士持之以恒的科学态度与科学探索精神值得大家学习。通过水稻 *Ghd7* 基因案例的探究与学习，了解到基因与性状并不只是一一对应的关系，一个基因编码的蛋白质在某些情况下可以影响多个性状。结合实际案例，大家还能够总结出哪些基因与性状的关系呢？

【评析】

评析人：武叶青

基因通过指导蛋白质的合成控制生物的性状是遗传学的核心内容。基于此，分析水稻 *Ghd7* 这一基因编码的蛋白质影响多个性状的科学探究过程，对于促进学生深度学习，培养科学思维有显著意义。在本节课中，教师从教材中的模式生物为出发点引入水稻 *Ghd7* 基因的研究过程，设置一系列有梯度的问题，引导学生紧跟科学探究过程，借此培养学生的系统思维和逻辑思维。本节教学设计主要有以下特点。

1. 以科学研究实例导入，激发学习兴趣。

本节课导入设计合理有效。"转入 *Ghd7* 株系的转基因植株与不含 *Ghd7* 株系野生型相比，转基因水稻品系的株高、每穗粒数以及抽穗期发生了显著的变化。" 用科学研究实例导入，既能激发学生的学习兴趣和探究欲望，又能启迪学生思维。

2. 用原有事实性知识支撑新的概念性知识的形成。

本设计课前准备充分，通过让学生收集教材中涉及的模式生物以及模式生物所对应的研究问题，总结各类模式生物在研究中的优势以及应用范围等资料，丰富了课堂学习素材；以模式植物水稻为例，引导学生理解选择模式生物水稻作为研究材料的缘由，辅助学生理解反向遗传学与正向遗传学的概念与区别，体现了基于事实性知识形成概念的学习过程。

3. 分析真实研究资料，促进学生科学思维的养成。

利用研究资料创设真实的问题情景，设计学习任务，引导学生参与学习过程，发展学科核心素养。例如反向遗传学指的是什么？为什么要弄清楚 GHD7 蛋白在植物的哪些器官和组织中表达，在什么时期表达等相关问题？可以将学生带入高水平的思维活动中，从而实现高效、高质的学习，促进学生科学思维的养成。

> 像生物学家一样思考

设计二

论 *Ghd7* 基因的自我修养

设计意图：遗传信息控制生物的性状，并代代相传，而遗传信息主要编码在 DNA 分子上，DNA 分子上的遗传信息通过 RNA 指导蛋白质的合成，生物性状主要通过蛋白质表现；通过对水稻 *Ghd7* 这一基因编码的蛋白质是如何影响多个性状的科学过程的探究，帮助学生理解正向遗传学与反向遗传学的概念和区别，学习科学探究的方法。鼓励学生积极运用已学生物学知识与科学方法，有效地参与讨论并且尝试自己设计实验来解决相应的科学问题，激发学生解决问题的好奇心与求知欲，提高学生对生物学的学习热情。

设计方案

教师讲述：通过教材的学习，我们了解了水稻 *Ghd7* 基因编码的蛋白质影响多个性状，那大家有没有思考过，怎样去探究这个基因是如何影响水稻的多种性状的呢？

材料呈现

材料一

传统的遗传学手段大致可以分为正向遗传学（forward genetics）和反向遗传学（reverse genetics）两类。正向遗传学是指通过生物个体或细胞的基因组的自发突变或人工诱变，寻找相关的表型或性状改变，然后从这些特定性状变化的个体或细胞中找到对应的突变基因，并揭示其功能，例如遗传病基因的克隆。反向遗传学的原理正好相反，人们首先改变某个特定的基因或蛋白质，然后再去寻找有关的表型变化，例如基因剔除技术或转基因研究。简单来说，正向遗传学是从表型变化研究基因变化，反向遗传学则是从基因变化研究表型变化。

材料二

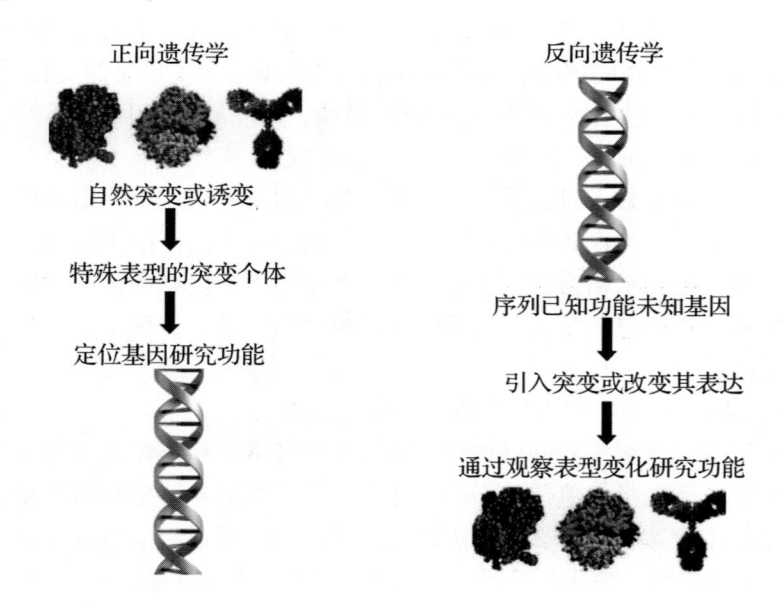

正向遗传学

自然突变或诱变
↓
特殊表型的突变个体
↓
定位基因研究功能

反向遗传学

序列已知功能未知基因
↓
引入突变或改变其表达
↓
通过观察表型变化研究功能

问题设计： 水稻 *Ghd7* 基因编码的蛋白质影响多个性状的科学研究过程属于正向遗传学还是反向遗传学？

教师引导学生分析： 之前的研究表明影响水稻株高和抽穗期基因的 QTL 位于水稻第 7 号染色体上的两个分子标记 C1023 和 R1440 之间。为了探究控制这些性状的具体基因，利用图位克隆的方法，精确定位得到同时控制水稻每穗粒数、株高和抽穗期 3 个性状的主效 QTL 位点 *Ghd7* 基因，然后进一步对该基因编码的蛋白质进行序列和功能上的探究，因此属于正向遗传学范畴。

材料呈现

材料三 转基因过程中使用到的 **8.1 kb** 的全长 **DNA** 片段和 **Ghd7** 转录本的相对位置

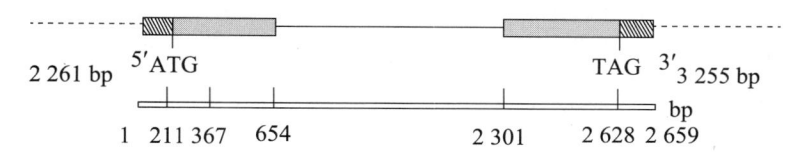

问题设计： 从材料三中的 DNA 片段示意图中，你可以挖掘到什么序列信息？

教师引导学生分析： 从材料三中分析可知，深色粗线条标注 *Ghd7* 基因的编码区，在下方对应还标注了翻译起始位点（ATG）和翻译终止位点（TAG）。深色细线条标注 *Ghd7* 的内含子。在 ATG 前面和 TAG 后面浅色粗条纹标注的分别为 5′ UTR 和 3′ UTR。

问题设计： 了解了 *Ghd7* 基因序列的特点后，如何探究由 *Ghd7* 基因编码的蛋白质在水稻的哪些部位表达呢？

材料呈现

材料四

用绿色荧光蛋白（GFP）融合 *Ghd7* 的启动子，并且利用转基因技术转入水稻，通过绿色荧光来观察 GHD7 蛋白的表达部位，如下图所示。

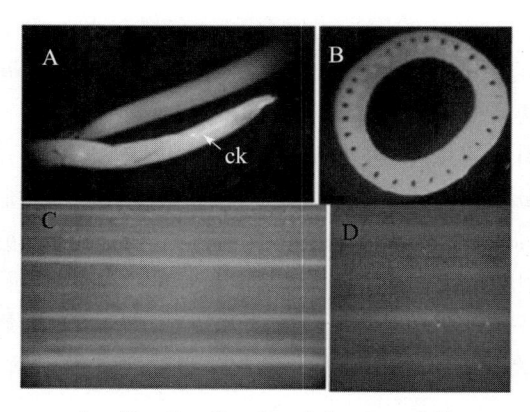

A：根　B：茎　C：叶片　D：叶鞘

资料来源：Xue W, Xing Y, Weng X, et al. Natural variation in *Ghd7* is an important regulator of heading date and yield potential in rice [J]. *Nature genetics*, 2008, 40: 761-767.

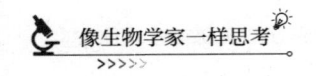

教师引导学生分析：由结果可知，GHD7 主要在幼嫩的叶片、顶端分生组织、二次枝梗分化原基、成熟叶片的维管束韧皮部表达。绿色荧光蛋白融合的标记技术，可以帮助我们观察感兴趣蛋白在生物体内的定位。

材料呈现

材料五

研究还表明，Ghd7 与水稻品种的生态地理适应性有密切关系，热带、亚热带地区的高产品种含有较强功能的 Ghd7 等位基因的基因型，生长时间长；在我国华北及同纬度的地区，由于单个碱基的替换导致单个氨基酸的替换，等位基因的功能减弱；而分布在夏季短的我国北方的黑龙江省的水稻品种，等位基因发生了终止突变，基因完全失去了功能，使得这些品种的水稻在生长期较短的高纬度地区种植，说明 Ghd7 不同的基因型与水稻品种区域分布相关。

教师引导学生分析：通过分析不同纬度水稻品种中的 Ghd7 等位基因，发现该基因与水稻品种的生态地理适应性有密切关系。大家思考一下，为什么会有这样的生物多样性出现？这体现了进化过程中的哪些重要因素？结合生物学课程标准中生物的多样性和适应性是进化的结果这一概念，解释 Ghd7 基因功能随地理纬度的分布是进化的结果，自然选择促进生物更好地适应特定的生存环境。

教师指导学生小结：水稻 Ghd7 基因编码的蛋白质影响多个性状的研究是生物学研究中正向遗传学研究很经典的一个案例，通过对理论知识的讲解，辅助学生理解反向遗传学与正向遗传学的概念与区别。最终，以大自然最神秘的力量——进化结尾，通过引导学生进行比较、归纳与概括，用自己的理解来解释 Ghd7 基因功能随地理纬度的分布关系，培养学生独立思考与刻苦钻研的探索精神。

【评析】

评析人：孙小兵

基因和性状并非一一对应，一个基因可影响多个性状，水稻 Ghd7 基因编码的蛋白质参与开花的调控，对水稻的生长、发育和分布都有重要作用。本课例介绍了水稻 Ghd7 基因在正向遗传学中的研究事实，使学生更清晰地认识 Ghd7 基因编码的蛋白质是如何影响多个性状的科学过程。

1.通过概念教学引导学生思考，提升能力。

本课例从水稻 Ghd7 基因入手，开宗明义，通过材料一传统的遗传学手段可分为"正向遗传学"和"反向遗传学"两类，向学生具体介绍两类研究手段的概念，使学生首先知道概念，形成初步印象。然后通过材料二具体展示正向遗传学和反向遗传学两种研究手段的差异，并让学生分析水稻 Ghd7 基因编码的蛋白质影响多个性状的科学研究过程属于正向遗传学还是反向遗传学，强化学生对概念的理解，培养学生科学思维。通过两则材料的分析，概念教学得到很好的落实。

2.通过具体事实拓展学生思维，树立观念。

本课例中材料三展示了 Ghd7 基因的编码区和调控区，材料四展示了 GFP 转基因水稻，通过绿色荧光来观察 GHD7 蛋白的表达部位说明 Ghd7 编码的蛋白在水稻多个部位表达，材料五进一步阐明不同纬度水稻品种中的 Ghd7 等位基因的表达情况与水稻品种的生态地理适应性有密切关系。三则材料，环环相扣，层层深入，逐步递进，既充分调动了学生的学习积极性，又很好地解释了 Ghd7 基因功能随地理纬度的分布是进化的结果，自然选择促进生物更好地适应特定的生存环境。整个课例实现了学科核心素养的落实，树立了生命观念，使学生深刻体会到生物的多样性和适应性是进化的结果。

习题设计

习题 1：

水稻是一种热带起源的禾本科作物，雌雄同株，两性花植物（2N=24）。水稻是世界范围内重要的粮食作物，培育高产量高品质的水稻有助于解决全球粮食问题，以袁隆平院士为代表的中国育种学家为此做出了卓越的贡献。

（1）我国遗传学家率先绘制出了世界上第一张水稻基因遗传图，为水稻基因组计划做出了重要的贡献。欲测水稻的基因组序列，需对_____条染色体进行 DNA 测序。杂交水稻具有杂种优势，但自交后代不全是高产类型，这种现象称为_____。育种时为保证杂交顺利进行，需对母本做_____处理。

（2）1964 年 7 月 5 日，袁隆平院士在试验稻田中找到一株"天然雄性不育株"，这是袁老取得成功的关键一步，利用这种水稻进行杂交操作的优势是_____。

（3）植物花粉败育的现象称为雄性不育，不育系的产生是基因突变的结果。水稻的雄性不育由细胞质不育基因（S）和细胞核中一对隐性基因（rr）共同决定。

其中细胞核中的可育基因 / 不育基因分别用 R/r 表示，且 R 对 r 显性；细胞质中的可育基因 / 不育基因分别用 N/S 表示。细胞质和细胞核可组成_____种基因型的细胞。已知 R 能够抑制 S 的表达，则基因型为 S（RR）的水稻表现为_____；当细胞质基因为 N 时，无论细胞核中含有可育基因还是不育基因，植株都表现为雄性可育，因此雄性不育系的基因型为_____。

（4）现有甲、乙两个水稻品系，甲为雄性不育品系，与乙品系杂交后所结的籽粒全部为雄性可育，可用于大田播种，则乙品系的基因型为_____，甲品系所结籽粒恢复雄性可育的原因是_____。

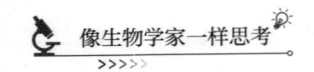

必备知识	基因的概念；基因的分离定律；基因与性状的关系
参考答案	（1）12；性状分离；去雄 （2）不需要人工去雄 （3）6；可育；S(rr) （4）N(RR)或S(RR)；来自父本的核基因R使后代恢复育性
命题立意	本题依托真实科研情境，重视基础性，考查了细胞质遗传和杂交育种的有关知识。（1）和（2）以真实科研情境为依托，考查学生对二倍体生物基因组测序以及杂交育种主要步骤的理解，引导学生建立生命信息观，激发学生对热点科学新闻的求知欲与好奇心。（3）和（4）利用杂交育种的方法获得稳定遗传的雄性不育系，其中核基因（R和r）位于一对同源染色体的相同位置，在遗传时遵循分离定律，而N和S属于细胞质基因，在遗传过程中遵循细胞质基因的遗传特点，即母系遗传。通过这个情境的设立，考查学生对核基因和细胞质基因遗传特点的掌握。
素养水平	（1）生命观念水平二；科学思维水平一 （2）生命观念水平二；社会责任水平二 （3）生命观念水平一；科学探究水平一 （4）生命观念水平一；科学探究水平一

习题2：

遗传组成不同的两个亲本杂交所产生的杂种一代，产量等多个性状常优于双亲，这种现象称为杂种优势。获得具有杂种优势的杂合种子是提高水稻产量的重要途径。我国科学家发现水稻中的 $Ghd7$ 基因编码的蛋白质影响多个性状——株高、每穗粒数和抽穗期，进而影响水稻的产量。进一步分析不同纬度水稻品种中的 $Ghd7$ 等位基因，发现该基因与水稻品种的生态地理适应性有密切关系。热带、亚热带地区的高产品种含有较强功能的 $Ghd7$ 等位基因的基因型（$Ghd7-1$），生长时间长；在我国华北及同纬度的地区，等位基因的功能减弱（$Ghd7-2$）；而分布在夏季短的我国北方的黑龙江省的水稻品种，基因完全失去了功能（$Ghd7-3$），使得这些品种的水稻在生长期较短的高纬度地区种植。

（1）中国是最早种植水稻的国家，已有七千年多年的历史。我国南方主要种植籼稻，北方主要种植粳稻。籼稻和粳稻是由共同的祖先在不同生态环境中，经过长期的_____进化形成的。

（2）研究发现 $Ghd7-2$ 等位基因碱基数量和编码蛋白的氨基酸数量都没有变，但是

功能与 *Ghd7-1* 相比减弱了，原因是：从基因的分子结构角度分析，该基因发生碱基对的_____，从而引起基因突变；*Ghd7-3* 等位基因碱基数量和 *Ghd7-1* 一致，但编码蛋白质的氨基酸数量少了，原因是：该基因发生碱基对的_____，从而引起基因突变，使 mRNA 上_____（从密码子的位置考虑）。

必备知识	遗传信息的表达；适应的形成
参考答案	（1）选择 （2）替换；替换；终止密码子提前出现
命题立意	本题依托生物学课程标准，考查基因突变、生物多样性与适应性。 （1）粳稻和籼稻是栽培稻的两个亚种，它们有着共同的近缘祖先。粳稻主要种植在温带和寒带地区，生长期长；而籼稻种植于热带和亚热带地区，生长期短，所以它们是在不同的生态环境中，经过长期的自然选择而形成的，通过这样的材料，培养学生分析材料的思考能力，基于生物学事实运用演绎与推理，阐释生命现象和规律。 （2）基因通过指导蛋白质的合成来影响生物的性状，基于 *Ghd7* 基因与水稻品种的生态地理适应性，考查学生分析基因突变类型和理解基因中碱基序列的改变会导致它所编码的蛋白质功能改变的能力。
素养水平	（1）生命观念水平二；科学思维水平一 （2）生命观念水平一；科学探究水平一

学术情境主题 21

基因突变决定虎的白色毛皮性状

林易凡

学术导引

白虎是患了白化病的老虎吗？如果是，为什么体表又有黑色花纹呢？对于这个问题，来自北京大学的罗述金研究员于2013年在《当代生物学》(Current Biology)杂志上发表论文，通过高通量测序与基于单核苷酸多态性（SNP）的群体遗传学分析发现白虎毛色性状由 SLC45A2 基因突变所致[1]。

白色毛皮是孟加拉虎一种罕见的性状。在本研究开展之前，人们已经认识到白虎的体色是由白色皮毛和分布其上的棕黑花纹组成的。此外，白虎有着蓝色的眼睛，粉红色的鼻子和粉色的爪垫，这种表现与人类典型白化病的表现并不相同。

一只名叫"Mohan"的雄性白虎于1951年在印度被捕获，并留下了诸多后裔，为老虎白色毛皮性状遗传的研究提供了宝贵材料。通过对白虎家系的分析，人们发现白色毛皮的性状是由单一的隐性基因控制的。

著名猫科动物学者罗伊·罗宾逊（Roy Robinson）于1969年发表文章，将虎白色毛皮性状归因于褐黑素（phaeomelanin）消失且真黑素（eumelanin）不受影响，进一步将其与某些缅甸的家猫品种的白色毛皮的成因等同[2]。但是，后续研究发现，已知的白色毛皮相关基因 MC1R、ASIP、TYR、TYRP1 和 SLC7A11 在白虎与野生型虎中并无区别，虎的白色毛皮决定基因仍未被发现。为了寻找白虎白色毛皮相关基因，罗述金研究员对16只虎组成的白虎家系进行测序，利用群体遗传学中的连锁不平衡（LD）方法分析，结合现有的白虎基因背景，确定了决定白虎毛色的虎 SLC45A2 基因。其中孟加拉虎家系如图21-1所示，研究过程如图21-2所示。

---

[1] Xu X, Dong G X, Hu X S, et al. The genetic basis of white tigers [J]. Current biology, 2013, 23(11): 1031-1035.

[2] Robinson R. The white tigers of rewa and gene homology in the felidae [J]. Genetica, 1969, 40(2): 198-200.

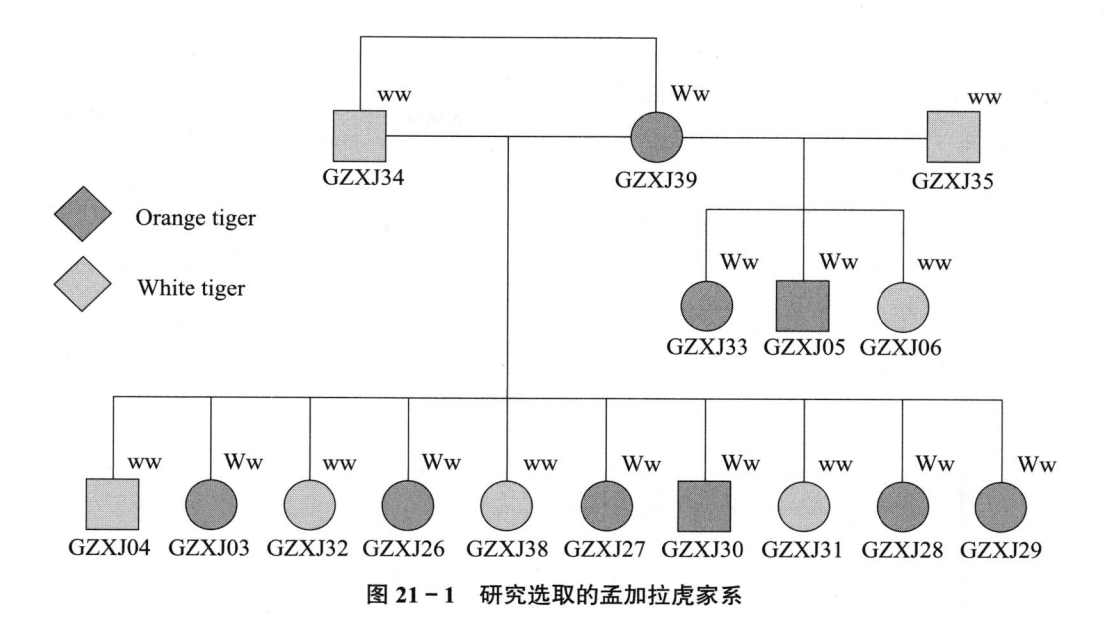

图 21-1 研究选取的孟加拉虎家系

图 21-2 白虎毛色决定基因研究过程

本研究中的白虎家系由 3 只亲本（雄性白虎 GZXJ34、雌性野生型虎 GZXJ39 和雄性白虎 GZXJ35）和它们的 13 只后代组成。研究者对 3 只亲本虎进行了全基因组测序，为节约成本，对 13 只后代进行了限制位点相关 DNA 测序。随后结合已有的虎基因组数据，识别了其中至少 15 只虎共有的 172 554 个 SNP 位点。由于 SNP 的随机性和普

像生物学家一样思考

遍性,加之待测虎均为杂合子或隐性纯合子的遗传背景,为寻找目标基因,研究人员对测序数据组装成的各个"scaffold[①]"上的SNP位点进行了验证。验证的对象是"每个SNP位点的多态性(大部分情况下,每个位点只包含2种多态性)与白色毛皮性状无关,是随机的"这一假设,利用p值做出判断。研究人员发现,scaffold第75、188和1 458上某些SNP验证得到的p值为10^{-4}左右,推翻假设。据此发现了3个可能含有目标基因的scaffold,如图21-3所示。随后,研究人员舍弃了不符合隐性遗传规律的scaffold 188。

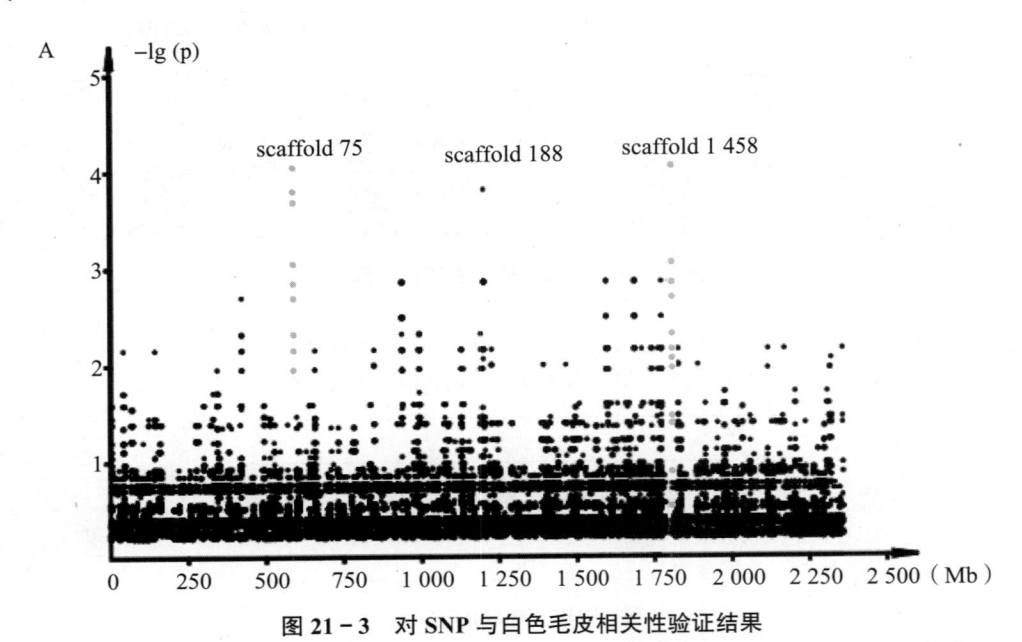

图21-3 对SNP与白色毛皮相关性验证结果

资料来源:Xu X, Dong G X, Hu X S, Miao L, Zhang X L, et al. The genetic basis of white tigers [J]. *Current biology*,2013,23(11):1031-1035.

接着,研究人员对筛选出的scaffold 75与scaffold 1 458中的各SNP位点间进行了连锁不平衡(LD)相关分析,发现在待测样本的scaffold 75中存在约3.3 Mb长的完全连锁的区域($r^2=1$),如图21-4所示。通过比较测序结果中在该区域内的各基因表型与白色毛皮形状的关系,最终确定了引起白虎毛色变异的为虎 *SLC45A2* 基因[②]。

最后,研究人员通过软件对虎黑素体膜上的蛋白SLC45A2进行了结构预测,三维模型如图21-5所示。预测结果显示虎的SLC45A2可能是一个12次跨膜区的质子或蔗糖转运蛋白。A477V(第477位由丙氨酸变为缬氨酸)突变使通道中心位置原本侧链基团中的甲基转变为异丙基,这种转变可能阻碍了转运孔道的畅通,通过影响黑素体pH值等因素,改变了虎的毛皮颜色。

[①] scaffold为高通量测序技术中,由数个重叠群拼接得到的、规模较大的序列片段,其中可能存在断点(gap)。

[②] SLC45A2意为solute carrier family 45,member 2(溶质转运45蛋白家族2号蛋白)。

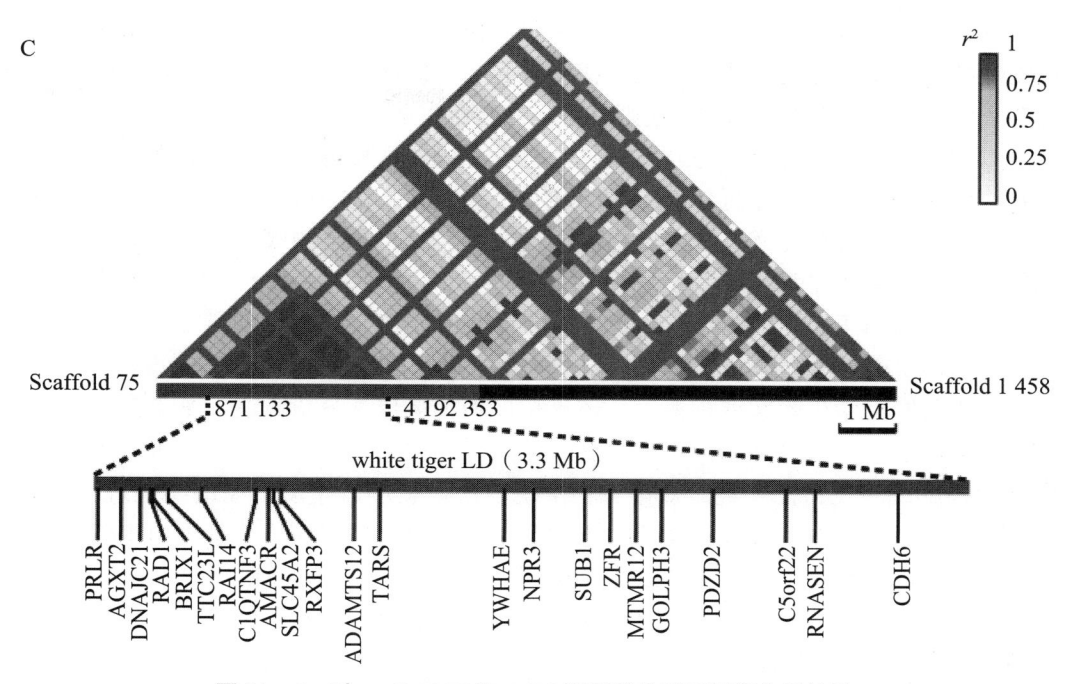

图 21-4 对 scaffold 75 和 1 458 进行的连锁不平衡分析结果

资料来源：Xu X, Dong G X, Hu X S, Miao L, Zhang X L, et al. The genetic basis of white tigers [J]. *Current biology*, 2013, 23(11):1031-1035.

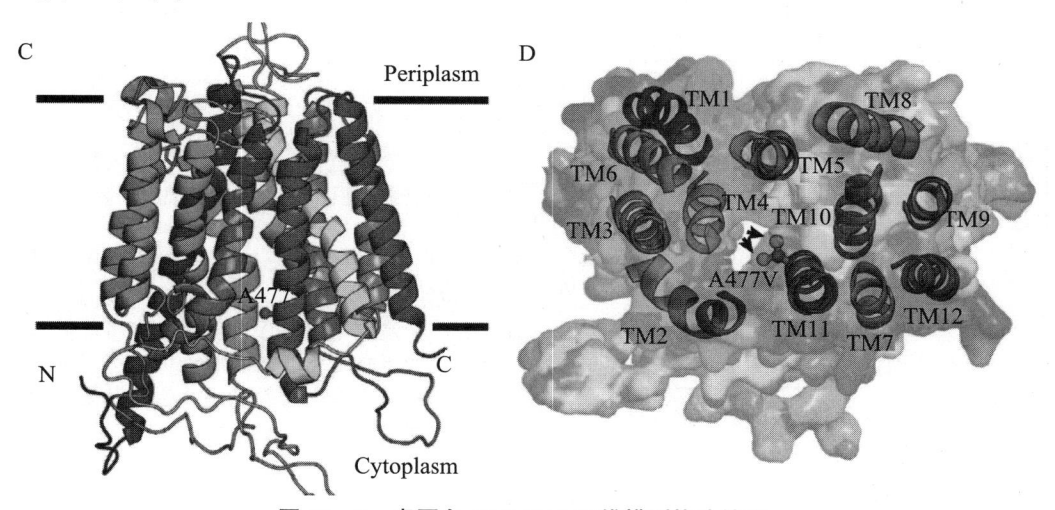

图 21-5 虎蛋白 SLC45A2 三维模型构建结果

资料来源：Xu X, Dong G X, Hu X S, Miao L, Zhang X L, et al. The genetic basis of white tigers [J]. *Current biology*, 2013, 23(11):1031-1035.

• 素养教学建议 •

虎的白色毛皮性状是基因突变造成黑色素合成过程中黑素体膜上通道蛋白

SLC45A2 单个氨基酸替换所决定的，是典型的碱基序列改变致氨基酸替换从而影响蛋白质功能的例子，加之该研究是近期我国学者的科研成果，因此人教版教材必修2和北师大版教材必修2共同选用了这则材料，将其作为基因突变的具体例证呈现。

本文呈现的研究过程可有效地转化为教学和命题情境的背景。一方面，白虎毛皮性状决定机制材料非常贴近新课标中的相关概念，包括但不限于以下几点：1. 基因突变的定义；2. 基因突变通过改变蛋白质结构改变性状；3. 生物膜和膜上的通道蛋白控制物质进出。另一方面，了解本文研究背景和例如 p 值检验、SNP、群体遗传学 LD 分析这些常用科研手段，对学生认识现代分子生物学、群体遗传学的研究方法，进而引导其走上科研道路很有意义。

无论是帮助学生理解课标概念，还是拓展相关遗传学分析方法，都是落实生物学核心素养的手段。对例如基因、蛋白质和性状之间关系，结构与功能相统一等重要生命观念理解的深化，需要经过对诸如白虎毛皮决定机制等生动形象的实例进行分析。而培养学生科学思维，提高科学研究能力，解决诸如"如何在茫茫基因组中确定目标基因"等有代表性的问题，也需要通过学习相关的科学文献来实现。

最后通过表 21-1 总结"基因突变决定虎的白色毛皮性状"的研究中，研究过程及结果与高中生物学概念的联系。

表 21-1　"基因突变决定虎的白色毛皮性状"与高中生物学概念的联系

内容			课程标准中的生物学概念
研究过程	研究步骤	关键实验方法	必修 2.1.2　物质进出细胞有多种方式（物质不仅需要进出细胞膜，也需要通过细胞器膜） 必修 3.3.1　碱基的替换、插入或缺失会引发基因中碱基序列的改变 3.3.2　基因中碱基序列的改变有可能导致它所编码的蛋白质及相应的细胞功能发生变化 3.3.4　进行有性生殖的生物通过基因重组使子代出现变异
	白虎家系的 DNA 测序	全基因测序	
		限制位点相关 DNA 测序	
	寻找目标基因	单核苷酸多态性分析	
		连锁不平衡分析	
	解释基因突变改变性状的机制	软件预测蛋白质构象	
研究结果	虎白色毛皮性状是由 SLC45A2 的 A477V 突变决定的		
	预测黑素体膜上 SLC45A2 通道运输功能可能受阻导致性状改变		

▶ 素养教学建议 1

基因表达产物与生物性状的关系【生命观念　科学思维】

作为生命活动的承担者，生物的大部分性状都是由各种蛋白质体现的。基因表达产物主要指蛋白质，基因与蛋白质的关系是中心法则阐述的主要内容，也是遗传学在发展早期研究的核心问题。随着对基因表达过程的认识越来越深入，现代遗传学把关注的重点逐渐转移到了对表达过程的调控上。总的来说，基因表达产生蛋白质决定生物性状，而调控的过程影响表达，进而影响生物性状。

基因控制合成的蛋白质可能是结构蛋白，也可能是代谢中的催化剂——酶。结构蛋白和酶直接或间接地控制着生物体的各种性状。对于白虎毛色突变的例子，人教版教材中只提到决定性状的是虎 SLC45A2 蛋白氨基酸序列的改变，并没有具体阐述引起白色毛皮的机理。通过人教版教材的描述："抑制了背景毛色黑色素的合成，但不影响条纹部分黑色素的另一条合成通路"，其中"合成""通路"等关键词很容易引起联想，认为 SLC45A2 是黑色素合成过程中的一种酶，从而得出该基因突变通过影响酶而改变生物性状的结论。事实上，虽然对 SLC45A2 的功能尚未完全明确，但根据现有的证据，包括：1.该家族蛋白共有的结构域与物质转运关系更强；2.该蛋白 12 次跨膜；3.该蛋白在其他研究中与半胱氨酸、蔗糖或质子的运输相关；4.该蛋白变异影响酪氨酸酶活性，而非直接作为酶存在，可以看出，虎 SLC45A2 更可能是一个结构蛋白，且与特定物质进出生物膜密切相关。

因此，在教学中引入该材料，除了阐述基因通过蛋白质控制生物性状，还可以结合教材必修 1 中生物膜控制物质进出的功能、蛋白质结构与功能关系等诸多概念，是一则灵活而丰富的材料。

此外，既然提到黑色素，可在课程中继续引入酪氨酸代谢合成黑色素的内容，介绍酪氨酸代谢及白化病的致病机理（图 21-6），进而可在同一个情境下，兼顾基因控制生物性状的两种情形，加深学生对基因通过指导蛋白质合成来控制生物性状的理解，强化学生对结构与功能相统一观念的认识。

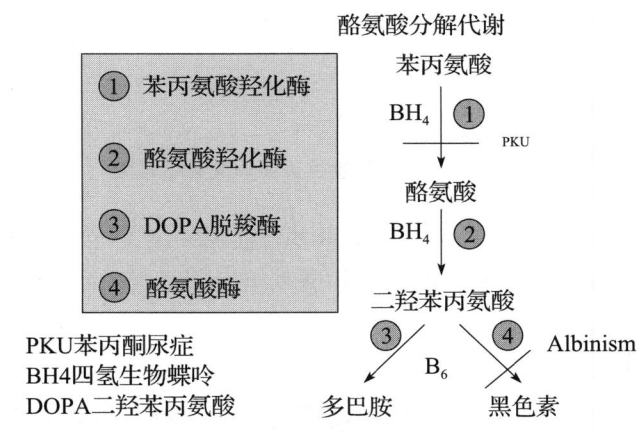

图 21-6 酪氨酸代谢及白化病的致病机理

素养教学建议 2

单核苷酸多态性标记技术（SNP）与基因突变的关系【生命观念 科学思维】

前面涉及的单核苷酸多态性标记技术（SNP）是目前应用最广泛的分子标记技术之

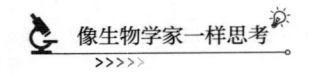

一，也被称为第三代分子标记技术。其承接必修1第二章中的基因指纹技术（RFLP，第一代分子标记技术），均以DNA分子的多态性为基础，在DNA比对研究、基因定位与构建遗传图谱过程中扮演重要角色。

SNP是指一个物种的基因组中，DNA序列同一位点单个碱基的差异，这种差异主要表现为单个核苷酸（碱基）的替换，多表现为C→T的转换（CpG二核苷酸上的胞嘧啶残基大多数是甲基化的，容易脱去氨基而形成胸腺嘧啶）。由于绝大多数SNP的多态性和常见的等位基因的多态性一样，都是二等位（只存在2种状态），因此该技术成为群体遗传学中遗传平衡分析和基因定位的利器。

从上述定义可以看出，SNP大多为DNA分子中碱基替换所产生的。结合高中生物学中对基因突变的定义，"DNA分子中发生碱基的替换、增添或缺失，而引起的基因碱基序列的改变"，可以判断SNP现象与基因突变是互相包含的关系。SNP普遍存在，大约每300 bp就有一个SNP位点，既可以出现在基因区域，也可以出现在非基因区域，因此SNP中一部分属于基因突变中的碱基替换，如图21-7所示。也有观点认为，SNP是中性的，因此群体中等位基因频率超过1%的单核苷酸多态性才可被看作SNP位点。与此相比，大多数基因突变引起的等位基因频率要小得多，主要包含基因突变的碱基替换，即发生在基因（有遗传效应的DNA片段）中的碱基替换。

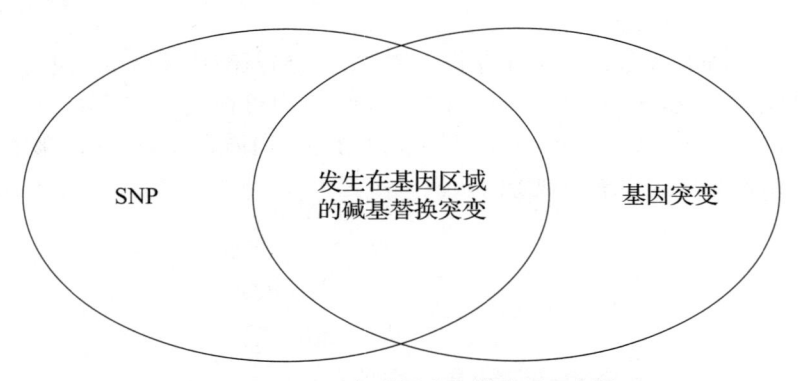

图21-7 SNP与基因突变的关系示意图

综上所述，辨析SNP与基因突变中的碱基替换的关系，可加深对DNA、基因和碱基关系的理解，使学生进一步认识真核生物基因组中非基因区域的作用。

素养教学建议3

以SNP为标记结合LD分析搜寻目的基因【科学思维　科学探究】

高中生物学课程标准一方面要求学生掌握诸如中心法则、基因表达产物控制性状和基因调控等基本概念，另一方面也提出了更高水平的培养要求。例如学业质量水平的描述中，主要涉及科学探究素养的内容描述为："能够针对日常生活和生产中的真实情境，提出清晰的、有价值的、可探究的生命科学问题或生物工程需求，查阅相关资料、设计并实施恰当可行的方案，运用多种方法如实记录，创造性地运用数学方法分析实验结果，并客观分析与评价生物技术产品在生产和生活中的应用所产生的效益和风险。"对于学生观察到的突变性状，如何制定方案，将相关基因与性状联系起来，就是日常真实情境中最常见的问题。

为了解决上述问题，掌握一定统计学方法和群体遗传学分析手段是有必要的。因此教师可以老虎白色皮毛基因突变的发现为例，生动地为学生讲解利用 SNP 标记进行连锁不平衡分析，确定目标基因的方法，并可以开展相关探究活动，解决生活中的类似问题。只有如此，方能逐渐接近学业质量水平中的要求，真正落实核心素养，为国家输送适应新时代发展的人才。

微课设计

设计一

白虎是患白化病的老虎吗？

设计意图： 白化病的主因是编码酪氨酸酶的基因突变，导致黑色素合成受阻，其表征常常是白色毛发、皮肤与透明的虹膜。在现实生活中，很多相似现象往往具有不同的成因。例如白虎发现后，很多学者都认为白色毛皮性状是黑色素合成途径中酶的突变导致的。关于孟加拉虎白色毛皮性状产生原因的争论一直持续，直到 2013 年罗述金研究员的文章终于一锤定音，找到了导致白虎毛色变异的相关蛋白质——SLC45A2。

以该内容为基础，通过微课，比较酪氨酸酶和 SLC45A2 等相关蛋白的功能，厘清黑色素的形成过程和虎白色毛皮的成因，对学生分清基因控制生物性状的两大途径将有很大帮助。同时可借此培养学生的逻辑思维，提高分析和解决实际问题的能力。

设计方案

教师讲述： 让学生观察野生型和白色毛皮的老虎图片，提出主旨问题——白虎是患白化病的老虎吗？学生讨论并形成自己观点。

问题设计： 通过观察白虎和白化病患者的图片，直观进行比较，结合白化病的症状，提出下列问题：1. 白化病的直接原因是什么？ 2. 造成白化病的蛋白质水平变化可能是什么？基因水平的变化可能是什么？ 3. 白虎的毛皮性状和白化病性状是否有区别？学生讨论并回答问题。

材料呈现

材料一

教师展示酪氨酸代谢及白化病的致病机理示意图（见图 21-6），结合代谢过程对学生答案给予评判。

教师讲述： 酪氨酸酶基因的突变是通过影响酶的活性来控制生物性状的。

材料呈现

材料二　SLC45A2 的作用机理

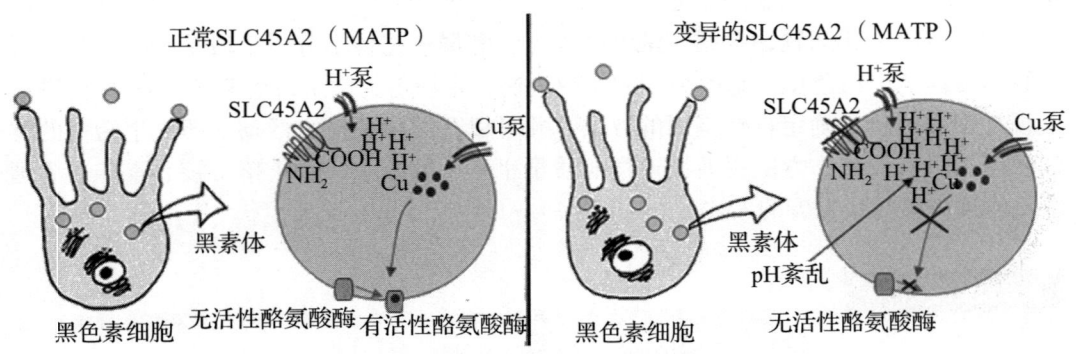

正常SLC45A2（MATP）　　　　变异的SLC45A2（MATP）

黑色素细胞　无活性酪氨酸酶　有活性酪氨酸酶　　黑色素细胞　pH紊乱　无活性酪氨酸酶

SLC45A2 变异引起酪氨酸酶活性下降假说示意图

问题设计：1. 上图中所示的机制中，SLC45A2 扮演的是何种角色？ 2. SLC45A2 变异是如何影响黑色素合成的？学生讨论后回答问题。

教师引导学生分析：SLC45A2 是基因影响结构蛋白进而控制生物性状的实例。

教师讲述：查阅文献资料（可由教师提供，也可让文献检索能力强的学生自行查阅），分别研究：1. SLC45A2 蛋白突变在"白种人"肤色性状中起的作用；2. 在马和鸡的体色中，SLC45A2 蛋白突变的影响；3. 虎 EDN3 蛋白在毛皮条纹中起的作用。完成综述，论述下列问题：1. 褐黑素（pheomelanin）与真黑素（eumelanin）的异同；2. 为什么白虎仍然有黑色条纹？

【评析】

评析人：郭峰

本节内容讨论白虎是否是白化病。通过白虎和白化病患者的比较，很好地激发了学生的学习兴趣。本设计的主要特点如下：

1. 创造问题情境真实，激发学习动力。

充分利用白化病和白虎这些生活中的真实情境，引发学生的好奇心，让学生收集资料，锻炼学生解决问题的能力。

2. 问题驱动，提高学生深度学习能力和思维力度。

白化病是教材提供的材料，是基因突变的结果，导致酶的合成问题，进而控制代谢过程来控制性状。白虎是不是也一样呢？研究 *SLC45A2* 基因的突变影响结构蛋白，进而控制生物性状。二者相比较，形成了辩证思维，提高了学生深度学习的能力和思维的深度，使学生意识到只有深入学习，才能掌握问题的本质。

设计二

如何在基因组中找到决定性状的基因？

设计意图：随着测序技术的发展，全基因组测序已经成为遗传学研究的基本方法。

在得到某生物基因组后,如何确定性状对应的相关基因是研究中的核心问题。由于 SNP 位点在基因组上的普遍性和多二态性,结合生物性状的 SNP 间的连锁不平衡分析是目前确定基因位置的主流方法。

以微课结合课题探究的方式介绍简单的群体遗传学分析手段,指导学生研究生活中的遗传学问题,实践定位相关基因的过程,将对培养学生科学思维和科学探究能力大有裨益。整个过程可以加深学生对遗传规律的体会,增进对遗传学和科学研究的兴趣。

设计方案

教师引入: 本微课推荐教师采用两种引入方式:1. 以常规的叙述方式引入,通过实例恰当地抛出在基因组中寻找相应性状所对应基因这一问题;2. 采用有趣的材料直接引出群体中连锁不平衡的概念。

材料呈现

材料一

如果某班同学中,有单眼皮性状的同时必然秃顶,而双眼皮性状的无一秃顶。并随着观察的样本增加,依然符合这个规律,我们就说,在这个群体中,单眼皮性状与秃顶性状连锁不平衡(LD)。

教师讲述: 在此基础上,教师可进一步通过材料二提出连锁不平衡的数学表达和概念。

材料呈现

材料二

群体中有 2 对相对性状 A/a 和 B/b,假如人群中 $P(A)=70\%$,$P(B)=50\%$,如果群体连锁平衡,则 $P(AB)=35\%$(同时具有 A 和 B 性状的个体比例);倘若 $P(AB) \neq 35\%$,则连锁不平衡,用 D 值衡量 LD 的程度,$D=P(AB)-P(A) \times P(B)$。

教师引导学生分析: D 值是衡量种群中 2 对及以上等位基因之间关系的指标,如果 2 对等位基因的等位基因间遗传不再随机,某些基因如 A 与 B 经常"抱团"遗传,$D \neq 0$,则存在 LD。

通过 D 值的局限引出 r^2 的概念:D 值的范围显然取决于它所涉及的一对等位基因频率,教师提出材料三。

材料呈现

材料三

$P(A)=50\%$,$P(B)=50\%$,$P(AB)=30\%$,则 $D_1=5\%$;$P(C)=10\%$,$P(D)=90\%$,$P(CD)=14\%$,则 $D_2=5\%$。上述两组等位基因,看似 D 值一样,但二者 LD 的程度显然不同。

教师引导学生分析: D 值的局限使得不同对等位基因的 LD 值的相互比较变得困难。因此多对等位基因间 LD 的度量一般不直接使用 D 值,而对 D 值进行归一化后,用 LD 系数 r^2 进行检验，r^2 的计算方式为：

$$r^2 = \frac{D^2}{P(A)(1-P(A))P(B)(1-P(B))}$$

教师讲述：r^2 是与基因频率有关的量。$r^2=1$ 说明两位点间无重组，4 种单倍型最多只能出现 2 种，且等位基因频率相同，称为完美 LD。此时观察一个标记即可得到另一标记的全部信息。$r^2=0$ 表示无 LD 或连锁平衡。一般 $r^2 > 0.33$，则表示强 LD。接着教师可通过完全连锁的实例，使学生深入理解 $r^2=1$ 表示这两个基因之间有确定的关系。教师随后将学生的视野引入基因组中，以现有已知基因频率的虎橘色和白色毛皮基因，提出如何在染色体上定位基因的问题。接着引出 SNP 的定义——基因组中普遍存在的已知位置的单个碱基的二态性位点，使学生根据上述 LD 概念设计通过 SNP 寻找相关基因的方法。

问题设计：1.r^2 在数学上的意义是什么？ 2.用 r^2 表示连锁不平衡的程度有什么局限？如何改善？

教师引导学生分析：教师最后利用学校科研资源，使学生自行运用分析软件分析家系或遗传背景清楚的材料中的相关性状，以课题研究的形式开展取样、DNA 粗提取和测序等工作，验证此方法的有效性。同时，让学生通过亲身参与科学研究的方式应用相关遗传学方法解决实际问题。

【评析】

评析人：孙小兵

本课例是微课设计一的延续，采用"概念导学"的教学模式，将教学目标具体化，设计成几个相互关联的概念，组织学生开展探究活动，最终建构出一个完整的知识框架，让学生掌握确定基因位置的方法。

1. 概念教学，提升能力，培养学生的科学思维。

本课例从单眼皮和秃顶这两个生活中常见事例引入，尝试让学生通过分析，掌握连锁不平衡分析（LD）这一概念。在此基础上，教师进一步通过材料二提出连锁不平衡的数学表达概念，并指出 D 的局限，引出 r^2 的概念：D 值的范围取决于它所涉及的一对等位基因频率。然后又通过材料三说明 LD 系数 r^2 进行检验的计算公式，这里非常难懂，但教师利用 $r^2=1$ 和 $r^2=0$ 两个极值，说明了 LD 系数的意义，强化了学生的理解。三个材料逐步递进，环环相扣，培养了学生的科学思维，提升了学科素养。

2. 提出问题，归纳总结，锻炼学生探究能力。

课标中涉及的学科素养有"能够针对日常生活和生产中的真实情境，提出清晰的、有价值的、可探究的生命科学问题或生物工程需求，查阅相关资料、设计并实施恰当可行的方案"，本课例非常好地执行了这一要求。学生掌握 LD 这一概念后，教师结合之前设计中提出的单核苷酸多态性标记（SNP），提出问题：以 SNP 为标记结合 LD 分析定位目的基因，并让学生加以讨论交流。整个课例非常连贯具体，通过遗传学分析手段的掌握，实践定位基因的过程，非常好地培养了学生的科学思维和科学探究能力。

• 习题设计 •

习题1：

SNP是单核苷酸多态性的缩写，指基因组水平上由单个核苷酸（碱基）的改变引起的DNA分子多态性，是新一代的DNA分子标记位点。SNP位点在人类基因组中广泛存在，平均每300个碱基对就出现1个，估计其总数可达数百万个。以下说法不正确的是（　　）。
A. 有些SNP属于基因突变中的碱基替换
B. 在人基因组中SNP大多不改变氨基酸序列
C. SNP可作为区分不同个体的遗传学标记
D. 对于一个SNP位点，大多数人表型一致，特殊表型具有低频性特点

必备知识	基因突变；基因频率
参考答案	答案：D 解析：如上文所述，SNP与基因突变在概念上可能存在交集，因此某些发生在基因内的碱基替换可能既是SNP也是基因突变，A正确； 人基因组中绝大多数区域都是非基因区域，存在于此处的SNP是不会改变氨基酸序列的，此外基因中的SNP也有可能因为遗传密码的简并性而不改变氨基酸序列，B正确； SNP作为DNA分子标记技术，本身就是用于区分不同DNA分子的，C正确； SNP指的是位点碱基的多态性，大多是中性碱基变异，在长时间的自然选择中，不同碱基遵循群体遗传的规律，最终形成相对稳定的比例，不是一定低频的，这与碱基替换事件本身的低频性并不矛盾，D错误。
命题立意	本题主要考查对基因突变概念的掌握。考生需从题目材料中获取SNP相关概念，将之与基因突变概念进行对比，准确把握其联系与区别。通过本题的考查，可加深学生对基因突变与基因频率概念的理解。
素养水平	科学思维水平二

习题2:

黑素体是黑色素细胞中一种特殊的"细胞器",其利用自身含有的酪氨酸酶将苯丙氨酸最终代谢为黑色素,并沉积在黑素体内。黑素体的形成过程如下图所示:

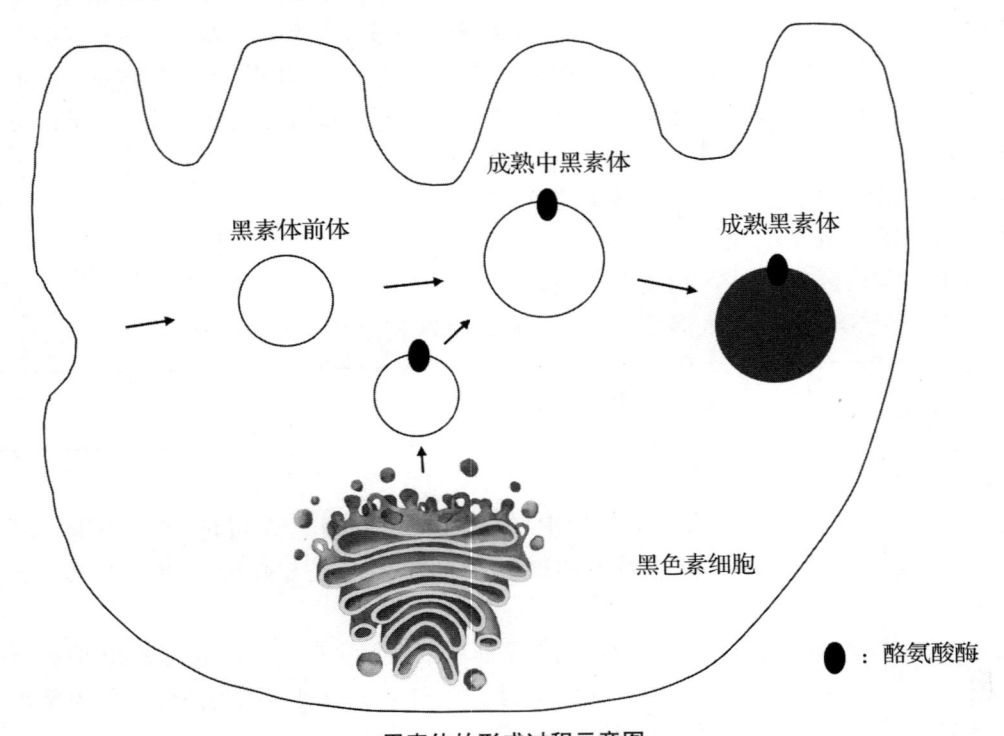

黑素体的形成过程示意图

(1) 研究发现,人类的酪氨酸酶是一个跨膜蛋白,根据上图推测,黑素体前体的形成方式为_____,酪氨酸酶的合成部位为_____,合成后在到达黑素体之前,经过的细胞器有_____。

(2) 酪氨酸酶最终执行功能的部位应该是_____膜,其催化黑色素生成的活性中心应该位于_____(黑素体内/黑素体外)

(3) 研究发现,白虎的白色皮毛是由于虎编码 SLC45A2 基因突变导致的。实验证实该蛋白定位于黑素体上,突变导致白虎黑色素细胞中黑素体中 H^+ 浓度升高,pH值过低。根据以上证据,请阐述可能的 SLC45A2 变异导致老虎皮毛白化的原因:_____。

必备知识	分泌蛋白的合成与运输酶活性的影响因素

参考答案	（1）胞吞；附着的核糖体；内质网、高尔基体 （2）黑素体；黑素体内 （3）SLC45A2 变异影响黑素体膜对 H^+ 的通透性，降低 pH 值，致使酪氨酸酶活性下降，从而黑色素合成不足，老虎皮毛白化
命题立意	本题主要考查学生获取信息的能力。学生通过读图了解黑素体是由细胞膜内陷形成的内体与高尔基体分泌的囊泡融合形成的。其标志酶——酪氨酸酶的来源与分泌蛋白类似，是通过内质网、高尔基体的加工后，以囊泡运输到黑素体的。
素养水平	科学思维水平三；科学探究水平二

学术情境主题 22

CRISPR/Cas 基因编辑技术

杨 睿

● 学术导引 ●

基因（gene）是生物体控制自身遗传性状的基本单位。科学家对于基因的认识，最早可以追溯到 19 世纪 60 年代。当时，奥地利生物学家孟德尔提出了生物体的性状由遗传因子控制的观点。到了 20 世纪初，美国生物学家摩尔根以果蝇作为研究材料，发现其染色体上存在着遗传因子，呈线性排列。随着生物学的不断发展，特别是 1953 年，由英国生物学家克里克和美国生物学家沃森提出 DNA 双螺旋结构之后，人们更深入地认识到了基因的本质：它是具有遗传效应的 DNA 片段，并可以通过自身的表达，控制生物体的性状。

随着生物学家们对于基因的进一步了解，人们发现多种疾病的发生和发展与基因的改变存在关联性。如果能够识别那些与疾病相关的缺陷基因，并进行特异性的修复，将会为人类的健康生活带来难以估量的收益。因此，很长时间以来，现代生物学中的一个研究热点，就是如何能够精准、高效地对目的基因进行特异性改造。涉及的技术被称为基因编辑（gene editing）。将基因编辑技术应用于医学领域，以治疗相关的疾病，对改善人类的生活品质具有重大的价值。

最初的研究中，人们主要利用细胞的同源重组（homologous recombination）机制对目的基因进行定向改造。然而，这种方式的效率很低（特别是在小鼠等哺乳动物细胞中），因此难以大规模应用。随后，科学家们的另一个研究方向是寻找一些特定的核酸酶，对目标基因进行识别和切割。至今为止，有三种重要的核酸酶被发现和成功改造，用来实现基因编辑。这三种基因编辑工具分别是锌指核酸酶（ZFNs）、类转录激活因子样效应物核酸酶（TALENs）以及 CRISPR/Cas9 系统（图 22-1）。它们的共同特点在于，都对目的基因进行特异性识别，对双链 DNA 进行切割，形成双链 DNA 断裂（double strand break，DSB）。

与前两种核酸酶系统相比，CRISPR/Cas9 在兼具高效率和准确率的情况下，更简单、易操作，因此成为目前基因编辑最主流的技术，其开发者于 2020 年获得了诺贝尔化学奖。

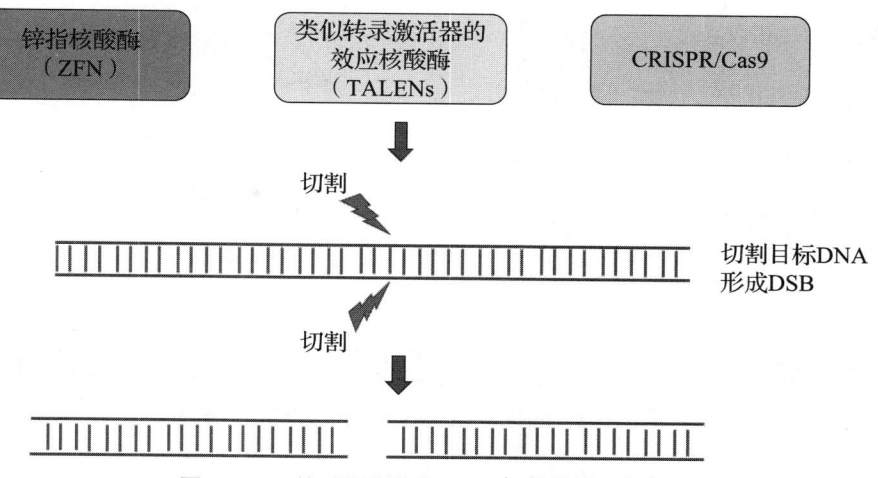

```
  锌指核酸酶         类似转录激活器的
   (ZFN)            效应核酸酶              CRISPR/Cas9
                     (TALENs)
```

图 22-1 基于特定位点 DSB 的基因编辑技术

作为第三代基因编辑技术，CRISPR/Cas9 系统从发现到如今的广泛应用经历了几十年的历程。1987 年，有日本学者及其研究团队在大肠杆菌的基因组中首次发现了一个新的 DNA 重复间隔序列[①]。在随后十多年中，以西班牙学者莫捷加（Mojica）和荷兰学者詹森（Jason）为代表的科学家们进一步发现，这种类似的结构并非大肠杆菌所特有，而是在多种细菌和古细菌中广泛存在。长度通常为 21～40 个碱基对。从序列上看，该片段还具有相当高的保守性，即在不同的物种之间有所不同，而来自近亲物种的序列则更加相似。因此，科学家们猜想，这一序列的存在可能并非偶然，而是具有重要的生物学功能。詹森随后将这种特殊的序列命名为规律间隔成簇短回文重复序列（clustered regularly interspaced short palindromic repeats，CRISPR），这是 CRISPR 的命名由来。

图 22-2 显示了一个细菌 DNA 中 CRISPR 基因座的结构。如图所示，CRISPR 重复序列并非直接相邻，而是由长度为 20～58 bp 的序列（称为间隔序列，spacer）将 CRISPR 基因座上的每个重复序列分割开来。其特点在于，一个 CRISPR 基因座上，几乎所有的间隔序列都是独一无二的，即每个间隔序列在一个特定的 CRISPR 基因座上只出现一次。进一步研究发现，每个 CRISPR 基因座上的间隔/重复序列数量也不相同。例如，一些 CRISPR 基因座可以只包含两个重复/间隔序列，而另一些 CRISPR 基因座可以拥有超过 120 个重复/间隔序列。

2002 年，詹森团队发现了一组 CRISPR 相关的 Cas 基因[②]。根据序列同源性推测，这些基因编码的蛋白质将结合并操纵 CRISPR 基因座上的 DNA。2005 年，莫捷加（Mojica）

[①] Ishino Y, Shinagawa H, Makino K, Amemura M, Nakata A. Nucleotide sequence of the iap gene, responsible for alkaline phosphatase isozyme conversion in escherichia coli, and identification of the gene product [J]. *Journal of bacteriology*, 1987, 169(12): 5429-5433.

[②] Jansen R, Embden J D, Gaastra W, Schouls L M. Identification of genes that are associated with DNA repeats in prokaryotes [J]. *Molecular microbiol*, 2002, 43(6): 1565-1575.

图例：
- Cas蛋白基因
- CRISPR间隔序列（20~58 bp）
- CRISPR重复序列（21~40 bp）
- 先导序列

细菌DNA → CRISPR基因座

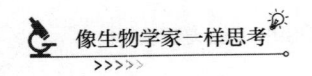

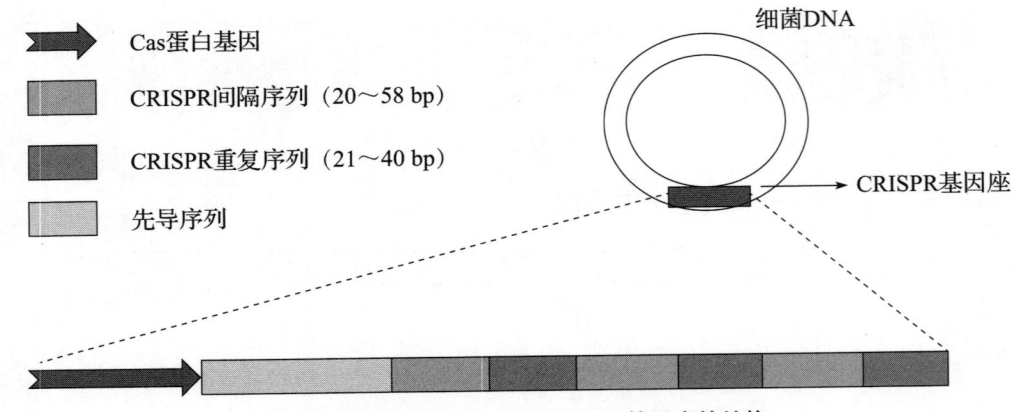

图 22-2　细菌 DNA 中 CRISPR 基因座的结构

和波罗汀（Borodin）的两个研究组通过生物信息学的方法，确定大多数间隔序列与原生质粒和共轭质粒中的 DNA 密切相关，而且大多数靶向基因都直接参与了质粒转移、DNA 复制、病毒组装、复制子分割、纤毛合成、复制子解析、转座或噬菌体整合和切除等噬菌体感染所必需的过程。因此，科学家们第一次提出了 CRISPR/Cas 系统的功能猜想：CRISPR/Cas 可能作为一个原核生物的免疫系统，在抵抗病毒或噬菌体中具有重要作用。这一猜想在 2007 年通过嗜热链球菌的实验得到了证实[①]。

2011 年，杜德纳（Doudna）和卡彭蒂耶（Charpentier）（也是后来 2020 年诺贝尔化学奖获得者）开始研究 CRISPR/Cas 系统的分子机制。研究发现，细胞首次遭受噬菌体入侵时，会将外源基因的一段序列整合到自身的 CRISPR 的间隔区中。这样，当同种噬菌体病毒第二次入侵时，CRISPR 会进行转录，生成前体 crRNA（pre-crRNA），进行加工后，形成 crRNA，从而与噬菌体的外源目标基因匹配。然后，与 crRNA 相结合的 Cas 蛋白完成核酸内切酶的功能，与外源目标基因进行结合并完成双链 DNA 的切割，从而保护自身免受噬菌体的再次入侵[②]（图 22-3）。至此，生物科学界认识到了 CRISPR/Cas 系统的重要价值，即可以利用该系统作为一种全新的基因编辑工具。

2013 年，华人科学家张锋及其团队设计了两种 CRISPR/Cas 系统，其 Cas 核酸内切酶可以在核定位信号（nuclear localization signal，NLS）的引导下，进入真核细胞的细胞核中，分别对人和小鼠的内源基因组进行靶向切割[③]。研究成果在著名学术杂志 *Science* 上发表，具有重大历史意义，它是 CRISPR/Cas 系统首次应用于哺乳动物细胞和人类细胞中，标志着 CRISPR/Cas 系统作为第三代基因编辑技术，开始逐渐广泛应用。

[①] Barrangou R, Fremaux C, Deveau H, Richards M, Boyaval P, Moineau S, Romero DA, Horvath P. CRISPR provides acquired resistance against viruses in prokaryotes [J]. *Science*, 2007, 315(5819): 1709-1712.

[②] Jinek M, Chylinski K, Fonfara I, Hauer M, Doudna JA, Charpentier E. A programmable dual-RNA-guided DNA endonuclease in adaptive bacterial immunity [J]. *Science*, 2012, 337(6096): 816-821.

[③] Cong L, Ran F A, Cox D, Lin S, Barretto R, Habib N, Hsu P D, Wu X, Jiang W, Marraffini L A, Zhang F. Multiplex genome engineering using CRISPR/Cas systems [J]. *Science*, 2013, 339(6121): 819-823.

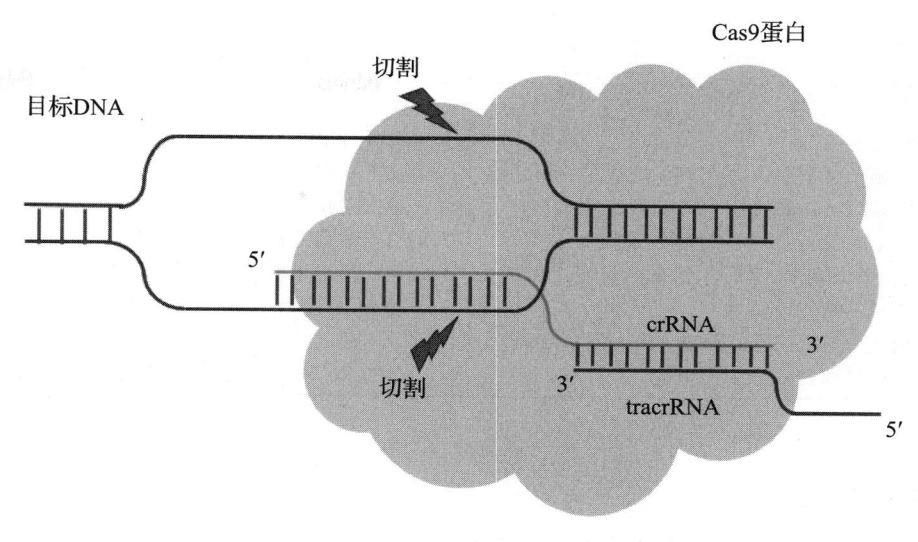

```
                                          Cas9蛋白
                   切割
      目标DNA

                              5′
                                                crRNA
                                                            3′
                   切割        3′
                                      tracrRNA
                                                      5′
```

图 22 - 3　CRISPR/Cas 基因编辑系统

素养教学建议

　　基因工程，是在生物化学、分子生物学和微生物学等学科的基础之上发展起来的。"CRISPR/Cas9 基因编辑技术"，作为近年来基因工程相关基础理论的一项重大突破和技术创新，在最新的人教版高中生物教科书中也作为例子进行了相应的介绍。从学科知识上看，它主要用于说明：基因通常是有遗传效应的 DNA 片段（人教版必修 2）；基因突变和基因重组（人教版必修 2）；重组 DNA 技术的基本工具（人教版选择性必修 3）。通过分析 CRISPR/Cas9 基因编辑技术的研究过程，可以发现其研究方法和结果与一些高中生物学概念有联系（如表 22 - 1 所示），是提升和展现学科核心素养的优秀材料。

表 22 - 1　"CRISPR/Cas9 基因编辑技术"与高中生物学概念的联系

内容		课程标准中的生物学概念
前期工作概述	・阐明基因工程的主要目的——定向改造生物的遗传性状 ・前两代基因编辑技术及其局限性：zinc finger 和 TALENs ・CRSIPR/Cas9 的功能：识别模块（CRSIPR 序列）和切割模块（Cas9，一种核酸内切酶）	必修 1.2　真核细胞结构 　　1.2.3　遗传信息主要储存在细胞核中 3.3　基因突变、重组和染色体变异 　　3.3.1　碱基的替换、插入和缺失引发碱基序列改变 　　3.3.2　碱基序列的改变导致蛋白质和细胞功能变化

续表

内容	课程标准中的生物学概念

研究方法和结果	• 首次尝试将 CRISPR/Cas9 系统运用到人类细胞
	• 为真核生物（人类细胞）构建了一种重组的 CRISPR 系统——能够利用核定位信号将 CRISPR/Cas9 引导到细胞核中
	• 通过切割 EMX1 基因座，验证 CRISPR 切割的特异性
	• 通过蛋白质工程对 Cas9 进行改造，使其从切割双链变为切割单链
		选择性必修
		5.1 基因工程是一种重组 DNA 技术
		  5.1.1 基因工程的发展历史
		  5.1.2 DNA 重组技术的三种基本工具
		  5.1.3 基因工程的基本操作程序
		  5.1.4 基因工程改善人类生活品质
		5.2 蛋白质工程是基因工程的延伸
		  5.2.1 通过基因工程对蛋白质进行设计和改造
		6.1 转基因技术的安全性和伦理问题

素养教学建议 1

基因工程改善人类生活品质【科学探究　社会责任】

基因工程的重要意义在于能够改善人类的生活品质。以疾病、健康为例，随着人类对基因研究的不断深入，发现许多疾病是由基因发生改变所引起的。如果能够发现有缺陷的基因，并掌握基因诊断、修复、治疗和预防的方法，将给人类的健康和生活带来不可估量的收益。

在 CRISPR/Cas9 出现之前，已经存在一些基因编辑技术，如锌指核酸酶（ZFNs）、类转录激活因子样效应物核酸酶（TALENs）等，但是这些技术往往扩展性差，较为昂贵，且设计上较为复杂。因此，生物医学研究中仍然需要更加高效易用的基因编辑技术。在这种大背景下，新一代的基因编辑技术 CRISPR/Cas9 应运而生。然而，在此之前，研究者仅仅认识到 CRISPR/Cas9 在原核细胞中编辑外源 DNA，作为原核生物的一种防御病毒入侵的方式。因此，该系统能否应用于真核细胞编辑基因，从而实现不同的功能，改善人类的生活品质，决定了该项技术的价值。

这是首次将 CRISPR/Cas9 基因编辑技术运用到人类细胞当中，具有最重要的意义和价值，验证了 CRISPR/Cas9 技术的有效性。通过该资料，学生可以更好地理解基因工程的意义。

素养教学建议 2

真核细胞的遗传信息主要储存在细胞核中【生命观念　科学思维】

原核生物与真核生物在细胞结构上存在诸多差异。其中，原核细胞和真核细胞就遗传物质来说，存在一些相似性，但也有明显的区别。虽然原核细胞和真核细胞都是以 DNA 作为遗传物质，但从结构上看，真核细胞的遗传物质存在于细胞核中，而原核细胞的遗传物质不被核膜包裹，而是存在于"拟核"。

CRISPR/Cas9 基因编辑工具，最开始是在原核生物中发现的。在原核生物中，CRISPR/Cas9 作为一种抵挡病毒入侵的工具，即当外源病毒 DNA 入侵时，通过 CRISPR 识别病毒序列，并使用 Cas9 发挥核酸内切酶的功能，定向切割病毒 DNA 序列，从而达到免疫病毒入侵的目的。

原核生物和真核生物遗传物质的统一性，即使用 DNA 作为遗传物质，决定了研究者使用 CRISPR/Cas9 系统对真核生物进行基因改造的可行性。然而在实际应用中，需要面对原核细胞和真核细胞结构上的差异所带来的问题。这是因为在原核细胞中，直接在细胞质中表达该工具，即可以实现对目的基因的剪切。而真核细胞的染色质存在于细胞核中，原始的工具经过转染之后，难以抵达目的区域。

该研究的重要工作之一，就是对原始的 CRISPR/Cas9 进行改造，在复合体中插入一段核定位信号，能够将该复合体引导至细胞核中，从而作用于真核细胞的基因组，这是来源于原核生物的 CRISPR/Cas9 工具能够作用于真核细胞中，实施基因组编辑的重要步骤之一。

该材料的相关操作，可以加深学生对于原核细胞和真核细胞结构上的一项重要区别的认识，即真核细胞的遗传物质主要储存在细胞核中。

素养教学建议 3

蛋白质工程是基因工程的延伸【生命观念　科学思维】

在文献中，除了在真核细胞中验证 CRISPR/Cas9 定向切割双链 DNA 的能力之外，另一项重要工作是通过对 Cas9 核酸内切酶进行改造，实现只切割单链（作为切口酶使用，促进随后的同源重组修复）的目的。而要实现这个目的，需要对原始的 Cas9 基因进行改造。改造后的 Cas9 基因表达的蛋白质由于结构的改变，最终实现了切口酶的功能。

在生命活动的过程中，DNA 双链的断裂是较为严重的一种 DNA 损伤。通常在 DNA 双链断裂之后，细胞会启动两种修复机制。其中一种是非同源末端连接（non-homologous end joining，NHEJ），而另一种是同源重组修复（homology directed repair，HDR）。NHEJ 的修复方式较为"简单粗暴"，直接将受损的 DNA 末端进行连接，在这个过程中，极易引入缺失突变或者插入突变，因此虽然效率较高，但修复准确度较低。而 HDR 利用了细胞中遗传物质复制过程中的同源重组机制。当在细胞的 G_2/G_S 期加入需要修复的 DNA 所对应的同源序列模板后，启动同源重组机制，让受损的 DNA 修复，这一过程更为精准，但是效率较低。

对于基因编辑的目的而言，研究者关注更多的是基因的定向改造。因此，在使用 CRISPR/Cas9 引入双链切割（double strand break，DSB）之后，同样会受到细胞本身的 DNA 修复作用的影响。野生型的 Cas9 核酸酶只能够将双链 DNA 进行定向切割，形成 DSB。在此情况下，后续的修复将更多地以 NHEJ 来进行。结果往往导致目的基因由于插入突变或者缺失突变，失去原有的功能，从而达到目的基因敲除的目的。

然而，当研究目的改变，即需要在切割位点引入新的基因（即基因敲入）时，野生型 Cas9 切割形成的 DSB 就难以达到目的了。这也是研究目的所在，通过对 Cas9 进行改造，使其功能发生变化，从而提升 HDR 的效率。

像生物学家一样思考

该研究利用基因工程技术，改变了原始的Cas9序列。在Cas9的其中一个名为RuvC Ⅰ结构域中，将天冬氨酸替换为了丙氨酸。替换之后，Cas9的功能从切割双链形成DSB，变为只切割单链，形成切口。而此情形下，带有单链缺口的DNA，修复过程往往都是依赖HDR，只有极少数情况下才使用NHEJ机制进行修复。

这段材料可以帮助学生充分认识到蛋白质工程和基因工程的联系，即蛋白质工程是基因工程的延伸。通过蛋白质工程，基因工程可以在生物学的各个领域发挥更大价值。

微课设计

设计一

基因工程如何造福人类

设计意图：基因工程发展的重要价值是改善人类的生活品质。通过引导学生学习和认识基因编辑技术在农业、畜牧业、食品、药物开发和疾病治疗等领域的广泛应用案例，帮助学生认识基因编辑技术的发展历程，是培养学生热爱生物科学和相关技术的宝贵素材。

设计方案

教师讲述：通过基因工程培育优质、高产的农作物品种，改变植物蛋白质、脂肪、糖类的含量和品质，提高农作物品种的营养价值，并为改变蔬菜、水果等农作物产品的风味提供了技术途径。

材料呈现

材料一

1948年，在美国夏威夷发现了一种侵害木瓜的植物病毒，即番木瓜环斑病毒（PRSV）。随后几十年里，该病毒在世界多个木瓜产地均有发生，包括在中国南方多个省份广泛流行，严重时可导致木瓜减产八九成，成为木瓜产业的主要限制因素。

好在科学家们及时培育出了抗番木瓜环斑病毒的转基因木瓜。1990年，首个转番木瓜环斑病毒外壳蛋白基因的木瓜品系诞生，1992年，人们在夏威夷开发出两个转基因品种"日出"和"彩虹"，它们在1998年被批准商业化种植，直接挽救了美国的木瓜产业。美国转基因木瓜2003年被加拿大、2010年被日本批准进口，2011年年底被日本批准种植，此外，在泰国也得到了推广种植。

番木瓜环斑病毒是一种变异性很强的RNA病毒，在全世界共有几十个毒株，不同地区的毒株之间在感染木瓜的能力上存在较大差异。夏威夷的转基因木瓜品种对当地的PRSV毒株有很高的抗性，但对其他地区的毒株抗性不高甚至没有抗性。为此，我国科学家自主研发了能够抵抗国内毒株的转基因木瓜。

中国的木瓜产地在华南地区，而华南地区有4个番木瓜环斑病毒毒株，其中"黄点花叶"株是优势毒株（80%以上的发病木瓜携带这个毒株）。华南农业大学的科研人员将这个毒株的复制酶基因转入木瓜体内，培育出了"华农1号"。该品种不仅高抗"黄点花叶"株，对华南地区其他几个次要毒株也具有很好的抗性。"华农1号"在2006年获得中国农业部颁发的安全性证书，此后得以大规模种植，产生了巨大的经济效益，深受瓜农喜爱。目前国内市场上销售的木瓜基本上都是转基因品种（包括从美国进口的转基因品种）。

资料来源：佚名. 转基因木瓜的由来［EB/OL］.（2018-10-11）［2023-07-23］. https://www.sohu.com/a/258897227_799260.

问题设计：将基因工程技术运用到农业生产中时，主要为了解决一些什么常见问题？有什么样的启发？

教师引导学生分析：农业生产的目的主要包括两个方面：产量和品质。在自然界中，产量受到多种因素的影响，主要是气候改变（如干旱、寒潮等）和病虫害。通过基因工程技术，让农作物获得的性状能够抵御这些风险因素的影响，从而提升农作物的产量。

教师讲述：基因工程药物是指利用基因工程技术生产的药物，包括细胞因子、抗体、疫苗等，为人类各种传染性和非传染性疾病的药物研发和生产提供了新的解决方案。

材料呈现

材料二

继国药集团和中国生物两款新型冠状病毒灭活疫苗后，2021年4月9日，国药集团中国生物研究院重组新型冠状病毒疫苗又获得了国家药品监督管理局临床试验批件。

重组新型冠状病毒疫苗是基于新型冠状病毒刺突蛋白（S蛋白）受体结合区（RBD）的天然结构特征，运用结构生物学、计算生物学自主设计研发，采用基因工程技术构建工程细胞株，使其重组表达来自抗原的蛋白。该疫苗的针对性很强，免疫后可诱导机体产生针对性中和抗体，从而阻断病毒与受体细胞的结合，发挥保护作用。

新型冠状病毒灭活疫苗和重组新型冠状病毒疫苗各有特点。灭活疫苗在抗击新型冠状病毒感染疫情中发挥了重要作用，充分证明了灭活疫苗的安全性和有效性。但是，灭活疫苗在生产设施和过程控制中对生物安全等级的要求很高，生产和管理成本更高，重组新型冠状病毒疫苗在这方面没特殊要求，所以从这点来说，长远看后者更具有优势。

资料来源：佚名. 我国新型冠状病毒疫苗再添新成员 基因工程重组蛋白疫苗会比灭活疫苗更有效吗？［EB/OL］.（2021-04-11）［2023-07-23］. 央广网.

问题设计：通过基因工程技术，在疫苗开发的过程中有什么优势，能够解决什么问题？

教师引导学生分析：相对于灭活疫苗，基因工程疫苗在生产设施和过程控制中对

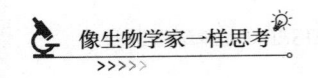

于生物安全的等级要求更低一些，能够节约生产和管理的成本。

教师讲述： 在医学领域，通过基因编辑技术的基因疗法是一种全新的治疗方式，它不同于传统药物作用于蛋白质分子的治疗机制，而是从源头出发，通过改变影响疾病发生和发展过程的基因本身，实现疾病治疗。

材料呈现

材料三

2020年7月22日，一项名为"经γ珠蛋白重激活的自体造血干细胞移植治疗重型β地中海贫血安全性及有效性的临床研究"的临床试验，结果显示两例接受治疗的患者已摆脱输血依赖，目前已治愈出院，正在后续随访中。两例接受治疗的患者分别为7岁和8岁的男性儿童，均为输血依赖型的重型β地中海贫血患者，治疗前的输血频率为15~20天两个单位的红细胞。将患者造血干细胞分离及基因编辑后，输回到患者体内。经基因编辑的造血干细胞移植治疗后，两名患者均成功达到造血干细胞植入以及造血重建。移植后，两名患者体内胎儿血红蛋白在移植后1个月开始出现显著上升，随访60天时分别上升至76 g/L和97 g/L，随访75天的数据显示两名患者的总血红蛋白分别达到了129 g/L和115 g/L，已摆脱输血依赖。目前，两名患者的治疗后随访仍在进行中。这是亚洲首次通过基因编辑技术治疗地中海贫血，也是全世界首次通过CRISPR基因编辑技术治疗β0/β0型重度地中海贫血的成功案例。

资料来源：佚名.重大突破！我国首例基因编辑治疗重度地中海贫血患者治愈出院[EB/OL].（2020-07-22）[2023-07-23].动脉网.

问题设计： 地中海贫血主要是因为患者的什么蛋白结构和功能异常，从而导致贫血？基因编辑技术在治疗地中海贫血患者时需要哪些步骤？

教师引导学生分析： 地中海贫血主要是因为患者合成的血红蛋白的结构和功能异常。而基因编辑是以造血干细胞为靶点，其主要步骤包括：1.对患者造血干细胞的分离；2.基因编辑；3.将编辑后的造血干细胞输回到患者体内，最终达到治疗的目的。

【评析】

评析人：刘越

三个真实材料充分体现了基因工程的合理应用，让学生充分感受到基因工程的确能够造福于人类。

1. 材料新颖，打破错误观念。

用新颖的材料潜移默化地传递科学知识，打破大众中存在的错误观念，能够理性看待和分析实际问题。

2. 材料新鲜，紧跟社会热点。

新型冠状病毒疫苗的研制一直是社会热点话题，在材料二中呈现新型冠状病毒疫苗的研制，既普及科学知识，又结合社会热点，让学生在生活中遇到此事有话可说，用理性科学的知识背景参与讨论，提升对此事理性的解释和判断能力。

3. 材料亲国，体现家国情怀。

三个材料都是选用我们国家的科技成果及应用，增加学生对我国在基因工程领域的成果应用的了解，令学生自发产生爱国主义情怀和社会责任感。

设计二

细胞生物学和生物化学知识在基因编辑中的实际运用

设计意图：许多细胞生物学和生物化学的基础知识，对于基因编辑技术的实际运用具有指导价值。例如，真核细胞与原核细胞遗传物质存储结构的差异性，决定了基因编辑工具应用于真核细胞时所需的必要改造步骤。又比如，蛋白质中氨基酸序列的改变可以影响其结构和功能，利用这一点，可以让基因编辑工具发挥不同的作用。通过阅读相关材料，可以引导学生将学科知识与实际应用相联系，提升学生的生物学科素养。

设计方案

教师讲述：随着显微技术的进步，人们可以进一步了解原核细胞和真核细胞结构上的差异性。扫描电子显微镜，能够对真核细胞的细胞核的精细结构进行解析，帮助我们更好地认识微观世界。

材料呈现

材料一

细胞核是真核细胞储存遗传物质 DNA 的场所，同时也是 DNA 转录成为 RNA、行使功能的地方。位于细胞核核膜之上的核孔复合体则是细胞核的大门，掌管着诸多大小分子的出入。细胞核内合成的 mRNA 需要通过核孔才能进入细胞质，而在细胞质中合成的部分蛋白质又要通过核孔才能重新进入细胞核。这些大分子的运输有很高的特异性，以那些能够进入细胞核的蛋白质为例，它们的 C 端都有一段特定的核定位序列（nuclear localization sequence，NLS）。

我们很早就知道细胞核的核孔大体由内环、外环和辐组成，朝向细胞核内侧的部分还接有"核篮"结构，外侧也有纤维状蛋白附着，但是对核孔复合体的精细结构缺乏足够的认识。苏黎世大学教授奥哈德·梅达利亚（Ohad Medalia）领导的研究团队利用冷冻电子显微镜技术观察了冷冻细胞核上的核孔，这些细胞核来自非洲爪蟾的卵。这篇论文中报道的是核孔复合体核心部分的结构，不包括内外的核篮和纤维，仅包括核孔的支撑部分以及核孔中心负责分子进出的部分。

根据这样的图像资料，研究人员提出了核孔如何控制大分子物质出入的新模型。他们认为，核孔中央部分的蛋白质会在信号分子的作用下改变构造，让核孔扩大，从而使得核孔张开，允许相应的分子从中穿过。

资料来源：西西. NPC 在冷冻电子显微镜下看是怎样的？［EB/OL］.（2015-07-03）[2023-07-23］. https://www.guokr.com/article/440470/.

问题设计：技术的发展是如何帮助我们认识生物体的微观结构的？对于结构的认识有什么应用价值？

教师引导学生分析：对生物体越来越精细的微观结构的认识，离不开显微技术的发展。对于细胞结构的深入了解，认识原核细胞和真核细胞的结构差异，有助于将基因工程技术应用到真核生物中。例如，理解了核孔对于大分子运输的特异性，我们就能设计核定位信号序列，将外源的大分子引导到真核细胞的细胞核中，从而发挥功能。

教师讲述：CRISPR/Cas9 技术诞生后，人们希望能够进一步对 Cas9 进行改造，来解决实际运用中遇到的各种问题。通过对原始 Cas9 蛋白质的序列进行改造，可以改变其结构和功能，从而达到目的。

材料二

传统的 CRISPR 组件包括基础版酿脓链球菌 Cas9 酶（SpCas9）、引导 RNA（gRNA）。其中，SpCas9 会在 gRNA 的指引下与特定 DNA 结合，并对其剪切。在临床应用中，许多研究团队会构建"医疗包"——将 Cas9 基因和其他关键组件包裹进一个无害的病毒中，从而进入体内细胞实现遗传缺陷的精准修复。然而，考虑到 SpCas9 蛋白由 1 368 个氨基酸组成，体积太大不能通过病毒包装和传递。对此，科学家们希望设计出更精简版的 Cas9。

来自伯克利加州大学的结构生物学家戴维·萨维奇（David Savage）带领的研究团队利用一个"定向进化"的计划设计了一个更"苗条"版的 Cas9s，并在冷泉港 CRISPR 年会上分享了最新的研究成果。他们将改造这一蛋白的方法称为：通过迭代凝胶排阻方法最小化（minimization by iterative size-exclusion recombination，MISER）。

首先，这项技术使用两种酶系统化剪切 SpCas9 的基因序列，提取出其中编码不同蛋白结构域的部分序列。随后，戴维·萨维奇团队检测这些分割开的基因序列，以验证它们是否仍然保留着 Cas9 结合 DNA 的能力。他们将有能力的片段组合起来。迄今为止，他们已经获得了 50 万种变体。"让我们意外的是，'缩减'后的 Cas9 可以忍受巨大的基因缺失，工作良好且灵活。"戴维·萨维奇解释道。

早前韩国科学家曾在空肠弯曲杆菌中发现了小型的 Cas9 酶 CjCas9，由 984 个氨基酸组成。现在，这一最新改造再次"升级"，获得的最小化的 MISER Cas9 突变体，仅仅包含 880 个氨基酸，约为原始 SpCas9 大小的三分之二。

资料来源：佚名.*最小版* Cas9! *Science* 报道：新研究有望解决传统 CRISPR"太大"问题［EB/OL］.（2018-09-04）[2023-07-23］. https://www.sohu.com/a/251786606_152537.

问题设计：原始的 Cas9 存在什么局限性？对原始的 Cas9 进行改造和优化的过程是怎样的？

教师引导学生分析：在一些 CRISPR/Cas9 的临床应用中，需要将 Cas9 基因和其他关键组件包裹进一个无害的病毒中，从而进入体内细胞实现遗传缺陷的精准修复。原始的 Cas9 的局限性在于其体积较为庞大，难以包裹到病毒中。而优化和改造，主要是通过对原始 Cas9 的基因序列进行剪切，使其编码的蛋白质在保留原始 Cas9 结合 DNA

的能力的前提下，尽可能精简氨基酸的数量，使得改造后的Cas9能够被包裹到病毒中。

【评析】

评析人：武叶青

本节课教学内容微观抽象，对学生而言难于理解。教学设计从学生熟悉的真核细胞亚显微结构开始，创设基因工程应用的情境，提出基因工程技术运用于原核细胞和真核细胞的差异性问题，引导学生运用已有知识理性地推理和分析，最终获得真知。本节课突出的特点如下。

1. 教学手段形象直观，有效突破教学重点和难点。

本课例精心选择多媒体资源，将抽象的知识直观化、具体化，有利于提高教学的时效性。在直观清晰的知识获取过程中，学生能更好地形成生命的物质观、结构与功能观等。

2. 引导学生深度思考，注重学科素养的培养。

本课例通过引导学生分析基因工程技术运用于原核细胞和真核细胞的差异性，并提出核孔如何控制大分子物质出入的问题，激发学生的学习热情，引导学生思考核孔对于大分子运输的特异性，进一步通过构建模型的方式理解如何将外源的大分子引导到真核细胞的细胞核中发挥其功能。

3. 关注细胞生物学的进展，体会生命科学不断发展的本质。

细胞生物学是当今生命科学领域最热门的领域之一，可以预见，在未来的时代，细胞生物学仍然是生命科学的领头学科，是支撑生物技术发展的基础科学。该领域进一步发展，对于我们认识生命现象、生命活动的本质、特征和发生及其发展规律意义重大。

习题设计

习题1：

基因工程技术发展的重要意义和价值在于造福人类社会。以下哪个例子不属于利用基因工程技术，改善人类的生活品质？（　　）

A. 通过改变酱油酿造过程中的温度和湿度，从而提升酱油的产量和口感。

B. 将农作物品种进行定向改造，改变其种子中蛋白质的含量，从而提升其口感和营养价值。

C. 为应对新型冠状病毒，构建工程细胞株，使其能够重组表达来自抗原（新型冠状病毒）的蛋白质，从而作为疫苗使用。

D. 将CAR-T（经过改造后增强免疫力的T细胞）输回到白血病人体内进行治疗。

必备知识	基因工程；发酵工程

参考答案	A
命题立意	本题为考查学生对于基因工程技术对人类价值和意义的综合认识，了解学生是否对基因工程或基因编辑技术在农业、畜牧业、食品和医药等领域的广泛应用有一定的了解，并考查学生是否能够将基因工程与其他易混概念，如 A 选项的发酵工程，进行正确区分。
素养水平	科学探究水平一；社会责任水平一

习题 2：

CRISPR/Cas9 系统是一种基因编辑技术，最初在细菌中被发现，从被发现到广泛应用经历几十年的历程。其中，CRISPR 作为细菌中一连串原始免疫系统基础的重复序列，能够帮助细菌记录病毒入侵者的 DNA。它称为间隔成簇短回文重复序列，长度通常为 21～40 个碱基对。而 Cas9 是一种蛋白质，可以识别在 CRISPR 中储存的特殊序列，并通过序列匹配剪切 DNA。

科学家们尝试利用 CRISPR/Cas9 系统对某农作物 A 进行改造，从而同时实现抗虫和耐旱两种功能。

根据以上材料，请回答下列问题：

（1）CRISPR/Cas9 最早发现于细菌中，细菌从分类学上属于_____。农作物 A 属于_____。因此，将 CRISPR/Cas9 系统应用于农作物 A 的基因编辑时，需要利用_____技术才能够发挥作用。

（2）在野生的农作物 A 中，表达基因 X，导致其成熟叶片合成的某种化学物质吸引一些昆虫啃食，从而影响作物产量。科学家们通过 CRISPR/Cas9 系统对农作物 A 进行编辑，使基因 A 的双链 DNA 断裂，从而丧失功能，实现抗虫的目的，这种操作称为基因敲除。在这个过程中，Cas9 蛋白承担类似于_____酶的功能。

（3）为了使野生农作物 A 获得耐旱的功能，科学家们想将外源抗干旱基因 Y 通过 CRISPR/Cas9 系统引入农作物 A 的基因组中，这个过程称为基因敲入。为实现这个目的，首先需要将基因 Y 整合到_____中作为载体。

（4）将基因工程技术运用到农业生产中时，常见目的包括提升农作物的_____和_____。

必备知识	基因工程；基因与性状的关系
参考答案	（1）原核生物；真核生物；基因工程 （2）限制性内切 （3）质粒 （4）产量；品质

命题立意	本题综合考查学生对于 CRISPR/Cas 基因编辑技术的认识。（1）考查学生对于原核细胞和真核细胞遗传物质存在位置差异性的认识；（2）和（3）考查学生对于基因工程技术中的工具的认识；（4）考查学生对于基因工程技术在农业生产中的价值的认识。
素养水平	（1）生命观念水平二；科学思维水平二 （2）生命观念水平三；科学思维水平三 （3）生命观念水平三；科学思维水平三 （4）科学探究水平一；社会责任水平一